재판을 받고 있는 두크Duch(본명 깡 켁 이우Kaing Guek Eav)의 모습.

S-21 교도소 내부의 고문실.

S-21 교도소 북쪽 날개에 있는 감방들의 크기는 약 가로 1미터에 세로 1.8미터에 불과했다.
크메르 루즈의 감시원들이 감방의 열을 따라 이동하면서 감시할 수 있도록 홀의 벽을 망치로 깨부수고 통로를 냈다.

S-21 교도소의 2층 회랑에는 죄수들이 몸을 던져 자살하지 못하도록 날카로운 철조망으로 펜스가 쳐져 있었다.

야자수로 둘러싸인 S-21 교도소의 외관.

S-21 교도소에서 처형 장소로 사용한 쯔엉 엑Choeung EK, 이른바 킬링필드에서는 엄청난 해골 무덤이 발견되었다.

일렬로 쌓아놓은 해골들은 무차별 대량 학살의 처참함을 여실히 증거한다.

1976년 지금의 부지로 이전한 S-21 교도소는 현재 대량 학살을 추모하기 위한 박물관으로 쓰이고 있다.
원래 뽄히얏 고등학교와 뚤슬렝 학교 건물이었는데, 두크의 설명에 따르면 도시에 있는 수많은 중국 고문으로부터 수용소의 존재를
은폐하기 위해 일부러 그곳을 감옥으로 선택했다고 한다. 박물관의 주요 전시물은 희생자들의 사진이다.

두크가 거짓 자백을 받아내고 살해한 사람들.

노약자부터 앳된 처녀들까지 그들은 안타깝게도 학살의 운명을 비껴가지 못했다.

방문객이 복도를 걸어가며 감방들의 모습을 살펴보고 있다.

두크의 재판은 청중으로부터 보호하기 위해 방청석과 강화유리로 분리된 채 진행되었다. 평소 앉아서
심문에 대답하던 그가 무슨 일로 자극을 받아 서서 열변을 토하고 있다.

두크, 그는 자백의 대가였다. 거짓 자백을 받아내는 교도소의 소장으로서, 그리고 자신의 죄를 은폐하면서도 적절한 에피소드를 쏟아내 법정을 드라마틱하게 몰고 간 주인공으로서 그는 진정 프로페셔널한 모습을 보여주었다.

자백의 대가

걸작
논픽션
001

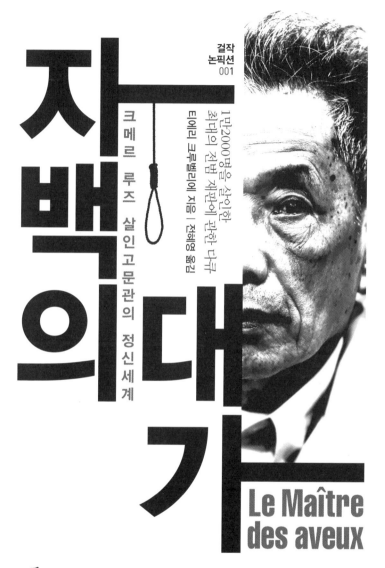

자백의 대가

크메르 루즈 살인고문관의 정신세계

1만2000명을 살인한
최대의 전범 재판에 관한 다큐

티에리 크루벨리에 지음 | 전혜영 옮김

Le Maître
des aveux

글항아리

LE MAÎTRE DES AVEUX

일러두기
본문에서 [   ]는 옮긴이가 부연설명한 것이다.

1
세계가 주목한 재판

"제 본명은 깡 켁 이우Kaing Guek Eav이지만 혁명군에 들어가면서부터 두크Duch란 이름을 썼습니다. 저를 포함해 부모님과 식구들, 제 조국의 국민을 자유롭게 한다는 명분으로 혁명군에 가담했지요. 하지만 궁극적으로 제 조국은 참담한 비극을 겪어야 했고 170만 명이 넘는 사람이 목숨을 잃었습니다. 한 인간으로서, 정의를 믿는 한 사람으로서 제가 몸담았던 캄푸치아Kampuchea 공산당이 이 모든 불행의 원인을 제공했다는 점을 인정합니다. 그러나 당시에는 그 사실을 인정하는 것조차 불가능했어요. 도망쳐 나올 수도 없었고 무조건 상급 기관의 명령에 복종해야 했으니까요. 저는 감옥에서 사람들을 심문하는 일을 주로 했어요. 결코 내 손으로 누군가를 죽인 일은 없습니다. 하지만 제가 직접 죽이진 않았어도 분명 저 대신 다른 사람이 할 수밖에 없는 일이었죠. 단지 제 손에는 펜이 들려 있었고 제 손놀림이 한 사람의 생사를 결정했어요. 제가 심문한 죄수에 대한 평가를 상부에 보고했으니까요. 저는 최대한 객관적인 입장에서 평가서를 쓰려고 노력했습니다. 하지만 위에서는 죄수들의 자백을 근거로 새로운 범죄자를 체포하는 일에 혈안이 되어 있었죠. 저는 혁명을 위해 모든 것을 희생했고 제가 하는 일에 최선을 다했어요. 솔직히 말하면 그 당시엔 혁명 세력이 세운 정권을 자랑스럽게 생각했던 것 같아요. 하지만 세월이 한참 흐른 지금, 지난날을 돌이켜보면 온몸에 소름이 돋는군요. 제가 1만2000명이 넘는 사람을 죽이는 데 함께했다는 사실이 무척이나 부끄럽습니다."

두크는 여느 크메르인처럼 키가 작았다. 67세인 두크는 좁은 어깨 때문에 더욱 왜소해 보였고 그 또래의 노인들이 흔히 그렇듯 비만은 아니었지만 아랫배가 볼록 튀어나와 있었다. 바지를 배꼽까지 올리고 있었으며 허리띠를 하지 않고 바지를 몸에 딱 맞춰 입었다. 두크의 발걸음은 당찼고 상체와 팔은 빳빳했다. 공산주의에 동조했던 옛 군인 자격으로 이 재판소에 온 것인지 아니면 흘러가는 세월에 따라 이곳까지 오게 된 것인지 알 수 없는 모습이었다. 피고석 한가운데 두크가 앉았다. 앞에는 나무로 된 말편자 모양의 난간이 있었다. 그는 초점 없는 눈으로 위에서 왼쪽으로 시선을 옮기며 말을 했다. 영화 감독 리티 판Rithy Panh은 두크의 시선을 '죽음의 초점'이라고 불렀다. 리티 판에 따르면, 이 죽음의 초점이 두크에게 오히려 집중력을 주고 자제력을 잃지 않게 해준다고 한다.

두크는 긴 문장을 말할 때 중간에 살짝 뜸을 들였다. 그리고 말을 할 때 콧소리를 섞었기 때문에 그럴 때마다 잠깐 호흡을 멈춘 상태에서 말하거나 아니면 산소마스크를 낀 채 말하는 것처럼 들렸다. 특별히 천식이나 호흡기 질환을 앓는 것은 아니었다. 이따금 문장을 끝낼 때 가쁜 숨을 내쉬는 것처럼 멀거니 입을 벌리고 있을 때도 있었다. 두크는 매우 초조할 때 손바닥으로 얼굴을 문질렀는데, 자주 볼 수 있는 행동은 아니었지만 동작이 날렵하고 격렬했다.

"제가 혁명에 가담하자 그들은 비밀을 철저히 지키도록 저를 훈련했어요. 상대가 상급 감독관일 때면 그의 비밀을 지켜주고 상대가 부하 직원일 때는 절대 비밀을 누설하면 안 됐어요. 누구를 죽였든, 누구를 죽이라고 명령했든, 몇 명을 죽였든 모든 것을 공개적으로 알리면 안 됐지요. 나중에는 '비밀이 많을수록 생존할 확률이 높다'는 말까지 떠돌 정도였어요. 그래서 혁명군이 이룬 성공 중 절반은 베일 속에 가려져 있어요. 저는 그 누구에게도 제가 알고 있는 모든 것을 털어놓지 않았고 남의 이야기도 듣지 않으려고 애썼어요. 또 눈앞에 일어나는 일도 외면하며 보지 않았어요. 교육을 받을 때 배운 가장 중요한 규칙이었으니까요. 하지만 상급 기관의 간부들은 그렇지 않았어요. 지나치게 말을 많이 했지요. 그렇지만 저는 입이 정말 무거웠습니다. 그 점에 있어서는 정말 철통같았고 누구보다 엄격했죠. 제 보좌마저도 제게 필적할 수 없었답니다."

두크는 깊이 숨을 들이쉬며 코로 요란스런 소리를 냈다.

"그게 전부예요."

그의 얼굴에는 세월의 흔적이 역력히 드러나 있었다. 얼굴에 팬 깊은 주름살이 그동안의 고된 인생을 대변해주었던 것이다. 두크의 귀는 머리 크기에 비해 상당히 큰 편이었다. 귀 윗부분이 살짝 바깥을 향하고 있어서 그런지 각진 얼굴이 더 도드라져 보였다. 입술 윤곽은 섬세한 선처럼 가늘었고 가장자리가 아주 살짝 안으로 들어간 모양을 하고 있었다. 텔레비전 화면을 통해 본 그의 짙은 입술은 거의 보라색에 가까웠다. 두크는 통역이 끝날 때까지 가만히 듣고 있었고 그동안 입을 살짝 벌리고 있었다. 그와 동시에 동공이 잘 보이지 않을 정도로 두 눈을 옆으로 치켜떴다. 위로 튀어나온 광대뼈는 눈 밑에 처진 주름을 더욱 볼록하게 부각시켰다. 실제보다 훨씬 나이 들어 보이는 외모였다. 그가 웃을 때면 충치가 심한 이와 들쭉날쭉한 치아가 그대로 드러났다. 그 모습을 보니 세월의 무게가 남긴 주름이 없었던 젊은 시절에도 남들에게 호감을 주는 외모는 결코 아니었으리라는 사실을 어렵지 않게 짐작할 수 있었다. 그의 눈빛은 강렬했지만 시선이 어딘가 흐리멍덩했다. 광채가 나는 동시에 초점이 없는 것 같은 이상한 시선이었다. 숱이 별로 없는 눈썹은 마치 투명한 핀셋으로 눈썹 한가운데를 잡아끈 것처럼 위로 굽어 있어서 그 아래의 눈이 최근에 백내장 수술을 받은 환자의 눈처럼 뭔가 차 있다는 느낌을 주었다. 어떤 날은 얼굴 주름이 더욱 깊이 패 보였고 또 다른 날은 언제 그랬냐는 듯 주름이 사라진 것처럼 매끄러워 보였다. 두크의 두 눈도 마찬가지였다. 눈을 동그랗게 뜨는 날이 있는가 하면 가는 선처럼 실눈을 뜨는 날도 있었다. 증인의 아내를 확인하는 과정에서 두크는 입을 옆으로 길게 늘어뜨렸고 입술은 굳게 다물었다. 그러다가 윗입술로 입 가장자리를 깨물기도 했다. 나는 그의 이런 행동이 회의적인 태도를 표현하는 것인지 아니면 가벼운 경멸을 나타내는 것인지 헷갈렸다. 두 가지 모두 평소 그의 모습이었기 때문이다.

두크는 원래 흐트러짐이 없는, 매사에 엄격한 사람이라고 한다. 하지만 그런 그에게도 예외의 순간들이 있었다. 하루는 옛 부하 직원의 이야기를 듣다가 그만 자지러지게 웃으며 발이 꺾이고 말았다. 그는 간신히 의자에 앉는 데 성공했지만 평소에 보여주던 모습을 순간 망각한 것을 알아차렸다.

감옥에서 겪은 일을 증언한 죄수는 두크를 "성격이 단호하고 매사에 진지하며 세심한 남자"로 묘사했다. 또한 두크는 흡연을 좋아하는 애연가였다. 평소 주변 사람들은 감히 그에게 농담을 건네지 않았지만 죄수는 감옥에 있는 동안 적어도 한 번 이상은 두크가 박장대소를 하며 웃는 모습을 본 적이 있다고 했다.

"지금도 두크가 두렵나요?"

다섯 명의 판사 중 한 사람이 죄수에게 묻자 그가 대답했다.

"아니요. 무섭지 않아요."

"똑똑하고 교양 있고 주어진 일을 성실하게 하는 사람, 일에 대한 열정이 넘치고 열심히 노력하며 사소한 것까지 꼼꼼하게 신경 쓰는 사람, 일을 체계적으로 수행하는 사람, 모든 방면에 프로 정신을 보이며 상부를 만족시키는 성과를 보여주고자 애쓰는 사람, 자신이 하는 일에 대체로 자부심을 느끼는 사람."

이 내용은 두크에 대해 기술한 것의 일부로 재판에 증거 자료로 제출되었으며 본인도 그 내용에 동의했다. 하지만 두크를 기억하는 사람들의 진술 중 엇갈리는 내용도 있었다. 단편적인 것만 언급되거나 일관적이지 않아 혼동을 일으키는 내용도 있었다. 그리고 역사적 배경에 영향을 받은 신랄한 평도 있었다.

"사람들이 제 성격을 묘사하면서 '꼼꼼하고 일을 열심히 하고 단호하다는 표현을 썼습니다. 만약 제가 조국과 국민을 사랑하는 정부를 위해 일을 했다면 이와 같은 수식어는 아주 좋은 의미로 들리겠죠. 하지만 제가 일했던 정부는 정반대였습니다. 범죄 행위를 수도 없이 저지르는 당대의 잔인한 살인 기계와도 같았으니까요. 그런 맥락에서 볼 때 제 성격을 묘사한 단어들이 비통할 정도로 듣기 거북하네요."

어느 순간부터인가 두크는 자신의 이야기를 듣는 청자들을 평가라도 하듯 상대를 대하는 태도를 달리했다. 예를 들어 당차면서도 예의 바르게 자신의 할 말을 자신 있게 하는 같은 지역 출신인 젊은 여성에게 대답할 때는 목소리에 가락을 붙여 천천히 거의 속삭이듯 말했다. 반면 다른 지역에서 온 적대적인 태도를 보이는 변호사에게 말할 때는 목소리 톤이 차갑게 변했다. 두크는 자신이 하려는 말과 표현 방식을 듣는 사람에 따라 조율할 줄 아는 남자였다. 또한 캄보디아 검사에 대항해 반론을 펼칠 때는 말을 뱅뱅 돌리며 시간을 끌었다. 하지만 유럽 출신의 당사자 측 변호사에게는 짧지만 예리한 대답을 즉각적으로 했다.

당사자 측 변호사의 심문이 있기 바로 전에 외국인 검사의 심문이 있었는데 그때는 캄보디아 검사와 당사자 측 변호사에게 취했던 두 대화법의 중간 입장을 취했다. 두크는 보통 심문에 협조적인 태도를 취했으며 세부적인 부분까지 파고드는 질문에 대해서도 의무적으로 대답할 준비가 되어 있었다. 하지만 경우에 따라 검사와 희생자 대리인에게 매우 제한된 답변만 해 질문에 대한 소기의 성과를 얻지 못하게 할 때도 있었다. 그의 마음의 빗장을 푸는 재주가 없는 사람들이 심문할 때 대개 그랬다. 자의든 타의든 말을 하게 하려고 심문을 하는 일, 적을 복종시키는 일은 두크가 거의 8년 동안 직업으로 해온 일이 아니었던가. 따라서 사람의 심리를 예리하게 파악하고 질문을 효율적으로 하며 권력 관계를 파악하는 일에 정통한 두크였다. 이제 자신이 심판을 받아야 하는 입장에 서자 누구보다 탁월한 방어 대책을 갖춘 피고인이 된 것이다. 두크에게 고용된 캄보디아 변호사 까 사웃Kar Savuth과 프랑스 변호사 프랑수아 루François Roux는 경험이 풍부하고 서로의 부족한 점을 보완해 주는 완벽한 2인조 팀이었다. 두크는 두 변호사를 모두 신뢰했다. 두크는 심문자의 빈틈이나 부족한 면을 볼 때마다 재빠르게 그에게 영향력을 행사했다. 이 투쟁에서 제대로 실력을 보이지 못한다면 두크를 공격하는 심문자가 패배하고 만다. 그러면 두크는 한쪽에서 미소를 지으며 눈앞에 펼쳐진 상황을 즐기는지 아니면 냉소적으로 비웃는 것인지 알 수 없는 눈길을 보냈다. 또한 두크는 평정심을 잃지 않은 편안한 상태에서 당사자 측 변호사들을 상대했다. 대개 그에게 적대감을 품고 있는 이 변호사들을 대할 때도 마찬가지로 상대를 보기 좋게 놀려주곤 했다. 그러면 변호사들은 피고인의 코를 납작하게 만들려고 했다가 오히려 된통 두들겨 맞는 격으로 그에게 당했다. 두크보다 자신이 우위에 있고 정의롭다고 생각했다가 오히려 두크에게 제압당하고 무시당하는 수치스런 경험을 했다. 대체 언제쯤이면 두크가 보기 좋게 망신을 당하는 모습을 볼 수 있을까?

물론 두크도 정도를 벗어난 행동을 한 적이 있다. 자신이 보기에 약하고 우둔한 상대 앞에 서자 지나치게 우월감을 느낀 나머지 법정에서 피고인으로서 해서는 안 될 두 가지 행동, 즉 예의에 어긋나는 행동과 상대를 조롱하는 듯한 태도를 보이고 말았다. 또 가뭄에 콩 나듯 한 번씩 서투르게 굴 때가 있다. 그가 일한 교도소에서 살아남은 생존자 세

명 가운데 한 사람에게 억지로 동포애를 표현하려고 했는데 생각만큼 잘되지 않아 가짜로 즐거워하는 연기가 들통난 적이 있었다.

현장에 있던 사람들은 두크의 신경질적인 웃음에 당혹스러워했다. 어느 순간 상황 파악을 한 두크가 얼른 손으로 입을 막더니 흥분을 가라앉혔다.

또한 두크는 감동도 잘했다. 하루는 재판 때 평소에 보기 드문 설전이 이어지자 변호사와 검사들이 갑자기 잔혹한 내용의 사건 서류를 뒤로한 채 자기들끼리 법률 조항을 언급하며 긴 논쟁을 펼치기 시작했다. 그들은 유창하게 자신의 변론을 늘어놓으며 상대가 더 이상 반론을 제기할 수 없도록 합의점을 찾으려고 애썼다. 법정에서 짧지만 치열한 논쟁을 벌이는 모습을 지켜보는 판사들의 얼굴에서 환희에 찬 기쁨을 읽을 수 있었다. 그들 중 한 사람이 자기 앞에 앉아 있는 동료에게 몇 마디를 더 하려고 법복을 구기면서까지 몸을 굽히는 모습을 보고 있노라니 한 마리 검정 두루미가 떠올랐다. 또 그 남자가 뒤로 뺀 팔꿈치는 흡사 두루미가 날개를 뒤로 접는 모습과 흡사했다. 자기 변호사 뒤에 앉아 있던 두크는 조용히 이 광경을 지켜보았다. 그리고 지성인들의 예의를 갖춘 언쟁을 경이롭다는 듯 감상했다.

당의 비밀을 수호해왔던 두크는 성격이 활발했고 말이 많아 수다스러웠다. 하지만 자신의 감정을 겉으로 드러내는 것에서만큼은 매우 인색했다. 그런 그도 상황과 상대에 따라 그간 쌓아온 방어벽을 허무는 때가 있었다. 그럴 때 두크는 침을 삼키고 코를 훌쩍거리기 시작했다. 그의 턱은 경직되어 보였고 아랫입술은 윗입술을 잡아먹기라도 할 듯 꽉 다물었다. 울음을 억지로 참는 소리마저 들렸다. 그러다 자신의 눈물을 책망이라도 하는 듯 표정이 일그러졌다. 두크의 윗입술은 끝이 안쪽을 향해 굽은 모양을 하고 있어서 꼭 윗입술이 치아와 맞붙은 것처럼 보였다. 가운데가 위로 솟은 눈썹, 크게 뜬 눈은 도움을 구하는 듯 주변을 두리번거렸다. 끔찍한 감옥생활을 폭로하기 위해 증인들이 법정에 출두하는 한 주가 끝나자 두크는 극도의 수치심을 새롭게 느꼈다고 말했다. 그는 허공을 쳐다보며 몸을 흔들었고 자기 자신과의 싸움을 하는 것처럼 몸부림을 쳤다.

"이제 그만하겠어요."

두크는 더 이상 자신을 파괴하지 않도록 말을 중단했다.

이렇게 단단한 방어벽이 허물어지자 사람들은 이제 그가 무력해졌다고 믿었다. 하지만 그다음 주 월요일에 법정에 출두한 두크는 원기를 회복한 모습이었다. 꼿꼿한 태도를 유지하며 주변을 경계했다.

내 머릿속에 각인된 두크의 모습은 크게 두 가지 이미지다. 첫 번째 이미지는 그가 법정에서 크메르어로 캄보디아를 뜻하는 '캄푸치아'의 공산당에 충성과 헌신을 맹세한 날의 이야기를 했을 때의 모습이다. 그는 자리에서 일어나더니 혁명대원식 인사를 보여주었다. 팔꿈치를 직각으로 접고 꽉 쥔 주먹을 머리 높이로 올린 그의 모습에서 긴장감과 강한 확신을 느낄 수 있었다. 크메르 루즈Khmer rouge 정권이 붕괴된 지 30년이 지났는데도 그의 신념은 변함이 없는 듯했다. 두크의 강인한 신념은 보는 이로 하여금 공포심을 갖게 할 정도였다. 이에 심리학자들은 "하나의 이념에만 충실하고 한 번에 한 가지씩만 생각하는 인간"으로 그의 심리 상태를 분석했다.

두크에 대한 또 다른 이미지는 소송이 진행되기 전에 본 그의 모습에서 비롯되었다. 두크는 1975년부터 1979년까지 공포의 4년 동안 프놈펜에 위치한 S-21 교도소에서 교도소장으로 일했다. 사전 조사가 진행되는 동안 그는 지난날 많은 사람이 목숨을 잃은 공장과도 같은 그 현장에서 직접 취조를 받았다. 체력적으로 힘들었던 고된 아침 나절이 끝날 때까지, 두크와 S-21 교도소에서 살아남은 3명의 죄수가 한자리에 있었다. 그리고 그 당시 함께 일했던 감독관 몇 명과 심문 및 감옥을 담당하는 책임자들도 소환되었다. 그렇게 한자리에 모인 가해자와 피해자들이 당시의 범죄 상황을 재현했다. 2월의 햇볕인데도 캄보디아인들과 함께 소송을 맡기 위해 이곳을 찾은 외국인들은 벌써부터 힘들어하기 시작했다. 4월의 불똥처럼 뜨거운 햇볕은 아직 시작도 되지 않았다. 따가운 햇살은 지상의 뜨거운 수증기에도 완전히 녹지 않고 이글거렸다. 두크는 감옥 안에 있는 안뜰 한복판에 우뚝 섰다. 활처럼 굽은 그의 눈썹이 곧게 펴지자 꼭 환각에 사로잡힌 사람처럼 몽환적인 분위기를 풍기던 눈썹산이 사라졌다. 그의 시선은 무언가에 홀린 것처럼 보였지만 고통스러운 상황에 직면한 사람의 깊은 고뇌가 더욱 강하게 느껴졌다. 두크의 눈꺼풀은 마치 두 줄기의 물결이 양쪽 관자놀이와 정교하게 이어진 어설픈 파도 같은 인상을 주었다. 또 벌어진 입술 사이로 고르지 못한 치아들이 반 정도 보였다. 그는 입술을 둥글게 오므리지 않았다. 다만 곧 그렇게 할 것처럼 대기 자세를 취했다.

그는 타협을 모르는 완고한 공산당 소속 간부의 모습이 아니었다. 늙어버린, 그리고 내면의 악마에게 복종한 한 남자에 불과했다. 그의 얼굴은 허공을 향해 있었다. 형벌에 대한 두려움과 목놓아 울고 싶은 마음이 동시에 드러나는 표정이었다.

판사와 방청인들 앞에 선 두크는 침착하고 듬직한 변호사들의 지지를 받으며 신문에 응했다.

"저는 평범한 사람에서 공산당원이 되기로 결심했어요. 그렇게 1964년에 새로운 사람으로 다시 태어났습니다. 그전까지 깡 켁 이우라는 이름으로 학교에서 수학을 가르쳤지만 공산당원이 되면서 두크란 새로운 이름을 썼습니다. 지금 저는 다시금 세상 앞에 서서 평범한 사람으로 되돌아가려고 합니다. 이 소송을 진행하는 동안 여러분은 법정에 출두한 두크란 사람을 과거와 다른 새로운 인간으로 보고 있지 않습니까?"

LE MAÎTRE DES AVEUX

2
깡 켁 이우의 탄생

1942년 11월, 깡 켁 이우가 세상에 태어났다. 생후 두세 달이 지났을 무렵, 한 점쟁이가 그의 이름에서 불길한 미래를 예감했다. 점쟁이는 이 이름이 그의 삶에 불행을 가져올 것이며 몸을 약하게 만들어 심각한 질병에 걸릴 수도 있다고 말했다. 점쟁이의 예언을 들은 그의 부모는 걱정이 되었고 결국 갓난아기의 이름을 바꾸기로 결정했다. 곧 깡 켁 이우에서 임 치우Yim Cheav로 이름을 바꿨다. 하지만 사춘기에 접어들면서 그는 자신의 이름을 싫어하기 시작했다. 새 이름이 자신에게 부여하는 성격도 마음에 들지 않았다. 그에게는 임 치우란 이름이 '행동이 느리고 볼품없고 유행에 뒤진 낙오자'를 의미했기 때문이다. 열다섯 살이 되면서 그는 아버지에게 두 가지를 요구했다. 하나는 그가 태어났을 때 지은 이름을 다시 쓰는 것이고 두 번째는 자신의 생년월일을 바꿔달라는 것이었다. 아홉 살에 학교에 들어간 탓에 원하는 시험을 치르려면 실제 나이보다 더 어려야 했다. 이름과 태어난 날을 바꾸는 것은 캄보디아에서 흔히 볼 수 있는 일이다. 게다가 캄보디아에는 생일 잔치를 하는 문화가 없었다. 이곳에서 시간이란 차곡차곡 축적되는 것이 아니라 계속해서 돌고 도는 것으로 인식되었다. 그러니 나이를 세어봤자 무슨 소용이 있겠는가?

그로부터 12년의 세월이 흘러 자신의 정체성을 바꾸고 싶은 욕구가 강했던 깡 켁 이우는 다시 한번 새로운 변화를 시도했다. 그는 공산당원, 즉 이전과 다른 '새로운 사람'이 되기로 결심했다.

"제 이름은 중국어라 크메르어로 된 이름이 필요했어요. 그래서 제 마음에 드는 두크란 이름을 골랐지요. 할아버지가 좋아하는 실력 있는 조각가의 이름이 두크였는데 그가 만든 부처상이 집에 있었어요. 그의 이름은 제게 깊은 영감을 주었습니다. 또 초등학교를 다닐 때 제가 처음으로 읽었던 교과서 내용 중에 '두크는 성실한 학생이며 선생님의 말씀을 잘 듣고 사랑을 받는 학생이었습니다'란 구절이 있었어요. 그 이유에서도 두크란 이름이 정말 마음에 들었습니다. 두크라고 하면 저에게 괜찮은 사람의 이름이란 인상을 주었고 게다가 크메르어로 된 이름이니 더할 나위 없이 좋았죠."

크메르어로 'Douch[두크의 프랑스어 표기]'는 '두쉬'로 발음되지 않는다. 'ouch'는 발음이 정확하게 떨어지는 분절음이 아니다. 그래서 마치 '오이크'에서 마지막 '크'를 제대로 발음하지 않을 때와 비슷하게 들렸다. 한마디로 'Douch'는 음성학적으로 '도익'에 가까웠다. 실제로 우리가 말하는 '크메르'란 단어도 크메르어로는 크메르가 아니라 '크마에'에 가깝다. 언어학자들은 그들이 존재하기 전부터 필요했던 음성 언어의 표기법을 개발해왔다. 그렇더라도 인간이 공유하는 지식을 보호하려는 욕망에 사로잡힌 사람들 가운데 비단 언어학자들만 있는 것은 아니었다. 법률가들도 마찬가지였다. 그들만의 음성인 '법'을 보유한 법률가들은 자신들이 볼 때 적당하거나 적법하다고 판단되는 용어를 만든다. 하지만 때로는 해당 용어가 그들에게만 명확하게 이해되는 일이 일어난다. 언어든 법률이든, 심지어 정치든 간에 인간은 자신과 비슷한 부류의 사람들로부터 독립성을 보장받고 싶어하는 경향이 높으니까.

다시 '두쉬'로 돌아와서 캄보디아에서는 이 이름을 '도익'으로 부른다. 하지만 언어학자들은 외국어를 발음할 때 해당 외국어의 고유한 규칙을 위반하기도 한다. 공판 현장의 사람들 역시 'Douch'란 이름을 서로 다르게 불렀다. 가령 프랑스 출신 판사는 그를 '두크'라고 불렀지만 뉴질랜드 출신 판사는 그를 '미스터 캥 구엑 유Mister Kaing Guek You'라고 불렀다. 자신의 모국어처럼 발음을 해서 '깡'을 '캥'으로 읽은 것이다(물론 잘못된 발음이다). 또 검사는 두크를 '미스터 캉'으로 불렀고 변호사는 '미스터 두크'란 호칭을 썼다.

혁명가가 일생 동안 여러 정체성을 보여주는 것은 지극히 흔한 일이다. 하지만 그가 자신의 죄를 가슴 깊이 후회하는 것은 정말 보기 드문 일이라 할 수 있다.

1970년대 말 캄푸치아 공산당이 세력을 장악하면서 4년도 되지 않는 기간에 캄보디아 인구가 4분의 1에서 3분의 1 정도 그 수가 줄어들었다. 그러나 공산당의 지도자로 있는 '형제들'은 자신들이 대량 학살과 전혀 관계가 없다는 주장으로 일관했다. 두크는 이 지도자들의 직속 수하였으며 크메르 루즈의 고위 관직자 중 크메르 루즈가 민족 학살에 책임이 있다고 인정한 유일한 사람이었다.

"현재 해당 정권이 지속되고 있는 가운데 정권 관계자가 잘못을 회개하는 경우는 매우 드문 일입니다."

역사가 데이비드 챈들러가 재판관들 앞에서 설명했다.

그런 면에서 이 소송은 전대미문의 일이었다. 두크는 S-21 교도소에서 저지른 중죄를 인정했으며 자신이 굳게 믿은 이데올로기의 잔인한 면을 받아들였다. 6개월 동안 매일같이 법정에 출두해야 하기 때문이기도 했다. 두크는 줄곧 감옥에 대해 설명하고 자신이 한 일에 대해 설명해야 했다. 그렇기 때문에 자신의 죄를 인정하지 않을 수 없는 상황에 처했다. 단 하루도 피고인 두크는 실제로 일어난 사실, 역사적인 상황에 대해 언급하지 않은 적이 없었다. 누가 억지로 그에게 실토할 것을 강요한 것도 아니다. 지금까지 인종 학살, 반인륜적인 범죄 사건을 다룬 재판에 여러 번 참관했지만 이런 경우는 처음이었다. 아루샤[탄자니아 공화국에 속한 도시]나 프리타운[시에라리온의 수도], 헤이그[네덜란드의 도시로 유엔 국제형사재판소ICC 소재지]에서 열린 재판에 소환된 학살자들은 두크만큼 자신이 한 행동을 사실적으로 설명하지 않았다. 프놈펜의 두크만이 유일하게 자신의 범죄를 적극적으로 실토했다. 크메르 루즈의 지도자 네 명이 두크 다음으로 법정에 출두해야 한다. 이들은 팔순이 다 된 노인들이었으며 자신의 중죄를 모두 부인하고 있다.

뉘른베르크[독일의 바이에른 주에 위치한 도시] 시내에 자리잡은 재판소에서 독일의 나치당원들에게 형을 내리는 재판이 열렸다. 아루샤에서는 르완다 대학살에 책임이 있는 기소자들을 재판했으며, 재판이 이뤄진 장소는 공교롭게도 평화 회담이 열린 컨퍼런스 센터였다. 헤이그에는 레바논 특별재판소STL가 세워졌는데 과거에 교육 기관이 있던 건물에 재판소를 만든 것이다. 한편 국제형사재판소는 한때 군사기지로 사용된 부지로 이전할 예정이다.

이처럼 소송의 특징에 따라 달라지는 재판 장소는 그런대로 적절한 상징이라고 볼 수 있다.

프놈펜의 경우 크메르 루즈를 처벌하기 위해 열린 재판소와 관련해 여러 번의 반전이 있었다고 해도 과언이 아니다. 처음에는 재판소가 시내에 위치한 역사적 건물인 차토묵Chaktomuk 컨퍼런스 센터에 마련되었다. 크메르 근대 건축의 거장이 설계한 이 건물은 1960년대 초반에 완공되었고 톤레삽 강변에 위치해 있어 완벽한 지리적 여건을 갖추었다. 건물이 전체적으로 부채꼴 모양 또는 야자나무 잎처럼 생겼으며 지붕 위에 8개의 돌출부가 있다. 돌출부는 삼각형의 꼭지각처럼 위쪽 끝이 하늘을 향해 뾰족하게 솟아 있어서 마치 거대한 컴퍼스를 보는 듯했다. 1979년 크메르 정권이 몰락한 직후, 폴 포트Pol Pot[캄푸치아 공화국의 총리를 역임한 후 크메르 루즈 최고사령관을 지낸 정치인]가 부재한 가운데 이 건물에서 재판이 열렸다. 베트남 정부의 주도로 진행된 이 소송은 그 당시 정치적인 노선이 불안정한 시대상을 잘 반영한 재판이었다. 그 후 24년이 흐른 뒤에는 같은 곳에서 유엔과 캄보디아 정부의 협약이 체결되었다. 두 당사자는 생존하는 크메르 루즈 지도자들을 처벌하기 위한 재판소를 열기로 합의했다. 크메르 루즈의 옛 지도자 가운데에는 두크도 포함되어 있었다.

하지만 막판에 가서 캄보디아 정부가 재판 장소를 바꿨다. 차토묵 컨퍼런스 센터의 우아한 홀이 이번 재판을 열기에는 공간이 충분하지 않고 시내에 위치해 있어 교통 혼잡이 예상된다는 이유에서였다. 캄보디아 정부는 최대한 배려하는 태도를 취하면서도 최고 권한을 쥔 입장을 활용해 재판소를 시내 외곽에 자리잡은 군사기지로 옮겼다. 시내에서 차로 40분은 이동해야 도착할 수 있는 거리였다. 재판소의 갑작스런 위치 변경은 상황의 급격한 반전을 상징적으로 보여주기에 충분했다.

시내에서 먼 곳으로 장소를 옮겼지만 재판소는 공간이 늘어나 전보다 많은 방청석을 확보할 수 있었다. 게다가 방청석은 지난 20년간 아프리카와 유럽에 세워진 국제 재판소 일곱 곳과 비교했을 때 가장 크고 이용하기 편리했다. 모두 500명이 앉을 수 있는 계단식 좌석은 규모가 매우 방대해서 평면 텔레비전을 통해 재판 현장을 실시간으로 지켜볼 수 있도록 되어 있다.

재판소에 출두한 증인들은 방청인에게 등을 보이는 위치에 섰다. 그래서 증인의 얼굴을 보려면 텔레비전 화면을 봐야 했다. 재판소 안에 들어가 있는 사람들조차 재판 현장을 직접 보기보다는 텔레비전을 신기해하며 쳐다보았다.

방청석으로 들어가는 입구에 여러 층으로 된 선반이 있었다. 그 옆에는 안전을 위해 보안 검색대를 세워놓았다. 선반에는 매일 잡다한 물건들이 쌓였다. 회중 전등에 넣는 건전지부터 수십 개의 물통, 호랑이 연고, 라이터 등이 눈에 띄었다. 재판소의 홍보팀과 지역 협회가 주관해 날마다 수백 명의 시골 주민을 고속버스에 태워 재판소까지 데려다주었다. 사람들이 국제 재판을 방청할 때 주의해야 할 것 중 하나는 평소에 당연하게 지니고 다니는 소지품을 재판소에 가지고 들어갈 수 없다는 점이다. 즉 위험하거나 법정의 품위에 어긋나는 물건으로 여겨지는 일상 용품은 압수당했다. 가령 물, 연고, 신문 같은 것이었다.

판사석 바로 위에는 세 종류의 깃발이 걸려 있다. 하나는 캄보디아 왕국의 국기로 국가, 종교, 왕이라는 제약적인 의미가 담겨 있었다. 두 번째는 유엔 공식 깃발로 평화를 상징하는 월계관이 그려져 있었다. 관이 그다지 튼튼해 보이지는 않았지만 말이다. 마지막 깃발은 재판소의 무거운 과업을 상징하는 깃발로 캄보디아 재판소 중에서 가장 특별한 재판소라는 점을 상징적으로 보여주었다. 유엔 깃발처럼 월계수 잎이 앙코르 시대의 크메르 왕을 에워싸고 있다. 책상다리로 앉은 왕은 오른손에 검을 들었으며, 검 끝은 하늘을 향해 있었다. 판사들은 캄보디아 출신 판사가 3명, 서양 출신 판사가 2명이며 주최국인 캄보디아나 출신국, 유엔 그리고 그들 자신, 이 세 주체에 모두 충실하겠다는 신념 아래 이곳에 모였다. 물론 여러 국적의 재판관들로 구성된 경우 극단적인 사태로 치닫는 일을 막을 수 있다는 장점이 있었다. 하지만 3개국 출신(국적 구성은 상황에 따라 바뀔 수 있다)으로 이루어진 판사들은 가끔 소교구 신도들에게 천벌을 내리는 양 굴 때가 있었다.

일반 청중들은 방청석으로 입장하기 전에 이중으로 된 보안 검색대를 반드시 거쳐야 한다. 그런 다음 방청석이 마련된 실내로 들어가면 방음 처리가 된 유리벽이 방청석과 법정을 격리시킨 것을 보게 된다. 또한 드넓은 방청석에는 경비원 5명이 군데군데 배치되어 있다.

프놈펜의 재판소에서 보안을 책임지는 관리인들은 다른 나라보다 더 호의적인 태도로 사람들을 다루는 듯했다. 가령 헤이그의 국제형사 재판소에서 문지기로 일하던 한 경비원은 어찌나 엄격하고 인정사정없는지 최고로 답답한 민병대에 데려가도 그 무리와 조화를 잘 이룰 것 같았다. 그 경비원은 어느 나라에 데려가든, 어떤 상황에 처하든 자신의 고약한 본성을 잃지 않을 게 분명했다. 반면 제3세계(개발도상국)에 위치한 재판소 경비원들은 뭔가 달랐다. 격식을 갖춘 유니폼을 입고 규율을 따지는데도 불구하고 어딘가 덜 경직되어 보이고 인간미가 느껴졌다. 네덜란드 재판소에서 본 경비원은 크메르나 시에라리온, 탄자니아의 연락병들과는 비교할 수 없을 정도로 사람들에게 불친절하고 적대적이었다. 물론 진짜 적이 나타났을 때 그 앞에서 공격적인 성향을 보이는 것은 어느 누구도 예외가 될 수 없을 것이다.

재판소에서 일어날 수 있는 위험한 사고는 현실적으로 제한할 수밖에 없다. 성공 가능성이 거의 없겠지만 폭력 사태가 일어날 수 있다. 재판 도중 무질서한 사고가 일어나지 않을 것 같다 해도 보안 담당자들은 항상 사전 예방을 철저히 해야 한다. 재판이 몇 시간 동안 지속될 경우, 길고 지루한 시간을 견뎌야 하는 사람은 방청인뿐만 아니라 재판에 참여한 직원들도 마찬가지다. 지루함을 달래기 위한 방안은 새로운 금지사항을 낳았다. 바로 볼썽사나운 습관인 호랑이 연고 바르기가 문제였다. 프랑스 도시 여성들에게 립스틱이 소중하듯 크메르 사람들에게는 이 연고가 세상 그 무엇보다도 소중했다. 하지만 재판소 측은 방청석에 입장하기 직전 이 냄새 나는 연고를 잽싸게 압수했다.

또한 보초를 서는 경비원들은 재판소의 기본 예의범절을 어기는 방청인을 잡아내는 일을 맡았다. 예를 들어 눈을 감고 있다거나 앞좌석의 등받이 위로 발을 올리면 안 되었다. 1945년 뉘른베르크의 재판소에서도 재판 도중 눈을 감는 행위를 금지시켰다. 또 맨 앞줄에 앉아 있을 경우, 다리를 꼬아서도 안 되었다. 레베카 웨스트란 한 여기자는 재판소의 엄격한 보안에도 불구하고 자신의 동료 여기자가 총알이 장전된 권총을 조끼 안에 숨긴 채 유유히 재판소에 들어간 일화를 털어놓았다.

그러나 프놈펜의 재판소에서는 이처럼 큰 반향을 일으킬 만한 실수를 한 적이 없었다. 물론 아무리 감시를 한다고 해도 갑자기 핸드폰 진동이 울리고 박하 향이 법정 안에 진동하는 것까지 막기는 힘들었다. 필기용 노트 속에 몰래 껴둔 잡지가 밖으로 보이는 경우도 있었다. 아무리 질서를 유지하려고 애써도 여기저기에서 규율을 보기 좋게 비웃는 상황이 일어나기 마련이었다.

방청석을 가득 채운 사람들은 대부분 얼굴이 마호가니 나무처럼 적갈색을 띠거나 호박처럼 황갈색을 띠었다. 피부가 늙어 보여 시골 출신이라는 것을 알게 해주는 신호와도 같았다. 도시에서는 이처럼 구운 흙색에 가까운 피부가 되는 것이야말로 매우 불행한 일이었다. 그들이 이상적으로 여기는 미의 조건은 하얀 피부다. 본래 인간이란 자신에게 없는 것을 열망하기 마련이니까.

캄보디아의 시골 사람들은 성격이 꾸밈없고 솔직한 편이다. 그래서 정부가 강요하는 규율과 해서는 안 될 위법 사항을 유쾌한 방식으로 공격하곤 했다. 말하자면 이렇다. 시골에 사는 캄보디아 여성이 새벽 1시에 집을 나와 이웃집 여성의 어깨에 기대어 잠이 들어 있다. 어떻게 될까? 보초병은 둘을 흔들어 깨울 것이다. 하지만 깨우기에 실패하고, 놀랍게도 보초병은 두 손 들고 만다. 그렇게 지내왔던 크메르 농민들은 호랑이 연고를 가지고 재판소에 갔다가 그것을 압수당하자 크게 당황스러워했다. 외국의 다른 재판소에서 깜박 졸았다는 이유로 책망을 받게 된 방청인만큼이나 놀랍다는 태도였다.

농사를 짓는 나이 많은 캄보디아 할머니들은 몸이 매우 가녀리고 유연했다. 그래서 몸을 움츠리면 안 된다는 규율을 어기지 않고도 방청석 의자에 앉아 몸 전체를 감추는 데 전혀 문제가 없었다. 몸을 웅크리는 자세가 크메르 사람들에게는 지극히 자연스러웠다. 물론 외국인들에게는 여간 불편한 자세가 아닐 수 없다. 무릎을 굽히고 허벅지와 종아리가 옆으로 나란하도록 다리를 뒤쪽으로 젖혀 앉는다는 것이 보통 일은 아니기 때문이다. 크메르 사람들은 이 자세가 부처를 모독하지 않는 자세라고 여겼다. 또 샌들을 신지 않고 들어가도 캄보디아 재판소에서는 전혀 문제가 되지 않았다. 일을 가장 열정적으로 하는 경비원이라도 맨발로 온 사람을 막지 않았다. 아시아에서는 부자라도 맨발로 다닐 정도로 신발을 신지 않는 문화가 널리 퍼져 있었다.

시골에서 벼농사를 짓는 캄보디아 농민들이 다같이 모여 재판소를 찾은 날이 있었다. 이들은 재판장이 '등장하면' 자리에서 일어나야 하는 신성불가침한 의무 조항을 보기 좋게 무효로 만들었다. 마지막 판사가 법정을 뜬 후에야 움직일 수 있다는 조항도 마찬가지였다. 첫 재판이 있던 날, 첫 휴정을 선언함과 동시에 법정이 아수라장으로 변했다.

방청석에 있던 사람들이 일제히 일어나 기쁨의 환호성을 지르며 웅성거렸다. 그 순간, 질서가 무방비 상태로 와해되면서 마치 거대한 권력자 앞에 선 소수 민족이 승리를 거둔 것에 비유될 법한 풍경이 눈앞에 펼쳐졌다. 농민들은 이제 막 자유를 쟁취하고 특별한 신조 없이도 완벽한 혁명을 이룬 듯 생기가 넘쳤다. 보안 담당자들은 농민들의 집단적인 행동에 대응할 만한 뾰족한 수를 찾지 못하는 눈치였다. 민중의 가벼운 저항운동이라고도 할 수 있는 이 상황을 제지하지 못해 어쩔 줄 몰라 하는 연락병들이 두 팔을 흔들며 당황해하는 모습을 구경하는 것도 일상의 은밀한 쾌락을 선사했다. 그 순간만큼은 인간의 완벽한 자유가 이 세상에 존재하는 것만 같았다.

하루는 두크가 자신이 가담한 공산당의 선전 기관에 대해 자세하게 설명하기 시작했다. 그날 방청석을 채운 사람들 중에는 재판소 이름을 박은 티셔츠를 단체로 맞춰 입고 온 그룹이 있었다. 특정 정당을 지지하는 사람들이 모인 전당 대회가 연상될 정도로 그날 재판소의 분위기는 다른 어느 날보다 더 생동감이 넘쳤다. 티셔츠는 물론 모자와 필기용 노트에까지도 재판소의 이름을 새겨놓았다. 사람들이 대량으로 주문제작한 게 틀림없었다. 오늘날 캄보디아 정부에 대해 말하자면, 과거 공산당원들이 지금까지 정권에 몸담고 있다. 그중에는 크메르 루즈에 가담한 유명 인물도 포함되어 있었다. 상황이 이렇다보니 현재 대중을 선동하는 사상과 행동 방침 속에서 과거의 크메르 루즈가 강조한 내용을 찾는 일은 어렵지 않았다. 약 400명의 방문객이 매일 재판소를 찾았다. 출신도 각 지역이나 프놈펜의 학교, 대학교 등 방문객마다 천차만별이었다. 이들은 재판 과정을 지켜보기 위해 재판소를 찾았지만 가끔은 이들이 집단 동원령의 예행 연습을 재판소에서 시험삼아 해보는 게 아닌가 하는 착각이 들 때도 있었다.

그러나 이런 시각을 배제하면 두크가 소환된 재판소를 찾는 캄보디아인은 머잖아 3만 명에 달할 것이다. 캄보디아에 있는 유일한 국제 재판소인 이곳은 세계 역사상 가장 많은 방문자 수를 기록했으며 수많은 사람의 관심을 지속적으로 받는 국제 재판이 열리고 있다.

크메르 루즈가 잔혹한 범죄를 저지른 지도 어언 35년이 지났다. 재판소에 적어도 3세대가 방문할 정도였다.

1970년대에 젊은 시절을 보낸 사람들은 공산당 게릴라가 처음으로 권력을 장악한 시대를 몸소 경험했다. 이 세대는 게릴라의 세력 확장이 그들의 인생에서 가장 큰 불행을 가져왔다고 여긴다. 그 당시 혁명을 외치던 서양인들에게 마오쩌둥주의를 신봉한 크메르 공산당이 정권을 장악한 사건은, 냉전이 한창이던 그 시절 아시아의 공산당원들이 군부의 중심에 섰다는 의미에 불과했다. 하지만 크메르의 공산당원들은 그들이 지향하는 유토피아를 살육의 장으로 변질시켜버렸다.

이어서 1980년대에 20대를 보낸 세대들은 폴 포트란 인물을 결코 잊을 수 없었다. 당시 총리에서 해임되었지만 그의 위협적인 성향은 국민들을 공포에 떨게 했다. 20세기를 대표하는 가장 사악한 3명의 독재자를 꼽으라면 스탈린과 히틀러 그리고 캄보디아의 폴 포트를 들 수 있다.

그리고 국제 공산주의 운동이 추한 최후를 맞이할 무렵 이 세상에 태어난 세대도 있다. 성인이 되어 마르크스-레닌주의를 알아가면서 이 세대는 잘 알아듣기 힘든 은어를 섞어가며 아직 증기 기관을 쓰던 그 시대에 대해 논하기 시작했다. 오늘날 이 세대에 속한 사람들은 어떻게 하면 지난 세기에 피를 부르는 모험을 감행하게 한 이데올로기를 가지고 전 세계에 정의를 이룰 수 있을지 고민하며 그 해결책을 찾는 일에 관심을 쏟고 있다.

이토록 부조화를 이루는 이들이 두크의 재판으로 한데 모였다. 나로 말하자면 두크가 공산당에 충성을 맹세하던 시기에 태어났다. 내가 열두 살이 되던 해에 베트남 공산당은 그동안 벌인 잔혹한 행위에 종지부를 찍었다. 또 내가 스물두 살이 되던 해에 베를린 장벽이 무너졌고 서른한 살 때 폴 포트가 사망했다. 내가 살아온 31년의 세월만큼 내전을 겪은 캄보디아는 결국 캄보디아 왕국 시대에 와서 내전 종식을 공식적으로 선언했다. 그런 면에서 볼 때 재판소에 온 캄보디아인 중 다수가 저마다 개인적인 사연이 있어 이곳을 찾았다고 볼 수 있다. 하지만 나는 그 어떤 경우에도 속하지 않았다. 다만, 냉전 시대가 팽배해 있는 동안 내 나이가 스무 살이었다는 것이 전부다.

그렇게 공판이 한창인 파란만장한 재판소에 모인 사람들은 주변 사람들을 호기심 어린 눈으로 바라보는가 하면 어떤 이는 애써 눈을 피하기도 했다.

LE MAÎTRE DES AVEUX

3
채소를 수확하다가 끌려가다

    1970년 부 멩Bou Meng은 노로돔 시아누크Norodom Sihanouk 국왕[당시는 왕위를 물려받지 않은 채 국가 원수로 재임했다]이 자신을 실각시킨 자들에게 맞서 혁명에 합류해달라는 호소를 들었다. 그때 부 멩의 나이 스물여덟 살이었다. 그리고 한 해가 흘러, 부 멩은 정체를 알 수 없는 크메르 루즈의 지하조직에 들어갔다. 혁명을 꾀하는 이 신생 단체는 예술적인 재능을 갖춘 조직원을 적극 활용했다. 부 멩이 마르크스와 레닌의 초상화를 그리면 로네오식 복사기[타이프 등사 원지를 이용한 복사기]로 복사해 각 전투단에 배분했다. 크메르 루즈는 조직원들에게 국제 공산주의 운동을 최초로 시작한 창시자가 누구인지 알리고 싶어했다. 그 후 4년의 세월이 흘러 1975년 4월 17일, 드디어 크메르 루즈가 프놈펜 진입에 성공했다. 부 멩은 성공을 축하했다. 하지만 수도 프놈펜에 사는 주민들을 무력으로 집단 이주시킨 점에 대해서는 실망했다. 1년 후, 부 멩의 상관들이 하나둘 크메르 루즈 조직원들에게 끌려갔다. 결국 부 멩은 혁명을 위해 힘써왔던 이들을 제대로 대우해주지 않는 크메르 루즈를 점점 신뢰할 수 없었다.

"검정 인민복을 입고 다녔지만 머릿속으로는 크메르 루즈의 사상에 동의할 수 없었어요."

재판소에 소환된 부 멩이 문장 하나하나에 의미심장한 단어를 넣으며 당시 상황에 대해 설명했다.

크메르 루즈가 지배하는 세계에서는 지도자가 구금될 때 수하의 사람들이 모두 끌려가는 것이 당연했다. 이른바 그 사람의 '라인'에 속한 구성원은 모두 잡혀갔다. 상관이 직위를 박탈당하고 몇 달이 지나자, 부 멩은 크메르 루즈가 주관하는 재교육 과정에 참여해야 했다.

부 멩은 그때 자신이 한 일을 "힘겨운 재교육"으로 표현했다. 그는 작업장에서 철을 다루는 일을 하면서 많은 체력을 요구하는 노동을 감당했다. 수십만 명의 동포와 함께 부 멩은 그곳에서 강제 노역자가 되었다. 운하를 만들기 위해 땅을 팠고 체력이 고갈될 때까지 작은 제방을 쌓는 일을 도왔다. 체력이 다 소진되자 그는 운 좋게도 목공소로 발령받아 목공품을 만들었다. 그 후에는 밭에서 채소 가꾸는 일을 했다. 부 멩은 집단 노동자들의 식량으로 배추와 가지를 재배했다. 어느 날 평소와 마찬가지로 부 멩이 밭에서 채소를 수확하는데 갑자기 지프차가 나타났다. 검은색 상의를 입은 남자들이 지프차에서 내렸다. 그 모습은 마치 까마귀 떼가 비상하기 위해 몸을 펼치는 것을 연상시켰다. 부 멩은 그날이 1977년 5월이었는지 아니면 6월이었는지 잘 기억이 나지 않는다고 회상했다. 그들이 부 멩과 아내를 불러 짐을 싸라고 명령했다. 그러더니 이제부터 두 사람이 미술학교에 가서 학생들을 가르쳐야 한다는 말도 덧붙였다. 부 멩은 속으로 기쁨의 환호성을 질렀다. 그의 본업은 정원사가 아니라 화가였기 때문이다. 두 사람이 즐거워하며 검은색 옷을 입은 남자들의 차에 올라탔다. 얼마 가지 않아 차가 멈추었다. 부 멩과 그의 아내는 차에서 내려 바닥에 무릎을 꿇고 앉으라는 명령에 복종했다. 두 손을 등 뒤에 모으라는 지시가 내려졌다. 잠시 후 남자들이 다가와 두 사람의 몸을 묶고 눈까지 가렸다. 부 멩의 아내는 결국 눈물을 흘렸다. 그 순간 부 멩은 불행의 밑바닥을 경험하는 느낌이었다고 고백했다.

부 멩이 갑자기 이야기를 중단했다. 그리고 손을 이마에 얹었다. 과거에 있던 일이 여전히 그에게 큰 충격을 주는 듯했다. 아니면 회상을 하다 그만 의식을 잃을 것 같아 말을 멈춘 것인지도 몰랐다. 같은 시간, 두크는 피고석에 앉아 등을 꼿꼿하게 세운 채 미동도 하지 않았다.

부 멩과 달리 완 낫Vann Nath이란 화가는 군대에 가지 않았다. 크메르 루즈가 전쟁에서 승리를 거두던 당시 완 낫의 나이 겨우 열아홉 살이었기 때문이다. 하지만 1977년 12월 30일 그 역시 부 멩처럼 앙카르Angkar의 명령에 따라 검정 인민복을 입은 남자들에게 끌려갔다. 앙카르는 크메르어로 '조직'을 뜻하는 단어로 무소불위의 권력을 쥔 비밀 기관이었다. 크메르 루즈는 새로 건설된 캄푸치아 민주 공화국에서 앙카르의 이름으로 사람들에게 절대적인 힘을 행사하며 모든 일을 결정했다.

완 낫이 장신의 키를 여유 있게 가리는 옅은 노란색 상의를 입고 법정에 등장했다. 그의 나이 예순셋이었지만 또래보다 더 여위고 기력이 쇠진한 모습이었다. 완 낫은 판사와 검사 그리고 변호사 측을 보며 인사를 했다. 그동안 두크는 꿈쩍도 하지 않았다. 화가였던 완 낫의 짧은 머리카락이 하얗게 셌다. 눈썹은 바깥으로 가볍게 뻗쳐 있었는데, 미간 쪽만큼은 새카맸다. 둥근 얼굴에서 유독 눈에 띄는 특징이라 할 것이다. 통통한 볼이 그의 얼굴을 둥글어 보이게 했지만 나이가 들면서 볼살이 턱 라인을 향해 살짝 처졌다. 부드럽게 울리는 저음이 재판장의 날카로운 고음과 대조를 이루었다. 완 낫은 말을 할 때 눈을 거의 감다시피 하며 시선은 줄곧 땅을 향했다. 그리고 자주 배를 손으로 마사지하듯 어루만졌다. 그런가 하면 자신이 겪은 일을 상세하게 이야기한 지 얼마 되지도 않아 갑자기 감정이 복받쳤는지 목소리가 흔들렸다. 지난 30년 동안 수도 없이 말한 것들이지만 여전히 감정을 통제하기가 쉽지 않은 듯했다. 부 멩이 한 것처럼 완 낫도 이마에 손을 가져갔다. 그리고 손수건을 꼭 쥔 채 다시 입을 열기 전까지 기력을 충전했다.

발에 쇠사슬을 단 채 완 낫은 감옥에서의 첫날밤을 보냈다. 수용소로 삼은 불탑 안이었다. 이후 오토바이에 실려 다음 장소로 이동한 그는 첫 번째 심문을 받아야 했다. 심문관은 그에게 다짜고짜 "너는 반역자"라고 말했다. 그러면서 비밀 회의를 몇 번이나 열었는지 물었다. 남자가 완 낫에게 말했다.

"넌 횟수를 반드시 기억해내야만 한다. 앙카르가 실수를 할 리 없으니 너는 반역자가 틀림없어."

심문관은 자백을 받기 위해 전깃줄을 꺼냈다. 완 낫의 눈에 벽에 걸린 비닐봉지가 들어왔다. 봉지에 핏자국이 선명하게 있었다.

"자, 말해! 몇 번이나 모임을 열었냐고?"

대답을 못하자 첫 번째 전기 방전이 시작되었다. 결국 완 낫은 그 자리에서 기절했다. 심문관이 그의 얼굴에 물을 붓자 완 낫이 정신을 차렸다. 그 후 두 번째 전기 고문이 이어졌고 그는 또 기절하고 말았다. 그렇게 여러 번의 전기 고문이 계속되었다. 완 낫은 자신이 고문을 한 자들에게 뭐라고 대답했는지조차 기억이 나지 않았다. 마침내 트럭으로 올라가라는 명령이 떨어지자 완 낫은 트럭에 몸을 실었다. 그곳에는 이미 6명의 사람이 있었다.

마침내 트럭에 18명이 모이자 트럭이 움직였다. 자정 무렵이 되어서야 트럭이 멈췄고 도착한 곳은 프놈펜에 위치한 360가였다. 하지만 완 낫은 몹시 지치고 힘들어서 그곳이 어디인지도 몰랐다. 제대로 서 있기조차 힘들 정도였다. 트럭에서 내린 사람들은 2열로 줄을 맞춰 바닥에 무릎을 꿇고 앉았다. 그리고 목에 밧줄이 감기고 눈까지 가린 채 피곤을 무릅쓰고 일렬로 행진을 시작했다. 이 모습을 본 주변 사람들이 죄수들을 놀려댔다. 앞이 보이지 않는 상태에서 앞사람의 어깨에 손을 얹은 채 비틀거리는 모습을 비웃으며 심지어 죄수에게 발길질을 하는 사람도 있었다. 그 시간, 완 낫의 머릿속에는 똑같은 질문이 계속해서 맴돌았다.

'대체 내가 무슨 잘못을 했기에 이런 일을 겪는 거지?'

1978년 1월 7일, 완 낫이 S-21 교도소에 처음 도착한 날이었다.

캄보디아의 수도는 도시인들이 모두 떠나 텅 비어 있었다. 비밀경찰들이 포진한 보안 구역은 감옥으로 쓰고 있는 건물 한 채보다 훨씬 더 크고 광범위했다. 이 감옥의 중앙에는 네모난 작은 뜰이 있었다. 유령이 나올 것만 같은 이 적막한 마을은 경찰들에게 봉쇄당했으며 감옥은 외부인의 출입이 철저하게 금지된 곳이었다. S-21 교도소에서 일하는 직원들은 감옥 안에서 식사와 잠을 해결했으며 외출을 거의 하지 않고 내부에서만 생활했다. 일반적으로 죄수를 이송하는 운송 차량은 수용소 사무소와 연결된 문을 통해 들어오지 않았다. 수용소 부근에서 정차한 다음 죄수들을 감옥으로 데리고 갔다. 감옥의 정확한 위치를 철저하게 숨기기 위해서였다.

수용소 교도관으로 일했던 힘 후이Him Huy는 감옥에 들어오는 새로운 죄수들을 안내하는 일을 맡았다. 그는 죄수의 신상 정보를 관리하고 행정적인 등록 절차를 책임진 수 티Sous Thy에게 죄수들을 넘겼다.

법정에 나타난 수 티는 은행 간부처럼 보였다. 의자에 등을 꼿꼿하게 세운 채 앉았으며 얼굴에는 윤기가 잘잘 흘렀다. 기계처럼 경직된 얼굴로 태연한 표정을 지었지만 차가운 인상은 아니었다. 이따금 의미를 알 수 없는 표정들 속에서 미소를 살짝 짓기도 했다.

팔짱을 낀 채 시선은 아래를 향하고 있었다. 그는 몸을 거의 움직이지 않았고 자신의 감정을 겉으로 드러내지 않았다.

대리석처럼 굳어 있는 그의 몸에 유일한 변화라면 파르르 떨리는 속눈썹을 깜박거릴 때가 전부였다. 수 티는 자신을 심문하는 판사가 질문할 때만 고개를 들어 판사를 쳐다봤다.

"죄수의 이름을 모두 기입한 다음에는 사진사에게 보냈어요. 그런 다음 다른 직원들이 다시 죄수의 눈을 붕대로 가린 뒤 감방으로 데려갔지요. 저는 죄수들이 들어가는 방 번호와 수용된 건물을 기록했어요. 그래야 감방마다 몇 명의 죄수가 있는지 정확하게 알 수 있고 나중에 죄수들을 심문할 때 인원을 파악하기 쉬웠어요."

수 티가 말한 여러 명의 죄수가 함께 쓰는 공용 감방은 영어로 '룸

room'이라고 통역되었다. 감옥의 행정관으로 일한 그는 자신의 하루 일과를 설명하면서 중립적인 목소리 톤을 유지했다. 마치 대규모의 호텔에 단기간 또는 중장기간 머무는 고객들이 쓰는 방을 관리하는 사람이라 해도 손색이 없을 정도였다. 새로 들어온 죄수들의 모습을 담은 사진이 나오면 수 티가 간단하게 요약한 신상 명세서와 사진을 함께 정리했다. 24세의 그가 매일같이 한 일이었다. S-21에 들어왔다 나가는 죄수들의 정보를 기록하는, 한마디로 말해서 죽음의 수용소를 위한 서기였던 것이다.

수 티는 중요한 죄수들을 맡지 않았다. 그런 이들은 수 티 대신 따로 담당하는 사람이 있었다. 감옥 안에서 전반적인 감독을 책임지는 2인자인 호르Hor의 명령이 떨어진 뒤에야 비로소 수 티는 신상 정보를 등록하는 마지막 단계로 죄수들의 실제 이름을 등록할 수 있었다. 또한 감옥에 들어온 외국인은 수 티를 거치지 않았다. 어젯밤만 해도 혁명의 일원으로서 일했던 S-21 간수가 하루아침에 죄수 신세가 되는 날도 있었다. 이런 경우에도 절차가 달랐다. 동료가 알아볼 수 없도록 얼굴 전체를 가린 다음 이송되었다. 또한 미성년자가 감옥에 들어올 경우에는 신상 정보를 물어보거나 스냅 사진을 찍는 것이 의무 사항에 속하지 않았다.

"저는 아이들에게 관심을 주지 않았어요. 성인 죄수들에게 신경을 쓰는 게 제 일이었으니까요. 이곳에 들어온 죄수 중에 살아서 나가는 사람은 없었어요. 모두 죽어서 나갔죠."

수 티는 혼자서 일을 도맡아 할 때가 많았다. 때로 자신에게 주어진 일이 지나치게 많다는 생각도 들었다. 24시간 동안 쉬지 않고 근무를 했다 할 만큼 그는 거르는 날 없이 매일 일했다. 평소에는 하루에 1명에서

20명의 죄수가 수용소에 들어왔다. 하지만 수 티는 1978년에 이르러 수백 명씩 죄수를 받은 날도 있었다고 했다. 그 시기에는 수용 인원이 지나치게 많아서 지도부의 엄격한 행정 절차에는 어긋났지만 감방 안에서 사진을 촬영했다. 죽음을 찍어내는 기계라 해도 과언이 아닌 감옥은 과부하 상태가 될 때까지 멈추지 않고 작동했다. 일거리가 몹시 많아서 새로 온 죄수는 공교롭게도 사진을 찍을 틈도 없이 바로 감방으로 끌려갔을 정도다. 감옥의 옛 행정 관리인이었던 수 티는 감방에 있는 모습을 찍은 사진으로 해당 인물의 기록부에 붙일 사진을 대신했다고 했다.

수 티가 죄수들의 신상 정보 기록과 서류 보관 방법에 대해 설명하는 동안 두크는 고개를 끄덕거리며 들었다. 상반신은 피고석 책상 위로 내민 채였다. 기품 있어 보이는 하얀 셔츠를 입고 있었고 표정에서 그 어떤 경멸감도 느껴지지 않았다. 그는 증인의 이야기에 귀를 기울이며 진지한 표정을 지어 보였다. 마치 자신이 존경하는 사람, 아니면 지위가 자신보다 높거나 정통성을 인정받은 인물을 바라보는 듯한 인상을 주었다. 휴식 시간이 되자 두크는 자신을 변호하는 캄보디아 변호사 까사웃과 이야기 도중 웃음을 띠는 여유를 보였다. 물론 두크를 감시하는 경찰관 두 명 중 한 명이 두크에게서 시선을 떼지 않고 있었다.

수 티는 이전에 증인으로 출두한 다른 사람들과 별반 차이날 것 없는 회색 상의를 입고 왔다. 옷은 다른 증인들처럼 몸을 잡아먹을 듯 컸지만 옷감만큼은 좋아 보였다. 사실 재판이 열리기 며칠 전, 증인 소환을 담당하는 재판소 관계자는 증인들 중 법정에서 입을 상의가 필요한 사람이 있다는 것을 깨달았다.

이에 급한 마음에 재판소 관계자는 한 검사가 잊고 간 이 상의를 발견해 증인에게 입혔다. 결과는 대체로 만족스러웠다. 에어컨 냉방 때문에 추울 수도 있었는데 검사의 옷을 입은 덕분에 수 티는 재판소에 있는 동안 춥지 않았고 옷도 깔끔하게 잘 입은 사람처럼 보였다.

방청인들과 마찬가지로 증인들 가운데 시골 사람이 꽤 많았다. 그래서 옷이 보잘것없는 솜씨로 만들어진 데다 상태도 좋지 않았고, 가슴 부위에 있는 주머니에 금속으로 된 물건을 자주 넣고 다녀서 주머니가 아래로 처져 있었다. 도시 사람들 같으면 그런 물건은 가방에 넣고 다녔을 것이다. 또 목 부분은 머리 2개가 들어갈 정도로 늘어져 있었으며 깃은 구김이 가고 양쪽이 아예 쫙 퍼져버렸다. 몸에 잘 맞는 옷이라기보다는 마른 몸에 비해 지나치게 풍성한 옷을 입은 듯한 인상을 주곤 했다. 얇은 겉옷 아래로 비치는 메리야스 속옷을 통해 이들의 앙상한 몸매가 드러났다.

농민들이 방청석을 차지함으로써 도시 근교에 위치한 재판소의 엄숙한 분위기를 유쾌하게 만드는 데 일조했다. 하지만 재판이 진행되는 동안 증인으로 출두한 사람들이 하나같이 입은 얌전한 진회색의 보기 흉한 옷은 법정의 분위기를 다소 칙칙한 잿빛 풍경으로 만들었다. 증인들이 모두 비슷하게 보여서 마치 죄수들을 보는 듯한 느낌마저 들었다.

S-21 교도소에 도착한 죄수들은 사진을 찍는 동안 목에 번호판을 걸었다. 부 멩의 아내인 마 윤Ma Yoeun의 죄수 번호는 331번이었다. 두 사람이 감옥에 들어온 달에 수용된 331번째 죄수라는 의미였다. 마 윤은 민주 캄푸치아가 허용하는 획일화된 머리 스타일을 하고 있었다. 그 당시 캄보디아 여성들은 목덜미 가운데까지 오는 길이의 일자 단발머리

를 하고 가르마는 가운데로 타야 했다. 하지만 멋 부리기 좋아하는 여성들은 가르마를 조금 옆으로 타며 반항하기도 했다. 당시 마 윤의 나이는 25세였다. 감옥에 끌려와 눈을 가리고 있던 붕대를 풀자 보통 사람들처럼 그녀도 예쁜 얼굴에 겁에 질린 표정을 지었다. 부 멩은 연약한 성상聖像과도 같은 아내의 곁을 떠나지 않았다. 마 윤의 손에는 항상 지갑이 들려 있었다. 부 멩이 아내에 대해 추억할 수 있는 유일한 흔적은 S-21 교도소에서 찍은 사진이 전부였다.

아내가 사망한 뒤, 부 멩은 아내를 죽인 사람들로부터 사진을 전달받았다. 어쨌거나 그에게 아내 사진이라곤 그것밖에 없었다. 그 후 시간이 지나 부 멩은 재혼을 했으며 자신보다 스무 살이나 어린 여자를 아내로 맞았다. 그러나 기억 속에서 첫사랑인 전 아내에 대한 변함없는 사랑을 지울 수는 없었다.

감옥에서 사진을 찍은 후, 완 낫은 자신과 같은 곤경을 겪게 된 동료들과 함께 정부가 입도록 규정했던 까마귀처럼 새까만 인민복을 강제로 벗었다. 감옥에 들어가면 입고 있던 옷을 모조리 빼앗긴 채 달랑 속옷만 간직할 수 있다. 영광스러운 혁명군의 자격을 박탈당한 그들은 이제 재활용되는 물건과 같은 취급을 받았다. 또한 옷을 빼앗음으로써 목을 매달아 죽는 자살 행위를 미연에 방지할 수도 있었다.

죄수들의 정확한 신원을 파악해 기록한 다음에는 사진을 찍고 입고 있던 혁명군의 복장을 벗겼다. 수 티가 죄수들을 간수에게 양도하면 그 사람이 죄수들을 감방으로 데려갔다. 가끔은 수 티가 직접 감방을 방문해 현재 수용된 죄수와 서류에 적은 죄수의 정보가 일치하는지 확인하기도 했다. 하지만 수 티는 투옥된 사람들의 생활 조건에 대해서는 별로 신경쓰지 않았다고 고백했다.

"죄수들이 심한 고통을 겪는다는 건 알고 있었어요. 갈수록 살이 쏙 빠지고 음식도 제대로 못 먹었어요. 또 내부 공기 상태도 나빴고요. 하지만 그 점에 대해 개인적으로 걱정하지는 않았어요. 제가 할 일은 죄수들의 정보를 확인하는 것이 전부였으니까요. 그리고 제자리로 돌아가 일을 처리하느라 바빴기 때문에 다른 생각을 할 여유가 없었습니다. 그냥 시간이 지날수록 죄수들의 몸 상태가 약해지고 있다는 걸 눈으로 확인하는 정도였지요."

LE MAÎTRE DES AVEUX

4
고등학교를 개조한 살인공장 S-21

    S-21 교도소의 건물은 과거에 고등학교로 사용했다. 크게 5개 동으로 이루어져 있으며 건물이 거대한 E자 형태로 배치되어 있었다. 감옥의 바깥 가장자리를 이루는 A~D동은 3층으로 되어 있으며 교실이었던 곳을 감방으로 썼다. 각 방에는 큰 발코니가 딸려 있었다. 감옥 한가운데에 자리잡은 다섯 번째 건물은 단층이지만 규모가 큰 저택의 형태로, 밖에 접대용 뜰이 마련되어 있다. 가운데의 건물을 중심으로 앞뜰과 뒤뜰이 분리되어 있었다.

    부 멩은 C동의 맨 위층 감방에 있었다. 그는 바닥에서 잠을 잤고 몇 달 동안 반복되는 감옥생활을 견뎌야 했다. 배고픔이 그를 더욱 힘들게 했으며 현기증으로 심하게 고생했다. 하루는 도마뱀 한 마리가 천장을 기어다니자 부 멩은 배가 몹시 고픈 나머지 도마뱀을 덮쳐 잡아먹는 꿈까지 꾸었다. 감옥 관리인들이 그의 피부를 벗겨버리겠다는 협박을 한 날, 겁에 질린 부 멩은 공포감에 몸서리쳤다. 완 낫처럼, 또 민주 캄푸치아에 존재하는 모든 감옥에 수용된 죄수처럼 부 멩은 스스로에게 질문했다.

'대체 내가 무슨 잘못을 한 걸까?'

부 멩은 약 40명의 죄수와 한 방을 썼다. 한때는 외국인도 몇몇 있었다. 죄수들의 머리카락은 길게 자랐으며 몸을 씻지 않아 더러웠다. 몸에 이가 생겼고 피부병에 걸렸다. 감방에서는 그 어떤 소리도 내면 안 되었다. 죄수들끼리 이따금 귓속말로 속삭이는 것조차 금지되었다.

감시인들은 저녁이 되면 불시에 죄수들의 몸을 수색했다. 1주일에 한 번, 아니면 2주일에 한 번(부 멩은 정확히 기억하지 못했다) 살수기가 있는 방에 들어가 물 세례를 맞기도 했다. 그럴 때마다 죄수들은 팬티를 벗었고 물은 바닥 여기저기로 퍼져나갔다. 모든 죄수가 알몸으로 몸을 씻었다. 이따금 간수들이 이 모습을 보고 비웃었다. 부 멩은 그 시절을 회상하면서 괴로워했다. 그는 죄수들이 돼지나 개보다도 더 못한 대우를 받았다고 말했다.

완 낫은 B동 3층에 수용되었다. 하지만 그의 기억에 따르면, 살수기로 집단 '샤워'를 하는 횟수가 일주일에 두 번은 되었다고 했다. 문제는 발에 쇠고랑을 찬 상태에서 옷을 벗어야 하는 것이었다. 그는 그 당시 발에 착용한 쇠고랑이 정말 끔찍할 정도로 불편했다고 인상을 쓰며 말했다. 쇠고랑을 발에 착용하려면 30분이 걸릴 정도로 복잡했다. 완 낫은 예나 지금이나 다르지 않은 유연성을 보이며 무릎을 직각으로 들어올렸다. 그러면서 판사에게 보란 듯이 쇠고랑을 찼을 때의 동작을 선보였다.

그렇게 견디기 힘든 비인간적인 생활을 한 달 동안 버텼다. 엄격한 교도관의 허락 없이는 자리에 앉을 수도 없었다. 칠판에 준수해야 할 사항이 적혀 있었는데, 죄수들은 말을 해서도 안 되고 남의 이야기를 들어서도 안 된다는 내용이었다. 귀리로 만든 보잘것없는 식사가 아침 8시와 저녁 8시에 각각 제공되었다. 한방에 갇힌 죄수들은 깊이 15센티미터의 사각 철통 하나에 든 음식으로 배를 달랬다. 완 낫은 피부병에 걸려 수시로 피부를 긁었다. 그는 천장에 달라붙어 있는 도마뱀붙이 gecko[크기가 작은 도마뱀의 일종]가 떨어지기만을 눈이 빠지게 기다리기도 했다. 하지만 떨어지면 감시인의 눈을 피해 얼른 잡아먹는 것이 관건이었다. 실수로 들켰다가는 죽도록 맞아야 했기 때문이다. 안타깝게도 완 낫의 자리는 창가에서 멀리 떨어져 있었다. 그래서 도마뱀과 각종 곤충을 바로 잡기에는 거리가 멀었다.

"모두 죽음이 임박했다는 걸 알았어요. 하나둘 사람들이 죽어나가기 시작했거든요. 10시쯤에 감방에 있던 시체를 밖으로 옮겨갔어요. 짐승처럼 살았기에 누구 하나 죽음에 대해 크게 신경 쓰지 않았지요."

완 낫은 한방에 많을 때는 65명까지 있었던 적도 있다고 했다. 발목에 긴 금속 막대기로 고정시킨 쇠고랑을 찬 채로 바닥에 일렬로 누워 잠을 청했다.

한 달 동안 같은 방을 쓴 죄수 중 4명이 사망한 적도 있다고 했다. 가끔은 수용 인원이 갑자기 40명가량으로 준 적도 있는데 죄수들이 어딘가 끌려간 후에 되돌아오지 않은 경우였다. 완 낫은 감옥생활 중 가장 견디기 힘든 일은 자신이 정말 아무 짓도 안 한 것이 맞는지 자꾸 자문하게 될 때, 그러면서 어떻게 해서든 살아남기 위해, 또 고문을 피하기 위해 있지도 않는 일을 거짓으로 꾸며대는 지경에 이를 때라고 했다.

"당신이 한 일은 지극히 평범한 일이었습니까? 아니면 특별한 일이었습니까?"

장—마르크 라베르뉴Jean-Marc Lavergne 판사가 증인으로 소환된 간수 한 명에게 물었다.

"제가 본 바에 따르면 지극히 평범한 일에 불과했습니다."

"그 '평범한 일'이란 무엇이었지요?"

"저는 앙카르의 지시에 따라 감옥 감시원이란 직위를 맡게 되었습니다. 그래서 시키는 대로 매일 같은 일을 반복해서 했을 뿐입니다."

"그렇다면 지금 당장 캄보디아 정부가 당신에게 그 일을 다시 하라고 시킨다면 할 건가요?"

그 순간, 방청석이 갑자기 시끄러워졌다.

"아뇨! 절대 다시 하지 않을 거예요!"

그의 대답에 방청석에서 웃음소리가 들렸다.

"앙카르는 당신에게 어떤 의미인가요? 지극히 일상적인 개념에 불과한가요, 아니면 두려움의 대상인가요?"

"그 시절에는 앙카르가 지극히 일상적인 단어였어요. 사람들이 일반적으로 사용한 표현이기 때문에 굳이 그 개념을 쓰는 것에 대해 겁먹을 필요가 없었어요."

"그 시절에 '연민'이란 단어는 썼나요?"

"S—21 교도소에 있으면서 한 번도 못 들어봤어요. 정말이에요."

"죄수들 중에 당신에게 도움을 청한 사람이 있었나요?"

"네, 있었어요. 하지만 제가 할 수 있는 일이 없다고 말해줬어요. 그들의 문제이지 제가 관여할 일이 아니라고 생각했거든요."

"그게 당신이 말하는 지극히 평범한 일인가요?"

"제가 감옥에서 한 일이 부분적으로는 기억이 나요. 하지만 구체적으로 어떤 일을 했는지는 기억이 가물가물해요."

"당신은 S-21 교도소에서 거의 4년을 보냈지요. 그 시절이 당신에겐 고통스러운 기억인가요, 아니면 진부한 기억들인가요?"

"그곳에 사는 동안 많이 힘들었어요. 하지만 제게는 선택의 여지가 없었어요. 도망갈 수도 없었고 정부가 그토록 많은 국민을 살해할 의도였는지도 미처 깨닫지 못했어요. 어디까지나 생존에만 신경 썼어요."

"당신이 고통을 느꼈기 때문에 안 좋은 기억으로 남은 건가요? 아니면 다른 사람들이 느낀 고통 때문에 그런가요? 누구나 느낄 수 있는 진부한 고통은 아니었나요?"

"그 감옥에서 제가 느낀 고통은 정말 심했어요. 일이 몹시 고됐거든요. 하지만 대안이 없었어요."

"그렇다면 당신이 느낀 고통과 죄수들이 느낀 고통 중 어느 것이 더 크다고 보십니까?"

"죄수들이 감옥 감시원들보다 더 힘들었을 겁니다."

재판이 계속되면서 어려운 문제에 봉착할 때마다 가해자들은 범죄 행위를 그 당시 상황 때문에 어쩔 수 없이 해야 하는 일로 정당화하려고 했다. 하지만 S-21 교도관 4명의 이야기를 차례차례 들은 라베르뉴 판사는 그들이 하나같이 악한 행위를 일반화하려고 할 때마다 불쾌감을 드러냈다. 두크의 죄를 판가름하는 소송이 진행된 지 어느덧 4개월이 흘렀다. 판사는 사건의 심각성을 약화시키지 않기 위해서라도 가해자들의 잘못을 따끔하게 지적하는 태도를 유지했다. 범죄 행위란 본래 인간의 감정이 사라지는, 즉 '인간성을 상실'한 경우 행할 수 있는 짓이다. 판사는 범죄자들의 마음속에서 생생하고 결코 사라질 수 없는 감정을 최대한 끌어내는 데 주력했다. 변호사가 아무리 범죄자의 세평을 회복시키고 정상적인 생활을 할 수 있는 재교육의 가능성을 강조해도 판사는 달랐다. 판사는 이 재판의 도덕적 지침은 무엇보다도 S-21 교도소에서 일어난 악독한 행위를 공식적으로, 또 절대적으로 거부하자는 것이라고 지적했다.

감옥에서는 각자 주어진 임무가 철저하게 분리되어 있었다. 가령 감시인으로 일했던 힘 후이는 심문관들과 긴밀한 관계를 맺은 적이 없었다.

힘 후이는 감방을 감시하는 간수들을 감시하는 일을 했다. 죄수들이 아니라 감시인을 관찰하는 것이 그의 일이었다. 만약 심문관이 죄수 중 한 명을 보고 싶을 때면 수 티에게 죄수의 이름을 건넨다. 그러면 수 티가 집단으로 수용된 감방 번호와 건물 이름을 심문관에게 알려준다. 그러면 심문관이 해당 건물의 관리인을 찾아가고 감방 감시인이 죄수를 데려오는 방식이다. 한편, 심문관이 죄수를 개인적으로 심문하는 동안 이 죄수는 독방에서 지낸다. 그 기간 동안 수 티는 독방의 상황을 전달받는다. 심문이 끝나면 죄수는 수 티를 거치지 않고 원래 생활하던 감방으로 바로 보내진다.

"감방에서 죄수가 죽으면 사망 사유를 적은 진단서를 받는 것이 전부였어요. 그럼 저는 서류에 그에 대한 정보를 기록했어요."

자기 일에 성실했던 감옥 서기가 침울한 표정으로 말을 이었다.

"병원 담당자가 호르에게 채혈을 요청하면 다시 호르가 두크에게 요청했어요. 왜냐하면 죄수를 감옥 밖으로 데리고 나가려면 두크의 허락을 반드시 받아야 했거든요. 제 눈으로 혈액 채취를 하는 걸 본 적은 없어요. 하지만 채혈을 한 죄수들 모두 결국 죽음을 면치 못했어요. 호르가 죄수의 이름이 적힌 진단서를 받으면 저는 제가 관리하는 기록부에 적힌 사망자 명단과 비교하면 됐지요. 그게 다였어요."

방청석에서 공포에 사로잡힌 야유 소리가 들렸다. 하지만 옛 감옥 서기와 법정 안의 사람들에게는 잘 들리지 않았다. 방청석 앞에 설치한 유리벽이 방청인들이 내는 소음을 차단해주는 역할을 했다.

심문관과 감시인들은 대중 매체가 특히 주목하는 사람들이었다. 왜냐하면 감옥에서 일어난 잔인한 폭력과 죄수들을 죽음에 이르게 한 과정을 생생하게 증언하고 그때의 상황을 있는 그대로 묘사해주었기 때문이다. 특히 수 티는 범죄 행위를 암묵적으로 인정하는 관료주의 체제를 사실적으로 표현했다. 그는 학살 행위와 관련된 정확한 수치는 물론 상사의 비현실적인 치밀함에 대해 사람들에게 자세하게 설명했다. 지금까지 수 티만큼 사형을 선고받은 사람들에 대한 정보를 많이 제공한 자는 없었다.

집단으로 수용된 감방에서 찍은 어느 사진을 보면, 뒤쪽에 여러 남자 죄수가 일렬로 누워 복잡하게 얽혀 있는 모습을 확인할 수 있다.

그런데 그중 한 죄수가 팔을 벤 채 이불을 덮고 있었다. 또 그 앞에 셔츠를 걸친 채 바닥에 앉아 카메라를 응시하는 남자도 보였다.

"사진 속에 한 남자가 앉아 있는데 이해가 잘 가지 않아요. 원래 죄수들은 앉을 자격이 없었어요. 심지어 우는 것도 마음대로 할 수 없었으니까요."

생존자인 춤 메이Chum Mey가 이 말을 하면서도 화가 나는지 낯이 붉어졌다.

부 멩과 완 낫 그리고 76세의 춤 메이는 S−21 교도소에서 살아남은 세 명의 생존자다. 법정에 출두한 춤 메이는 얼굴 앞에 두 손을 가지런히 모아 크메르의 전통 인사인 '솜페아sompeha'[손을 얼굴 앞까지 들어올려 하는 합장]를 했다. 그리고 몸을 돌려 방청석 맨 앞줄에 앉아 있는 승려들을 향해 인사한 다음 학생들로 가득한 뒤쪽을 향해서도 인사했다. 1975년 4월, 춤 메이는 가까스로 감옥을 탈출하는 데 성공했다. 하지만 그의 두 살짜리 아들은 감옥에서 죽음을 맞았다. 사소한 정보 하나까지도 놓치지 않고 춤 메이는 사람들에게 폭로하려고 애썼다. 그는 감옥생활에 대해 많은 부분을 기억하고 있었다. 35년이 흘렀고 그동안 같은 이야기를 수도 없이 반복했을 테지만 그는 지치지 않은 기색이었다. 춤 메이는 혈기왕성한 목소리로 끊임없이 자신이 겪은 일을 모두 이야기했다. 끊임없이 말하는 그의 모습은 말을 신중하게 하려 애쓰고 말수가 적은 완 낫과 대조를 이루었다. 춤 메이는 심문을 받는 동안 독방에서 지냈고 그때 겪었던 끔찍한 경험을 자세하게 털어놓았다. 둥글게 뜬 그의 눈은 어느 한곳에 시선을 고정시킨 채 극심한 고통에 정신이 나간 눈빛을 유지했다. 그러다 감옥에 있는 동안 살이 많이 빠져서 뼈밖에 남지 않았다는 이야기를 마무리하려는 순간, 그는 갑자기 여성의 목소리로 착각이 될 만큼 고음을 냈다.

"비굴한 놈들, 앙카르가 너희를 모두 몰살시킬 거야! 가족들 생각은 할 겨를도 없을 게다!"

두 손이 묶이고 눈이 가려진 춤 메이가 들은 소리였다.

심문을 받을 때가 되어 춤 메이는 감방에서 귓불을 잡힌 채로 끌려 갔다. 한 방에 도착한 그는 강제로 앉혀졌다. 발목에는 쇠고랑이 채워 져 있었다. 심문실에 오자 그들은 장소를 이동하는 동안 그의 눈을 가 렸던 붕대를 풀어주었다. 춤 메이는 바닥에 최근에 떨어진 것 같은 핏자 국을 보았다. 심문관은 춤 메이에게 반역자 일당에 속한 사람들 중 총 몇 명이 CIA[미국의 중앙정보국] 그리고 KGB[구소련 시절에 활동한 국가안 보위원회로 비밀 첩보 조직]와 연계됐는지 자백하라고 재촉했다.

그러나 춤 메이는 CIA와 KGB가 무엇을 의미하는지조차 몰랐다. 과 거에 들어본 적은 있었지만 정확히 무슨 뜻인지는 알지 못했다. 크메르 루즈는 중국의 적인 미국과 소비에트 연방, 베트남을 자신의 적으로 여 겼다. 그런 까닭에 크메르 루즈는 미국의 CIA와 소비에트 연방이 주도 하는 KGB에 매우 적대적인 입장을 보였다. 미국인들은 당연히 대표적 인 제국주의자이기 때문이었고 소비에트 연방, 그리고 소련과 동맹을 맺은 베트남은 확장주의를 지향하는 위험한 반동분자들로 비쳤다. 소 비에트 정권과 베트남은 국제 공산주의의 우두머리 자리를 놓고 중국, 그리고 중국과 동맹을 맺은 크메르 루즈와 맞서는 중이었다. 두크가 매 우 높은 자리에 있었던 한 죄수에게 보낸 편지에 따르면, 진정한 프롤 레타리아 계급의 최고봉인 캄푸치아 공산당이 보기에 베트남과 소비에 트 연방은 "목에 걸린 고기뼈와 같아서 언젠가는 반드시 제거해야 할 대 상"에 불과했다.

평범한 기술공인 춤 메이는 수용소에 와서야 알게 된 적이 많았다.

프놈펜에서 견인차 수리공으로 일했던 그는 체포되면서 기성복 제조 공장으로 끌려가 기계를 정비했다. 젊은 감독관들과 있을 때 그는 최대한 정중한 태도를 유지하려고 애썼다. 그래서 일부러 격식을 갖춘 표현을 쓰고 경칭을 붙였다. 그러나 결과적으로 그는 채찍질을 100번이나 당하는 수모를 겪어야 했다. 그리고 자기보다 젊은 감독관들에게 '형제'라는 칭호를 써야 했다. 두크의 직속 보좌관인 호르는 소매를 걷어올리더니 춤 메이를 몽둥이로 사정없이 때린 적이 있었다. 춤 메이는 방어를 하다 그만 손가락이 부러지는 사고를 당했다. 하지만 학대는 거기서 끝나지 않았다. 심문관이 그의 귓불에 벽에서 빠져나온 전깃줄을 연결했다. 춤 메이는 두크가 언급했던 손으로 돌리는 발전기가 아니라 벽과 바로 연결된 선이라고 했다.

"끗끗끗……."

춤 메이가 혀로 입천장을 치며 전기 충격이 일어날 때 나는 소리를 흉내 냈다. 그다음에는 초점 없는 눈동자를 상하좌우로 마구 움직였다.

"두크가 개인적으로 저를 때린 적은 없었어요. 솔직히 말해서, 만약 그랬더라면 지금처럼 살아 있지도 못했을 거예요!"

S−21 교도소에 있던 죄수 중 그 누구도 온전한 이름이 불린 적은 없었다. 이름 앞에 '아'를 덧붙여서 '아−멩' '아−낫' '아−메이'로 불렸다. 사람 성 앞에 이 음절을 붙이면 크메르어로 그 사람을 멸시하는 의미가 담겨 있기 때문이다. 감옥에서 '아−메이'로 불렸던 춤 메이는 자신이 감옥에서 화냥년의 아들 취급을 받았다면서 새로운 이야기를 풀어놓았다. 그러나 재판장은 춤 메이의 언어 선택이 적절하지 않다며 주의를 주었다. 자신이 겪은 고문에 대해 이야기하되, 비속어 사용은 자제하라는

요구였다.

춤 메이는 12일 동안 밤낮 없이 폭행을 당하고 욕설을 들었다. 한 간수는 그의 머리 위에 올라앉았다. 발톱을 뽑는 고문은 이틀 내내 이어졌다. 재판장 닐 논Nil Nonn은 비속어 사용은 금지하면서도 잔인한 정도가 극에 달하는 이런 이야기는 괜찮았는지 가만히 있었다.

"발톱을 전체 다 뽑았다는 말인가요, 아니면 일부만 뽑았다는 얘긴가요?"

재판장이 춤 메이에게 여러 질문을 했다.

"그럼, 나중에 새 발톱이 다시 자라났습니까?"

S-21의 생존자가 법정 한가운데 섰다. 사람들이 그의 발 상태를 확인할 수 있도록 재판소에 설치된 카메라가 그의 발을 포착한 다음 확대했다. 갑자기 그의 발이 화면을 가득 채우자 예고할 겨를도 없이 재판소가 순식간에 아수라장으로 변했다. 아루샤에서 프리타운을 거쳐 프놈펜까지 여러 소송을 참관한 나였건만 몇 초 만에 분위기가 이렇게 확 달라진 것을 본 적은 없었다.

춤 메이는 결국 자백 아닌 자백을 하고 말았다. 그래야 고문이 멈췄기 때문이다. CIA와 KGB가 무엇을 하는 조직인지 여전히 몰랐지만 그는 자신이 두 조직을 위해 일했다고 시인했다. 심한 구타의 고통을 견디다 못해 춤 메이는 기억나는 동료의 이름을 심문관에게 알려주었다. 그 수는 총 16명에 달했다. 그는 당시 상황이 그럴 수밖에 없었다고 변명했다.

"그 누구의 도움도 바랄 수 없었습니다. 자기 자신만을 의지해야 했지요."

"심문관들이 내가 속한 조직의 구성원을 떠올리라고 말했어요. 그래서 지체 않고 대답했어요. 어쩌면 누군가가 심문관에게 내 이름을 언급해서 내가 감옥에 오게 된 것일 수도 있고요."

그럴 가능성이 매우 높았다. 춤 메이가 체포되기 전에 그의 직장 상사인 공장장이 감옥에 먼저 들어왔다. 그다음에는 춤 메이 밑에서 일하는 조수가 체포되었고 그 뒤를 이어 또 다른 공장 인부가 체포되었다.

그다음으로 춤 메이가 감옥에 들어갔다. 이 사람들은 크메르 루즈에게 제거해야 할 여러 '라인' 중 하나에 불과했다.

A동 뒤에 위치한 집 안으로 끌려간 부 멩은 바닥에 얼굴을 대고 누워야 했다. 창문과 문이 모두 닫혀 있었다. 심문관은 그에게 어떤 몽둥이로 맞고 싶은지 직접 고르라고 했다.

부 멩은 그에게 말했다.

"형제여, 그 일은 당신이 해야 할 일이지."

얼굴이 여드름투성이인 몸 나이Mam Nai는 심문 책임자였다. 피부에 붉은 기가 도는 그를 선두로 구타가 시작되었다고 부 멩은 말했다. 그다음에는 다른 심문관의 구타가 이어졌고 욕설까지 난무했다. 부 멩은 사람들이 자신을 때린 횟수를 세어야 했다. 그의 등에 상처가 나면서 피까지 흘렀다. 심문관은 부 멩의 등에 소금물을 뿌렸다. 이따금 5명의 남자가 한꺼번에 그를 때리기도 했다. 그뿐만 아니라 그의 머리에 잭프루트[거대하고 울퉁불퉁하게 생긴 열대산 뽕나뭇과 식물의 열매] 껍질을 던지는 모욕까지 잊지 않았다. 구타 행위가 끝난 다음에는 '토끼 똥'으로 불리는 정제된 알약을 주었다. 이 약은 영광스러운 혁명군이 생산해낸 약으로 알려졌는데 신기한 효능을 발휘했다.

부 멩은 이마에 손을 얹고 고개를 들어 천장을 바라보았다. 그러고 나서 손수건을 꺼내 코를 풀었다. 그러는 동안 두크는 감옥의 몇 안 되는 생존자인 부 멩에게 시선을 고정한 채 등을 곧게 세운 정자세로 앉아 있었다. 물은 평소보다 더 많이 마셨다.

"CIA나 KGB가 어떤 조직인지도 몰랐어요. 그러니 뭐라고 대답해야 할지 막막했어요. 정의의 이름으로 법이 50퍼센트, 아니 60퍼센트만이라도 제 기능을 한다면 정말 행복할 것 같아요. 저는 지금까지 한 번도 죄를 지어본 적이 없으니까요."

부 멩이 유감스러운 마음을 표현했다.

'대체 내가 무슨 잘못을 한 거지?'

30년 동안 부 멩의 머릿속에는 오직 이 생각뿐이었다. 그 생각은 마치 그의 머릿속에 덩굴이 팔을 뻗치듯 깊숙이 자리잡았다. 앙카르가 그에게 요구한 일을 군말 없이 다 했는데. 허나 감옥 직원들은 그에게 그런 질문은 애당초 할 필요가 없다고 계속해서 말했다.

앙카르는 수백 개의 눈이 달린 파인애플과 같아서 장소를 불문하고 어디든지 다 볼 수 있고 모든 것을 속속들이 알아낼 수 있다는 이유에서였다.

하루는 부 멩이 D동으로 끌려가 전기 고문을 받았다. 기절을 했고 물 세례를 받으면서 다시 정신을 차렸다. 하지만 그는 할 말이 없었다. 결국 고문 전쟁이 끝도 없이 이어지자 참다 못한 부 멩이 자백이 담긴 글을 쓰고 말았다. 그리고 마지막으로 서명을 하면 되었다. 부 멩은 그 당시 차라리 밀림 속에 들어가 말라리아에 감염되어 죽는 게 더 나을 것 같았다고 했다. 그때를 회상하며 그는 재판소에서 호랑이 연고를 바른 손가락을 이마에 대고 문질렀다.

"제가 자백했던 내용이 정확하게 기억나지는 않아요. 그때, 심정이 복잡했어요. 무섭기도 하고 걱정도 돼서 사람들이 시키는 대로 한 것 같아요. 제가 CIA나 KGB와 교섭하고 있다는 말은 전혀 증거가 없는 헛소리였지만 계속 고문을 하니 제가 별수 있겠어요. 자백 내용에 서명할 수밖에요. 하지만 마음속으로는 제가 한 말에 전혀 동의하지 않았습니다."

5
차가운 고문과 뜨거운 고문

    프락 칸Prak Khan은 중년 남자의 중후한 얼굴이었다. 엄격해 보이면서도 자신감이 넘치는 인상이었다. 크메르인의 미의 기준에 맞게 입술선은 얇았다. 프락 칸이 입은 웃옷은 그의 등 근육을 그대로 드러냈고 58세의 나이에도 불구하고 흰머리가 거의 없었다. 그는 전쟁 때 한쪽 귀를 잃었다. 힘 후이나 S-21 교도소에 있는 일부 간수들처럼 프락 칸도 크메르 루즈의 703부대에 속한 젊은 군인 출신이었다. 그는 처음에는 감옥 바깥에서 경비를 보았다. 그의 근무지는 운하 근처의 360가였다 (완 낫이 처음 도착한 곳으로 그곳에서부터 감옥까지 걸어서 이동했다). 그 후 1976년 말 즈음에 프락 칸은 심문관 부서에 합류하게 되었다. 그는 다른 심문관들이 죄수들을 다루는 모습을 지켜보고 두크의 지휘 아래 그의 직속 보좌관인 몸 나이와 폰Pon이 보여주는 심문 시범을 따라 하며 일을 배워나갔다. 프락 칸은 CIA와 KGB가 무슨 뜻인지 그곳에서 처음 배웠다. 대다수의 죄수처럼 그 역시 잘 모르는 조직이었기 때문이다. 심지어 교육을 받은 후에도 프락 칸은 두 조직에 대해 잘 모르겠다고 고백했다.

그는 고문과 관련된 방법론, 전략, 기술도 배워나갔다. 한마디로 죄수가 죽지 않는 범위 안에서 고문하는 노하우를 배우는 것이었다.

심문관들은 이론상 매우 까다로운 규율을 지켜야 했다. 또 생명에 지장을 줄 만큼 죄수를 때려서도 안 되었다. 프락 칸은 전기 고문, 채찍질, 비닐봉지로 질식시키는 고문, 손톱 아래에 핀을 찔러 넣는 고문 기술을 배웠다. 물이 찬 욕조에 얼굴을 파묻는 고문이나 독충을 이용하는 고문까지는 배우지 않았다고 밝혔다.

"고문받는 동안 죄수들에게 소리를 내지 말라고 해요. 모욕적인 말을 해서도 울부짖어서도 안 된다고 경고합니다."

죄수들을 개별적으로 심문하는 가장 큰 이유는 죄수가 속한 조직의 또 다른 공범자를 알아내기 위해서였다. 프락 칸은 크메르 루즈가 매우 중요하게 여기는 죄수 말고 혐의가 약한 자들만 담당했다. 심문관 부서는 크게 세 조직으로 나눌 수 있다. 말로 심문하는 '차가운 팀'과 고문의 정도가 심한 '뜨거운 팀' 그리고 그 중간에 해당되는 '저작chewing. 詛嚼 팀'이 있었다. 첫 번째 팀에 속하는 심문관은 설득을 통해 죄수들이 자백하도록 유도했다.

"죄수의 심리를 이해하는 것이 '차가운 팀'이 하는 일이에요. 다른 심문관들도 저처럼 집요하게 질문해 자백을 받아냈는지는 모르겠어요. 어쨌든 저는 심문관들을 교육할 때 일단 말로 답을 이끌어내는 것이 원칙이라고 가르쳤어요. 그다음 절차가 고문인 거죠. 하지만 많은 심문관이 구두로 하는 심문보다는 육체에 가하는 고문에 더 치중했어요."

두크가 부연 설명을 했다.

반면 '뜨거운 팀'에 속하는 심문관들은 전기 고문 외에도 자신들이 효율적이라고 생각하는 고문을 죄수들에게 가했다. 저작 팀의 일원이 었던 프락 칸의 설명에 따르면, 저작 팀은 구두 심문을 하되 극도로 집 요하게 했다고 한다. 그러나 춤 메이의 시각은 그와 달랐다. 그는 상황 을 다음과 같이 요약했다.

"죄수가 심문관을 보는 날에는 언제나 육체적인 고문이 이어졌어요. 구두 심문만 있었던 적은 없습니다. 항상 뜨거웠지 차갑거나 미지근한 심문만 있었던 적은 단 한 번도 없었어요."

두크는 노란색 형광펜을 열심히 사용했다. 차분한 태도로 재판에 참 여했으며 휴식 시간에도 법정 안을 떠나지 않았다. 무언가를 적으며 문 서에 형광펜으로 밑줄을 긋기도 했다. 또 자신의 변호인단에 속한 캄보 디아 출신의 보조와 대화를 나누며 밝게 웃기도 했다.

그리고 10분 정도 지나자 두크가 복도로 나갔다. 한편 방청석에 들 어온 영화 감독 리티 판은 평소와 마찬가지로 맨 앞줄에 앉았다. 그의 왼편에 재판 과정을 생방송으로 중계해주는 비디오 화면이 설치되어 있 었다. 리티 판은 고통스러운 표정을 감추지 못했지만 끈기 있게 화면에 집중했다. 그러면서도 보는 내내 불편한 기색이 역력했다.

실내를 벗어나면 재판소 홍보 담당자들이 언론사의 흥미를 충족시 키고 방청인들이 지루해하지 않도록 갖은 노력을 다했다. 그 결과 가끔 정도에 벗어난 일이 일어나기도 했다. 하루는 정오경에 있는 휴정 시간에 홍보 담당자들이 기자진에게 폴 포트의 여자 사촌을 소개했다. 오후에 있을 재판을 위해 다른 증인과 함께 재판소로 소환했다고 했다. 홍보 담당자들은 과거 독재를 일삼았던 폭군의 남자 형제도 재판소를 찾았다고 발표했다. 하지만 실제로 그는 자리에 없었다. 게다가 '제1의 형제'로 불렸던 폴 포트를 본 적조차 없는 여자 사촌은 그날 보기 좋게 망신을 당하고 말았다.

"저는 이 재판이 이미 죽은 사람들의 명예를 살리는 데 기여할 것이라고 생각합니다."

여자가 얌전하게 말했다.

그 말을 들은 리티 판은 화가 치솟아 올랐다. 그는 저 멀리서 신랄한 목소리로 쏘아붙였다.

"폴 포트가 가장 좋아하는 음식이 뭐였습니까?"

결국 홍보 담당자들의 예상이 보기 좋게 빗나가면서 우스운 해프닝이 벌어지고 말았다. 마이크와 카메라 앞에 선 시골 출신의 여자는 결국 압박감을 이기지 못해 눈물을 흘렸다. 그녀는 뭐가 뭔지 잘 모르겠다며 당혹스러워했다.

리티 판이 다시 입을 열었다.

"부끄러운 줄 아세요! 폴 포트를 잘 모르는 여자를 데려와서 눈물까지 흘리게 만들다니…… 당신들 제정신입니까? 얼른 여자를 집으로 돌려보내세요. 자, 이제 만족하십니까?"

이윽고 두크가 다시 재판소 안으로 들어왔다. 주머니에 손을 넣은 채 자신의 변호사들과 함께 대화를 나누었다. 그때 판사 한 명이 법복을 입지 않은 채로 잠깐 모습을 비쳤다. 판사들이 입는 법복은 법조계 사람들을 반신半神으로 승격화하는 역할을 했다. 판사는 판사 보좌관 중 한 명을 부르고는 자리를 뜨더니, 창조주를 연상케 하는 법복을 잘 차려입은 다음 다시 등장했다. 재판이 속개되고 시골 사람들도 다시 방청석으로 찾아들었다.

재판소 경비원으로 일하는 남자는 유엔의 관용 정신을 반영한 파란색 셔츠를 입고 있었다. 경비원이 선잠을 자고 있던 두 시골 여성을 깨웠다. 증인으로 소환된 두 여성은 자신들의 이름이 불리자 입가에 미소가 번졌다. 두크의 심리를 분석한 여성 심리학자가 이 두 여성 사이에 있었다. 심리학자는 분석한 결과를 발표하기 위해 다시 재판소를 찾아왔고 두크는 유리벽 너머로 그 여성을 뚫어질 듯 쳐다봤다. 호기심에서인지 애매모호한 두크의 시선은 평소처럼 냉철한 눈빛이 아니었다. 이어서 다시 재판으로 관심을 돌린 두크는 편안한 자세로 재판을 묵묵히 지켜보았다.

"두크가 여성 죄수를 고문한 장면을 목격한 적이 있습니까?"

판사가 프락 칸에게 물었다.

"확실하게 본 적은 없어요. 두크는 육체적인 고문을 한 적이 없는 걸로 알고 있어요. 말로 심문한 다음 고문은 다른 심문관이 했으니까요. 덱 부Dek Bou가 여자 죄수를 때리고 전기 고문을 했어요. 또 여자가 기절할 때가지 질식시킨 적도 있고요."

두크는 상체를 앞으로 숙여 물을 마셨다. 그러면서도 증인에게서 눈을 떼지 않았다. 그는 존재 자체만으로도 그의 강렬한 이미지를 대변하는 것 같았다.

"때때로 두크가 고문 현장에 찾아와 죄수가 자백을 했는지 물은 다음 다시 떠나기도 했어요."

프락 칸이 증언했다.

심문할 때는 '적절한appropriate' 자백이 나오기 전까지는 자백 내용을 기록하지 않는다며 옛 심문관이 상황을 자세히 설명했다. 여기서 말하는 적절한 자백이란 반역자 집단에 속하는 구성원의 이름을 정확하게 언급하는 것을 말했다. 그 후에 심문관은 자신이 작성한 보고서를 직속 상관이 볼 수 있도록 제출했다. 그러면 직속 상관이 최종적으로 두크에게 전달했다. 추가로 자백을 받아내야 할 때는 두크가 학교 교사처럼 빨간 펜으로 주석을 달았다. 자백 기록에 대한 평가가 끝난 뒤에는 독방에 있던 죄수를 끌고 나와 외부의 시선이 차단된 벽돌 벽을 따라 이동했다. 그리고 집단으로 수용되는 예전 감방으로 들어와 죽을 때까지 그곳에 머물렀다. 심문을 받지 않는 죄수가 전체 수용 인원의 절반 이상이라고 프락 칸이 말했다. 이처럼 심문을 받지 않은 죄수들은 바로 쯔엉 엑Choeung Ek, 이른바 킬링 필드killing field로 보내졌다.

프락 칸은 그 당시에 불어를 조금 이해할 수 있었지만 지금은 다 잊어버렸다고 했다. 그 이야기를 들은 두크의 얼굴에 미소가 번졌다. 과거에 자기 밑에 있던 부하 직원을 증인으로 대해야 했던 두크는 전반적으로 이 상황을 재미있게 여기는 듯했다. 한편으로는 교육 수준이 낮은 프락 칸을 은근슬쩍 비웃는 것 같기도 했고 다른 한편으로는 증인으로 나온 그가 한 이야기들이 현실과 달라서 절로 웃음이 나오는 것 같기도 했다. 두크는 천장을 바라보며 웃음을 참으려고 애썼다. 굳게 다문 입술은 밖으로 튀어나온 초승달처럼 보였다. 아무래도 두크는 우스운 상황이 일어났을 때 웃음을 잘 못 참는 성격인 듯했다. 조금이라도 경계를 늦추면 어쩔 수 없이 얼굴에 미소가 번졌다. 휴식 시간이 되자 두크는 증인으로 나온 프락 칸을 응시하며 애써 자제하는 표정으로 웃었다. 그리고 밖으로 나갔다.

프락 칸은 동료인 힘 후이와 더불어 두크가 가장 경계해야 할 위험한 증인이었다. 한때 두 사람을 지휘하는 상관이었던 두크가 눈싸움을 하듯 증인에게 보냈던 눈길은 과거의 부하 직원이었던 자에 대한 경계로 가득했다. 재판이 다시 진행되기를 기다리며 법정으로 돌아온 두크는 옛 심문관에게서 시선을 떼지 않았다. 뾰로통한 얼굴로 증인을 가소롭다는 시선으로 보는 것 같았다. 반면 프락 칸은 두크의 시선을 차마 받아내지 못하고 눈을 피했다. 그럼에도 목덜미에 칼이 들어온 듯 한기를 느껴야만 했다. 시간이 흐르자 두크가 이번에는 방청석으로 시선을 옮겼다. 넓은 방청석은 사람들로 꽉 차 만원이었다. 두크는 방청인들을 마치 취조라도 하듯 유심히 살펴보는 데 열중했다.

지난 몇 년 동안 프락 칸과 힘 후이는 그들이 겪은 수도 없는 일을 사람들에게 상세히 묘사했다. 그리고 질문이 있을 때마다 충실하게 대답해주었다. 지난 30년 동안 두 사람은 주변 사람들의 관심을 지속적으로 받으며 여러 의문을 풀어줘야만 했다. 그렇게 지난날의 기억을 계속해서 끄집어내며 현재를 살아왔다. 그러다보니 어쩔 수 없이 실제 상황을 더 과장하는 일이 발생했다. 그리고 확실한 사실이라기보다는 그랬을 것이라는 추정을 마치 사실처럼 말하게 됨으로써 진실이 왜곡되는 일까지 생겼다. 인간의 기억 중 참과 거짓을 확실하게 구별하는 일이야말로 정의를 위해 싸우는 사람들이 일상적으로 해야 하는, 더구나 난해하기까지 한 과제다. 간수들이 저지른 비난받아 마땅한 행동의 실체를 제대로 파악하는 일은 재판 과정 내내 풀어야 할 어려운 숙제로, 차라리 헛일이라고도 할 수 있었다.

예전에 프락 칸은 두크가 죄수에게 직접 고문을 가한 적이 있다고 진술했다. 피고인인 두크의 죄를 확연하게 증명해주는 발언이었다. 하지만 정작 재판소에 출두하자 프락 칸은 그 부분에 대해 함구했다. 그는 말을 돌려 다른 심문관의 죄를 거론하기도 하고, 잘 기억나지 않는 부분이 있다고 자백할 때도 있었다. 사실 이날 재판의 결론은 두크에게 극히 중요한 직접 고발 건이었다. 하나는 힘 후이가 쯔엉 엑에서 행한 처형과 관련하여 증언한 것이었고, 다른 하나는 프락 칸이 두크가 심문실에서 죄수를 고문했다고 증언한 내용이었다. 하지만 범행에 대해 확신이 있는지 확언해달라는 요청에 힘 후이는 "확실히 있었다" "확신한다"고 대답한 반면 프락 칸은 "확실하지 않다" "잘 모르겠다"로 답했다.

어찌됐든 간에 힘 후이와 프락 칸은 형을 받지 않을 것이기 때문에 잃을 것이 없었다. 하지만 두크처럼 기억의 복잡한 매듭을 풀어가며 사람들 앞에 공개적으로 펼쳐 보여야 했다.

"제가 직접 죄수를 고문한 적은 없었어요. 다만, 다른 사람들이 죄수가 기절할 때까지 고문하는 과정을 지켜본 적은 있지요."

프락 칸이 말했다.

항상 다른 사람들이 고문을 한 주체였다. 이미 죽고 이 세상에 없는 사람들.

문제는 프락 칸이 예전에 저작 팀도 경우에 따라 죄수를 고문한다고 말했다는 점이다. 게다가 그가 재판소 밖에 있을 때 사람들에게 자신이 고문을 가한 적이 있다고 자백하기까지 했다. 전기 충격을 가해본 적도 있고 구타하고 위험한 동물로 죄수를 위협한 적도 있었다고 말했다. 이 사실을 알고 있는 판사는 프락 칸에게 그 부분을 상기시켰다.

"당신은 이 점에 대해 덧붙일 이야기가 있습니까? 아니면 묵비권을 행사하고 싶습니까?"

"아니요, 더 할 말 없습니다. 그게 진실이니까요."

진실…… 진실을 말한다는 것은 참으로 어려운 일이다. 그리고 진실을 있는 그대로 자백하는 것은 더더욱 어렵다. 고문한 자들이 자신을 혐오하며 있는 그대로 고발한다고 해도 사건의 일부를 빼먹을 수 있기 때문이다. 또 누구나 그렇듯이 상황을 정확하게 보여주기보다는 과장할 수도, 단순화할 수도 있으며 착각하거나 상황을 자신의 주관적인 관점으로 해석해버릴 수도 있다.

피해자들도 마찬가지다. 죄수들이 하는 말이 100퍼센트 진실이라고 할 수는 없다. 이 세상에 진실만을 말하는 사람은 없다.

법정 안은 진실이 빛을 발하는 곳이라 할 수 있다. 내면의 감정이 노출되는 곳, 삶의 밀도가 극에 달하는 자리가 바로 여기다. 하지만 상황에 따라 법정이 결핍의 공간, 실망이 가득한 지대가 되기도 한다. 특히 프락 칸이 증인으로 섰을 때가 그랬다. S−21의 모습을 영상으로 담은 리티 판의 유명한 영화를 보면, 프락 칸이 죄수들에게서 뽑아낸 혈액에 대해 말하는 장면이 나온다. 마치 동물을 대하듯 기억 속 죄수들에게 말을 퍼붓기도 한다. 그리고 그의 속마음과 손동작이 따로인 것을 확인할 수 있다. 영화에 등장한 증인이었을 때와 비교했을 때 재판소에 등장한 프락 칸의 모습은 상대적으로 기력이 매우 떨어진 모습이었다. 과거에 카메라 앞에서 증언한 끔찍한 진술 내용들이 재판소에서는 자취를 감추었다. 그는 묵비권을 행사할 권리를 보란 듯이 활용했다. 두크의 변호인단은 S-21 교도소의 옛 간수들이 위협적인 발언을 연달아 할 때마다 적절한 전략을 동원해 위기를 모면하려고 애썼다. 위기를 완전히 막기란 거의 불가능하긴 했지만 상대의 주장을 억제하는 데 어느 정도 일조했다. 재판소에서 말한 진실과 영화를 통해 말한 진실 중 어느 것을 믿어야 할까? 프락 칸과 힘 후이가 환상을 덧보탠 기억들 역시 여러 가지 소문의 결정체들이었다. 게다가 판사들 앞에서 진실만을 말하겠노라고 엄숙하게 선언한 뒤에는 과거에 말했던 옛 기억이 자취를 감추었다.

프락 칸은 두크가 정기적으로 고문실을 시찰했다고 증언했다. 하지만 두크는 그 부분을 부인하면서 그가 통솔했던 기관이 계급 구조가 매우 엄격했다는 점을 들었다. 그래서 아무리 신경 쓰이는 일이 있다 할지라도 서기를 맡은 수 티가 개인적으로 두크에게 직접 연락을 하는 것은 있을 수 없었다. 반드시 S-21 교도소의 2인자인 호르를 거쳐야만 했다. 또한 수 티 역시 '동쪽의 형제'로 통하는 두크의 직접적인 명령을 받을 수 없었다. 그 당시에 두크의 거처가 감옥 동쪽에 있다 하여 감옥 직원들이 그를 '동쪽의 형제'로 불렀다. 반면 호르는 '서쪽의 형제'였다. 수 티는 호르를 두려워했다. 또 그는 '서쪽의 형제'가 '동쪽의 형제'를 무서워한다는 것도 잘 알았다.

하지만 '동쪽의 형제'인 두크가 과연 호르를 두려워했는지는 확신이 없었다.

"그건 제가 알 수 있는 부분이 아니었어요."

수 티가 속마음을 고백했다.

수 티는 다른 간수들과 마찬가지로 동료들이 체포되어 사라지는 과정을 묵묵히 지켜봐야 했다. 사방에 두려움이 도사리고 있었고 누구도 그 공포에서 벗어나지 못했다. 150명이 넘는 S-21 교도소 직원들이 자신들이 일했던 감옥에서 다른 죄수들처럼 희생자로 전락했다.

프락 칸이 속한 위치에서는 중간 관리자를 거치지 않고서는 보고가 불가능했다며 두크는 당시의 상황을 설명했다.

"프락 칸은 부서의 책임자를 거치지 않고 직접 나에게 말을 걸 수 없었습니다. 제가 제 부하를 거치지 않고 직접 프락 칸에게 자잘한 질문을 했다면 뭐하러 중간 직원을 제 밑에 두겠습니까? 프락 칸을 비롯해 다른 심문관을 일대일로 만나 지시 사항을 전달해줄 시간도 없었습니다. 저는 프락 칸이란 남자를 감옥에 있는 동안 본 적도 없었고 이름을 들어본 적도 없었어요. 1979년 1월 7일에 비로소 그의 존재를 알게 된 것이 전부예요. 감옥에서 그의 지위는 별로 중요하지 않았어요. 그래서 그의 신상 명세서를 찾는 데 시간이 한참 걸렸습니다."

일정한 톤을 유지하며 두크가 말을 이어갔다.

두크는 자리에서 일어나 자신의 입장을 변호했다. 일부러 그린 듯 주름이 깊숙하게 팬 얼굴은 두 다리로 버티고 선 그의 몸뚱이를 더 늙어 보이게 했다. 시간이 지나자 기운을 되찾았는지 그의 음성이 더 안정감 있게 들렸다.

"프락 칸이 증언한 내용 중 많은 부분은 사실이 아닙니다. 내 생각에 자네는 겁을 먹은 상태여서 그랬을 테지. 그 당시에는 내가 자네를 체포할 수도 있었으니 내가 무서웠을 거야. 지금은 나처럼 법정에 나와 있기 때문에 겁을 먹었겠고. 제 부하 직원들이 이곳에 출두해 제 편에 서기를 바라거나 그래야 한다고 생각하는 것은 결코 아니에요. S—21 교도소에서 일어난 일에 대해 제가 책임을 지는 것이 당연하니까요.”

혁명군의 오래된 사고방식이 여전히 남아 있는 탓일까, 두크는 그 순간 자신의 몸에 배인 군대식 손짓을 해 보였다.

뒤이어 프락 칸의 발언 중 사실과 다른 부분 그리고 사실을 지나치게 확대 적용한 부분을 지적한 그는 계속해서 증인을 질책했다.

“물질적인 증거가 없는 내용에 대해서는 말하지 말게! 자네 발언을 증명할 만한 기록이 전혀 없는데도 자네는 주관적으로 우기기만 하잖는가?”

재판장인 닐 논이 그의 언동에 주의를 주었다.

다음 공판에서는 판사 실비아 카트라이트Silvia Cartwright가 문서를 꺼냈다. 1976년 2월에 작성된 보고서로 도시 방어군을 상대로 연 회합의 요약문이었다. 그 당시 당의 규율을 가르치는 일을 맡았던 두크가 말한 내용이 있었다.

“제군은 죄수에게 가하는 폭력이 잔인하다는 생각은 버려야만 한다. 작금의 상황에서 친절 따위는 필요 없는 감정이다. 국가와 온 세계를 위해, 또 계급 투쟁을 위해 우리 모두 구타라는 행위에도 주저함이 없어야 할 것이다.”

하지만 두크는 그보다 5일 전에 작성한 다른 요약문을 들어 말했다. 그 문서에서는 잔혹한 내용이 담긴 문장을 전혀 찾아볼 수 없었다. 그래도 이런저런 고문의 진정한 면이 나와 있었는데, 잔인함보다는 보는 이로 하여금 눈쌀을 찌푸리게 하는 내용들이었다. 한편 판사는 수 티에게 그 자신이 담당했던 옛 서류에 대해 설명해보라고 했다. 수 티의 것과 서식이 동일하지 않은 데다 그가 기입하지 않는 난에 글을 적어 넣은 서류들이 있었기 때문이다. 게다가 사용한 타자기도 달랐고 주석도 그의 글씨와는 달랐다.

연한 초록색 셔츠를 바지 바깥으로 꺼내 입고 옷 주머니에는 안경을 넣은 힘 후이. 옷깃 사이로 받쳐 입은 노란색 티셔츠가 비쳐 보였다. 눈매는 눈웃음을 치는 듯했고 머리카락은 숱이 많고 새까맸다. 아직은 팔팔한 모습이었다. 얼굴형은 흡사 망고처럼 생겼고 길고 뾰족한 입술은 윤곽이 뚜렷하고 보기 좋았다. 과거에 감옥을 감독했던 그는 자주 코를 찡그리는 버릇이 있었다. 코를 훌쩍거릴 때면 콧구멍이 좁아지는 동시에 눈이 가늘어졌다. S-21로 불리는 수용소 단지를 관리하는 사람들은 시골 출신의 젊은이들 중에서 잡일을 시킬 일꾼을 뽑았다. 그렇게 S-21 수용소에는 젊은이들이 대거 합류하게 되었고 그중에 힘 후이가 있었다. 글도 읽을 줄 몰랐던 힘 후이는 열일곱 살에 혁명군에게 선발되어 일을 시작했다.

그리고 두크의 두 수하 중 한 명으로 이 죽음의 열도에서 '재교육' 기관 S-24를 맡은 3인자 아래에 들어갔다.

전쟁 중에 군대나 혁명 집단이 잡일을 시키기 위해 미성년자들을 고용하는 것은 오래전부터 있어온 일이다. 두크 역시 청소년들을 고용했다. 나이가 어리기에 아직 백지장처럼 정신이 깨끗한 그들을 데려와 자신들의 색을 입히기 위해서였다.

"청소년을 몇 명 뽑아 잔인한 일꾼이 되도록 훈련시켰어요. 그들을 대할 때 공산주의 용어를 자주 썼는데 순수한 어린애들을 잔인한 사람으로 변화시키는 데 중요한 역할을 했지요. 그래서 극단적인 상황도 받아들일 수 있도록 어린 일꾼들의 정신을 개조했지요. 한마디로 그들의 성격 자체를 바꾸는 작업이었어요. 그들의 인성에서 상냥함을 없애고 피도 눈물도 없는 잔혹성을 심어주었다고 할 수 있죠. 또한 철저한 계급의식을 심어주었어요."

힘 후이가 동료들이 체포된 상황에 대해 이야기하기 시작하자 두크의 얼굴에 미소가 번졌다. 이야기가 부분적으로 왜곡될 때면 입술을 오므린 채 눈살을 찌푸렸다. 거만한 남자처럼 짐짓 여유까지 부렸다. 하지만 그의 존재감은 확연하게 드러났고 침묵으로 일관하지만 위압감을 주기에 충분했다. 힘 후이가 다시 코를 훌쩍거렸다. 그리고 이번에는 직위가 높은 사람들을 언급하며 두크의 직속 수하로 일했던 두 관리자가 S−21 교도소에서 숙청당할 위기에 처한 상황을 설명했다. 힘 후이는 1976년부터 시작된 숙청 사건의 결과 자신이 감시인들을 관리하는 책임자로 승진했음을 기억하고 있었다. 1978년 말 두크의 전임자이자 S−21 감옥의 최고 우두머리였던 낫Nath이 수하들의 손에 처단되었다. 그에 이어 3인자도 자취를 감췄다. 자신의 차례가 올지 모른다는 생각에 힘 후이는 앙카르 조직이 어느 날 '라인'을 추적하여 끌고 갈까봐 두려웠다. 그렇다면 자신도 앞서 말한 사람들처럼 제거되고 말 터였다. 힘 후이가 다시 한번 코를 훌쩍였다.

"솔직히 지금 두크를 보고 있어도 과거에 그와 같은 감옥에서 일했을 때가 생각나 겁이 나요. 오늘날까지도 저를 공포에 떨게 하는 사람이니까요. 1979년 1월 7일 드디어 해방을 맞이하지 않았더라면 살아남을 수나 있을지 정말 꿈도 못 꿨을 거예요."

힘 후이는 커다란 노란색 손수건을 꺼내며 감정에 복받치는지 눈물을 흘렸다.

"두크가 말한 것처럼 저도 언젠가는 죽게 될 줄 알았어요. 두크는 모든 사람이 숙청을 당해 사라지게 될 거라고 말했어요."

1978년 말 수 티도 높은 관직에 있는 사람끼리 서로 못 잡아먹어 안달이 난 상황을 보며 몸서리를 쳤다. 그는 자신이 열심히 했던 일이 그에게 준 이로운 점이 하나도 없다는 것을 깨달았다. 법정에 선 수 티는 지난날을 후회하며 한탄했다.

"제가 얻은 거라곤 두려움이 전부였어요."

"당신의 일을 좋아하지 않았습니까?"

"한순간도 그런 감정을 느껴본 적이 없어요. 정말 싫었어요. 하지만 어쩔 수 없이 해야 하는 일이라 한 겁니다."

"왜 교도소를 떠나지 않았습니까?"

"그 당시 정권의 억압이 얼마나 심했는데 어디로 도망갈 수 있겠어요? 5분만 자리를 비워도 다른 직원들이 제 빈자리를 알아챌 정도였어요. 그래서 주어진 일만 죽어라 할 수밖에 없었어요. 도망갈 탈출구가 전혀 없었어요. 사실 S-21 감옥 직원들은 정권에 대해 경의를 품지 않았어요. 진짜예요."

법정을 떠나기 전 감옥에서 살아남은 생존자 중 한 사람인 춤 메이가 두크에게 몇 가지 질문을 던졌다. CIA 소속이라는 의심을 받게 되었을 때 CIA 요원들이 모두 감옥에 끌려와 살해당했는지 아니면 살아남은 사람이 있었는지 하는 질문이었다. 그리고 앙카르가 정확히 무슨 집단이었는지, 폴 포트가 크메르 루즈와 동의어인지도 물었다.

"모든 것이 좀 혼란스러워서요. 혹시 학생들이 물어오면 정확하게 알려주고 싶습니다."

재판장 닐 논은 늙은 생존자가 한 단순한 질문들을 기분 좋게 받아들였다. 두크도 미소를 지었다. 한때 교육자로 있었던 그에게도 그 질문이 싫지 않은 눈치였다.

"캄푸치아의 공산당에 반대하는 자들을 가리켜 CIA라고 불렀소. 진짜 미국 CIA와 국내 공산당이 적으로 간주하는 CIA는 엄연히 다릅니다."

이어서 그는 앙카르에 대해 설명했다.

"앙카르는 한마디로 국내 공산당과 떼려야 뗄 수 없는 조직이었어요. 하지만 앙카르가 구현하고자 한 이상은 여전히 미스터리로 남아 있지요."

춤 메이는 그가 적이라며 몇몇 이름을 자백한 것에 대해 지금까지도 고통스러워했다. 그리고 정권을 배신한 적이 없는데도 누명을 쓰고 감옥에 온 일을 계속해서 언급하며 분노를 드러냈다. 아직도 왜 자신이 배신자 취급을 당해 그런 수모를 겪어야 했는지 모르겠다며 화를 냈다. 그가 사형집행인이라 할 수 있는 두크에게 질문을 한 숨은 의도는 여전히 꺼지지 않는 그의 분노를 표현한 것으로 해석할 수 있다. 아무리 침착한 태도로 부조리를 이해하려고 애써도 소용없었다.

6
양치기 개

두크가 자리에서 일어나 인사했다. 그는 국민들이 고통을 겪기 시작한 때가 바로 노로돔 시아누크가 정권을 잡으면서 국가 경기가 침체된 1960년대 중반이라고 지적했다. 그 후 1970년 3월 18일 극우파의 쿠데타가 일어났고 1975년 4월까지 각 정당이 마치 경합을 벌이듯 캄보디아 사람들을 죽였다고 말했다. 두크는 손에 종이 한 장을 들고 나머지 한 손으로는 피고석 책상 끝을 잡고 있었다. 몇 초 동안 침묵이 법정 안을 가득 채웠다. 그 전날 재판이 열린 이후로 지금처럼 이상한 분위기가 법정 안을 맴돈 적은 없었다. 두크가 사람들 앞에서 용서를 빌었다.

"제가 양심의 가책에 시달리고 고통받고 있는 것을 여러분에게 내보일 수는 없을 겁니다. 하지만 제가 느끼는 고통은 이루 말할 수 없을 만큼 큽니다. 평생 잊지 못할 거예요. 잘못된 선택이 결국 한순간에 인생 전체를 후회의 시간으로 만들어버리더군요. 이 재판소에 나와 심판을 받게 된 것은 제가 지은 죄 때문입니다. 저는 상관들을 탓하거나 제가 거느렸던 부하들을 책망하고 싶지 않아요. 제가 책임져야 할 부분을 회피할 생각도 없어요. 비록 범죄가 제 상관의 명령 아래 저지른 것이라도 제가 그 지시대로 S-21 직원들에게 시켰으니까요. 이데올로기적인 면에서 그리고 심리적인 면에서 저는 저희가 저지른 범죄에 책임이 있는 사람입니다. 제가 정말 후회하는 점은 당의 정치활동에 애초부터 제가 개입했다는 것이에요."

부 멩이 동의하는 듯 고개를 끄덕였다. 두크는 몸을 부들부들 떨기 시작했다. 하지만 판사들이 그를 주의 깊게 보자 두크가 안경을 벗더니 다시 인사를 했다. 그러고는 두 손을 탁자에 댄 채 판사를 한 명씩 차례차례 쳐다보았다. 또 왼쪽에서부터 오른쪽으로 시선을 이동하며 사람들을 쳐다봤다. 특히 그는 검사석을 자주 쳐다봤다.

"저는 제 일을 하는 동안 한 번도 행복하다고 느껴본 적이 없어요."

두크가 다시 입을 열었다.

1999년 5월, 그가 경찰에 체포되던 날을 회상하며 그때 이야기를 하려던 찰나, 두크가 숨을 깊게 들이마시며 겨우 호흡을 진정시켰다. 그날, 심문을 받던 초반부터 손에 들고 있던 종이에는 그가 직접 그린 그림이 그려져 있었다. 두크는 종이를 판사들에게 보여주길 원했다. 허락이 떨어지기를 기다리는 동안 두크가 자리에 앉았다. 그는 자신을 변호하기 위한 목소리를 내기까지 30년의 세월을 기다려왔다. 그는 현재 자신에게 있는 모든 에너지를 실어 그 자리에 있었다. 그래도 흥분하기는 커녕 완벽할 정도로 태연한 모습을 보였다.

두크에게 호기심을 발동시키는 도표에 대해 설명할 기회가 주어졌다. 사람들이 세 주요 인물을 알아보았다. 폴 포트와 누온 찌어Nuon Chea[전 캄푸치아 공산당의 부서기장 겸 국회의장], 그리고 타 목Ta Mok[크메르 루즈 집권기 당시 군사령관이자 크메르 루즈의 마지막 지도자]으로 크메르 루즈가 집권할 당시 제1, 제2, 제4의 '형제들'이었다. 재판장은 피고인 두크의 말을 경청했고 그의 얼굴에서 시선을 떼지 않았다. 하지만 다른 판사들은 그를 똑바로 쳐다보지 않고 시선을 다른 곳으로 돌렸다. 두크가 캄푸치아 공산당의 권력 구조가 어떻게 되는지 설명하기 시작했다. 그렇게 법정에 나와 처음으로 정권의 실체를 밝히자 갑작스런 그의 자백에 사람들이 놀라움을 감추지 못했다.

1975년 6월 21일 프놈펜에 도착한 두크는 며칠 동안 다른 사람들처럼 당의 정치 교육을 받았다. 두크가 불어로 "세계의 혁명 개념을 제대로 배우기 위해서였다"라고 대답했다. 각자 자신이 살아온 과정을 글로 써야 했고 이데올로기에 대한 자신의 관점을 피력해야 했다. '4월 17일의 대승리', 즉 공산당이 수도 프놈펜을 무력으로 포위한 사건을 경이적인 성공으로 여기는 것은 당연했다.

그리고 공동체, 사회주의 국가의 건설, 혁명이 추구하는 바를 위해 개인을 희생해야 했다. 개인의 '일대기'를 작성하고 미래에 대한 계획을 글로 쓴 다음 동료들 앞에서 한 명씩 읽어야 했다. 그런 뒤 질문이 있으면 의무적으로 대답했다. 자신의 혈통, 가족 사항에 대해서도 모든 것을 공개해야 했다. 가족 중에 정권이 바뀌는 과정에서 살인을 당한 사람이 있는지도 밝혀야 했다. 그러나 두크는 친척 중에 론 놀Lon Nol[군인 출신으로 크메르 공화국의 대통령이 된 우파 지도자]의 조카딸이 있다는 사실을 누설하지 않으려고 애썼다. 론 놀로 말할 것 같으면 크메르 루즈가 전복시킨 우파 정권의 원수로 크메르 루즈가 죽이려고 애를 쓴 정치가였다.

두크는 크메르 루즈의 안보부를 떠나 다른 곳에서 일하려고 노력했다는 이야기도 덧붙였다. 4년 동안 안보부에서 일한 뒤, 그는 산업부로 이직시켜달라고 상부에 요구했다. 판사가 상부에 접촉해서 정확히 어떤 이유를 댔는지 묻자, 두크가 직접적인 대답 대신 판사에게 속담을 예로 들었다. 외국인 판사에게는 잘 이해가 가지 않을 수 있는 속담이었는데 해석하자면 대강 이런 말이었다.

"게딱지를 열어봐야만 그 속에 똥이 들어 있다는 걸 알 수 있나요?"

물론 그의 입장을 이해 못하는 것은 아니지만 안보부에 속하는 경찰 업무가 그의 성향과 맞지 않는가? 베일에 감춰진 비밀 조직을 유지하면서 안보부의 강력한 힘을 발휘하는 것이 분명 두크에게 큰 매력을 주지 않았던? 두크는 판사의 두 질문을 달갑게 여기지 않으며 도무지 답하려고 하지 않았다. 그는 딴소리를 하거나 빙빙 돌려 말하는 등 철저하게 대답을 피했다. 하지만 몇 번이고 생각해내도록 신문을 거듭한 끝에 두크가 결국 자신의 입장을 밝혔다. 자신이 한 일이 본질적으로 선한 행위는 아니라는 것을 그는 잘 알고 있었다. 그가 받아낸 죄수들의 자백이 절반 이상은 거짓이라는 것도 알았다. 두크는 악행에서 자부심을 느끼며 정당화하려고 애를 써본 적도 있었다. 하지만 결국 그의 노력은 실패로 돌아갔다.

"전 공산당의 절대적인 독재 정권에 속한 부속품에 불과했어요."

판사의 신문에 굴복한 두크가 결국 속마음을 드러냈다.

S-21이란 이름에서 S는 곧 '싼테발Santebal'[크메르 루즈의 안보부에 속하는 비밀경찰]의 머리글자다. 불교 용어로 싼테발은 경찰처럼 질서와 평화를 유지하기 위해 애쓰는 사람들을 뜻한다.

싼테발이 국내 안보 조직을 의미하는 명칭으로 본격적으로 쓰이기 시작한 때는 폴 포트가 집권할 무렵이었다. 공산당 정권하에서는 싼테발이 정치 경찰political police[체제나 정권의 안정을 위해 활동 및 사상을 단속, 탄압하는 비밀경찰]의 의미로 널리 쓰였다. 6월 말 두크는 안보부장이자 국방부장관인 손 센Son Sen으로부터 프놈펜에 정치범들을 가두고 정보를 얻어낼 시설을 세우라는 지시를 받았다. 프랑스의 대간첩조직 contre-espionnage을 본떠 조직을 편성하라는 말도 뒤따랐다.

두크는 21이 최초의 교도소장이었던 낫의 무전 코드인 21에서 나왔다고 했다.

두크는 크메르 루즈에게 전복당한 옛 정부 기관을 건물마다 샅샅이 뒤지고 정부 지도자들이 남긴 물건을 찾는 일을 맡았다. 그는 실패한 옛 정부가 보유한 보고서와 기록물을 수집했다. 사법경찰judicial police[범죄 수사를 목적으로 하는 경찰] 청사에서는 고문과 관련된 자료들을 모았다. 1975년 8월 15일 드디어 S-21 감옥이 문을 열었고 총책임자로는 낫, 부책임자로는 두크가 뽑혔다.

초반에는 옛 정부와 관련된 지도자, 장교, 정부 관료, 귀족을 제거하기 위한 감옥이었다. 게다가 도시에 살면서 옛 정부의 정치 노선에 영향을 받은 신흥 부자 계층도 포함되었다. 정신적으로 결함이 있는 사람들도 예외는 아니어서 혁명 정부에 도움이 되지 않는다고 여겨지는 사람들은 모두 제거 대상이 되었다. 그래서 최초로 프놈펜의 정신병원이

S-21 교도소의 관할로 운영될 정도였다. 그렇다면 정신병원에 있는 환자들은 어떻게 되었을까?

"전체 환자의 50퍼센트 이상을 죽인 것으로 판단됩니다. 하지만 확실한 증거가 있는 것은 아니에요."

두크는 나병 환자들을 모두 죽이라는 지시를 받은 적이 있다고 기억했다. 공산주의란 인간을 자유롭게 해방시킨다는 이념이건만 여기서 말하는 인간의 범주에 장애인, 환자, 광인, 동성애자, 종교인, 지식인은 포함되지 않는 게 분명했다.

1976년 3월 30일, 공산당의 수장이 대대적인 개혁을 추진했다. 먼저 당 내부의 숙청을 맡길 비밀 조직을 구성하라는 명령서에 서명했다. 크메르 루즈의 고위 지도자들이 비밀 조직인 앙카르를 동원하여 말살 정책을 펼쳤다는 그 무엇보다 확실한 증거였다.

이러한 명령은 이미 행해왔던 처형을 공식적인 정책으로 만들었다. 살해할 권리가 지역위원회, 중앙위원회, 상임위원회, 수뇌부에 모두 주어졌다. 부처별, 부서별, 지역별로 불순한 인물을 제거하는 작업이 대대적으로 이뤄졌다. 그 시기에 두크의 상관인 낫이 제거되었고 두크가 교도소장 자리를 맡게 되었다. 두크가 S-21 교도소를 책임지던 시기에 맞춰 교도소의 목표가 달라졌다. 이제는 국내의 반역자들을 잡는 것이 주요 목표였다. 3월 30일자 명령서를 보면 그에게 주어진 일이 무엇인지 개략적으로 살펴볼 수 있다. 하지만 그 당시에 두크는 그런 명령서가 존재하는지조차 몰랐다. 그로부터 30년이 흐른 뒤, 감옥에 있으면서 상부의 인물들이 결정한 내용에 대해 뒤늦게 알았다고 했다.

"왜 당신을 S-21의 책임자로 뽑은 것 같습니까?"

판사 라베르뉴가 물었다.

"먼저, 심문관으로서의 자질만 봤을 때 제가 낫보다 실력이 더 좋았어요. 하지만 그게 전부는 아닐 겁니다. 당은 낫을 전적으로 신뢰하지 못했어요. 손 센은 그가 의심스런 방법으로 일을 처리하고 술책을 부리는 것 같다고 했어요. 하지만 저는 그와 달리 성실했어요. 당과 관련된 사람에게 거짓말을 하느니 차라리 죽는 게 낫다고 생각했거든요. 그래서 늘 충실한 태도로 일했어요. 제가 아는 모든 정보를 분석하여 보고했고요. 저는 평생 동안 뭔가를 할 때마다 확실하게 처리하는 것을 원칙으로 여기며 살았습니다."

두크는 자신에게 주어진 역할을 하는 동안 공포를 느낀 경험을 이야기하며 다른 사람에게 이 일을 대신 맡기도록 부탁했다고 주장했다. 하지만 손 센은 그럴 때마다 두크를 위협했다. 손 센과 자기 사이에 있었던 대화 내용을 그 자신의 입으로 옮기는 동안 두크의 언성이 점점 날카로워졌다. 그가 사용한 크메르어에서도 금속성의 날카로운 소리가 날 정도로 발음이 매우 신경질적으로 들렸다.

마지막에 두크는 상황을 이렇게 정리했다.

"전 그때 상관들의 눈에 양치기 개나 다름없었어요."

재판소에 있는 검사에게 두크는 유세에 나선 완벽한 후보자나 다름없었다.

역사학자 데이비드 챈들러는 S-21 교도소야말로 마오쩌둥 사상에 심취한 크메르 루즈 정권의 끔찍하고도 괴상한 면을 가장 잘 대변한다고 말했다. 보관 상태가 매우 훌륭한 그의 기록에 따르면, S-21은 효율성과 근대성, 전문성 이 세 가지 기준에 완벽하게 들어맞는 교도소였다.

기록들을 더 세부적으로 살펴보면 크메르 루즈의 방침에 대해 의심스러웠던 점들을 확실하게 알 수 있다. 챈들러가 쓴 글들은 비록 다음날이면 새로운 적이 또 생기겠지만 크메르 루즈가 모든 적을 제거하고 승리하고자 했음을 설명해주었다.

챈들러의 견해에 따르면, 크메르 루즈는 특정 정당을 모델로 삼고 모방하지 않았다. 중국과 소비에트 연방에도 크메르 루즈처럼 안보 조직이 있긴 했다. 이들도 반역자들에게 애매모호한 기억을 강요해 자백하도록 이끌었다. 또한 반동 정신이 사라지지 않으면 재교육을 시켰다. 소련의 경우를 보면 레닌이 정권을 잡으면서부터 지속적인 숙청 작업을 벌였고 그 결과 혁명에 손실이 갔다. 반면 S-21 교도소가 펼친 은밀한 작업 방식은 역사학자 챈들러에게 신선한 충격을 가했다. 죄수들을 죽이기 전에 재교육을 한 점도 이곳만의 특징이었다. 체계적인 숙청 작업이 단계별로 이뤄졌다. 정치경찰 본부와 죽음의 수용소를 교묘하게 결합시킨 곳이 바로 S-21이었다.

크메르 루즈가 지배하는 민주 캄푸치아는 감옥들과 검은색 인민복을 입은 교도관들이 육체적인 폭력을 가해 고문을 하는 심문 체계가 확실하게 짜여 있었다. 각 기관이 서로 독립적으로 운영되었기 때문에 S-21 교도소가 다른 교도소에 권한을 행사하거나 직접적이고 독자적으로 연락을 취하는 것은 불가능했다. 한 교도소에서 다른 교도소로 메시지가 전달되려면 반드시 '중앙'을 거쳐야 했다. 두크가 관리하는 교도소는 독특하게도 전국이 관할 구역이라서 캄보디아 곳곳에서 온 죄수들을 수용할 수 있었다. 게다가 여느 감옥과 달리 유일하게 S-21 감옥만이 '수뇌부'로 부르는 기관과 직접적인 접촉이 가능했다.

S-21 교도소는 권력의 핵심부와 밀접한 관련이 있는 싼테발의 한 기관으로 볼 수 있다. 핵심부는 곧 상임위원회를 가리키며 앙카르의 핵심 인물이라 할 수 있는 5~7명의 인물로 구성되어 있다. S-21 감옥은 그들의 전용 기구로 가장 다루기 힘든 인물들을 구속한 다음 이곳으로 보냈다. 중앙위원회나 정부 부서에서 일하는 관계자가 S-21 감옥에 수용되었다.

게다가 현재 남아 있는 교도소 기록부의 양을 살펴봐도 S-21은 다른 감옥과 차별화되었다는 점을 한눈에 알 수 있다. 민주 캄푸치아의 다른 감옥으로 말할 것 같으면 S-21 감옥처럼 엄격하고 체계적으로 운영되지 않았다. 충분히 그럴 만했다. 하지만 그런 감옥들 중에는 문서들을 내버려둔 곳이 없었다. 정치경찰의 목록에 따르면, 그 당시 전국에 200여 개의 소규모 수용소가 더 있었다고 했지만 오늘날 우리는 그 속사정에 대해 아는 바가 거의 없다. S-21 교도소도 마찬가지로 두크가 재치 있게 처리했거나 상부의 명령을 받아 문서들을 폐기했다면 아무것도 알 길이 없었으리라.

두크의 자백을 통해 우리는 그가 크메르 루즈의 최고 지도자들과 달리 뭔가 특별한 점이 있는 피고인이라는 것을 알 수 있다. 하지만 어떤 흔적도 남기지 않으려고 했다는 사실을 두크가 순순히 자백할까? 게다가 수학자처럼 사고하는 두크라면 뛰어난 논리 원칙에 따라 현재 보유한 감옥 기록부에 명백하게 적힌 내용만 인정할 것이다.

"다른 문서가 존재한다는 사실을 부인하지는 않아요. 다만 저는 S-21 교도소에서 발견된 기록부에 적힌 내용만을 인정할 것입니다. 그외에 증거 자료가 없는 부분은 결코 인정할 수 없어요."

두크가 명료한 태도로 말했다.

철두철미한 그에게도 빈틈은 있었다. 우선 1979년 초, 베트남이 급속도로 캄보디아를 침공할 것이라는 사실을 예상하지 못했다. 도망가기 전에 미처 감옥에 보관된 문서들을 모두 없애지 못한 것도 그가 한 실수 중 하나다. 물론 그의 상관들이 두크에게 지시를 내리지 않았기에 그랬을 수도 있다. 과연 상부에서는 그들의 충실한 교도소장이 만들었던 거대한 자료실에 생각이 미쳤을까? 두크는 위급한 상황이 닥치자 급하게 도망가느라 자신이 쓴 중요한 문서들을 폐기할 시간이 없었을까? 이런 앞날을 미처 생각하지 못했던가? 아니면 그동안 자신이 공산당과 혁명을 위해 생생하게 기록한 문서, 뛰어나고 효율적인 기관을 세운 재능과 능력이 담긴 문서들이 무척 소중한 나머지 그의 허황된 자존심이 문서 폐기를 허용하지 않은 것은 아닐까?

만약 두크가 모든 문서를 불태웠다면 우리는 S-21 교도소에서 일어난 일을 정확하게 알 수 없었을 것이다. 그곳에서 일어난 범죄 행위가 얼마나 심각했는지도 말이다. '동쪽의 형제'로 불리던 교도관 책임자의 신분도 여전히 미스터리로 남았을 것이다. 물론 문서가 없어도 감옥에서 살아남은 죄수들이 끔찍한 감옥생활에 대해 증언할 수는 있다. 하지만 기록상의 증거가 전혀 없는 다른 교도소의 잔혹 행위는 결국 시간이 지나면서 역사의 어둠 속으로 사라지고 말았다. 자백을 이끌어내는 심문 과정의 기록물, 사진, 신상을 적은 기록부가 없었다면 우리는 S-21 교도소의 실체를 알지 못했을 것이다. 요약하건대, 오늘날 S-21 교도소가 이 정도로 회자될 수 있었던 것은 교도소 책임자인 두크가 문서를 모두 불태우지 않고 도망갔기 때문이다. 두크가 전문가답지 못하게 실수한 것일 수도 있고 아니면 그의 교만함에 이유를 돌릴 수도 있다.

풍부한 내용과 대단한 양의 감옥 기록부가 없었다면 민주 캄푸치아의 기록된 역사는 지금처럼 확실하고 명료하지 않았을 것이다. 게다가 챈들러의 말을 빌리면, 크메르 루즈 정권의 문서가 모두 남아 있었더라면 "민주 캄푸치아의 역사를 고스란히 되살려낼 수 있었을지도 몰랐다." 우상 파괴주의자로서 독립성이 강한 챈들러가 다음과 같이 의견을 피력했다.

"오늘날 우리가 민주 캄푸치아의 진실을 파헤치기 위해 S−21 감옥에 집중하고 있지만 어쩌면 최고 지도자들은 S−21 교도소를 별로 중요하게 생각하지 않았을 수도 있어요. 만약 장관 회의 보고서가 있는데 그중에 S−21이 자주 언급된 문건이 나온다면 나는 상당히 놀랄 겁니다. 캄푸치아 민주 공산당의 최고 지도자들은 지위가 높은 정치가들의 자백을 받는 데 혈안이 되어 있었습니다. 그래서 명령 계통에서 서열이 낮은 공산당원들의 자백에는 별 관심이 없었어요."

LE MAÎTRE DES AVEUX

7
몸이 으스러지도록 구타하라

두크는 공산당 중앙위원회에 소속된 멤버는 아니었다. 지도부의 서열에 따라 두크는 중급 관리인에 속했다. 물론 비밀경찰 내에서 그의 직위는 높은 축에 들어갔다. 그는 자신이 일하던 부서의 최고직에 있었는데 정통 공산주의 용어에서 빌린 '위원commissioner'이란 직명을 썼다. 부서의 수장으로 고도의 전략 기술과 판단능력을 요구하는 자리였다. 그는 가장된 겸손함을 보이며 자신의 직위에 대해 설명하기 시작했다.

"제가 한 일은 크게 세 가지예요. 이론을 가르치고 훈련시키는 것, 상관에게 죄수의 자백을 전달하는 것, S-21 교도소에서 일어나는 모든 문제를 해결하는 것이었어요. 제 일은 기술직이라기보다는 정치활동에 더 가까웠습니다."

데이비드 챈들러가 본 두크는 훌륭한 관리자였다. 주어진 과제를 능숙하게 처리했고 감옥에 있으면서 근면한 정신을 발휘하지 않은 일이 거의 없었기 때문이다. 그럼에도 불구하고 역사학자가 보기에 그런 두크도 감옥에서 일어나는 모든 세부적인 일까지 다 통제할 수는 없었을 뿐만 아니라 모든 활동에 대해 솔선수범할 수도 없었다.

두크는 감방을 비롯해 교도소의 잡일이 이뤄지는 곳은 거의 출입하지 않았다고 말했다. 궂은일은 주로 밑에 있는 사람들이 했고 두크는 신비스런 아우라를 보이며 감히 접근할 수 없는 책임자의 위협적인 자태를 뽐냈다. 그래서 감옥에 얼굴을 비치거나 깜짝 출현을 한 적이 거의 없었다. 두크는 주로 전략과 관련된 일을 하는 데 많은 시간을 보냈다.

죄수들이 자백한 글을 읽고 주석을 다는 일을 했으며 다음 단계를 책임지는 자에게 메시지를 전달했다. 그런 다음 상관들이 '상황을 수월하게 이해할 수 있도록' 그들과 연락을 취했다. 두크는 죄수들의 감금생활이 어떤 수준인지 알고 싶지 않았다. 그래서 감옥 내부의 환경에 관심을 보이지 않았다고 했다. 심리학 용어로 표현하자면 회피avoidance 반응을 보인 셈이다.

"S-21 교도소는 사형에 처할 죄수들이 오는 곳이었기 때문에 죄수들의 인권을 보호하는 제도가 없었어요. 동물을 사육하듯 음식을 줬고 진짜 동물처럼 대했어요. 죄수가 으스러질 날을 기다리는 일이 교도관이 하는 일이었으니까요. 아무도 죄수들의 건강 상태에 대해 걱정하지 않았죠. 그게 전부예요."

"그럼, 당신은 교도관들이 죄수를 인간으로 여기지 않았다는 점을 인정하는 건가요?"

희생자 가족을 대변하기 위해 온 여변호사가 질문했다.

"우리는 그 상황을 그렇게까지 심각하게 여기지 않았어요. 그냥 단순하게 내 동지냐 아니면 적이냐에 따라 대우가 달라졌으니까요. 오늘날 인권을 정의하는 관점에서 보면 죄수들의 생활상은 명백히 인권 침해이며 교도관이 죄를 지은 것이 틀림없어요. 하지만 그 당시에는 제가 말씀드린 것처럼 그런 상황이 정상이었어요. 그리고 경찰이 해야 하는 일이 그것이라고 믿었고요."

두크는 사형까지 진행되는 과정을 관리는 했지만 멀리 떨어져서 통제했다. 일반적으로 그는 밑에 있는 관리인 호르에게 책임을 맡겼다. 사무소에서 서기인 수 티가 근무하는 감옥 내부까지 왕복하는 사람은 두크가 아니라 호르였다.

죄수들의 자백 내용을 꼼꼼하게 분석하는 것을 제외하고 두크가 하는 일은 자신이 거느린 직원들을 전문 심문관으로 훈련시키는 것이었다. 정치적인 사상을 주입시키는 교육도 그의 몫이었다. 두크가 손에 피를 묻히는 범죄 행위에 일조한 것은 사실이지만 그는 교도관들의 계급 체계를 완성하고 더할 나위 없이 체계적인 조직을 갖추고 싶어했다.

물론 감옥에서 어떤 일이 일어났는지 두크가 몰랐을 리 없었다. 그리고 그가 고문 전문가들이 죄수에게 쓴 고문 방식을 평가했을 가능성도 매우 높았다.

얼굴에 비닐봉지를 씌우는 고문은 매우 위험한 방식이라고 두크가 말했다. 하지만 고문을 받는 동안 얼굴에 물을 뿌리면 좀 괜찮았다. S-21 교도소의 초기 책임자였던 낫은 개인적으로 전기 충격과 채찍질을 선호했다. 반면 두크는 네 가지 고문을 써도 좋다고 허락했는데 그게 바로 코에 물을 넣는 고문과 구타, 채찍질, 전기 충격이었다. 그는 실제로 죄수의 가슴을 불로 지지는 고문이 행해지는지 몰랐다. 또 왕지네와 같이 독이 있는 곤충으로 죄수를 위협해 고문을 하는 것도 몰랐다고 했다. 두크는 S-21 교도소에서 일어난 고문의 기술적인 면에 대해서는 별로 관심이 없었다는 점을 사람들에게 호소하고 싶어하는 듯했다.

"전 정말 고문관들이 하는 일을 속속들이 알지 못했어요. 그들도 제가 무슨 일을 하는지 몰랐고요."

이 발언은 과거를 애써 기억할 일을 피해가려는 말이었다. 그러나 실제로 두크가 다양한 종류의 고문을 실행하게 했다는 말이 있었다. 춤메이의 증언에 따르면, 두크가 금지시켰다고 주장했던 손톱, 발톱을 뽑는 고문이 버젓이 실행되었다고 한다. 또 배설물을 한두 숟가락 떠먹이는 고문도 한 적이 있는데, 교도소장의 옛 스승으로부터 자백을 듣기 위해 그의 부하가 지시를 내렸다. 찬물로 샤워를 시킨 다음 선풍기 앞에 앉게 해 일부러 몸에 열이 나게 하는 고문도 존재했다. 두크는 그의 옛 상관이자 '제5의 형제'로 불리는 지도자를 고문할 때 이 마지막 방법을 사용했다는 이야기를 들었다고 우리에게 알려줬다. 이외에도 고문 방식은 다양했다. 오줌을 마시게 하는 고문, 적군의 얼굴을 한 개의 상 앞에서 경의를 표하게 하는 고문, 의자나 책상, 아니면 아무 물건 앞에 무릎을 꿇게 한 다음 매우 비루한 대상에게 경의를 표하라고 시키는 고문이 있었다. 이러한 고문의 심각한 정도를 구별하는 게 가능할까? 과연 차가운 고문, 미지근한 고문, 뜨거운 고문을 구별할 수 있을까?

두크는 자기 손으로 죄수를 고문해본 적이 없었다고 장담했다. 하지만 뺨을 한 번 때린 적은 있다고 했다. 낫이 최고 책임자로 있을 때라 할 수 없다고 말했다. 기록에도 그렇게 나와 있었다. 그렇지만 부연 설명을 하는데 어딘가 의심스러웠다. 말을 돌리면서 있어서는 안 될 무언가가 더 남은 느낌이 들게 했다.

"평소에 화가 많이 날 때 죄수에게 고문을 가한 적이 있어요. 수사관 칫 이우Chhit Iv는 지난 정권 시절에 크메르 루즈 조직원들을 심문한 적이 있었어요. 그 사람은 성향이 매우 난폭했어요. 이제 우리가 그를 심문할 차례가 되자, 낫은 칫 이우를 구타할 마음이었어요. 그는 제게 심문을 지시했고 결국 자백을 받는 데 성공했어요. 그때 제가 칫 이우의 뺨을 때렸어요. 낫이 그를 때리는 걸 미연에 방지하기 위해 어쩔 수 없었죠."

"당신에게 고문이란 무엇인가요?"

판사 라베르뉴가 물었다.

"대답하기 어려운 질문이네요. 다른 방식으로 다시 해주시겠습니까?"

"고문을 받는 죄수들의 상태가 어떨 것 같나요? 예를 들어 물 고문을 받은 죄수에 대해 말해보겠습니까?"

"먼저 위에 물이 가득 차면 죄수가 몸을 제대로 가누지 못하고 구토할 거예요. 심하면 정신을 잃을 수도 있겠죠. 죄수가 의식을 되찾으면 다시 심문을 합니다."

물 고문을 받은 희생자 한 명의 이름이 떠오른 두크가 그 상황에 대해 자세히 설명했다.

"물을 그 죄수의 코에 넣지는 않았어요. 처음 그가 S-21 교도소에 들어왔을 때 갖은 방법을 동원해 심문했지만 결국 자백을 받지 못했어요. 그래서 제 직속 수하인 호르에게 새로운 고문을 제안했어요. 물 고문을 하되 실제로 코로 들어가지는 않게 해보라고요."

"비닐봉지를 얼굴에 뒤집어써야 하는 죄수들의 심정을 상상해본 적이 있나요?"

"거의 죽을 맛이겠죠."

가끔 그 수위를 넘는 심문관들이 있어도 고문의 한계가 존재하기는 했다. 죄수의 자백을 완벽하게 받기 전까지 절대 상대의 목숨을 끊을 만한 행동을 해서는 안 되었다.

"언제 고문을 멈춰야 하는지 정확한 때를 아는 것이 쉽나요?"

"솔직히 제가 중요하게 여기는 바는 상대에게 육체적인 피해를 주기 전에 반드시 말로 심문을 하자는 것입니다. 말로 해서 답을 얻어내지 못하면 그때 때리는 것이 원칙이죠. 저라면 감정과 행동을 통제할 수 있기 때문에 언제 멈춰야 하는지도 알아요. 하지만 젊은 심문관들은 그렇지 않은 것 같았어요. 아주 극단적으로 조치를 취하고 자신을 추스르는 데 서툴러요. 심문관들 사이에서도 유독 튈 정도로 잔인한 사람이 있고요. 그런 생각을 하니 갑자기 더 흥분하게 되네요."

두크는 자신이 고문에 대해 지시를 내린 사실을 순순히 인정했다. 하지만 문서에 기록된 두크의 행적보다 더 우회적으로 상황을 가볍게 다루려는 의도가 다분히 보였다. '제10의 형제'로 불리는 당원이 두크가 거느리는 직원들에게 고문을 받은 적이 있었다. 그때 그는 심문 과정에 불만을 품으며 무척 심한 고문을 받았다고 자신의 자백서에 솔직하게 표현했다.

하지만 이를 본 두크는 그 구절을 펜으로 그어 해당 죄수에게 이렇게 써서 보냈다.

"당신은 앙카르에 이런 문젯거리를 보고할 자격이 없습니다. 오로지 나에게만 결정권이 있습니다."

또 심문관 폰이 죄수에게 채찍질을 몇 번 했는지 횟수를 적은 보고서를 두크에게 제출한 적이 있었다. 두크는 그에게 더 심하게 다루어야 한다고 조언했다. 심문관에게 '생명에 위기가 있을지라도' 확실한 고문을 사용하라고 명령했다는 것이다. 이 증언에 대해 두크의 의견을 묻자, 그는 죄수를 협박하고자 그런 글을 쓴 것이고 그래야 겁을 먹은 죄수가 털어놓는다고 변명을 늘어놓았다. 일부러 가짜로 썼다는 말이었다.

두크가 보고서에 주석으로 남긴 글들은 매우 명료했고 확실했다. 비인간적인 내용이 세련된 글씨로 적혀 있었다.

데이비드 챈들러는 두크를 조롱하는 듯한 투로 말했다.

"저는 그의 글씨체가 아주 부러워요. S−21 교도소에서 고문당한 끝에 자백한 수천 명 죄수의 글을 조회하고 분석한 결과, 두크가 글을 참 잘 쓰는 걸 알게 되었어요."

두크는 고문을 담당한 교도관들에게 빨간색 펜으로 다음과 같은 글을 적어 보냈다.

자백을 하지 않으면 고문하라!
얼굴을 때려라!
반드시 죄수에게 압박감을 느끼게 해야 한다.
죽을 지경까지 심하게 때려라.
그래서 죄수의 몸이 으스러지도록 구타하라.

급진적이고 다루기 힘든 혁명군은 다른 사람에게 고통을 주고 살인하는 데 일말의 주저함이 없었다. 두크가 빨간색 잉크로 적은 글은 30년 전에 쓴 것으로 젊은 두크가 33세의 나이에 이 비밀 감옥에 들어와 작성한 것이었다. 오늘날 법정에 출두한 캉 껙 이우란 인물과는 전혀 달랐다. 사람들을 조종하고 비밀을 은폐하는 능력이 뛰어난 그는 전혀 걱정이 없는 듯 태연한 모습이었다.

법정에 선 두크는 자신이 감옥을 관리할 당시 객관적인 관점에서 고문이 필요하다고 판단될 때 심문관들이 죄수들을 고문했다고 강조했다.

"감옥에서 고문이 자주 있었던 것은 결코 아니라는 걸 말씀 드리고 싶습니다. 필요한 경우에만 고문을 했어요."

몸 나이는 그 당시 핵심 역할을 담당한 심문관 중 한 명이었다. 그가 사용한 두꺼운 수첩을 보면 말보다 육체적인 고문에 더 많은 비중을 둬야 한다는 내용이 있었다. 그리고 설득만으로 심문하는 것은 잘못된 자세라는 말도 있었다. 전직 교사였던 그는 결단력 있고 성실한 태도로 하수인 노릇을 했다. 몸 나이는 두크가 정기적으로 주관하는 교도관 훈련 과정에 참여하면서 이 내용을 적었다고 밝혔다. 그는 좋은 심문관이 되려면 가장 먼저 죄수가 압박감을 느낄 수 있는 방법을 요령 있게 써야 하는 것이라고 두크에게 배웠다. 따라서 죄수의 고문은 이를 보충해줄 수단이었다.

사실상 우리는 고문 체계의 특징과 실행된 횟수에 대해 정확히 알 수 없다. 그저 많은 고문이 있었다는 사실만이 확실할 뿐이다.

"실제로 고문이 얼마나 있었는지 가늠하기란 힘들어요. 게다가 고문까지 갈 필요 없이 바로 만족스러운 자백을 받은 사례도 많았을 것으로 짐작됩니다."

데이비드 챈들러가 신중한 태도로 결론지었다.

1976년 지금의 부지로 이전한 S-21 교도소는 현재 대량 학살을 추모하기 위한 박물관으로 쓰이고 있다. 원래 뽄히얏 고등학교와 뚤슬렝 학교 건물이었는데, 두크의 설명에 따르면 도시에 있는 수많은 중국 고문으로부터 수용소의 존재를 은폐하기 위해 일부러 그곳을 감옥으로 선택했다고 한다.

비밀을 두크만큼 잘 간직하는 사람도 없었다. 크메르 루즈 지도자들에게도 비밀은 귀중한 것이어서 당의 존재나 제1의 형제의 이름조차 오래도록 밝혀지지 않았다. 그러다가 정권을 잡은 지 1년 뒤 폴 포트라는 이름이 공식적으로 발표되었다.

"동료라도 모든 것을 공유해서는 안 된다고 교육받았어요. 비밀을 잘 간직해야 한다고 했어요. 그래서 각자 누설하면 안 되는 비밀이 있었습니다. 우리는 자기 일에만 신경을 썼어요. 그렇지 않으면 보고가 들어가거든요."

프락 칸이 과거를 회상하며 말했다.

두크는 부하들을 교육할 때 비밀을 잘 유지하는 것이 그들에게 주어진 임무의 핵심이라고 강조했다. 비밀 보장이 제대로 되지 않는다면 이 일의 의미가 없다고 말했다. 간수와 심문관은 다른 조원들과 정보를 주고받을 수 없었다. 상대가 누구든 외부 사람과 접촉할 때는 의심 대상으로 찍히기 십상이었다. 당에 있어 비밀은 알파이자 오메가였고, 훌륭한 통제 무기였다. 비밀은 다른 무기들과 마찬가지로 말도 안 되는 결과를 가져왔으니, S-21에 들어온 많은 죄수는 비밀을 유지해야 한다는 절대적인 이유 아래 여지없이 살해되었다. 감옥의 비밀스런 활동이 외부로 알려져서는 안 되었다. 그런 까닭에 일단 감옥에 들어온 이상 산 채로 내보내지 않았다. 만약 실수로 체포된 사례가 있더라도 감옥의 비밀을 철저하게 보장하는 것이 한 인간의 목숨보다 더 중요했다.

비밀 다음으로 감옥을 감싼 것은 바로 공포였다. 감옥의 전반적인 분위기를 표현하는 가장 적절한 단어가 아닐 수 없었다. 검사는 감옥에서 느낀 극심한 공포 때문에 어쩔 수 없었다는 변호인 측의 주장을 혐오했다.

그는 범죄로 향하는 길을 자기 의지로 결정하고 같은 민족을 온 힘을 쏟아 박해한 피고인에게 공포심을 이유로 드는 것은 무척 안이한 변명이라고 지적했다.

크메르 루즈 정권하에 있던 사람이라면 누구나 언제 죽게 될지 모르는 불안감을 안고 살았다. S-21 교도소에서 일하는 사람들은 그 점을 누구보다도 잘 알았다. 이 집단 수용소의 직원들은 민주 캄푸치아군 소속 703부대에서 대거 선출된 남자들이다. 두크의 직속 수하였던 호르와 누운 후이Nuon huy 역시 S-21 교도소 초창기의 총책임자였던 낫처럼 703부대 출신이다. 다른 부대들에 이어 703부대가 의혹을 받게 되면서 두크는 그곳에서 온 직원들을 한 명씩 재심사했다. 낫은 자신이 관리하던 감옥에서 결국 생을 마감했다. 그의 아내도 남편을 따라 사형당했다. 감옥의 3인자였던 누운 후이도 1978년 12월 아내 그리고 자녀들과 함께 '으스러지는' 최후를 맞이했다. 베트남 군부대가 프놈펜에 도착하기 바로 한 달 전에 일어난 일이었다. 감옥의 2인자였던 호르 역시 당 간부를 심문하는 과정에서 모종의 타협을 했다는 죄목으로 도마에 올라야 했다.

"703부대의 서기가 제거된 뒤 그의 수하들은 상부의 감시를 받았습니다. 숙청에서 제외된 사람은 없었어요. 그때가 언제냐가 관건이었지 모두 숙청 대상에 오를 수밖에 없는 상황이었어요."

두크는 자신의 운명에 대해서도 어느 정도 체념을 한 눈치였다.

"저 역시 체포될 날이 갑작스럽게 올 것이라 예감했어요."

심문관들을 가르치는 과정에서도 그가 맡은 일의 소름 끼치는 부조리함을 갈수록 피부로 느낄 수 있었다.

"죄수들이 한 명씩 감옥에 들어올 때마다 스스로에게 물어보았어요. 과연 유죄인 사람들이 맞는가? 정말 반역자가 맞을까? 어쩌면 내가 유죄가 맞는지 아닌지 말할 겨를도 없이 나부터 체포당할 수도 있지 않을까? 고문을 잠시 멈춘 뒤에야 이 체포는 부당하다고 말할 수 있는 건 아닌지 질문들이 꼬리에 꼬리를 물었어요."

자신이 숙청되기를 기다리는 동안 두크는 상관들에게 보고서를 제출했다. 자신의 부하들 중에 의심스러운 행동을 한 사례를 꼼꼼하게 정리한 기록이었다. 이로써 두크의 부하 직원들은 결코 두크의 보호를 받는 사람들이 아니라는 것을 알 수 있다.

"당신이 작성한 보고서를 검토한 상관들이 그 내용에 의거해 직원들을 '으스러뜨린다'는 사실을 알았겠네요?"

"상관들이 그들을 체포하도록 결정했다는 것은 알았습니다."

두크가 애매모호한 대답을 했다.

"당신이 내 질문에 솔직하게 대답했는지 모르겠군요. 하지만 괜찮아요. 그냥 넘어가죠."

판사 라베르뉴가 여기까지만 하고 신문을 마무리했다.

비밀, 공포, 복종. 그중에서 복종이야말로 가장 왜곡 없이 진술한 항목이었다.

"제가 지금까지 숨쉬고 있는 것은 제가 상관들에게 충성을 다해 복종했기 때문이에요. 한 번도 어떤 사실을 감춰본 적이 없어요. 정직함과 주어진 임무를 확실하게 수행하는 자세가 제 목숨을 살렸다고 해도 과언이 아니지요. 다른 생존자들도 아마 이러한 태도로 일관했기 때문에 살아남았다고 봐요."

결국 두크가 일에 열정이 있었다는 것으로 해석할 수 있었다. 열정 말고 그를 표현할 단어가 또 있을까? 혁명가를 정의할 때 미적지근하다고 할 수는 없잖은가? 그런 의미에서 두크는 일에 대한 열의가 넘치는 산 모델이었다. 상관의 마음에 들기 위해 최선을 다하고 지시 사항이 내려오면 거절하지 않고 성심성의껏 일했다. 판사 카트라이트가 두크에게 물었다.

"당신은 필요해서 일을 했다기보다는 정말 그 일에 열정이 가득한 것처럼 보입니다. 다른 의미로 해석하면 단지 목숨을 보전하기 위해서만 일을 한 게 아니라는 거죠. 제 의견에 대해서 덧붙일 말이 있나요?"

"필요인지 열정인지 확실하게 가늠할 수 있는 잣대가 어디 있나요? 캄푸치아 공산당은 편집광적인 집단이었어요. 모든 것을 있는 그대로 받아들이지 않고 의심부터 했으니까요. 누구라도 반역자로 밝혀질지 모른다는 생각을 가진 사람들이 모인 곳이었지요. 그래서 기꺼이 허용되는 행동과 그렇지 않은 행동을 구별할 수 있는 기준이 아예 없었어요. 판사님, 이게 제가 할 수 있는 가장 솔직한 답변입니다."

심리학에서 말하는 양가감정ambivalence이란 한 사람이 느끼는 완전히 상반된 감정을 말한다. 동일한 순간에 두 감정을 느낀다고 단언하기엔 애매하지만 어쨌든 거의 곧바로 서로 다른 감정을 느끼는 것이다. 일반적으로 인간이라면 누구나 양가감정을 느낄 수 있다고 한다. 그런 까닭에 대상에 대한 혐오감이 들수록 다른 한편으로 열정과 과도한 집착이 비례적으로 증가할 수 있다.

"양가감정을 느끼게 하는 상황을 오랫동안 지속할 수는 없는 법이죠."

법정에 있던 심리학 전문가가 말했다.

"어느 순간이 되면 양가감정에서 탈피하거나 적응하는 계기를 찾게됩니다. 그래서 두 감정 중 한쪽으로 '기울고', 다음으로 현실을 거부하는 단계에 접어들지요. 물론 이 과정이 의식적으로 진행되는 것은 아닙니다. 하지만 해당 대상에 대한 열정이 그 과정을 돕습니다. 스스로 받아들일 수 없는 것이 있으면 우리는 그것을 철저히 은폐하려 합니다. 그리고 수치나 불쾌감을 정당화할 구실을 찾기도 하죠. 양가감정의 상태를 방치할 경우 정신적인 증상이 신체적인 고통으로 전환될 수 있어요. 즉 몸에 심각한 질병이 생기거나 우울증, 광란 증상, 그 외 정신병을 겪을 수도 있어요."

그러나 두크에게는 이러한 문제가 일어나지 않았다. 그가 적절하게 잘 적응했다는 뜻이었다.

하지만 검사 측에서는 대량 학살이 캄푸치아 공산당이 독자적으로 거둔 정치적 성과가 아니라고 여겼다. 두크의 개인적인 공헌이 크다고 보는 분위기가 팽배했다.

"피고인의 방법론이 적을 색출하는 데에 적용된 것으로 볼 수 있어요."

정치 전문가 크레이그 에치슨Craig Etcheson이 주장했다.

두크를 변호하는 프랑스 출신 변호사 프랑수아 루는 크레이그 에치슨의 규탄에 다음과 같이 반박했다.

"두크가 사용한 방법론과 당에서 지시한 정책 사이에 다른 점이 무엇인지 알고 싶군요. 그 방법론이 두크 개인적으로 고안한 것인가요?"

"제가 보기에 피고인 두크가 그 정책을 만든 사람인 것 같습니다. 그리고 오랜 기간을 들여 죄인에게 상세한 정보가 담긴 자백을 받을 수 있는 방법과 기술을 개발하고 제도화했지요. 죄인이 털어놓은 사람들의 명단은 곧 새로운 적을 한 무더기 만드는 데 사용되었고요. 그래서 결과적으로 그 수가 기하급수적으로 늘어났어요. 피고인이 이 계획에 열정을 쏟은 결과 그가 쓴 방법론이 결과적으로 엄청난 수의 적을 만든 것입니다."

"그에게 다른 선택권이 있었을까요?"

"우리는 매번 선택의 기로에 놓이고 양자택일을 하며 삽니다."

이 대학 교수는 굽히지 않고 대답했다.

"현재 두크가 정상인처럼 생활한다고 보십니까?"

프랑스 변호사가 불편한 심기를 드러내며 대꾸했다.

"그럼요."

반면 역사학자 챈들러는 신중한 입장을 보였다. 죽음과 공포를 상징한 크메르 루즈 정권이 권력을 잡으면서 정권의 사상이 일반화되었다면 개인은 그 속에서 더 이상 자유로운 선택을 할 수 없었을 것이라고 그는 강조했다.

"의사결정이 수뇌부에서 이뤄지면 중간 간부는 반대 의사를 표하기가 힘들었을 겁니다. 일단 결정이 내려지면 그 의견에 따라 일이 일사천리로 진행되었을 거예요."

챈들러가 망설이더니 한숨을 쉬었다. 이내 손으로 볼을 비벼댔다.

"이 말을 하기까지 꽤 주저하게 되네요. 왜냐하면 제가 어떤 일을 하지 않으면 바로 위험에 처하는 상황을 한 번도 겪어본 적이 없었으니까요. 그래도 이런 생각이 자꾸 들어요. 다른 사람에게 끔찍한 피해를 주는 가해자들은 자신이 하는 일에 대해 자각하고 있었을 거라고요. 심지어 자신이 하는 일에 대해 죄책감을 느끼며 힘들어하지 않았을 수도 있단 생각마저 들어요. 밤에 잠을 설치는 일도 없었겠죠. 그들이 작성한 글도 일관성 있어 보였어요. 의욕이 사라지기는커녕 보란 듯이 출근해서 그 전날처럼 열심히 일했을 거란 생각이 듭니다."

이번에는 검사가 발언권을 얻어 자신의 입장을 밝혔다.

"저는 공산당원들에게 두 가지 선택, 즉 죽음과 의무만 있었을 거라는 편견에서 벗어났으면 해요. 도주와 같은 제3의 선택이 있었을 것 같은데 이에 대해 전문가의 의견을 들어보는 게 어떨까 싶습니다."

챈들러는 캄보디아가 독재 정권에 지배당한 시기에 몇천 명의 캄보디아인만이 베트남으로 도주했다는 통계 수치를 언급했다. 경계가 한산한 국경지역을 통해 몰래 빠져나갔는데 베트남 측에서 캄보디아 피난민들을 우호적으로 받아들였다고 한다. 한편 수백 명은 태국으로 도망갔지만 정부는 외국에서 온 피난민들을 적대시했다. 그런 까닭에 태국에 거주하는 데 성공한 캄보디아 피난민의 수는 상대적으로 매우 적었다. 게다가 대부분은 두 나라 사이의 국경지대에 거주했다.

증인들 가운데 그 당시에 도주가 가능할 것이라고 생각한 사람은 단한 명도 없었다. 국가와 각 개인의 활동이 치밀하게 통제되었기 때문에 엄두도 낼 수 없는 상황이었다. 수 티가 그랬듯이 교도관 힘 후이 역시 감옥 내 모든 직원이 이중으로 받는 협박 때문에 꼼짝도 못했다고 자백했다.

"비록 S-21 교도소를 탈출한다 해도 잡힐 게 뻔했어요. 설령 도망간다 해도 어디로 가야 하죠? 크메르 루즈 정권의 적이 사는 곳으로 가야할까요? 그래봤자 언젠가는 체포될 거예요. 제가 멀리 도주하는 데 성공할 경우, 제 가족과 이웃들을 가만두겠어요?"

8
대단한 일벌레

　나태, 휴식, 오락을 철저하게 금지시킨 정권에서 두크야말로 대단한 일벌레였다. 죄수들이 자백한 내용을 담은 문서가 20만 페이지에 가까울 정도로 그가 조회한 기록은 어마어마했다. 심문하고 함정에 빠뜨리고 그럴싸한 말로 구슬리고, 상대를 속이고 허풍을 치는 것이 그의 장기였다. 또 협박하고 엄한 벌을 주고 책임을 묻는 것은 물론 상황을 분석하고 종합하는 능력 또한 다른 누구보다 뛰어난 실력을 자랑했다. 심문을 통해 상대의 자백을 받아내는 게임은 두크에게 매력으로 다가왔고 자극을 주었다. 불법적인 방법으로 상대에게 해를 입혀도 상관없었다. 그는 자신의 지적인 능력과 영향력을 마음껏 발휘했고 결과적으로 상관들의 신임을 얻는 데 성공했다.

　두크가 코이 투온Koy Thuon을 심문한 사연을 들려주었다. 중앙위원회의 최고 간부였던 코이 투온이 감옥에 들어오자 두크는 자신의 심문관으로서의 재량을 일단 숨겼다. 우선 코이 투온이 자살하지 못하도록 감시하는 것이 급선무였다. 두 감시인이 교대로 근무하며 그의 감방을 지켰다. 게다가 전화기까지 설치해서 죄수가 조금이라도 이상한 행동을 보이면 감시인이 두크에게 연락할 수 있도록 조치를 취했다. 두크는 일부러 코이 투온의 잠자리를 편안하게 만들어주고 자신이 먹는 음식과 똑같은 메뉴를 식사로 주었다. 심문 때는 다른 심문관이 죄수에게 질문했고 한두 시간 동안 별다른 소득이 없으면 그때 두크에게 연락했다. 그러면 두크가 직접 현장을 방문해 일대일로 과거 최고의 간부였던 죄수를 심문했다. 두크는 그를 대할 때 다른 죄수들처럼 이름 앞에 '아'를 붙이지 않고 '형제'란 표현을 썼다.

파면당한 지도자일지라도 그는 고문하고 사형을 내리기 전까지 코이 투온에게 예의를 갖추고 싶었다.

"코이 투온은 저와 있을 때 즉각적으로 반응하는 편이었어요. 이따금 펜이나 컵을 깨기도 했어요. 그럴 때마다 흥분한 그를 진정시켰어요. 저는 그에게 미소를 지었고 당신이 할 수 있는 일이라곤 내게 모든 것을 자백하는 것뿐이며 나는 그 내용을 기록한 다음 상관에게 보고할 것이라고 말했어요. 그러자 그도 상황을 어느 정도 파악했지요."

코이 투온은 자신이 입을 열지 않으면 심문이 계속 이어진다는 것을 알았다. 두 번의 구두 심문이 끝나자 두크는 자신이 신임하는 폰에게 심문 자격을 주었다. 두크가 더 이상 심문에 '개입하고 싶지' 않다는 의미였다. 폰은 두크보다 자백을 유도하는 기술이 더 뛰어나다는 것을 코이 투온은 나중에 가서야 이해했다. 두크가 말한 대로 폰은 폭력을 '훌륭하게 조절하는' 능력이 탁월한 심문관이었다. 과연 그는 상대가 죽기 전까지 교묘하게 폭력을 행사할 줄 알았다. 한때 혁명을 위해 싸운 지도자였으나 끝내 죄수로 전락하고 만 코이 투온의 자백 기록은 자그마치 700페이지가 넘었다.

억지로 자백받은 후, 전달받은 보고서를 가지고 두크가 하는 일은 훌륭한 비서실장처럼 상관들이 빠른 시간 안에 효율적으로 자백 내용을 검토할 수 있도록 글을 다듬는 것이었다.

"제가 보고서에 주석으로 다는 내용은 상관들이 주요 알맹이를 놓치지 않도록 돕는 도우미 역할을 합니다."

두크는 자백을 받아내는 데 있어 달인이라 할 수 있다. 어쩌면 그도 마음속으로 그 점을 자랑스럽게 여길 것이다. 반면 그 자신의 재능과 성공 뒤에 감춰진 사기 행각에 대해서는 제대로 된 평가를 내리지 않는 것 같았다. 게다가 죄수들이 자백하게 된 것도 따지고 보면 공포심 유발과 고문의 결과로 볼 수 있다. 이 두 요소가 결합되다보니 두크가 이룩한 업적은 비참하다는 느낌이 들 만큼 기만적이었고 인정받을 만한 행동이 되지 못했다.

본 재판이 있기 전에 진행된 예심 때 두크는 자신이 한 일에 대해 어느 정도 상황 파악을 하고 있었다. 수사관들과 나눈 대화 도중 두크가 말했다.

"티우 올Tiv Ol의 경우처럼 어떤 죄수들의 자백 내용은 제가 봐도 별 쓸모가 없었어요."

"티우 올은 직업이 문학 교수였는데 그의 자백이 쓸모가 없었다니 무슨 뜻입니까?"

"죄수들이 자백한 것이 모두 어딘가에 필요할 거라고 보시나요? 우리는 진실을 말한 자백을 원합니다. 진실이 담기지 않았다면 필요가 없지요."

"진실이다 아니다, 어떤 의미인가요?"

"글쎄요, 저도 잘 모르겠어요. 죽도록 때리고 폭력으로 위협해 자백을 받아내다보니 진짜 진실을 말하는 것인지 아니면 고통을 피하기 위해 말하는 것인지 구별하기가 어렵습니다."

두크는 자백의 진위 여부를 알아내기 위해 자백 내용과 연관된 당사자와 직접 연락을 취해 객관적인 정보를 수집했다고 했다. 그러나 제2의 형제인 누운 찌어는 그런 두크에게 프롤레타리아 계급의 진실이 무엇인지 잘 생각해보라고 충고했다.

"그게 무슨 뜻입니까?"

수사관이 두크에게 물었다.

"저도 아직까지 그게 무슨 소린지 모르겠어요. 누운 찌어는 일일이 자세하게 설명하는 걸 싫어하는 사람이에요. 진실이 무엇이든 상관없이 프롤레타리아 계급이 승리를 거둔다는 사실이 중요하다는 뜻 아닐까요? 누운 찌어는 그 자백이 정당한지 아닌지 중요하게 여기지 않았을 거예요."

소송이 진행되는 동안 두크는 자신의 수행능력의 가치를 깎아내리는 다량의 정보와 증거 자료에 싫은 기색을 내비쳤다.

"손 센이 32지구에서 CIA 요원들을 찾았다고 우리에게 말했어요. 그러면서 왜 S-21 교도소 내부에선 CIA 요원들이 나오지 않았느냐고 따졌지요. 전 그 말에 아무런 변명도 하지 못하고 죄수들 중에 CIA와 관계된 사람들을 찾으려고 애썼어요. 바로 심문관들에게 지시를 내렸지요. 그 결과 갑자기 죄수들이 진술한 글 중 CIA가 많이 언급되더군요. 제가 심문관들에게 전달한 지시 내용이 그대로 반영된다는 것을 확인할 수 있었어요."

"당신이 보기에 CIA만큼이나 KGB와 관계된 사람들이 있었나요?"

판사 카트라이트가 두크에게 물었다.

"그렇죠. 죄수들은 KGB에 대해 언급하도록 강요를 받았으니까요."

난처한 입장에 처할 것 같았는지 그는 한참을 망설인 끝에 대답했다.

"공포심을 끊임없이 유발하고 잔혹한 폭력으로 겁을 주었으니 당연히 모든 죄수가 자백하지 않고는 못 배기는 상황이었겠죠?"

"그 말씀이 맞아요. 암, 그럼요."

죄수들의 자백으로 생산된 여러 음모는 믿을 수 없을 만큼 상스러웠다. 열아홉 살의 젊은 여성은 프락 칸의 위협을 견디지 못해 자신이 고의로 크메르 루즈 정권이 소유한 병원과 수술동에 들어갈 국에 배설물을 넣었다고 털어놓았다. 비현실적인 사건들도 하나둘 꾸며댔다. 프놈펜 지하, 그것도 침수된 상태의 충적평야 한가운데에 땅굴을 파서 수백, 수천에 달하는 베트남 군사를 숨겨놓았다는 이야기도 있었다.

"폭력을 쓰는 목적이 실제로 일어난 사건을 듣기 위함인가요, 아니면 당신들이 듣고 싶은 말을 유도하기 위함인가요?"

판사 라베르뉴가 물었다.

"자백이 진실이라고 여긴 적은 단 한 번도 없었어요. 기껏해야 전체 진술의 40퍼센트 정도가 사실일 거라고 생각했어요. 그들이 토설하는 말 중 20퍼센트가 사실일 수도 있고요. 죄수들의 자백을 과학적으로 입증할 만한 작업을 하지 않았기 때문에 저도 잘 몰라요. 진위 여부를 가리기 위한 객관적인 구별법이 없으니까요."

과거 수학을 가르쳤던 두크가 발설한 수치는 상황에 따라 조금씩 달랐다. 어떤 날에는 많아봤자 전체 자백 중 20퍼센트만이 사실에 근거한 내용이고 고발은 10퍼센트만이 진실일 것이라고 말했다. 오늘날 우스꽝스럽기까지 할 만큼 그럴싸하게 포장된 자백 내용을 검토하는 와중에서도 두크는 자백 내용의 가치를 재평가하려고 애썼다. 그래서 일부는 분명 진실일 것이라고 강조하다가 그 비중을 40퍼센트에서 20퍼센트, 10퍼센트, 그 이하까지 깎아내렸다. 그런 두크가 다음과 같이 자신의 입장을 밝혔다.

"자백이 모두 진실일 거란 생각은 정말 하지 않았어요. 상임위원회조차 완전히 믿지는 않았어요. 그들에겐 그저 장애물로 여겨지는 사람들을 제거하는 게 무엇보다 중요했으니까요."

공범자를 거론하는 것은 자백의 필수 사항이다. 챈들러는 음모설이 제기될 때 단독행위라고 보기보다는 항상 공범자가 거론되기 마련이라고 지적했다. 공산당 체제하의 독재 정권 그리고 그 밖의 독재 정권이 보유한 정치경찰들은 범죄자에게 공범자를 밀고하도록 요구했다. 그리고 이를 바탕으로 가상의 명단이 만들어졌다. S-21에서 처음 생각해낸 방법은 결코 아니었다.

재판관들에게 있어 밀고를 강요하는 행위는 공공연한 혐오의 대상이다. 밀고를 억지로 강요하는 과정에서 끔찍한 고문을 하고 예외 없이 사망으로 이어졌다면 밀고한 내용의 유효성은 더욱더 가치를 상실하고 만다. 하지만 일반 법정과 달리 국제 법률가들이 참석한 국제 재판소는 상황이 조금 달라서 밀고를 어느 정도 인정하는 분위기가 있었다. 고문을 하지 않는 조건 아래 밀고를 유도했다면 국제 재판소에서는 그 자백의 전체 내용이 실질적인 가치를 인정받았다. 재판관들도 이 점을 문제삼지 않았다. 오히려 정반대로 적극적인 밀고를 권장할 정도였다. 유엔 국제 재판소의 경우, 피고인이 자신의 죄를 순순히 자백하고 공범자까지 알려준다면 검사의 지지는 물론 판사에게 관대한 대우를 받을 수 있다. 고문에 굴복하는 차원이 아니라 형을 줄이는 등의 혜택을 입으려면 순순히 유죄를 인정하는 수밖에 없어서이다. 르완다의 '가차차Gacaca' 국민재판소의 경우는 지난 10년간 밀고에 높은 점수를 준 나머지 밀고 수가 지나치게 늘어나는 문제를 낳았다. 고문은 더 이상 사용하지 않았지만 자백과 밀고는 애초에 떼려야 뗄 수 없는 사이다. 그 결과 정의의 장이어야 할 곳이 욕심과 과함, 앙심으로 들끓어 1만 명 이상의 용의자가 법정을 가득 채우고도 남았다. 이렇듯 밀고는 어디에서나 일어나는 일이었고 S-21 교도소도 상황은 마찬가지였다.

심문을 받은 죄수들은 의무적으로 공범자 명단을 줘야 했고 그 덕분에 심문관들이 기록한 문서는 줄어들 날이 없었다. 어떤 면에서 밀고는 거짓말의 또 다른 형태로 볼 수 있다고 프랑스인 생존자 프랑수아 비조François Bizot가 말했다. 그럼에도 불구하고 국제 재판소에서는 상황을 묘사할 때 외에는 거짓말에 혐오감을 보이지 않았다.

이런 학살의 장들에서 공정한 면이라고는 기껏해야 최후의 순간뿐이었다. 언제나 이 일에 가담한 자들을 물고 뜯으면서 막을 내리니까. 점점 더 엄격한 규율들이 추가되면서 보이지 않는 감시망은 자동으로 좁혀졌다. 나중에는 말을 잘 듣는 겁 많은 사람이나 앞장서서 헌신했던 사람까지 사정권에 포함되었다. 죄수들의 자백을 통해 손 센, 그러니까 두크의 스승이자 S-21 교도소의 창시자, 안보부 수뇌였던 그가 나중에 베트남 측에 매수된 반역자 취급을 당했다. 심지어 크메르 루즈의 권력 자로 두려움의 대상이었던 타 목을 입에 올린 죄수는 그가 내부에 퍼진 적이니 제거해야 한다고 말했다. 키우 폰나리Khieu Ponnary가 CIA 요원 이라고 자백한 죄수도 있었다. 그때 자백 기록을 열람한 두크는 여백에 '누구의 부인이지?'라고 질문을 적어놓았다.

키우 폰나리는 폴 포트의 아내다.

죄수 중 적어도 두 명이 공범자를 밀고하는 과정에서 두크를 언급 했다. 한 명은 초기 혁명운동에 가담한 그의 옛 스승이었고, 다른 한 명은 두크의 전 상관인 제5의 형제 원 웻Vorn Vet이었다. 법정에 있던 당 사자 측 변호사가 두크에게 의심을 받았음에도 불구하고 왜 심문을 받 지 않았는지 물었다. 이 질문을 듣는 두크가 등을 살짝 의자 등받이에 기댔다.

"부족했으니까요."

두크의 설명이었다. 교사가 자백한 내용에는 혁명군이 무장 지하 단 체로 활동하기 이전의 반혁명적인 진술들이 들어 있었다. 요컨대 시효 가 지났다는 말이었다.

"원 웻의 경우는, 그 당시 수뇌부는 제가 그의 은혜를 입은 사람이라 는 걸 잘 알았어요. 그자가 공범으로 내 이름을 적었을 때 저는 중간에 개입해 반박하지 않았어요. 아마 높은 관직의 사람들은 제가 그럴 거라 고 예상했을 거예요. 만약 제가 죽을죄를 지었다면 그건 원 웻도 마찬가지란 소리였어요. 제가 이렇게 생존에 성공한 이유는 수뇌부에 충실하고 정직한 사람이란 이미지를 심어줬기 때문일 거예요."

1978년 말 두크와 가까운 지도자들이 계속해서 목숨을 잃었다. 두크는 머지않아 자기 차례가 올 것이라는 예감이 들었다. 그래서 희망을 잃은 채 그저 자기 차례만 기다렸다고 그는 우리에게 고백했다. 1979년 1월 3일 교도소에 수감된 죄수들이 모두 학살되면서 감옥이 텅 비었다. 그때 두크는 이제 자기만 죽으면 끝이구나 하는 생각을 했다.

"만약 베트남 정부가 캄보디아를 침공하지 않았다면, 손 센은 아마도 숙청 대상이 되었을 겁니다."

데이비드 챈들러의 주장이다.

손 센은 죽었지만 두크는 아내와 자녀들과 함께 생존에 성공했다. 그리고 두크의 충실한 부하였던 몸 나이와 폰도 끝까지 살아남았다. 모두 반역자의 '라인'으로 한번쯤은 언급된 사람들이었다. 어쩌면 두크가 피고인석에 앉는 대신 그의 이름이 수많은 희생자 명단 중 한 줄을 차지할 수도 있었다.

LE MAÎTRE DES AVEUX

9
살인자의 수사학

    일반적으로 대량 학살과 같은 끔찍한 범죄를 저지른 집단이 쓰는 표현에는 완곡어법이 많이 들어간다. 폴 포트의 지휘 아래 있을 때, 크메르 루즈는 사람을 '죽인다'는 표현을 쓰지 않았다. 그 대신 그 개인을 '처단한다', 전투단 또는 직장으로부터 '퇴출시킨다'는 표현을 썼다. 또 농사와 관련된 크메르어 중에서 '갈아엎다'와 '으스러뜨리다'라는 동사를 쓰기도 했다. 크메르어로 '콤테크komtech'는 아주 잘게 부순다는 뜻으로 크메르 루즈는 이 동사를 그대로 적용해 죄수를 '잘게 부순다'고 표현했다.

    "처단하다, 으스러뜨리다, 형에 처한다는 말은 결국 같은 의미입니다. 사형당해 매장된다는 점에서 최후가 모두 동일했으니까요."

    두크가 단어들의 뜻을 정리해주었다.

    거짓말, 이중성, 위선은 혁명 단체의 정신을 점점 더 타락시켰다. 민주 캄푸치아가 제정한 헌법 서문이야 숭고한 의무와 인간을 중요하게 여기는 이상주의 정신을 한껏 표방했지만 말이다.

캄푸치아의 온 국민과 혁명군이 다 함께 갈망하는 민주 캄푸치아는 독립적
이고 화합과 평화, 중립을 지향하는 국가가 될 것이다. 다른 국가를 추종하
지 않고 우리의 국토 내에서 오롯이 주권을 행사하리라. 행복과 평등, 정의,
진정한 민주주의로 가득한 속에서 부자와 가난한 자의 차별이 없는 세상,
또 착취 계급과 피착취 계급의 구별 없이 조화롭게 살며 국민의 단결력을
확실하게 보여주는 사회를 이룰 것이다.
그리고 모두 힘을 합쳐 생산에 힘쓰며 튼튼하고 안전한 국가를 건설하도
록……

하지만 이처럼 그럴싸한 '앞면façade' 뒤에 '독재 정책의 숨은 의도
masquer la dictature'가 감춰져 있었다고 두크가 불어로 대답했다.
캄푸치아 공산당의 당원이 되려면 다음의 10가지 조건을 준수해야
했다. 그러나 두크가 볼 때, 이 규칙은 접근성을 제한하기 위한 일종의
눈속임에 불과했다.

1. 정권의 정책 노선에 대하여 혁명적인 입장을 굳건히 할 것.
2. 정권의 프롤레타리아 정신에 대하여 혁명적인 입장을 굳건히 할 것.
3. 결속력, 정권 내부의 통합을 위해 혁명적인 입장을 굳건히 할 것.
4. 당의 결정과 지시, 임무에 대해 혁명적인 입장을 굳건히 유지할 것.
5. 당의 혁명 경계revolutionary vigilance[반혁명 운동, 그 외 혁명 달성에 위협적
   인 존재에 경계의 끈을 놓치지 않음], 혁명 세력의 보안과 기밀 유지에 대

해 혁명적인 입장을 굳건히 할 것.

6. 당에 소속된 일원으로서 자신의 독립성과 자율성, 또 자신의 힘을 가늠하고 적절히 조절하는 데 있어 혁명적인 입장을 굳건히 할 것.

7. 사적인 삶, 혁명적 자아비판의 구상과 통제에 있어 혁명적인 입장을 굳건히 할 것.

8. 계급 관계에 대하여 혁명적인 입장을 굳건히 할 것.

9. 정치적으로 흠 없을 것이며 도덕적으로도 혁명적인 입장을 굳건히 할 것.

10. 자발적으로 나설 능력, 당의 미래 노선에 대한 책임 의식을 새길 것.

두크가 보기에는 이 기초 문서가 캄푸치아 공산당의 법이었다.

"저는 그 강령을 진심으로 경외했고 여러 번 반복해 읽었어요. 우리는 자신의 철학과 크메르 루즈 강령에 나온 기준을 계속해서 비교해야 했어요. 당시에 크메르 루즈가 출간하는 『혁명의 깃발』이란 잡지가 있었는데 저는 그 잡지를 자주 읽는 애독자는 아니었어요. 하지만 정권이 지향하는 바는 누구보다 잘 알고 있었습니다. 저는 그 조건을 따르기 위해 열심히 일했어요. 제가 죽느냐 아니면 생존하느냐가 결정되는 일이었지요."

당은 마르크스-레닌주의를 장래 비전의 토대로 삼으며 모든 행동의 기준이 되는 나침반으로 여길 것이다.

이와 같은 원칙을 바탕으로, 캄푸치아 공산당은 그 외의 다른 이상주의와 경험주의, 책에서 얻은 지식과 수정주의를 철저하게 거부하고 이에 저항할 것이다.

당은 고립주의, 권위주의, 군사주의, 학력서열제도, 관료주의와 같은 비정상적인 정신세계가 전파되지 않도록 끝까지 저항할 것이다. 동시에 민중을 등한시하지 않도록 항상 주의할 것이다.

소송이 진행되는 동안 나는 S-21 교도소가 문을 닫은 후에 태어난 젊은 세대들을 대하며 혼란스러우면서도 신랄한 눈으로 지켜보았다. 이들은 횡설수설하는 마르크스주의자의 말을 제련공 앞에 선 신참 기술관료인 양 당황하고 어리둥절한 표정으로 듣고 있었다. 또 캄보디아 출신의 통역관들도 방청석을 향해 통역을 하는 동안 간간이 어떻게 설명해야 할지 몰라 난처해했다. 과거를 살았던 사람들이 쓰는 단어들이 요즘 세대 사람들에게는 그저 생소하기만 했기 때문이다. 물론 개중에 잘 아는 단어들도 있겠지만 무엇을 뜻하는지 애매모호한 표현들이 있었다.

판사 라베르뉴는 냉전 시기에 대해서는 잘 알았지만 크메르 루즈에 대해선 잘 알지 못했다. 크메르 루즈가 몰락할 때 그의 나이 겨우 열아홉 살이었다. 그래서 두크가 뜻이 불분명한 단어를 쓸 때마다 라베르뉴는 신중하게 그 단어의 참뜻을 묻곤 했다.

"책에서 얻은 지식에 대해 저항하자고 했는데 구체적으로 어떤 지식을 말하는 겁니까?"

"프랑스어로는 아마 '교조주의dogmatisme'가 될 거예요. 그게 잘 어울리겠군요."

두크가 판사의 질문에 요령껏 대답했다.

"우리나라 사람들이 말하는 '책에서 얻은 지식'은 곧 판사님이 태어난 나라에서 '교조주의'라고 합니다. 레닌주의 이론을 무조건 맹신하는 경우를 두고 생겨난 표현이지요. 소비에트 연방에는 노동자 계급, 즉 봉급을 받고 일하는 사람들이 있었지만 소련의 상황과 캄보디아의 상황은 엄연히 달랐어요. 우리나라에는 확실한 노동자 계급이 형성되어 있지 않았으니까요. 그래서 우리 나름대로 '농민 계급'을 관리하게 되었습니다. 만약 소련의 교조주의 원칙을 실천하려고 했다면 캄보디아에 노동자 계급이 형성될 때까지 마냥 기다렸을 거예요. 한마디로 본 정권이 마르크스−레닌주의에만 모든 것을 의지하지 않았음을 뜻합니다."

캄보디아 공산당은 생활 환경을 개선하는 데 동의했고 볼셰비키 혁명군이나 마오쩌둥주의자보다 더 빨리 이상적인 사회를 이루려고 애썼다. 자본주의가 본격화되고 프롤레타리아 계급이 완벽하게 형성될 때까지 기다리는 것은 무의미했다. 캄보디아 공산당은 화폐 제도를 폐지하고 급진적인 농업 개혁을 일으켰다. 그들이 잡은 벼 생산량 목표는 터무니없었다. 또 기업들은 공산당이 휘두르는 채찍과 총검의 위협 아래 회사를 운영해야 했다. 그러나 고위 지도자들은 이런 정책들보다는 정권의 계획 실천에 방해가 되는 인물이나 시대를 잘못 태어난 인물들을 제거하는 데 시간을 보냈다. 그러니 기근이 만연했고 캄보디아 공산당식 경제 이론을 적용한 결과 심각한 폐해가 발생했던 이유도 알 만했다.

크레이그 에치슨이 그 당시에 한 지역의 장이 중앙정부에 보낸 전보 내용을 분석한 결과, 반 페이지가량이 경제 발전에 대한 내용이었고 또 반 페이지는 생산 상황에 대한 보고 자료였다. 그리고 내부의 적과 관련된 내용이 5페이지를 이루었다. 지위에 관계 없이 전국의 모든 당원이 적의 존재에 대해 노이로제가 걸릴 정도로 심하게 경계했다는 것을 알 수 있는 징표였다.

그들은 반역자를 잡는 데 온 힘을 기울였고 S−21은 그 고되고 끝을 알 수 없는 추격의 중추였다.

당은 최대한 혁명의 길을 가야 한다. 모든 수단을 동원해 당을 직간접적으로, 공개적으로 또는 비밀리에 위협하는 모든 적을 처치하기 위한 행동 방안과 전략을 도모해야 한다. 앙카르의 전 구성원과 모든 당원은 정치적으로나 정신적으로, 명령과 임무 수행에 있어 옳고 바르며 순수해야 한다. 그러한 태도가 개인이 걸어온 길에서도 바름과 순수함으로 드러나야 한다.

"누가 내 적이고 동지인지 항상 구별할 줄 알아야 한다고 했어요. 우리는 자신이 모시는 상관이 좌파인지 아니면 우파 성향인지 선을 긋지 않으려고 애썼습니다. 그렇지 않았다가는 위험한 상황에 빠질 수 있으니까요. 점점 높은 직위에 오르려면 꼭 지켜야 하는 원칙이었어요. 우리는 뼈빠지게 일했지만 우리 앞에는 수많은 적이 있었습니다. 그때까지만 해도 저는 적을 없애는 임무가 국가의 문명과 인간성을 동시에 없애기 위한 목적에서였는지를 전혀 몰랐답니다."

"캄푸치아 공산당이 극단적인 성향을 보이는 사람들을 숙청한 것이 맞나요? 당에서 보기에 훌륭한 지도자란 상부에서 바라는 대로 움직이는 자를 말하는 게 아닙니까? 그러니까 요구한 바를 완벽하게 해내는 사람 말이에요."

"좋은 지도자, 좋은 선도자란 위에서 내려온 명령을 확실하게 수행하는 사람을 말하는 게 맞아요. 하지만 과도한 모습을 보이면 안 돼요. 상부의 명령이 떨어지면 지시한 내용을 잘 따르고 있다는 것을 보여주면서 안심시키면 그만이죠."

일단 심문을 받은 사람은 무조건 적으로 간주되었고, 적은 곧 마땅히 제거해야 할 존재였다. 이런 논리는 매우 잔인하지만 꽤 효과적이었다. 만약 용의자를 범죄자로 규정하지 않는다면 진을 빼서 자백을 받아내기가 어려웠기 때문이다.

오늘날까지도 두크는 공산당의 정책이 그 많은 사람을 학살하려는 것이었느냐는 질문에 대해 확실한 답을 내리지 못하고 망설였다.

"당은 그 당시 절대적인 위치에 서고 싶어했고 그래서 적을 무너뜨리는 작업을 단계적으로 실천했어요. 그때 쓴 언어들이 지금과 약간 달라서 해석의 차이로 인한 오해도 생기는 것 같아요. 지금의 법률학자들이 '재판을 거치지 않은 처형'이라고 말하는 것을 당시 사람들은 '계급 투쟁'이라 했으니까요."

그 무렵의 선전 문구는 공문서보다 직설적인 어투로 정권이 지향하는 방향을 보다 명료하게 표현해주었다. 대표적인 예로 잡지 『혁명의 깃발』을 들 수 있는데 내용에서 '절대적인 조치' '관용 제로' '망설임 없이'란 표현을 쉽게 볼 수 있다.

우리는 내부에 숨어 있는 하찮은 적들을 99퍼센트 이상 없애는 데 성공했다. 모든 지역에 동일한 퇴출 작업이 이뤄져야 한다. 부서마다 같은 방법으로 적을 찾아야 하고 각 지구, 협동작업장에 같은 방법을 적용해야 한다.

또 군부대, 각료실, 위원회에서도 동일한 방법을 동원해 적을 퇴출해야 한다.

적을 제거하라. 마지막 한 명이 나올 때까지 거듭, 계속해서 적을 찾아 제거하라. 그래야 당의 권력이 완벽한 순수성을 띨 수 있고, 모든 부서에 속한 상하 지도자들이 청렴결백하게 존재할 수 있다.

10
폴 포트는 숭고했다

두크 소송은 국제 재판소에서 공산당원의 범죄를 공식적으로 다룬 최초의 재판이다. 국제 법률가들과 인권 수호를 위해 싸우는 이들은 국가를 위한다는 명분 아래 실상은 외국인 혐오증이나 인종 차별에 가까웠던 혁명을 맹렬하게 비판했다. 대세르비아 정책을 펼친 자들을 추방하거나 후투 파워Hutu Power[르완다의 후투 족 강경파로 르완다 내전 때 대량 학살을 주도한 세력]를 비판하는 것은 어렵지 않은 일이었다. 하지만 크메르 루즈 전범을 다루는 재판에 대해서는 전 세계 많은 사람이 눈살을 찌푸렸다. 왜냐하면 이 건을 통해 공산주의를 재판한다는 인상을 주었기 때문이다.

우파가 주도하는 혁명은 민족의 순수성을 추구하며 인종을 대상으로 차별 정책을 펼쳤고 그 결과 파괴적인 성향의 이데올로기로 이어졌다. 반면 좌파의 혁명은 인종보다는 사람들의 호응을 얻을 계급의 순수성을 더 강조했다. 한 인종을 고집하는 것은 혐오를 불러일으키는 계획이다. 반면 계급을 하나로(또는 둘, 넷으로) 구성하자는 주장은 의도가 좀 더 바람직하지 않은가.

두크 소송을 참관하기 전, 나는 파일린에서 열린 공개 토론회에 참석했다. 이 도시는 폴 포트의 정권이 무너지면서 20년 동안 전쟁을 겪은 크메르 루즈의 커다란 보루라고 해도 과언이 아니었다. 소송의 역할과 목표를 설명하기 위한 이번 토론회에서 국제 검사는 캄보디아 방청객들을 향해 다음과 같이 말했다.

"우리는 크메르 루즈가 국가를 새롭게 바꾸기 위한 힘을 얻어 더 나은 사회를 이룩하려고 했다는 것을 잘 알고 있습니다. 하지만 법에 어긋나는 짓을 저질렀다면 여러분이 뭐라고 믿든 그에 마땅한 처벌을 받아야 하지 않겠습니까? 그래서 크메르 루즈가 저지른 범죄 행위를 국제 형사 재판소가 개입해 처벌을 내리려고 하는 것입니다. 소송의 대상은 결코 공산주의라는 이데올로기가 아닙니다. 이데올로기가 현실로 옮겨지는 과정에서 담당자들이 저지른 과오를 처벌하려는 것입니다."

폴 포트가 나쁜 지도자였지 그가 표방한 공산주의가 잘못된 것은 아니었다. 그의 이상만큼은 도덕적인 의도에서 세워진 것이라고 남겨두어야 할 것이다. 소비에트 연방의 스탈린이나 중국의 마오쩌둥도 마찬가지다. 북한의 김일성, 에티오피아의 멩기스투 하일레 마리암[에티오피아의 군사정권 시절 노동자당 서기장을 거쳐 대통령 및 국가평의회 의장을 지낸 공산주의 독재자], 알바니아의 엔버 호자[알바니아 최초의 공산주의 국가원수] 등의 인물도 대량 학살에 버금가는 만행을 저질렀지만 그들이 의도한 목표 그 자체는 국가에 이로운 것이었다. 그렇기에 경우에 따라 정상참작을 하기도 한다.

캄보디아의 비극을 다룬 탐방 기사를 쓴 네이트 테이어Nate Thayer는 폴 포트가 사망하기 전 단독 취재를 하면서 세계적인 유명세를 얻었다. 폴 포트와의 인터뷰를 통해 기자는 다음과 같은 분석 자료를 남겼다.

크메르 루즈는 캄보디아를 근대화시키고 싶어했다. 크메르 루즈가 잘못을 저질렀다 해도 그것은 결코 이기주의에서 나온 행동이 아니었다. 폴 포트는 결코 부패한 정치가가 아니었다. 크메르 루즈는 단지 봉건주의와 부패가 만연한 캄보디아 사회를 구하려고 노력했다. 그 둘 때문에 국가가 병들고 있었기 때문이다.

이런 관점은 몇 년 뒤 재판에 참가하게 된 크메르 루즈 전문가들로부터 지지를 받았다. 검사 측에 합류한 크레이그 에치슨은 이렇게 말한 바 있다.

"폴 포트가 의도한 바는 어쩌면 매우 숭고했을지 모릅니다. 하지만 목표를 달성하는 방법이 최악이었죠."

이어 검찰부의 주요 인사였으며 나중에 예심 판사가 된 스티븐 헤더Stephen Heder가 자신의 입장을 밝혔다.

"폴 포트는 자신이 의도한 방향과 정반대되는 결과를 얻고 말았어요."

다음은 실제로 폴 포트가 네이트 세이어에게 한 말이다.

"우리는 민족과 국가를 진심으로 사랑했어요. 하지만 실제로는 잘못을 범하고 말았어요. 내가 당신에게 꼭 하고 싶은 말은 국민을 학살하기 위해 혁명운동에 뛰어든 것은 아니라는 것입니다."

이렇게 말하는 그는 자신이 지휘한 운동이 의도한 방향을 벗어나버리자 좌절에 빠졌다. 기자는 그 후 잠깐의 침묵이 이어졌고 폴 포트가 가만히 눈만 깜박거렸다고 말했다. 그러면서도 카메라를 향해 엷은 미소를 보였다고 한다. 폴 포트가 다시 입을 열었다.

"지금 제 모습을 보세요. 제가 나쁜 사람처럼 보입니까? 전혀 아니잖아요."

그러더니 눈을 감으며 손등으로 허공을 젓는 듯한 제스처를 취했다.

"제 마음속은 이토록 평온한걸요."

경호원 두 명의 보호를 받은 검사가 파일린까지 직접 발걸음을 한 사람들에게 말을 끝마치고 물러났다. 그때 방 한가운데에 앉아 있던 농민 한 사람이 자리에서 일어났다. 그는 지식인들이 일으킨 혁명의 명분이요 오늘날 재판소가 소송을 벌이려는 명분인 '평범한 민중'의 한 사람이었다.

"지금 여러분은 연기에 벌을 내리려는 격입니다. 우리는 이 재난이 일어나게 된 발화점을 찾아야 해요. 저는 '왜' 그들이 이토록 많은 사람들을 죽여야만 했는지 확실한 이유를 알고 싶어요."

이번에는 도시에서 온 듯한 여성이 자리에서 일어났다. 그러더니 권력자들이 얼굴을 붉힐 발언을 했다.

"재판소는 그 어떤 화해의 손길도 유도하지 않아요. 진정한 정의란 존재하지 않으니까요. 우리는 선거를 통해 국가를 대표하는 지도자를 뽑는다지만 사실 권력은 힘과 부를 거머쥔 자들에게 손을 내줘요. 당신이 부자가 아니라면 정의도 당신 편이 아닌 세상이 된 거죠. 범죄를 저지른 사람들은 권력자예요. 침묵으로 일관하면서 그 권력을 유지하지요."

재판이 진행되는 동안 두크는 이데올로기의 중요성을 강조했다.

"이데올로기는 곧 진실이에요. 실천에 의해 현실화되는 그런 진실이요."

이 말은 크메르 루즈의 2인자이자 1977~1979년 두크의 직속 상관이었던 누운 찌어의 발언이다. 원래 지식인 중에는 공산주의를 신봉하는 사람이 많았다. 그러나 시간이 지나면서 지난 세기의 거대 전체주의에 녹아들며 왜곡된 정치철학은 지식인들에게 충격과 혼란으로 다가왔다. 이는 우물쭈물하는 모습을 보일까 우려하는 현대의 법률가들에게도 상당한 영향을 미친 듯했다.

조직 전체가 아닌 한 개인에게 책임을 지워야 하고 때를 잘 맞춰 적절한 정치적 중립성을 보여야 한다는 이론에 기대어버린 것이다. 법률가는 관례상 범죄가 행해진 '이유' 그 자체를 형사 재판소에서 다루지 않는다. 하지만 이번 토론회만큼은 그 이유에 대한 질의가 모든 사람의 입에서 오르내렸다.

재판이 시작되면서 캄보디아 출신 여검사는 파일린 농민들이 왜 이런 질문을 했는지 답을 주었다.

"30년 전부터 150만 명에 달하는 크메르 루즈의 희생자들이 이날을 기다렸어요. 지난 30년 동안 민주 캄푸치아 정권에서 살아남은 생존자들이 장본인들로부터 해명을 들을 날을 기다렸어요. 30년 동안 캄보디아인들은 자신의 가족에게 일어난 비극의 원인이 무엇인지 대답을 알고싶어했어요. 오늘날 이 소송이 시작되었으니 결국 정의로움이 제자리를 찾겠지요. 그리고 이유도 들을 수 있을 거예요. 역사가 그러라고 요구하잖아요. 크메르 루즈 전범들을 법정에 세운 이유는 진실을 바로 세우기 위해서입니다. 두려움 없이 당당하게 진실을 찾을 수 있도록 말이에요. 크메르 루즈가 지향한 목표는 보다 순수한 사회를 만드는 것이었어요. 우리는 지금까지도 그런 사회가 어떤 사회인지 모르지만요. 물론 일부 사람들은 크메르 루즈가 선한 의도로 행동했지만 결과가 좋지 않다고 말하겠지요. 하지만 그건 사실이 아닙니다. 크메르 루즈는 활동 초기부터 적으로 간주되는 사람들을 모조리 잡아다가 처치하는 게 주요 목표였으니까요."

민주 캄푸치아가 출현하기 20년 전, 두크가 학생에 불과했던 시절에 철학자 레몽 아롱Raymond Aron은 선의의 의도가 초래할 수 있는 거짓된 함정에 대해 예고하며 조심스러운 분석을 내놓았다.

역사적으로 우상숭배자들은 파괴적인 사건을 급격히 증가시키기 마련이다. 그 이유는 좋거나 나쁜 마음을 품어서가 아니라 잘못된 생각을 옳다고 여기기 때문이다.

정권의 본질은 그들이 부르짖는 원칙 안에 존재하는 것이 아니다. 그렇다고 정권에서 강요하는 사상에 있는 것도 아니다. 그 본질은 정권이 사람들에게 부여하는 삶 속에 있다.(레몽 아롱이 1955년에 쓴 글의 일부)

2009년에 반공산주의를 주장하는 운동가 중 어느 누구도 두크와 관련된 소송을 덮으려고 하지 않았다. 두크가 과거에 언급했듯 재판을 통해 위험한 사실이 드러날 수 있기 때문이었다. 그만큼 두크 소송은 많은 사람의 합의 아래 성사되었다. 이 소송은 다소나마 남아 있는 옛 마르크스주의자들과도 관계가 있다. 사람들은 그들이 자기들과 관련된 비극을 어떻게 다룰지 관심을 보인다고 한다. 혁명은 끊기 힘든 마약이라고들 한다. 왜냐하면 그만큼 사람을 흥분시키고 감성을 건드리는 시적인 부분이 있기 때문이다. 더구나 개혁이라 하면 권태와는 한참 먼 것이 아닌가. 레몽 아롱은 혁명을 지식인의 아편이라고 표현했다. 마르크스가 종교를 민중의 아편으로 표현한 것에 빗댄 말이었다. 르완다 대량학살을 다룬 재판이 있었고 시에라리온 내전의 전범들을 벌한 재판도 있었다. 이제는 앙코르 대사원들을 품에 안은 땅에서 일어난 사건을 다룰 때가 되었다. 지난 재판들과 마찬가지로 서양인들이 역사의 심판자로서 프놈펜을 찾았다. 이들 중 몇 명에게는 두크의 소송이 그들의 깨져버린 꿈을 다룬 헛된 이야기처럼 비쳤다.

재판소에서 행하는 모든 일은 캄보디아 정부의 철저한 감시 아래 이뤄졌다. 현 정부에 속한 고위 관료 3명이 과거 크메르 루즈의 고위 간부 출신이다. 이들은 1977년 숙청 작업으로 희생되기 직전 베트남과의 국경지대로 도망갔다. 그 외에도 현재 캄보디아 정부를 위해 일하는 저명한 각료들과 수많은 군 장교가 혁명군의 높은 직위를 역임했던 사람들이다. 이런 모순적인 상황과 보이지 않는 긴장을 확실히 알 수 있는 사례가 있었으니 바로 소송이 한창 진행되는 동안 비공개적으로 일어난 '자르비스 사건'이다.

두크가 법정에 출두하여 캄푸치아 공산당에 대해 설명하는 동안 헬렌 자르비스Helen Jarvis는 크메르 루즈의 희생자들을 위한 부서 대표로 임명되었다.

그녀로 말할 것 같으면 크메르 루즈 특별재판소ECCC가 처음 생겨났을 때 언론·홍보팀 수장을 맡은 여성이었다. 헬렌 자르비스가 희생자 부서의 대표가 되자 주변에서 볼멘소리가 터져나왔다. 그녀가 과거 공산당을 지원했다는 사실을 모르는 사람은 거의 없었기 때문이다. 하지만 사람들의 심기를 더욱 불편하게 만든 사건이 일어났다. 2006년 헬렌 자르비스가 지난 세기의 혁명과 관련해 발표했던 성명서가 최근 세상에 드러난 것이다.

성명서의 제목은 '우리는 LPF를 떠나지 않는다!'였다. 호주의 민주사회주의democratic socialism[마르크스주의에 의하지 않는 이상주의적 사회주의]를 지향하는 극좌파인 LPF는 레닌주의당 당파Leninist Party Faction의 약자로 호주 출신의 그녀가 지지한 정당이었다. 이 당파를 비롯해 헬렌 자르비스가 가담한 정치 연맹의 이면을 들여다보면 숙청과 음모, 배신자 처벌과 분파주의가 일상이 된 세계였다. 동료 사이에 보복과 사기가 판을 쳤고, 정당의 규율을 위반하거나 적대 세력과 연합하는 한편 일명 '단두대 판결'도 성행했다. 그렇게 함으로써 이들은 공공연히 혁명의 선두에 서고 싶어하고, 우고 차베스 대통령이 만들어가는 베네수엘라의 모습에 기뻐했다. 공산주의의 미래는 선두에 베네수엘라와 쿠바라는 두 공산국가를 주축으로 놓고 움직이고 있다. 그 속에서 이들은 민주집중제를 따르며 자본주의에 의지한 국제 미디어를 대놓고 비방한다.

앞서 성명서 이야기로 돌아가서, 성명서에 참여한 사람들은 당이 지향하는 노선에 불만을 표했다. "공산당이 사회주의 투쟁을 펼쳐나가는 열쇠인 마르크스주의 혁명 구축에 있어 레닌주의 전략을 적용하려 하지 않는다"는 이유에서다. 성명서는 다음과 같은 애매한 주의로 이어지는 양상을 보였다.

"우리 역시 마르크스주의자이며 결과가 수단을 정당화한다고 믿는다. 하지만 수단이 정당화되려면 결과도 납득할 만해야 한다."

그래도 다음 구절에서는 보다 명확한 태도가 드러났다.

"혁명과 내전이 한창인 시기에는 가장 극단적인 조치가 때때로 가장 절실하게 필요하고 정당한 수단으로 작용할 수 있다. 부르주아 계급과 그들이 세운 정부를 상대로 싸울 때는 굳이 부르주아 계급의 법과 거짓된 도덕 법칙을 존중할 필요가 없다."

1970년대를 몸소 경험한 두크라면 위 성명서의 내용을 부인하지 않을 것이다. 허나 아이러니하게도 이 글을 쓰고 서명한 사람은 크메르 루즈 혁명에 희생당한 피해자의 한을 풀어주기 위해 열린 소송에서 책임자로 일하고 있다.

현재 그리고 앞으로 오랫동안 공산주의의 신념은 모든 수단을 정당화시킬 것이다. 공산주의가 꿈꾸는 희망은 신의 왕국으로 가는 여러 경로를 허락하지 않는다. 공산주의가 허용하는 자비의 범주 안에는 적이 명예롭게 죽을 권리가 없다.

위 내용은 철학자 레몽 아롱이 남긴 기록의 일부다. 계속 살펴보자.

숭고한 결과는 끔찍한 수단의 구실이 되기 마련이다. 현재에 안주하지 않는 윤리관을 가진 혁명가는 냉소적으로 행동한다. 혁명가는 경찰들의 잔인한 행동과 생산에만 집착해 비인간적인 노동을 강요하는 데에 분노한다. 뿐만 아니라 모든 의심이 걷히기까지는 유죄로 간주하지 않아야 할 피고에게 판결을 내리는 잔혹한 부르주아들의 법정에도 울분을 표한다. (⋯) 하지만 혁명가는 와해된 질서에 맞서 그 자신만큼이나 냉정한 당에 들어가고, 당은 혁명의 이름으로 그가 끊임없이 설파하던 모든 것을 용인할 것이다. 여기서 혁명이라는 신화가 타협을 인정하지 않는 윤리관과 테러리즘 사이를 이어주는 가교 역할을 한다.

일부 민간 단체는 헬렌 자르비스가 작성한 글에 충격을 받은 나머지 불편한 심경을 호소하는 글을 작성했다. 그러나 정작 재판소는 이러한 질책에 대한 그 어떤 반응도 내비치지 않았다. 유엔 측 대변인이 기자들에게 공식적인 답변을 내놓았다.

"법정에 있는 모든 관계자는 개인의 정치적 의견을 가질 권한이 있습니다."

헬렌 자르비스는 침묵을 지켰다. 자신에 대한 의혹이 제기되자 마음에 상처를 입었기 때문이다.

"저는 이 재판소를 설립하는 시기부터 지금까지 10년 동안 일해왔어요."

헬렌 자르비스는 이 주제에 대한 책도 한 권 출간했다. 캄보디아에서 공산주의 독재에 피해를 입은 사람들끼리 압력단체를 결성한 적은 지금까지 없었다. 그러기에는 피해자들에게 힘이 부족했다. 세계에 한바탕 휘몰아친 폭풍이 지나가고, 사람들은 이제 사상과 이데올로기가 관련이 없다고 단언한다. 헬렌 자르비스는 변함없이 자신의 자리를 지켰다.

법정에 선 두크는 라베르뉴 판사가 하는 질문들에 제때제때 대답했다.

"결과가 중요하다면 수단은 아무래도 중요하지 않다고 보나요? 그 당시에 당신이 주변 상황을 인식하는 방식이 그랬단 거죠?"

판사의 질문에 과거 레닌주의를 신봉한 운동가 두크가 대답했다.

"그렇습니다."

LE MAÎTRE DES AVEUX

11
처형장에 끌려가던 날

프락 칸, 수 티, 힘 후이와 같이 S−21에 있었던 교도관을 출두시킨 다음엔 이들 밑에서 일한 부하 직원들의 증언이 이어졌다.

교도소 감시인으로 일했다는 남자가 나타났다. 짙은 색의 얇은 테두리에 알이 직사각형인 안경을 쓴 남자는 머리카락이 굉장히 짧았다. 가르마를 옆으로 탔고 숯처럼 까만 머리카락은 숱이 많아서 가르마가 보일까 말까 했다. 앞머리는 어찌나 잘 손질해놓았는지 가발이라고 해도 믿을 만했다. 51세인 이 남자는 언뜻 보기에는 모범생처럼 생겼다. 35년 전에 그는 감시 업무와 함께 교도소 밑에 있는 비밀 감옥에 메시지를 전달하는 일을 했다. 그는 의자 팔걸이에 팔을 올린 채 팔짱을 끼고 앉았다. 등을 곧게 세운 채 미동도 하지 않았다. 누가 보면 전기 의자에 앉은 줄 알 정도로 몸이 뻣뻣했다. 그는 문장을 끝낼 때마다 입술을 굳게 다물고 몸을 움츠린 채 뾰로통한 얼굴을 했다. 마치 자신을 향한 욕설을 듣고 깜짝 놀란 보수주의자가 샐쭉한 표정을 짓는 것처럼 보였다. 또 그는 질문에 답을 다 한 다음에 턱을 위로 살짝 들어올리고는 마치 고문을 당하는 사람처럼 마른 침을 삼키며 턱에 힘을 주었다.

그의 형제가 S-21 교도소에 끌려와 목숨을 잃었다. 그는 자신도 그렇게 될까 무서워했고 자신의 책임자였던 힘 후이 덕분에 간신히 살아날 수 있었다고 했다. 그러나 두크에 대해서 말할 때는 심한 질책이 이어졌다. 소송이 있기 전, 예심 판사들 앞에 섰을 때 그는 심문을 받은 죄수들의 대답에 불확실한 부분이 꽤 많았다고 주장했다.

그러면서 두크와 관련된 일화를 우리에게 들려주었다. 하루는 두크가 죄수에게 자백을 할 거냐고 물으며 그를 한두 차례 때렸다. 그리고 "조금 있으면 너도 알 테지"라고 덧붙였다고 했다. 감시인은 자신이 듣고 본 그대로를 말한 것이라고 강조했다. 그러면서 두크가 교도소에 일상적으로 드나들었다고 주장했다.

이번에는 법정에 선 그가 두크가 하는 증언들이 실제 일어난 일을 조금 과소평가하는 것 같다고 말했다. 자신이 기억하는 두크는 무력을 어느 정도 사용한 심문관이었기 때문이다.

"점심을 먹고 근무지로 돌아오다가 나무집 옆에 있는 빌라 안에서 그를 보았어요. 제가 목격한 장면을 있는 그대로 말하는 겁니다."

옛 감시인이 침을 꿀꺽 삼키더니 목을 뻣뻣하게 세웠다.

"죄수를 심하게 때리는 걸 보았나요?"

"두크는 등나무로 된 막대기를 사용했어요. 제가 자리를 뜨기까지는 별로 때리는 것 같지 않았어요."

"본인의 두 눈으로 두크를 목격한 것 맞지요?"

"네, 제가 일하는 2층짜리 건물에 드나드는 것을 확실히 보았으니까요. 제 기억이 틀릴 수가 없어요. 진실입니다."

"그럼, 두크가 다른 죄수들에게 고문을 가하는 걸 본 적도 있나요?"

"아니요."

연보라색 셔츠를 바지 바깥으로 빼 입은 두크는 요즘 캄보디아의 권력자들이 입는 차림이었다. 그는 방금 증인으로 나온 감시인에게 연민의 감정을 토로했다. 증인의 말에도 전반적으로는 동의했으나 자신이 심문할 때 죄수들을 상대로 개인적인 폭행을 했다는 이야기에 대해서는 역시 다른 말을 했다.

"교도소 관리인들에게 교육한 제 잘못입니다. 앙카르 조직에 체포되지 않았던 사람들을 그렇게 상대하도록 가르쳤으니까요. 심문관들은 제가 가르친 대로 고문해야 했어요. 부인하지 않습니다. 하지만 증인과 같은 감시인은 본인에게 주어진 일을 하면 됐지 이쪽 심문과는 관련이 없었어요."

두크는 법정에 소환된 이 증인이 지금은 농사를 짓고 있지만 과거에 전투원으로 활동했고 그때 고생을 많이 했다는 것을 알게 되었다. 그는 증인이 받은 고통을 함께 나누고 싶다고 말하며 애석한 마음을 전했다. 그리고 나서 자리에 앉더니 증거 자료로 보여준 문서들을 정리하기 시작했다. 비닐로 된 파일에 문서들을 조심스럽게 넣으며 두크는 옛 감시인이었던 증인을 향해 시선을 옮겼다. 그리고 증인이 법정을 빠져나가자 그제야 파일을 두꺼운 빨간색 분류철에 넣었다.

법정에 출두한 또 다른 증인은 현재 벼농사를 짓는 농민으로 다른 증인들이 입었던 회색 웃옷을 입었다. 질문을 잘 이해하지 못할 때마다 그는 미소를 지었다. 크메르인의 미소였다. 노로돔 시아누크가 예전에 고용한 프랑스 출신 고문의 기록을 잠깐 예로 들어보겠다.

"크메르인이 짓는 미소는 인간이 느낄 수 있는 모든 감정을 감추는 효과가 탁월하다. 극동 아시아인에게 미소는 예의를 갖추는 가면과도 같다. 그래서 상대를 관찰할 때나 축하 인사를 할 때 또는 서로 신경전을 벌일 때 겉으로 미소를 짓는다. 하지만 캄보디아에서 미소라는 가면은 자신과 타인 사이에 그어놓은 무관심과 중의성, 친절의 장벽일 때가 더 많다. 이곳에서 미소를 대화하고 싶다는 의사로 오해하면 안 된다. 캄보디아인이 당신에게 보내는 미소는 정반대로 당신을 경계한다는 의미다. 당신이 건넨 경솔한 질문에 대답하고 싶지 않다는 간접적인 의사 표시이며 본인 역시 당신에게 질문할 마음이 없다는 신호와도 같다. 갑자기 끼어든 당신에게 동요하고 당황스러워하는 표정이다."

증인으로 출두한 농민이 마이크 앞으로 몸을 숙였다. 크게 뜬 눈은 빙글거리며 웃는 것 같았다. 쾌활한 태도는 부자와 권력자들이 죄책감 없이 저지른 사건들에 대해 잘 알지 못하는 사람처럼 보였다. 그는 열다섯 살 때 S-24 재교육 기관에 끌려갔고 나중에 S-21 교도소의 B동에서 감시인으로 일했다. 대답할 때마다 거짓말을 할 줄 모르는 순진한 사람이라는 인상을 주었다. 대답할 때마다 미소 또한 잊지 않았다. 그의 우스꽝스러운 태도에 잔소리를 늘어놓는 방청인도 있었다. 증인은 교도소 상황에 대해 아는 것이 별로 없었다. 기억하는 내용이 다른 증인보다 극히 적었을 뿐만 아니라 실제로 두크를 만나본 적도 없었다. 심지어 지난해에 예심 판사에게 무슨 말을 했는지조차 기억하지 못했다.

증인은 글자를 모르는 문맹자였다. 지금은 어떤지 모르겠지만 사건이 일어났던 때만큼은 확실했다. 그런데도 사람들은 감방마다 내부 규정이 붙어 있는지 기억하느냐고 물었다. 그는 법정에 출두하기 전 수사관들에게 교도소 안에서 수차례 강간이 있어왔다고 자백했다. 그러나 오늘날 법정에 서서는 강간을 목격한 적은 없다고 했다.

두크는 그 당시에 증인처럼 하층 계급인 평민, 젊고 교육을 받지 못해서 정치적으로 정신적으로 세뇌 교육을 시키기에 적합한 사람들이 교도관들로 고용되었다고 밝혔다. 그중 한 명이 바로 이 남자였고 별 도움이 안 되는 증인들 가운데 한 사람이었다.

수사 과정에는 뭔가 알 수 없는 미스터리가 있다. 명망 있는 국제 재판소가 다룬 소송들을 보면, 사전에 치러지는 비밀 수사 때 엄청난 센세이션을 불러일으킬 만한 내용을 폭로한 증인들이 막상 법정에 서서는 수없이 말을 번복했다. 증거 자료가 없다면 증인이 하는 말만이 유일한 단서다. 그런 까닭에 이런 재판은 대개 진실된 고백에 의존할 수밖에 없다. 소송 기간이 길어질수록 사람들은 아무도 신뢰할 수 없게 된다. 증인은 물론 경찰들의 말도, 판사나 검사의 말에도 의구심을 품게 된다. 심지어 변호인 측과 문제의 희생자들이 하는 말도 못 믿는 지경에 이른다.

두크를 재판하기 위한 이번 소송의 경우, 법정에 제출된 자료들은 양적으로 매우 풍부했다. 그 덕분에 피고인을 법 앞에 굴복시키는 일이 현실적으로 가능했다. 반대로 자료가 부족한 소송의 경우, 여러 의구심이 들고 괴리가 생길 수밖에 없다. 일종의 환멸감이 퍼지며 법정 분위기를 더욱 경직시킨다. 법정에 제출된 자료가 풍부할 때 사람들은 이성적인 판단을 하기가 더욱 수월해진다. 정의를 이루기 위해 믿음에만 기댈 필요 없이 본질에 대한 자신의 견해를 객관적인 이유를 들어 주장할 수 있다.

S-21 교도소의 생존자인 리 호르Ly Hor가 법정에 소환되었다. 그를 보자마자 피고인 두크는 믿을 수 없다는 반응을 보였다.

리 호르는 크메르 루즈 군의 일원이었으나 갑자기 체포되었고 S-21 교도소에서 S-24로 이감되었다고 말했다.

그러나 나중에 알게 된 결과, 그의 말은 진실이 아니었다. 그는 자신이 있던 감방에 철판 지붕이 있었다고 증언했지만 S-21 교도소의 지붕은 그렇지가 않았다. 또 3일에 한 번씩 바깥으로 끌려가 목욕을 했다지만 실제로는 감방 안에서 목욕을 하게 했다. 게다가 식사로 밥을 먹었다고 증언한 리 호르의 말과 달리 교도소에서는 절대 죄수들에게 쌀밥을 주지 않았다. 그뿐만이 아니었다.

두크가 미소를 지으며 몸을 탁자 위로 구부렸다. 그는 증인석에 오른 저 가엾은 남자를 호기심 가득한 눈으로 쳐다봤다. 당사자 측에 선 변호사는 그가 담당했던 지역 단체에 속절없이 당하고 말았다. 변호사에게는 그날 하루가 자신의 경력에 큰 오점을 남기는 하루였을 것이다. 판사 카트라이트는 당사자 측 변호사들의 대비가 철저하지 못한 점을 규탄했다. 그리고 이러한 증인 때문에 소송에 피해가 올까 걱정하며 유감을 표했다. 라베르뉴 판사도 동명이인을 증인으로 잘못 데려온 것에 대해 불편한 심기를 드러냈다. 43~44호 사무실에서 발견한 문서에 따르면 S-21 감옥에 구금된 죄수 중 호르라는 죄수가 있었고 그 사람이 리 호르라고 확신했던 것이다. 변호사도 이런 함정을 눈치채지 못했고 검사도 마찬가지였다.

그러나 두크는 알고 있었다.

증인의 얼굴을 보자 그는 'B-57 문서, 부록 003'이란 제목의 자료를 떠올렸다. 그러면서 44호 사무실은 크메르 루즈 703부대에 속한 방인 반면 43호 사무실에는 이렇다 할 자료가 없을 것이라고 말했다. 그러면서 이것은 어디까지나 자신이 생각한 가설이며 이를 증명할 만한 증거는 없다고 덧붙였다. 시간이 어느 정도 지난 뒤 검사가 새로운 자료를 들고 법정에 나타났다. 두크가 처음 본 자료였다. 그래서 그는 자신에게도 열람할 기회를 달라고 요구했다. 재빠르게 내용을 훑어본 두크는 S-21 교도소에 수감된 에아 호르Ear Hor 건을 리 호르로 착각한 게 아닐까 하는, 사람들의 이목을 집중시킬 만한 분석을 내놓았다. 그는 전문가 뺨치는 태도를 보이며 손등을 가까이 댔다. 그리고 옛 자료를 조심스럽게 분석하더니 에아 호르의 처형 날짜를 찾는 데 성공했다. 두크는 법정 문서 번호들을 머릿속으로 외워가며 읊기 시작했다.

그리고 리 호르와 에아 호르의 생년월일을 비교한 결과, 3년 정도 차이가 난다는 것을 알아냈다. 두크의 말대로 당사자 측 변호사들이 찾아낸 주인공과 법정에 나온 증인은 명백히 동명이인이었다.

"두 사람의 필체 역시 50퍼센트 정도 다르다는 것을 확인할 수 있어요. 에아 호르와 리 호르는 서로 다른 사람입니다. 그리고 에아 호르는 이미 사망했어요. 죽은 이의 영혼을 이 자리에서 욕할 생각은 추호도 없어요."

두크는 그의 옛 상관들이 눈치챈 것처럼 예리한 형사의 피가 흐르는 교육가였다. 법정은 꼬박 하루를 허구의 증인에게 쏟아부었던 것이다. 두크의 말 한마디에 사람들은 모두 증인의 말을 거짓으로 인정하는 데 동의했다. 두크는 정말 피해를 본 희생자들을 잘 찾아내어 그들의 소리에 귀를 기울여야 한다며 사치에 가까운 걱정거리까지 늘어놓았다.

수학에 뛰어난 두크는 완벽한 치밀함과 이해력을 동원하여 자료의 바다를 항해하고 메모 없이도 문서가 어느 분류 단위에 있는지, 문서 번호나 페이지 번호까지 언급하며 자신이 기억하는 자료를 정확하게 찾아냈다. 두크는 자료들을 편집하고 비교하며 내용의 정확성을 새기고 해당 내용을 기억하는 능력이 탁월했다. 그가 교도소의 책임자로 들어오면서 일을 꼼꼼하게 하던 다른 관리인들은 여러 파트로 나뉜 서로 다른 명단들을 대조하고 정리하라는 임무를 받았다. 그때도 두크처럼 정리를 잘하는 사람이 없었다. 교도소 내부의 속사정에 대해 누구보다도 잘 알았기에 두크가 보유한 정보는 다른 사람들과 비교할 수 없을 정도로 정확했다.

두크를 재판하는 소송은 현재 크메르 루즈 전범을 대상으로 한 유일한 소송이다. 이 재판이 끝난 뒤 지도자 네 명을 재판하는 소송이 진행될 예정이다. 많은 희생자가 정의를 내세운 이 재판에 참여하고 싶어했지만 현실적으로 그럴 수가 없었다. 재판 전 수사가 진행될 때 선정된 장소와 관련된 희생자만 나설 수 있기 때문이었다. 크메르 루즈에 희생당한 사람들이라도 그들이 있었던 감옥과 협동작업장, 둑과 수로가 수사 대상에 해당되지 않으면 증인이 될 수 없었다.

증인을 가려내는 과정에서 생긴 희생자들의 경쟁은 상징성에 가치를 두는 재판소가 빚어낸 씁쓸한 결과였다. 이번 리 호르 사례처럼 법정에 서고 싶은 욕심이 과한 희생자가 생긴 것이다.

"두크를 재판하는 소송이 있을 거라는 이야기를 들었을 때 저는 무

슨 일이 있어도 꼭 나가고 싶었어요. 크메르 루즈 정권에서 받은 고통이
너무나도 컸으니까요."

리 호르가 속마음을 털어놓았다.

S-21 교도소에서 살아남은 또 다른 증인에게 발언권이 넘어갔다.
이번에는 잘생긴 남자가 등장했다. 짧게 자른 머리에 얼굴이 둥근 남자
는 생글거리며 눈웃음을 쳤다. 반달처럼 휜 눈썹이 살짝 올라갔고 입술
선은 매우 선명했다. 섬세한 얼굴 생김생김이 크메르의 위대한 왕 자야
바르만 7세를 연상시켰다. 유명한 바용[캄보디아의 옛 수도 앙코르톰 중심
에 있는 왕실 사원] 사원에서 전 국민을 살피는 왕의 모습이랄까. 증인의
목소리는 침착했으며 항상 정면을 응시했다.

증인은 자신이 1976년에 S-21 교도소로 끌려갔다며 기억을 되살렸
다. 그곳에서 생선을 배급받아 먹은 적이 있고 또 목욕을 하기 위해 밖
에 나간 적이 있으며 밭에 끌려가 채소를 재배하기도 했다고 고백했다.
자료 내용을 파악하고 S-21 교도소가 어떻게 돌아가는지 어느 정도 아
는 사람들은 망설임 없이 이 증인을 경계했다. 하지만 지난 30년 동안
신원 확인이 되지 않았던 생존자를 법정에 세우고 싶어하는 비정부기
구NGO의 야심찬 계획은 상식을 벗어나 있었다.

1990년대 중반에 미국의 유명한 예일대학교에 최초로 캄보디아 기
록센터DC-Cam, Documentation Center of Cambodia가 들어섰다. 훗날 프놈펜
으로 이전한 캄보디아 기록센터는 생긴 지 10년 만에 크메르 루즈 역사
에 관해 가장 중요한 역할을 하는 기록보관소로 자리매김했다. 이 기관
은 S-21 교도소와 관련된 모든 정보를 보유하고 있다. 국제 재판소가
2006년 캄보디아의 수도에 세워졌을 때 캄보디아 기록센터가 정보 출처

기관으로 큰 영향력을 미쳤다. 이번 재판이 열리면서 이곳의 유명세는 더욱 커졌다. 리 호르란 이름의 희생자 아닌 희생자가 증인석에 서게 된 해프닝도 기록센터의 정보에서 비롯되었다. 이번 건은 제2의 리 호르라고 할 수 있는 또 다른 생존자를 찾는 데 혈안이 되었던 국경 없는 변호사회의 작품이었지만.

모순된 증언이 계속해서 나오다보니 두크에게는 변호사도 필요 없었다. 아이러니하게도 그의 적이 그에게 유리한 행동을 하고 있었기 때문이다. 더욱 한심한 일은 몇몇 희생자를 곤란하게 만든 점에 있었다. 이에 카트라이트 판사는 굳은 얼굴로 잘못된 증인 선정에 분노를 표했다. 라베르뉴 판사도 계속해서 자신의 왼손과 오른손을 번갈아 보기만 할 뿐 예비판사의 눈을 애써 피했다. 예비판사는 어안이 벙벙한 표정을 지으며 당황스러운 심경을 다른 이와 나누고 싶어하는 것 같았다. 그동안 얌전하던 방청석에 소란이 일며 법정 분위기가 점점 뜨거워졌다. 시골에서 온 방청인들은 텔레비전 화면에 비친 장면을 보며 미소를 지었고 결국 킥킥대며 웃어댔다. 방청석에서는 사람들이 몸에 바른 연고 냄새가 풍겼다. 가벼운 농담을 주고받고, 작은 목소리로 속삭이며 방청인들은 여느 날과 다른 특별한 하루를 보냈다. 법정에 있는 것만으로도 그들에게는 특별한 날이었다. 어쨌든 크메르 루즈의 가혹한 정권 아래 살면서 육체적으로나 정신적으로 큰 상처를 안고 사는 사람이라 할지라도 이 증인은 두크의 S-21 교도소에 없었기에 불쌍하지만 이번 소송의 증인이 될 자격이 없었다. 그렇다 해도 그 역시 캄보디아의 수백만 명에 달하는 희생자 가운데 한 명이었다. 증인은 자신의 왼쪽 귀에서 아직까지도 고름이 나온다면서 지난날 자신이 받은 고통을 여러 번 강조하며 호소했다.

이번에는 과거 크메르 루즈 시절 군인이었다는 한 남자가 발을 절뚝 거리며 법정 안으로 들어왔다. 눈이 푹 꺼진 것처럼 안으로 들어가고 양 볼이 팬 남자의 얼굴은 건조하고 까칠해 보였다. 하지만 겸손함과 자상 함이 엿보이는 외모였다. 그는 1975년 4월, 프놈펜에서 실행된 소개疏開 작업에 참여하여 주민들을 강제 이주시키는 일을 맡았다. 다음 해에는 북부에서 진행된 숙청 작업과 관련된 일을 하다가 체포되었고, 그 후 복권되어 무전기 교환원으로 보직을 옮겼다. 그리고 1978년 다시 체포 되어 S-21 교도소에 끌려갔다. 그는 교도소에 대해 정확히 알고 있었 다. 자신이 도착했을 때 사진 촬영을 하지 않았다고 말했지만 그가 묘 사한 교도소 생활의 세세한 내용들은 실제와 일치했다. S-21 교도소에 있었던 것처럼 거짓말을 했던 증언들과는 달리 이번 증인이 한 이야기 에는 거짓이 없었다.

증인이 처형장에 끌려가던 날에 대해 말했다.

"1979년 1월 6일 밤이었을 겁니다."

그날 직접 총소리를 들었다고 말하는 증인은 자신이 죽게 될 날이 다 가왔음을 눈치챘다고 고백했다. 교도관들이 그의 눈을 붕대로 가렸고 구덩이 가장자리에 무릎을 꿇렸다. 갈비뼈를 가격당한 증인은 구덩이 로 떨어졌고 의식을 잃었다고 했다. 새벽 2시경, 정신을 차려 일어났지 만 그는 자신이 어디에 있는지 알 수 없었다. 아직 어지럽긴 해도 결국 그는 자신을 묶었던 끈을 느슨하게 하는 데 성공했다. 그리고 피 냄새 가 진동하는 와중에 구덩이를 빠져나왔다. 다행히 탈출하는 길에 감시 인을 만나지 않았다. 증인은 나중에야 자기가 빠져나온 곳이 그 유명한 쯔엉 엑이라는 사실을 알았다.

증인은 한 시간 동안 걸은 뒤에야 겨우 나무 그루터기에 누워 쉴 수 있었다. 배가 몹시 고파 바나나 줄기를 씹으며 허기를 달랬다. 강가에 도착한 남자는 나무 널빤지를 물 위에 던졌고 그 위에서 손으로 물을 저으며 나아갔다. 그렇게 2~3일 동안 표류한 결과 프놈펜에 위치한 일명 재패니즈 브릿지Japanese Bridge에 이르렀다. 크메르 루즈 정권을 무너뜨리기 위해 온 군부대가 다행히도 증인을 발견하고 위기에서 구해줬다. 충격이 아직 강렬한 탓에 증인은 몸을 상했지만 죽음은 면할 수 있었다.

증인은 거의 한 시간 동안 쉼 없이 말했다. 목소리 톤도 균일했고 큰 동작을 취한 적도 없었다. 주로 땅바닥을 쳐다보며 말했다. 마법사가 모자 속에서 갑자기 토끼를 꺼내듯 인권단체인 애드호크Adhoc와 이 단체를 대변하기 위해 자리한 국경 없는 변호사회 회원들은 30년이라는 세월을 거슬러 쯔엉 엑에서 살아남은 사람을 전 세계에 꼭 알리고 싶어했다. 그리고 두크가 개인적으로 폭력을 동반한 심문을 한 죄수 중 생존자를 찾아 증인으로 내세우는 것이 이들의 목표였다.

문제는 이처럼 기적적으로 존재하는 증인들이 법정에 출두하기 전에 다른 곳에서 다른 이야기를 했을 경우다. 특히 두 증언이 크게 엇갈린다면 정말 심각했다. 세부적인 부분까지 잘 기억하고 있는 증인이었지만 그가 예전에 했던 말과 법정에서 한 말에 차이가 있다는 지적을 받자 그는 자신이 예전에 한 말이 잘 기억나지 않는다고 둘러댔다.

그러자 농촌에서 온 방청인들이 바로 수군거리며 귓속말을 주고받기 시작했다.

재판장은 이 기적의 주인공을 꼼짝 못하게 하는 법을 미리 준비라도 한 것처럼 언성을 높였다.

"당신이 우리에게 한 증언과 실제 일어난 사실이 엄연히 다르군요."

그러자 증인이 눈을 쉴 새 없이 깜박였다. 누가 봐도 그가 매우 초조해한다는 것을 알 수 있었다.

증인은 2008년에 S-21 교도소를 방문한 적이 있다고 말했다. 그는 자신의 사촌과 아내의 행적을 알아내기 위해 애드호크가 주관하는 교도소 방문의 날에 참가했다. 그곳에서 그는 쯔엉 엑의 실체와 마주했다. 증인이 간신히 살아남은 뒤 한 번도 가지 않았던 곳이다.

이번에는 판사들이 경찰 수사에 관한 내용을 살펴보았다. 교도소에 구금되고 사형당한 죄수 명단, 수천 명이 밝힌 자백 기록, 사진, 신상 명세서 검토는 재판소 관계자들에게는 마치 보물 찾기를 하는 것처럼 중요한 단서를 찾는 과정이었다. 판사들은 누구 할 것 없이 두크가 매끄럽게 다듬어놓은 체계에 빠져들었다. 두크가 쓴 방법은 효율적인 조직 운영의 한 사례였다. 이제 그가 해온 조리 있는 업무 처리법에 대해, 또 그의 정보들이 오늘날 얼마나 도움이 되었는지 누구나 알게 되었다. 그만큼 두크가 보여준 직업적인 능률성은 훌륭했다. S-21 교도소의 '생존자'는 몸 둘 바를 몰라 했다. 그를 법정에 세운 여변호사는 유감스럽지만 한발 물러서야 했다. 그녀는 이 문제를 다른 사람의 탓으로 돌렸다.

"인권단체들에서 증인이 될 자격이 있는 생존자 명단을 모았어요. 충분히 교육받지 않은 풋내기 직원들도 있었고요. 어설픈 생각으로 아마추어처럼 일을 처리한 사람들 때문에 결국 이런 일이 일어난 거죠."

LE MAÎTRE DES AVEUX

12
불에 달군 쇠막대기를 콧구멍에

폴 포트 정권을 전복시킨 베트남 군이 S-21 교도소를 발견하자마자 즉시 선전 기관에 연락이 갔다. 현장에 도착한 관계자들은 카메라로 주변 모습을 찍었다. 1979년 1월 초부터 촬영한 비디오를 보면 몸이 부풀고 검게 변한 시체 한 구를 볼 수 있다. 두크의 말에 따르면, 크메르 루즈 소속인 비밀경찰들이 마지막으로 사형시킨 죄수였다. 시체는 철제 침대 위에 있었고 그 뒤로 타자기가 놓인 작은 책상이 있었다. 안뜰에서는 까마귀들이 날아와 부패한 시체 옆을 어슬렁거렸다. 베트남 부대가 파견한 기자의 목소리가 비디오에서 흘러나왔다.

"저쪽 사무실에 어린아이가 있습니다."

세 꼬마가 화면에 등장했다. 한 아이는 흰색 셔츠에 모자를 쓰고 있었고 둘은 크메르 루즈의 검정 인민복을 입고 있었다. 한 아이가 카메라를 째려보며 의아해하는 표정을 지었다. 카메라가 클로즈업을 하자,

남자아이의 귓불에 달린 귀걸이가 눈에 들어왔다. 아이 하나는 천장만 응시했다. 카메라가 오른쪽으로 돌자 돗자리에 누워 있는 반나체의 갓난아이도 보였다. 기자는 이 아이들이 두려움과 배고픔에 지쳐 돌처럼 굳어 있었다고 말했다.

S-21 교도소에서 발견한 아이들 중 나이가 가장 많은 넝 창 팔Norng Chan Phal은 그때 나이 아홉 살이었다. 발견되고 7개월이 지난 후, 넝 창 팔이 인민 재판소에 소환되었다.

폴 포트 정권이 무너지면서 새롭게 권력을 쥔 세력이 설립한 이 재판소는 폴 포트와 이엥 사리Ieng Sary 도당이 저지른 죄를 처벌하고 자신들의 정당성을 확립하고자 만들었다. 폴 포트를 몰락시킨 이들 역시 공산주의를 지향했으니, 소비에트 연방과 중국은 베트남과 캄보디아를 사이에 두고 서로 맞섰고 공산주의자가 공산주의자를 심판하게 되었다. 여기에서 누가 어떤지 가려내는 일은 여간 어렵지 않았다. 이에 재판소는 크메르 루즈가 중국 정부의 반동 세력과 중국 반동단체의 후원을 받았다고 선언했다. 캄보디아의 마오주의자들에게 반혁명분자, 제국주의의 종, 심지어 파시스트라는 비난이 한꺼번에 쏟아졌다.

인민 재판소에 증인으로 출두한 몇몇 사람은 "혁명 세력 만세!"라는 모순되는 말로 증언을 끝마치곤 했다. 한편 어린 넝 창 팔은 몇 달 만에 '폴포트주의자'라는 단어를 입에 올리는 법을 배웠다. 넝 창 팔은 S-21 교도소에 있으면서 자신이 직접 목격한 장면들을 꼼꼼하게 묘사하며 우리에게 생생한 증언을 들려주었다.

폴포트주의자들은 화가 날 때마다 우리를 가차 없이 때렸어요. 머리를 심하게 때렸고 우리가 빨리 가지 않는다고 발로 등을 차버렸죠. 하루는 총소리가 들려서 얼른 남동생이랑 죄수들이 벗어놓은 옷 속으로 숨은 적도 있어요. 그날, 저보다 나이가 몇 살 더 많은 형이 죽었어요. 부엌 옆에 나무가 있었는데 형이 나무에 몸을 기댄 채 으스러져 있었어요. 사람들이 시체를 어디에 버렸는지는 보지 못했어요. (…) 교도소에 있는 동안 폴포트주의자들이 죄수들을 끔찍한 방법으로 고문하는 걸 여러 번 봤어요. 쇠막대기를 뜨겁게 달군 다음 콧구멍에 쑤셔넣으려는 것도 봤어요. 여자들은 물통 안에 얼굴을 집어넣었고요. 그 사람들은 떠나기 며칠 전에 내게 사진 한 장을 보여줬어요.

배가 갈라진 채 죽어 있는 엄마 사진이었어요. (…) 한번은 점심을 먹은 후였는데 폴포트주의자 다섯 명이 죄수 한 명을 교수대로 끌고 가는 걸 봤어요. 헐렁한 흰색 반바지에 파란색 셔츠를 입은 아저씨였어요. 남자들은 죄수의 목에 밧줄을 묶은 다음 밧줄의 한쪽 끝을 잡아당겨 하늘로 올라가도록 했어요. 그리고 밧줄에 맨 자루를 조금 풀어서 교수대에서 버둥거리도록 내버려뒀어요. 이런 짓을 두 번이나 당했다니까요. 그런 다음에는 전기 고문을 받는 방 옆으로 끌려갔어요. 나중에 또 다른 죄수가 끌려왔어요. 이번에는 반바지만 입고 있었어요. 남자들은 똑같이 그 사람을 죽였어요. 결국 죄수가 죽으면서 혀가 입 밖으로 튀어나왔죠. 그 후에 세 번째 죄수가 끌려왔어요. 죄수는 헐렁한 바지를 손으로 잡느라 천천히 움직였어요. 남자들이 빨리 가도록 죄수의 등을 때렸어요. 그 아저씨도 마찬가지로 하늘 높이 매달렸는데 헐렁한 바지가 발목까지 내려오고 말았어요. 이 모습을 본 폴포트주의자들이 기분이 좋은지 웃음을 터뜨렸어요.

S-21 교도소에 있던 닝 창 팔을 비롯한 몇몇 아이가 해방군의 도움을 받아 구조되었다. 이 아이들은 고아원에 보내졌고 그곳에서 닝 창 팔은 까오 쩐다Keo Chenda의 입양아로 갔다. 까오 쩐다로 말할 것 같으면 폴 포트 정권에 대항하는 크메르 공산당원들을 집결시킨 새 정권의 저명한 정치가였다. 그는 베트남 부대의 지원을 받아 폴 포트를 무너뜨리는 데 성공했다. 운 좋게도 정보선전부 장관에 임명된 까오 쩐다는 동시에 인민 혁명 재판소의 대표로 뽑혔다. 나중에 어린 닝 창 팔은 증인으로 소환되어 교도소의 생생한 상황을 사람들에게 폭로했다. 이 소년은 훗날 훈 센Hun Sen에게까지 소개되었다. 외무부장관을 역임한 젊고 야심찬 훈 센은 1985년 캄보디아의 수상으로 임명되어 그 자리를 오늘에 이어가고 있다. 닝 창 팔은 완 낫 등 S-21 교도소의 진짜 생존자들도 만났다. 1980년대 말 까오 쩐다가 사망하면서 교도소에서 살아남은 어린 생존자 닝 창 팔이 어떻게 지내고 있는지 알 길이 없어졌다.

S-21 교도소에 대해 연구한 사람이라면 누구나 닝 창 팔을 안다. 그 중 몇몇은 2000년대 초반에 그를 직접 만나기도 했다. 하지만 몇 년의 세월이 더 흘러 국제 재판소가 창설된 후, 수사관들은 더 이상 닝 창 팔에 대해 관심을 두지 않았다. 모든 사람이 열 살 소년 닝 창 팔의 존재를 까맣게 잊은 것처럼 보였다. 1979년 그의 충격적인 증언이 재판소를 떠들썩하게 만들었는데 말이다.

키갈리[르완다의 수도]에서 프놈펜까지, 사라예보에서 바그다드까지 참혹한 대학살이 일어난 현장에 선 사람들은 정의의 이름으로 범죄자들을 처벌하길 원한다. 남녀 모두 몸과 마음을 바쳐 진상을 밝혀내려고 애쓴다. 운동가들을 비롯해 관련 분야를 연구하는 학자들, 대학살을 기억하는 산 증인들과 희생자들의 변호인들, 정권의 폭력적인 행위를 경멸하는 자들의 적극적인 헌신이 없었다면 대학살의 실체를 알아내기 어려웠을 것이다. 불처벌impunity에 맞서 싸우는 사람들의 순수하면서도 올곧은 노력이 오늘날 경이로운 결과를 이뤄냈다. 두크는 그저 잊고자 하는 세상 사람들과 불순한 의도로 결과에만 주목하는 권력자들에 맞서 일어난 사람들에게 확고한 태도와 '절대적인' 신념이 없다면 범죄를 저지른 기록은 물론이요 징벌의 희망도 찾지 못했을 것이라고 말했다.

범죄자들을 재판하기 위한 법정은 부분적으로나마 이런 사람들이 자신의 일생을 바쳐 이루어낸 결과다. 누구나 나름대로 이유가 있어서겠지만 말이다. 재판은 수년 혹은 수십 년 동안 음지에 가려져 있던 사건이 여론과 언론의 조명을 받고, 금전적으로도 물꼬가 트이면서 정체를 깨고 이들을 도취시키는 시간이라고 볼 수 있다. 한편 조율하기 까다로운 단계로 진입했다는 뜻일 때도 많다. 정의의 장이 펼쳐지면 그동안의 노력이 드디어 결실을 맺지만, 동시에 이들이 물러날 위기가 찾아온다. 잘못을 가리고자 왔으나 지금까지의 역사를 전혀 모르는 국제 판사들에게 이들 남녀는 전문가이며 필수적인 중재자다.

당연히 즉각 이들에게 도움을 청한다. 초반에는 법률가들이 이 전문가들을 애지중지하며 이들의 말에 귀를 기울이고 칭송한다. 그러다가 시간이 흐르면서 재판 관계자들이 자율적인 능력을 갖추고 위신을 세움에 따라 점차 흥미를 덜 보이고 이용 가치가 사라진 사람으로 대하며, 쓸쓸하게 결별하는 사태에까지 이른다. 한평생 이 사건에 전념한 사람들과 직업상 잠시 들른 사람들 사이에는 분명 괴리감이 있을 수밖에 없는 탓이다. 모든 재판소의 모습이 이렇지 않은가! 사건의 전말을 알리고자 필사적으로 애쓴 사람들에게 등을 돌리는 재판소의 태도는 불만의 대상이었다.

그러나 정의를 위해 싸우는 이들 사이에도 갈등은 존재한다. 격렬한 싸움이 일어나는가 하면 상대를 욕하고 질투심을 표출한다. 또 상대를 방해함으로써 복수하는 사람들도 있다. 남녀 할 것 없이 혼자서는 그렇게도 훌륭한 사람들이 이 힘겨운 기억을 나눠야 할 때는 분노에 찬 오랜 연인처럼 굴지 않는가! 기억의 수호자와 정의의 수호자로 이루어진 세계는 캄보디아에서든 어느 다른 곳에서든 결코 고결하지도 않고, 진심을 나누는 곳도 아니었다. 어떤 때는 적들이 날뛰는 곳이기도 했으니까.

프놈펜에서 캄보디아 기록센터와 사법기관 사이의 협력 관계가 처음에는 매우 순조롭게 잘 진행되는 듯했다. 그러나 사법기관이 자신들의 비중을 키워가고 비정부기구인 캄보디아 기록센터는 주도권을 상실하게 될까 우려하면서 두 집단의 이해관계가 충돌을 일으켰다. 2년이 지나 국제 재판소가 드디어 두크를 심판하게 되었을 때, 둘 사이의 관계에는 마치 끝에 가죽 뭉치를 댄 연습용 검처럼 날카로운 칼날이 숨겨져 있었다.

두크 소송이 시작되기 하루 전날, 갑자기 캄보디아 기록센터에서 S-21 교도소에서 살아남은 어린애를 찾았다는 소식을 전했다. 크메르루즈 정권이 무너지던 해에 발견된 꼬마 넝 창 팔이 세월이 흘러 다시 세상에 모습을 드러낸 것이다. 발표한 대로 갑자기 그가 발견된 것은 아니었지만.

기자 회견에 모습을 드러낸 생존자 넝 창 팔의 나이는 서른아홉 살이었다.

기자 회견은 넝 창 팔에게 드라마틱한 사건이 아닐 수 없었다. 게다가 이틀 전 두크 소송의 당사자 측에 합류할 최종 시한을 그만 놓쳐버리고 말았기 때문에 더욱 그랬는지도 몰랐다. 캄보디아 기록센터는 예외를 두어달라며 힘써 재판소를 설득했다. 결국 검사 측에서 이 건을 고려한 결과, 어린 시절을 교도소에서 보낸 예외적인 경우를 감안하여 넝 창 팔을 증인으로 선정했다.

30년 전 이 소년은 크메르 루즈 정권이 몰락하고 난 직후 세워진 인민 재판소의 선전활동을 도운 중요한 증인이었다. 그리고 이번 두크 소송이 임박하면서 진상 파악이 절박한 언론이 넝 창 팔에게 뜨거운 관심을 보이기 시작했다. 이제 그는 또 한 번 대학살 사건에서 활약할 증인이자 과도한 관심의 대상이 되었다.

그 시기에 캄보디아 기록센터가 베트남인들이 S-21 교도소를 촬영한 미공개 비디오를 손에 넣은 일도 있었다. 자료는 예심이 있기 나흘 전에야 판사실로 넘어갔다. 희생자들을 위한다는 명분 아래 이해관계의 대립과 힘겨루기가 점점 확대되었다. 금시초문의 일은 아니었다. 하늘 아래 새로운 것이 어디 있겠는가? 하지만 캄보디아 기록센터의 민중을 선동하는 듯한 기미와 염치 없는 그날의 행동은 앞으로도 이어질 불만을 낳았다.

판사들은 이러한 압력에 굴하지 않았다. 넝 창 팔은 분명 희생자의 권리를 행사할 자격이 없었다. 그러나 그를 증인석에 올리기로 결정내렸다.

증인 넝 창 팔은 사춘기 시절 목소리를 그대로 간직하고 있었다. 농촌에 사는 크메르인답게 구릿빛 피부를 한 그의 시선은 줄곧 땅을 향해 있었다. 같은 공간에 있던 두크는 안경을 얼굴에 잘 맞게 조절하더니 문서를 찬찬히 읽어 내려갔다. 그런 다음 고개를 들고 안경을 벗더니 증인을 가만히 쳐다봤다. 피고인 두크는 의자에 등을 꼿꼿하게 세우고 있었다. 하지만 대화 내용이 별로 관심을 끌지 못할 때는 몸을 살짝 구부리며 편안한 자세를 취했다. 닝 창 팔은 모친이 교도소 입구에서 사진 촬영을 하는 동안 자신은 계속 울기만 했다면서 과거를 회상했다. 이 말에 두크가 다시 등을 곧게 세웠다.

2009년 닝 창 팔이 진술한 내용에는 그가 1979년에 증언한 간수들의 끔찍한 만행이 담겨 있지 않았다. 청년이었던 그는 대신 미술 작업실이나 귀리로 만든 맛 없는 음식, 모기 떼의 습격, 총소리, 죄수복 더미에 몰래 숨었던 일화들을 털어놓았다. 그리고 마지막에 베트남 군대가 죄수들을 모두 해방시켰고 자신은 고아원에 가게 되었다고 말했다. 교도소에 있으면서 몸이 상한 시체들이 철제 침대 틀에 널브러진 걸 보았고 너무 무서워서 바로 도망간 이야기도 했다. 진실인지 알려지지도 않았고 딱히 중요한 부분도 없었지만, 죄수들이 모조리 제거되기 이틀 전날인 1979년 1월 1일 S−21 교도소에 닝 창 팔을 비롯한 어린애 몇몇이 실제로 들어왔다는 놀라운 이야기만큼은 주목할 만했다. 운이 좋게도 어린애들은 대학살의 희생양을 면할 수 있었다. 아이들을 담당한 교도관들이 다소나마 손을 쓴 게 분명했다. 그리고 엿새 후인 1월 7일 드디어 프놈펜이 해방되었다. 법정에 있던 판사와 변호사, 검사들은 1979년 닝 창 팔이 한 증언에 대해 직접적으로 반박하지 않았다. 게다가 캄보디아 기록센터와 한 인터뷰에 따르면, 자신이 S−21 교도소에서 지낸 기간이 해방되기 직전 3~4개월이라고 했지만 사실은 그가 잘못 계산한 것이었다. 하지만 아무도 그 점에 대해서 지적하지 않았다. 분명 그 편이 더 나

앉으니까.

재판 중간에 휴식 시간이 되자 증인을 변호하기 위해 모인 사람들이 자기들끼리 열띤 비밀 회의를 열었다. 두크는 흥분을 가라앉히지 못하는 모습이었다. 몸은 여전히 뻣뻣하고 곧았다. 군인 때 차려 자세를 하던 것이 여전히 몸에 배었는지 손가락은 단정하게 붙였다. 그러다가 이따금 허공을 향해, 또는 정면을 향해 손을 뻗었다. 온전히 쓸 수 없는 왼손은 지느러미를 연상시켰다. 그 때문에 강압적인 성격이 더욱 두드러져 보였다. 자신을 둘러싼 검정 법복을 입은 사람들 무리에 갇혀 있으면서도 두크는 자신의 굳은 의지를 전달해주는 듯했다.

다시 공판이 속개되고, 두크는 넝 창 팔의 부친이 S-21 교도소에서 죽었다는 발언에 반대 의사를 표명했다. 그들이 찾은 문서에 따르면 부친의 이름이 죄수 명단에 없다고 했다. 그리고 넝 창 팔이 법정에 소환되고 며칠 지나자, 아이를 데려왔다는 증인 모친의 신상 명세서가 등장했다. 두크는 서류에 명시된 내용에 따라 증인의 정당성을 인정했다.

넝 창 팔은 법정에 있는 동안 이따금 초점 없는 시선으로 슬쩍 곁눈질을 했다. 오래전 일이지만 그의 삶에 뿌리내려 어떻게도 할 수 없는 고통을 느낄 때마다 눈물을 쏟아냈다. 그는 인생의 반쪽을 잃었고, 부분적으로는 아예 다시 만들어야 했다. 고아원에서는 또 어떤 고통을 겪어야 했을까? 경솔한 어른들 때문에 어린 넝 창 팔은 어떤 비극을 겪으며 살아왔을까? 그는 소송과 관련된 비극적인 일화를 모두 말하는 것을 꺼렸다. 자신의 속마음을 드러내는 것을 주저하며 얼룩진 과거와 자신 사이에 보이지 않는 장막을 쳤다. 그렇다고 1979년의 인민 재판소 사람들만이 노골적으로 재판을 진행했던 것은 아니었다.

13
독재 정권에서 학살자란 더할 나위 없는 직업

학살자란 독재 정권 하에서는 더할 나위 없이 좋은 직업이다. 크메르 루즈 정권 하에서 사람들의 삶의 질은 매우 상대적이었다. 범죄자들에게는 이토록 좋은 곳이 없었다. 반면 국민들은 부모를 보기 위해 외출을 할 수 없었고 자녀들을 직접 돌볼 수도 없었다. 6세 이하의 유아는 나이 든 여성들이 맡았다. 6세 이상부터 아이들은 또래 아이들과 함께 생활하며 앞으로도 계속될 집단생활을 시작했다.

그 당시에 캄보디아인은 삶을 즐길 수가 없었다. 연애는 부르주아나 즐기는 유흥에 불과했다. 애인이 있어도 열흘에 한 번 정도 보는 게 전부였다. 남녀가 서로 행복한 시간을 보내는 것은 피하는 편이 바람직했다. 게다가 모든 결혼은 당의 허락을 받아야 했다. 혼외 성관계는 곧 범죄 행위였다. 캄보디아의 공산당은 사람들에게 매우 엄격한 규율을 강조했다.

두크는 몸무게가 49킬로그램밖에 되지 않았었다. 작은 공기에 든 쌀밥 한 그릇과 함께 반찬 두 가지를 먹을 수 있었다. 크메르 루즈 정권 시절에 쌀밥은 최고의 특권과도 같았다. 교도소 직원 한 명은 배가 고픈 나머지 가짜 약을 먹은 적이 있다고 자백했다. 화가 부 멩이 예전에 언급했던 '토끼 똥'이었다. 두크는 석 달 아니면 넉 달에 한 번씩 중국 맥주를 마실 수 있는 곳을 찾았다고 했다. 그보다 더 자주 찾아가면 의심스런 행동이라고 지적받을 수도 있었기 때문이다.

S−21 교도소는 교도관들을 효율적으로 통제하고 보안 지대를 완벽하게 정비하기 위해 가족으로 이루어진 체계를 선택했다. 가령 여성 심문관 5명으로 조를 짤 경우, S−21 교도소에서 일하는 남자 심문관 5명의 아내들을 뽑는 식이었다. 교도소의 2인자 간부의 아내가 여성 심문관으로 이뤄진 부서의 최고 책임자를 맡았다. 어떤 간부의 아내는 심문 대신 주방 일을 맡았다. 이러한 가족형 조직 구성은 내부의 적을 청산할 때도 매우 유리하게 작용했다. 한 직원이 눈에서 벗어나는 짓을 할 경우, 아내를 비롯해 슬하의 자녀들까지 자동으로 제거 대상에 올라갔다.

두크는 1974년에 아내를 처음 만났고 1975년 12월에 결혼식을 올렸다. S−21 교도소를 세운 지 4개월 후에 결혼을 한 셈이었다.

"그때 저는 민주 캄푸치아에 소속된 관리인이었고 제 아내는 캄푸치아 공산당의 당원이었어요. 4월 17일에 결혼식을 올릴 수가 있었겠습니까?"

그가 크메르 루즈가 승리를 거둔 1975년 4월 17일 무렵에 부적절한 짓을 했다가 뭇매를 맞은 사례를 모두 들어 말했다.

두크의 첫아이는 1977년 4월에 태어났고 둘째 아이는 1978년 12월에 태어났다. 교도소를 폐쇄하기 3주 전에 둘째가 태어난 것이다. 그 후에 두크의 가족은 프놈펜을 떠나 다른 지역으로 도피했다.

"이 아이들은 제 자녀이지만 앙카르의 아이들이기도 했어요. 여기서 분명히 짚고 넘어가야 할 점은 앙카르의 아이들이라고 해서 친부모를 감시하고 친부모를 당국에 고발해야 한다는 것은 아니라는 겁니다. 하지만 공산주의 이데올로기를 신봉하며 앙카르 조직에 충실한 사람이 되어야 한다는 데에 저는 전적으로 동의합니다. 모든 혁명가는 자신의 자녀들이 혁명을 이루고자 하고 혁명운동에 참여하길 바라니까요. S-21 교도소는 혁명활동의 한 부분입니다. 저는 제 자녀들이 아빠처럼 경찰이 되길 바라지 않아요. 하지만 혁명운동과 관련된 일을 했으면 하는 게 부모로서 바라는 점이죠. 당은 간부의 자녀든 농민의 자녀든 상관없이 모든 아이가 앙카르가 소유한 인적 재산이라고 생각하고 있으니까요. 앙카르는 이 아이들의 부모와 다름없었어요. 아이의 신분이 어떻든 간에 모두가 앙카르의 자녀였고 당시에 저는 그러한 생각을 당연한 것으로 여겼습니다."

반면 사형 선고는 크메르 루즈 정권에 진짜 가족의 의미를 되살려주는 일이었다. 앙카르의 자녀는 한순간에 한 부모의 자녀로 돌변했다. 만약 부모가 숙청을 당할 경우 그의 자녀들도 함께 제거 대상이 되었다. 앙카르의 자녀라고는 했지만 죄를 지은 친부모의 죄를 벗어날 수 없는 것이었다. 어린 넝 창 팔이 교도소에 오게 된 일도 같은 맥락에서 이해할 수 있다.

카트라이트 판사는 두크에게 S-21 교도소에서 사망한 아이가 전체 사망자의 1퍼센트를 차지하는 것이 맞는지 물었다. 그러면서 이 통계에 의구심이 들 수밖에 없는 자료를 제시했다. 기록에 따르면, 하루에 160명의 아이가 처형장으로 이송되었다는 내용이 명시되어 있었다.

"확실히 1퍼센트는 넘을 겁니다."

수학자 출신의 두크가 대답했다.

"나도 그렇게 생각해요."

판사가 그의 말에 동의했다. 목소리에서 불편한 심경이 그대로 드러났다.

두크의 첫째 아이가 태어난 때는 그가 당의 일원으로 살아온 지 10년이 되던 해였다. 그는 아이들과 함께 가족의 꼴을 갖추고 살았던 특권을 누린 이유에 대해 우물쭈물했다. 두크의 자녀들은 어려서 학교에 갈 나이는 아니었다. 설사 취학 시기가 되어도 모든 학교가 문을 닫은 터였기 때문에 간부의 자녀라 할지라도 다른 모든 가정의 아이들과 마찬가지로 교육을 받을 수 없었다. 그런 면에서 보면 모두 동등하게 무지할 권리를 누릴 수 있었다.

깡 퀵 이우가 교사로 일했을 때, 그는 모든 사람을 위한 교육이 가능할 것이라는 열정을 품고 살았다. 그는 제자들에게 동등한 관용을 베풀었다. 학생들이 지식에 눈을 뜰 수 있도록 격려도 잊지 않았다. 사람들이 두크에게 교육 제도 폐지에 대한 의견을 물었을 때, 두크는 바로 대답할 수가 없었다.

나라의 결정에 위배되는 주장을 펼쳤다가는 그 후에 일어날 파장을 감당할 수 없을 게 뻔했다.

"당이 강조하는 교육의 핵심은 완벽하게 충성을 다하는 성실한 국민을 키우려는 것입니다. 당을 위해 온전히 몸을 바칠 수 있어야 했어요.

그 조건을 충족시켜야만 임무를 맡겼습니다."

"이러한 교육 방침에 대해 어떤 생각을 했나요?"

"현실적으로 어려운 과제라는 생각이 들었지만 당의 방침을 따를 수밖에 없었어요. 그 방침에 따로 의문을 제기할 수 없는 상황이었습니다."

"왜 그런 부분을 알리려 하지 않았나요?"

"공산주의 정권의 교육은 여느 정권과 달라요. 공산당원들은 민중을 진정으로 사랑하는 방법이 프롤레타리아 계급에게 절대적인 권력을 주는 것이라고 가르치지요. 논리적인 사고나 세계 인권 선언 따위는 가르칠 수 없었어요. 만약 이를 어기고 가르쳤다가는 우리 목이 날아갈 판이었으니까요."

두크는 한 가정의 아버지였지만 수백 명의 아이에게 사형을 지시한 S-21 교도소의 관리자였다. 아무도 두 얼굴의 사나이인 그를 이해할 수 없었다. 두크마저도 자신이 잘 이해가 안 간다고 고백했다. 아이들을 비롯해 갓 태어난 아기들의 사형은 그의 주요 관리 대상은 아니었다. 더불어 그가 관여한 범죄 중에서 자신의 이성적인 판단으로도 잘 납득되지 않는 일이 바로 미성년자 처형이었다.

"저는 이 행위에 대해 자세하게 알 길이 없었어요. 나무에 갓난아기들이 널브러져 있는 사진을 본 적이 있어요. 제 부하 직원들이 한 짓이었죠. 하지만 교도관들이 3층에서 갓난아기를 던진 적이 있다는데 도저히 믿을 수 없어요. 죄수들 앞에서 그런 짓을 하다니 말이나 됩니까? 혁명의 이름으로 훗날 이 교도관들은 심판을 받아야겠지요. 유아 살해에 대해서는 저 역시 큰 책임이 있다는 것을 인정합니다."

"자택에서 출근하면서 이런 생각은 안 해봤나요? 당신의 가정생활과 죄수들의 생활이 다른 이유가 대체 뭘까 하는 생각이요."

"판사님, 그 당시 상황이 그런 반항을 용납하지 않았어요. S-21 교도소 관리자로 임명되기 전에 M-13 교도소에서 일할 때부터 우리 관리인은 정책을 실행하는 것에만 전념해야 했습니다."

"제 질문은 당신의 가정사와 S-21 교도소에 끌려온 죄인들의 가정사가 왜 다를 수밖에 없는지 생각한 적이 없느냐는 건데요."

"아니요, 생각은 해봤죠. M-13 교도소에 있을 때부터 이미 생각했던 주제였어요. 하지만 공산주의 이데올로기를 따라 적과 동지를 엄격하게 구별하도록 교육받았어요. 저는 자식을 꼭 낳고 싶었어요. 제가 죽지 않는다면 가족을 꾸려나갈 수 있을 테니까요. 죽어야만 한다면 다함께 죽을 테고요."

그의 이중 생활을 진심으로 이해할 수 있는 사람은 심리학자를 제외하면 아무도 없을 것이다. 삶을 여러 파트로 완전히 분리하고 각각의 활동과 사고를 하는 인간의 능력은 잘 알려진 심리학적 기제로 이른바 분열splitting이라고 불린다.

"두크의 내면세계는 새로운 정보가 들어갈 수 없도록 튼튼한 칸막이가 여러 개 쳐져 있습니다."

법정에 선 심리학자가 말했다. 두크는 보고 싶지 않거나 인정하고 싶지 않은 의식의 장을 피해가고자 부인과 분열이라는 방법을 썼다. 또한 "선택의 여지가 없었다"며 정당화하기도 했고 사실을 자기와 먼 곳에 두고 고립시켰다. 달리 말하자면 외과의사처럼 감정을 절제했듯 사실들도 절제해버렸다고 해도 좋겠다.

인간이라면 누구나 분열을 경험할 수 있다고 한다. 두크 역시 한 가정의 좋은 아버지이자 동시에 아이들이 자신의 영역에서 살해당하는 사실을 아는 교도소 관리인이었다. 그 어린애들을 적으로 간주함으로써 두크는 두 개의 삶을 유지할 수 있었다. 인간은 자신의 삶을 살면서도 동시에 그 세계와 전혀 다른 삶을 병행한다.

"자기가 한 일에 대해 고단수로 생각하는 남자란 걸 잊으면 안 돼요. 공산주의를 따르는 그로서는 줄곧 자신이 한 일이 당시 공동의 이익을 위한 것이라고 믿었으니까요. 모든 것이 앙카르의 이익을 위해서였다고요."

두크의 매부 2명은 그가 S−21 교도소를 관리하던 시기에 감옥에서 처형을 당했다. 매부 중 한 명은 두크가 직접 개입해 처형을 관리하기도 했다. 그는 캄퐁톰 주에서 정치경찰의 부책임자로 역시 크메르 루즈를 위해 사형집행인으로 일해왔다. 같은 무리의 손에 당한 격이었다. 두크는 매부를 앞에 두고 자신이 첫 심문을 맡았다. 자신의 상관인 손 센에게 질책을 듣기 전에 자기가 먼저 처리하려던 속셈이었다. 그는 그때의 상황에 대해 설명하면서 개인적인 감정을 노출하지 않으려고 애썼다.

"전 매부를 매우 침착하게 대했어요. 하지만 매부가 자꾸 새로운 실수를 연발하자 저도 참기가 힘들었어요. 그를 살려줬다가는 제가 위험한 상황에 빠질 판이었어요. 저뿐만 아니라 모든 가족이 위기에 빠질 것 같았죠. 그래서 매부를 체포해 감옥살이를 시키며 심문관들에게 심문과 고문을 명령할 수밖에 없었습니다."

"당신이 평소에 세부적인 내용에 신경을 쓰는 걸로 봐서 매부가 한 자백에 관심이 많았으리라고 확신합니다만. 당신의 매부가 말한 내용이 무엇이었나요?"

"지금 와서 모든 걸 기억하긴 힘들고 생각나는 것만 말씀드리죠. 매부는 1970년 이전에 적의 조직에 가입했다고 자백했어요. 그리고 원래는 내 여동생과 결혼한 다음에 나를 투옥시킬 작정이었다고 말했어요. 그게 제가 기억하는 내용의 전부입니다."

"그럼 매부가 어떤 조직에 가담했다고 했나요? KGB나 CIA였나요? 아니면 다른 조직이었나요? 당신은 그가 한 말이 모두 진실이라고 생각하나요? 그의 말을 다 믿습니까?"

"판사님, 이 질문에 대해서는 확실한 답을 하기 어렵습니다. 매부가 자백한 내용의 30퍼센트는 사실이라고 생각했어요. 어쩌면 그보다 더 적을 수도 있겠지만 말이에요. 그가 한 말의 20퍼센트만이 사실이었을지도 몰라요."

매부가 가장의 역할을 제대로 하지 못한다고 판단한 두크는 여동생과 조카들을 보호해주기 위해 직접 나섰다. 두크는 옛 스승이나 친구들, 심지어 매부에게까지도 재교육에 대한 책임을 회피했다. 하지만 자신의 여동생만큼은 포기하지 않았다. 그래서 여동생을 자기가 책임지고 재교육시키겠다는 약속을 하기도 했다.

『혁명의 깃발』을 보면, 크메르 루즈 공산당의 규율에 대한 내용 중 특히 당원 자격의 상실과 파면 조건에 대한 내용이 담겨 있습니다. 거기에 '감정을 섞어 사고하는 것은 있을 수 없는 일이다. 오로지 당의 규율에 따라 사고해야 한다'는 글이 있어요. 당신은 이 이야기를 전에 읽거나

들은 적이 있겠군요?"

"그 문장은 캄푸치아 공산당이 지켜야 할 규율에 들어 있습니다."

심리학자 앞에서 라베르뉴 판사가 상황을 요약했다.

"피고인은 가정사, 자신만의 문화적 가치관, 교육, 공산주의와의 만남과 같은 여러 주변 상황에 영향을 받은 나머지 개인적인 감정을 품지 못하는 환경 속에서 살아왔어요. 당신이 느끼는 감정은 반드시 공산주의의 이상에 순응해야 하고 사회가 당신에게 기대하는 감정과 일치해야 했으니까요. 제 말이 맞습니까?"

"네, 그래요."

두크는 지난날에 대해 후회와 회한을 표현했지만 그 일로 의기소침해하지는 않았다.

이번에는 두크의 심리를 진단하기 위해 온 심리학자가 입을 열었다.

"두크에게는 동양의 관점에서든 서양의 심리학적 의미에서든 죄의식이 부재해 있어요. 그에게는 과거에도 그랬고 지금까지도 죄의식이 자리할 자리가 아직 없어요. 죄책감이라는 감정이 들려면 분열을 극복하는 과정과 감정이입이 필요하고 자의식을 획득해야 하거든요."

LE MAÎTRE DES AVEUX

14
캄보디아인의 사고방식

　공판 초반부에 검사는 두크가 토로한 후회의 감정이 전혀 진심으로 들리지 않는다고 말했다. 그리고 그가 인정한 사실들이 모든 것을 해명하기에는 부족하다는 의견도 잊지 않고 덧붙였다. 두크는 교도소의 모든 상황을 다 알고 있는 인물이다. 고문법을 가르치고 심문관들을 지휘한 사람이 아니던가! 부하들이 실제 고문한 장본인이라 하더라도 그 뒤에는 두크가 있었고 처형을 명령한 사람도 그였다.

　물론 정책을 주관하는 고위 지도자들과 그의 명령에 복종해야 하는 두크의 관계도 참고해야 했다. 하지만 검사는 집단수용자들을 일상적으로 관리한 사람이 바로 두크였다는 점을 지적했다. 고위 지도자들이 위임한 권한을 독자적으로 휘두르며 권력을 사용하는 데 주저함이 없었던 두크는 자신이 관리하는 교도소가 고위 지도자들이 보기에 가장 중요한 수용소가 될 수 있도록 애썼다. 그래서 고위 지도자들과 직접 연락할 수 있는 혜택도 얻었다.

피고인 두크는 그저 일을 효율적으로 처리하기만 했다며 자신을 변호했다. 앙카르가 누군가를 체포하고 부하들에게 고문하도록 중간에서 명령을 전달하기만 했을 뿐이라는 말이었다.

"하지만 증거들을 보면 다른 결론을 이끌어낼 수 있지요. 그는 직접 사람들을 모집하고 S-21을 감독하고 심문 과정에 참여하며 몸소 실천했습니다. 뿐만 아니라 온갖 지시를 내리고 결국 형을 선고했지요. 능동적으로 S-21 교도소의 모든 것을 관장했다는 말입니다."

검사의 말이었다.

"제약을 받고 있는 한 인간의 행동으로 판단하지 말고 혁명운동에 충실한 혁명가가 한 선택이라고 생각해주세요. 우리는 고위 지도자들이 자신이 행한 범죄의 일부만을 자백했다고 생각합니다."

검사는 피고인 두크가 재판에 협조적이라는 점에 대해서는 인정했다. 그가 보기에도 두크는 묵비권을 포기하고 증거들을 강화하고 더 많이 발견할 수 있도록 도움을 주었다. 그리고 제한적이지만 이런 협력 관계가 진실을 명백하게 보여준 면에 대해서는 검사도 인정했다. 하지만 두크의 회개가 진심에서 우러나온 것 같지 않다는 점을 지적했고 자백에도 무언가를 감추고 있다며 비난했다.

검사는 여러 번 피고인을 똑바로 쳐다봤다. 자리에 앉아 있던 두크의 조심스런 시선도 검사에게 집중되어 있었다. 8개월 뒤면 이 재판이 종료될 것이고 그때 가면 두크가 더 이상 검사에게 눈길을 주지 않겠지만 말이다.

대학살 시기에 두크가 찍힌 사진은 몇 장밖에 남아 있지 않았다. 그 중 한 장은 두크가 검정 옷을 입은 남녀가 음식이 차려진 탁자 앞에 앉아 있는 방 안에 미소 띤 얼굴로 들어가는 장면이었다. 교도관들을 위한 구내 식당인 것 같았다. 그러나 실제로 이 장소는 그가 일을 하는 곳으로 95가와 310가 모퉁이에 위치한 사무실이었다. 그날의 식사는 평소와 달랐는데 두크는 부하 직원인 후이가 결혼하는 날 찍은 사진이라고 말했다.

검사는 이 사진을 증거 자료로 들면서 두크가 부하 직원들과 자주 접촉하지 않았다는 주장을 반박하려고 애썼다. 두크는 법정에 증인으로 출두한 힘 후이를 비롯해 간수들과 별로 친하지 않았다고 했지만 검사는 동의할 수 없었다. 그러나 문서 자료를 3년 동안 검토하는 동안 검사가 그만 실수를 저질렀다. 교도소 간수였다가 간수 부서의 장이 된 힘 후이와 이 결혼식의 신랑인 누운 후이를 혼동한 것이었다. 사진에 나온 누운 후이는 재교육 기관 S-24를 관리하는 3인자였다. 이 재교육 기관 역시 두크의 관할 하에 있었다. 누운 후이는 S-21 교도소가 문을 닫기 한 달 전 처형당했다.

검사는 45분 동안 두크를 심문했지만 결국 자신의 돌이킬 수 없는 실수로 모든 추궁이 헛수고가 되었다는 것을 깨달았다.

이에 두크는 크게 낙심한 검사를 바라보며 잠깐의 희열을 만끽하는 듯한 표정을 지었다. 그런 다음에는 다시 냉정한 모습을 보이며 검사의 기를 더욱 꺾을 이야기를 덧붙였다.

"평소처럼 모든 사람이 다 함께 하는 식사 장면이었다면 굳이 사진을 찍지도 않았을 거예요. 그리고 원래 식사할 때 제가 먹는 식탁이 '따로' 있답니다."

두크는 적을 상대할 때 자신의 힘을 가장 잘 발휘하는 사람이었다. 적이 무릎을 꿇는다 해도 그 마음이 약해지는 법이 없었다. 할 말을 잃은 검사 앞에서 두크는 피고인으로서 보여줄 수 있는 최후의 앙갚음을 했다. 그것이 상대방을 멸시하는 태도라는 것을 두크는 잘 알고 있었다.

"특별 부서는 주로 어떤 일을 했죠?"

검사는 방금 저지른 실수에 아직도 정신이 혼미한지 어안이 벙벙한 모습이었다.

"그 점에 대해서는 묵비권을 행사하고 싶습니다."

"왜죠?"

"이미 말씀드린 부분 외에 추가로 덧붙일 이야기가 없기 때문입니다."

두크가 감추려는 부분을 말하게 하기란 하늘에 별 따기처럼 어려웠다. 특히 증거 자료가 없을 경우 그의 입에서 비밀을 듣기란 불가능했다. 검사는 막다른 골목에 몰려버렸고 법정은 침묵에 둘러싸였다. 결국 그의 대질 심문은 별 소득 없는 시간 낭비였다.

"제 생각에 당신은 자기가 일 처리에 뛰어나다는 것을 잘 알았기 때문에 두려울 게 없었을 것 같아요. 당을 위한 최고의 능력자였으니까요."

검사가 두크에게 공격조로 말했다.

"제가 당을 위해 일을 잘한 것은 사실입니다."

"당신의 상관들이 업무 수행에 꽤 만족했겠군요. 공산당의 정책을 실천으로 옮기기 위해 매우 역동적으로 활동한 책임자이지 않습니까."

"솔직하게 말씀드리면 상부의 지도자들이 내린 명령에 그대로 따른 것뿐이에요. 위에서 내려온 지령은 100퍼센트 완수해야 했으니까요."

"당신이 한 일과 기술적인 면에 자부심을 느꼈나요? 그 자리를 얻게 된 데에 만족했나요?"

"제 충성심 덕에 목숨을 이어갈 수 있기를 바라왔어요. 제가 당을 위해 성실하게 일했기 때문에 당도 나를 필요로 했던 거죠."

"폴 포트와 함께했을 때, 열렬한 감정이 솟아올랐다고 하지 않았나요?"

"폴 포트와 동행한 적은 없어요. 제 스승이 7인자인 손 센이라서 참 행복했어요."

"당신은 누구보다 당에서 인정받은 사람이었어요. 그래서 다른 사람이 당신을 함부로 대할 수 없었을 뿐만 아니라 안전하게 보호받는다고 느꼈을 겁니다. 그래서 두려움을 느끼지 않았을 거예요. 죄 없는 캄보디아 동포들에게는 공포를 주면서요."

"이 과대망상을 일으킨 주체가 누굽니까? 바로 당의 중앙위원회가 사람들에게 공포심을 유발하지 않았습니까?"

지난 주부터 증인들이 계속 출두하면서 다소 힘겨운 나날을 보낸 두크지만 놀랍게도 기운 찬 모습이었다. 며칠 전까지만 해도 증인들의 신랄한 증언에 그대로 무너졌지만 이번만큼은 상대편의 실언으로 최상의 컨디션을 회복했다. 언젠가 그가 패배를 맛보는 날이 온다면 그 자신의 실수가 원인일 것이다. 어쨌든 아직까지는 기력이 남아 있어 그는 한쪽 입꼬리를 들어올린 채 재판을 지켜볼 수 있었다. 그 상황을 즐기는 것 같기도 하고 재판하는 사람들을 비웃는 것 같기도 한 알쏭달쏭한 표정이었다.

두크는 신랄하고도 위트가 담겨 있는 빈정거림도 서슴지 않았다. 예를 들면, 정의란 늘 권력에 딸린 일이라는 말을 하면서 크메르 루즈의 지배 아래나 유엔의 깃발 아래 행하는 정의가 별반 다르지 않다고 평했다. 자신이 뽑은 젊은이들에게 본인이 생각하는 이념과 사상, 방법론을 무조건적으로 주입시킨 게 자신이 저지른 죄들 가운데 하나였다는 이야기 도중에는 슬그머니 이런 말을 꺼냈다.

"이 법정에서도 저와 똑같은 방법을 사용하는 것 같다는 생각이 드는군요."

그는 때때로 자신의 우월감에서 비롯된 자만심을 표출하곤 했다. 하지만 교묘하게 농담처럼 웃어넘겼다.

"깡 켁 이우 씨는 언제부터 크메르 루즈의 죄수 신분을 벗어났다고 생각했는지 이 법정에서 솔직하게 말씀해주시겠습니까? 정확히 몇 년부터죠?"

검사가 질문했다.

"1999년 5월 10일이었어요. 그때 캄보디아 정부가 저를 군사 재판소의 손에 넘겼습니다."

"그렇다면 1971년부터 약 26년, 아니 27년 동안 크메르 루즈의 손아귀에서 벗어나지 못했단 말인가요? 지금 당신이 한 말이 맞습니까?"

"저기, 계산 좀 정확하게 하시지요. 제가 크메르 루즈에게 구금당한 것은 맞습니다. 하지만 그 방식이 여느 죄수들과 달랐던 것이죠."

두크는 자신의 몸이 분열되는 것 같은 고통이 밀려오자 이전보다 더 까칠해졌다. 심문 때마다 수없이 반복되는 질문에 대해서는 과감하게 묵비권을 행사했다. 또 이따금 퉁명스러운 어조로 무례한 언사도 서슴지 않았다.

"저는 정책 쪽에 몸담은 사람이지 인간 해부는 제 관심사가 아니란 말입니다."

죄수의 혈액 채취와 관련된 질문을 계속하자 돌아온 답변이었다.

소송이 시작된 지도 어언 3개월이 흘렀다. 재판이 진행되는 동안 검찰총장은 자신이 직접 개입하지 않는 것이 낫다는 입장을 보였다. 공판 개시를 알리는 기자 회견에 참석한 검찰총장이 말했다.

"오늘날 전쟁 범죄를 다루는 재판소에서는 사건과 관련된 모든 정보가 기록으로 남아 있는 상태입니다. 인사 변동에 따른 영향을 피하기 위해서 자료에만 의지하는 것입니다. 여기서 무엇보다 중요한 점은 법에 의거하여 정확한 판단을 내릴 자격이 있는 사람이 존재하느냐는 것입니다. 그런 사람만 있다면 나머지는 순조롭게 흘러갈 수 있습니다."

두크는 검찰총장의 연설 내용이 S-21 교도소의 상황과 비슷하다고 생각했다.

법정에 있던 국제 검사가 다시 자리에 앉았다. 어떤 거역할 수 없는 무기력감을 느낀 이 검사는 6월 22일을 기점으로 침묵을 지켰다. 그러다가 근 반년이 지나 최종 변론을 하는 날 다시 존재를 드러냈다. 피고인 두크가 고독한 투쟁을 이어가며 불리한 입장에 처하자 나설 기회를 얻은 것이다.

캄보디아에서 공개 질의에 참여한 외국인은 장소가 정보를 공유하는 토론장이든 기자회견장이나 심문이 이루어지는 법정이든 독특한 하

루를 보낸다. 당황스러울 수도 있고, 짜증나거나 반대로 유쾌하게 웃어
넘기는 이도 있다. 바로 캄보디아인의 독특한 사고 전개 방식 때문이다.
그것은 반복하기다. 내가 처음 참여한 기자회견장에서 한 캄보디아 기
자가 나 다음으로 마이크를 잡았다. 그리고 내가 방금한 질문을 그대로
단어 하나 바꾸지 않고 반복해서 물었다. 도무지 이해가 가지 않았고 그
동료 기자를 몇 초간 어리둥절한 얼굴로 쳐다본 기억이 있다.

　서양인에게 시간은 선형으로 흘러가지만 세상의 이쪽 부분에서는
시간이 순환하기 때문이었다. 그렇게 사고의 원도 갈수록 겹치고 또 겹
치며 발전한다.

　"당신네들은 피라미드를 쌓는 것처럼 생각을 전개해 말하지만 캄보
디아인은 원을 돌듯 말하죠."

　영화 감독 리티 판이 내게 말했다.

　당연히 원은 선과 대조될 수밖에 없다. 전자는 계속 되풀이하면서
세세한 내용이 덧붙여지는 과정이요, 현재라는 시간 개념은 과거에서
미래를 향해 나아가는 과정이 아닌가!

　캄보디아 판사가 어떠한 문제를 지적하면 그에게 돌아오는 대답은
질문과 직접적인 관계가 없곤 했다. 구체적인 질문에 대한 답변을 들으
려면 장기전이 필수여서 대개 긴 시간이 걸린다.

　인간의 정신세계는 고유한 여정을 따라 진행된다. 그렇기에 빠른 두
뇌회전에 익숙하며 주어진 목표를 달성하는 데 초점이 맞춰진 서양인은
전혀 다른 사고방식과 마주쳤을 때 고뇌에 휩싸이며 길을 잃어버리고
만다.

　나는 때때로 이 반복적인 사고가 전혀 예상치 못한 대답을 이끌어내

는 걸 보고 놀라움을 감추지 못했다. 마치 인디언들이 긴 담뱃대를 돌아가며 피는 의식과도 같았다. 한자리에 모인 사람들이 모두 담뱃대를 한 번씩 받을 동안 기다린 뒤에 비로소 사람들이 자신의 생각을 진지하게 표현하는 것 말이다. 두크의 심리 분석을 맡은 심리학자에게 이 부분에 대해 어떻게 생각하는지 물어봤다. 그러자 그녀는 짓궂은 표정을 지으며 원형 사고방식이 심리치료 때 자주 쓰는 방식이라고 답했다. 그러면서 그러한 사고방식이 세부적인 내용에서 일반적인 논리를 끌어내는 데 효과적이라는 말도 덧붙였다. 이 여성 심리학자는 캄보디아인의 사고방식이 자기에게는 전혀 불편하지 않다고 했다. 캄보디아에서 어떤 일에 대해 논의하는 과정이 원래 그렇기 때문이라는 입장이었다.

하지만 서양에서 이뤄지는 소송의 경우, 반복적인 사고는 엄밀히 말해서 진정한 사고방식이 아니며 전문가로서의 자질을 실추시키는 짓이다. 이번 소송이 진행되는 동안 여기저기서 소모적인 중언부언에 불만을 쏟아냈다. 크메르인 변호사들만 문제의 주인공은 아니었다. 재판장 닐 논도 반복되는 말을 피하려고 애쓰면서도 정작 자신도 사람들에게 똑같은 말을 되풀이하기 일쑤였다. 질서를 유지해야 하는 당사자가 이렇다보니 근본적인 해결책을 찾기가 곤란했다. 자꾸만 반복되는 잘못을 정상 참작으로 넘기는데 무슨 수로 문제를 해결하겠는가?

소송이 시작된 지 49일째 되던 날에도 한 캄보디아 판사가 증인에게 죄수들이 어떤 방식으로 구금되었으며 샤워는 어떻게 했는지, 생리적인 욕구를 어떻게 해결했으며 무엇을 먹었는지 등등 예전에 했던 질문들을 되풀이했다. 결국 대다수의 외국인은 이 충격적인 문화 차이를 체념하고 받아들일 수밖에 없었다.

6월로 접어들면서 이 답답함은 다른 이유로 더욱 증폭되었다. 두 달쯤 소송이 진행된 후, 사람들은 처음에는 대단하다고 느꼈던 피고인의 언변에 점점 지쳐가기 시작했다. 대화가 산으로 가는 데다 재판장은 투명인간에 가까울 정도로 전혀 힘을 쓰지 못했다. 법정의 질서를 정리해주는 사람도 존재하지 않았다. 변호사들은 경쟁적으로 주제와 상관없는 내용을 거론하거나 같은 말만 되풀이했다. 반면 두크는 대화를 잘 이끌어갔으며 자신과 관련된 일을 꼼꼼하게 관리했다. 그 스스로 검사이자 자신을 대변해주는 변호인 같았다. 때로는 두크 자신이 판사가 된 것처럼 행동했다. 법정을 압도하는 그의 우세는 두크와 그의 명민한 변호사 프랑수아 루에게 적지 않은 영향을 끼쳤다. 이른바 '자백의 대가'인 두크의 개인적인 능력과 프랑수아 루의 변호 실력이 결합되자 주변에서 역설적인 반응을 보인 것이다. 주변 사람들은 두 사람에 맞설 공격 전략이 부족하고 통솔력이 없는 재판장을 비난하는 대신 오히려 두크와 프랑수아 루가 아주 철저하게 피고인의 입장을 변호하고 사전 준비를 철저하게 한 점을 좋지 않은 시선으로 바라봤다.

그러던 어느 날이었다. 검사가 자신의 실력을 발휘하고 재판장 닐 논이 자신의 역할이 얼마나 중요한지 새삼 깨달은 듯했다. 6월 22일을 기점으로 닐 논의 태도가 확 변했다. 존재감 없이 굴거나 일없이 화를 내던 그가, 침묵을 지키며 재판장의 책임감을 전혀 찾아볼 수 없던 닐 논이 갑자기 입을 열었다. 재판장은 상황을 이성적으로 잘 판단하고 때로 문제의 핵심을 잘 요약하며 훌륭한 중재자의 모습을 보여주었다. 도를 벗어난 태도는 전혀 보이지 않았다. 끈기 있게 유지한 그의 반복하기 화법이 끝내 결실을 맺고 지금까지 축적한 정보들이 빛을 발한 것이었다.

어제까지만 해도 닐 논은 원활한 진행을 위해 기초적인 분쟁에 종지부를 찍는 것을 꺼렸다. 하지만 이제는 동료에게 자문을 구하지 않고 변호사들의 반론에 대해서 명쾌하고도 적절한 절충안을 제시했다. 당사자 측도 확실하게 통제했다. 결국 책상 뒤로 숨어버린 검사들은 배제하고 변호인단에 힘을 실어주었다. 그동안 억제했던 권력을 휘두르다보면 강렬한 쾌감을 느끼게 마련이고 닐 논도 예외는 아니었다. 그래서 가끔 제삼자의 눈에 거만하게 보일 때도 있었다. 하지만 그는 어느덧 선장이 절실하게 필요한 이 법정의 키를 단단하게 잡고 있었다.

캄보디아의 구세대는 크메르 루즈를 발음할 때 끝에 '즈'를 발음하지 않는다. 그래서 폴 포트의 정권을 경험한 사람들은 '크메르 루즈'를 한결같이 '크메르 루'라고 부른다.

하지만 닐 논이 프랑수아 루를 부를 때 잘 들어보면, 꼬박꼬박 '프랑수아 루즈'라고 불렀다. 그러던 7월 중순경, 평소에 하지 않던 실수를 해 기분이 언짢은 데다 긴장해서 피곤해하는 프랑수아 루를 상대로 재판장은 다정스런 '루 씨'라는 호칭도, 괴상한 '프랑수아 루즈'라는 호칭도 모두 버렸다. 속마음을 그대로 보여주는 듯 닐 논이 관대한 미소를 지었다. 네모난 얼굴형에 굵은 안경을 쓴 그는 소송 처음으로 프랑스 출신의 변호사에게 차가우면서도 결의에 찬 목소리로 내뱉었다.

"피고의 법률고문께서 더 하실 말씀이 있습니까? 저는 더 이상 중간에 말이 끊기는 일을 겪고 싶지 않아서요."

LE MAÎTRE DES AVEUX

15
S-21에서 죽은 78명의 외국인

베트남인을 제외하고 적어도 78명의 외국인이 S-21 교도소에서 사망했다. 아랍인 1명과 인도인 5명 그리고 29명의 태국인이 목숨을 잃었다. 그 외에도 인도네시아의 자바인 1명과 라오스인 1명, 미국인 3명, 프랑스인 3명, 호주인 2명, 영국인 1명, 뉴질랜드인 1명이 사망한 것으로 알려졌지만 나머지 사람들의 신원은 밝혀지지 않았다.

다수의 외국인 죄수가 있었다는 사실은 크메르 루즈의 범죄 중 본질적으로 재판해야 할 '반인륜적인' 범죄에 국제적인 면을 더해주었다. 크메르인이 아닌 희생자의 면면이 드러남으로써 사람들은 당시 상황을 더욱 구체적으로 알 수 있었다. 재판소는 특히 서양인 희생자에 관심을 보였다. 외국인 생존자 중 몇 명만이 증인으로 출두했다. 모두 유럽인 아니면 미국인이었다. 반면 아랍인과 자바인 희생자와 관련된 사항은 전혀 풀리지 않는 미스터리로 남았다. 그러던 중 마침내 S-21 교도소에서 겪은 일들을 자세하게 알 수 있는 유일한 희생자 건인 뉴질랜드인 케리 해밀Kerry Hamill의 이야기가 알려졌다. 다른 희생자만큼이나 이 외국인도 충격적이고 끔찍한 운명에 말려들었다.

케리 해밀은 다섯 자녀 중 첫째로 남자 형제만 셋이었다. 흑백사진 속에 등장한 소년 케리 해밀은 뱃머리 앞쪽에 사각 돛이 달린 배에 또래 아이 두 명과 있었다.

그는 배를 사랑하는 남자였다. 몇 년의 시간이 더 흘러 찍은 다른 사진에서는 벌거벗은 상체의 케리 해밀이 보였다. 여느 선원처럼 수염을 덥수룩하게 길렀고 바닷물에 머리카락이 젖어 있었다. 미소를 짓는 그는 미남이었고 몸도 좋았다. 그때 나이 스물여섯 살이었다. 친구들과 함께 요트를 장만한 그는 1978년에 대양을 항해하기 위한 모험을 시작했다. 케리 해밀은 주기적으로 가족에게 편지를 썼다. 막내 동생을 위해 환상적인 여행 이야기를 써서 보낸 적도 있었다. 1978년 7월, 그가 싱가포르에서 집으로 편지를 부쳤다. 그와 동행한 여자친구 게일Gail은 그무렵 두 달간 가족을 보기 위해 집으로 돌아갔다. 8월이 되면서 케리 해밀은 두 동료와 함께 타이 만을 지나갔다. 그들은 궂은 날씨에 맞서 싸우다 결국 한 섬에서 몸을 피하기로 결정했다. 그런데 갑자기 배 한 척이 나타나더니 배 안에 있던 사람들이 이들을 향해 총을 겨누었다. 캐나다 출신의 스튜어트Stuart는 그 자리에서 살해되었다. 케리와 영국인 존John은 크메르 루즈 소속의 순찰 대원들에게 포로로 끌려갔다.

S-21 교도소에 갇힌 두 사람은 CIA의 비밀 첩보원이란 의심을 받았다. 고문 끝에 두 사람은 어쩔 수 없이 그 부분을 인정하고 말았다. 게다가 젊은 청년 케리는 자신이 속한 조직에 가담한 반역자들의 명단을 알

려주기까지 했다. 그러나 그가 한 일 중 가장 인상적인 것은 고문관들을 상대로 자백을 할 때였다. 끔찍한 상황을 패러디라도 하듯 그가 말도 안 되는 연극을 했기 때문이다. 케리 헤밀은 조직의 정보국장을 비롯해 대령, 선장, 소령을 언급하면서 뉴질랜드에 있는 친구 이름을 갖다댔다. 대령이라며 입에 올린 샌더스Sanders는 KFC의 창시자 커널 샌더스에서 따온 것이었다. 그리고 선장의 이름 페퍼Pepper는 영국 밴드 비틀즈의 앨범 제목에서 가져온 것이며 소령 러스Ruse는 영어로 '계략'을 뜻하는 단어를 그대로 썼다. CIA에서 자신을 교육시킨 담당자의 이름은 S. 스타s. Starr로 케리의 모친 이름이 에스더Esther인 점을 감안했을 때 충분히 이름의 출처를 예상할 수 있었다[esther는 라틴어로 '별'이라는 뜻이다]. 검은색 인민복을 입은 남자들에 둘러싸인 음산하고 소름 돋는 감옥에 있으면서 심한 고문을 받았을 텐데도 이 잘생긴 바다의 사나이는 유머 감각을 잃지 않았다. 두 달의 감옥 생활 후, 케리의 자백을 받아내는 데 성공한 심문관들은 결국 그를 죽였고 같이 잡혀온 존도 얼마 가지 않아 죽었다. 그 뒤 케리 가족들의 삶이 서서히 파괴되기 시작했다.

1978년 크리스마스가 되었는데도 케리에게서 아무 소식이 없었다. 싱가포르에서 보내온 편지가 그의 마지막 소식이었다. 16개월이 지나고서야 당시 열여섯 살인 막내는 형이 감옥에 끌려가 고문을 받았고 끝내 폴 포트 정권 하에 일어난 대학살에 희생되었다는 소식을 들었다. 형이 죽고 난 뒤 폴 포트 정권은 몰락했다.

케리 바로 밑 동생은 케리와 절친한 사이로 형의 죽음을 접하면서 심한 우울증에 시달렸다. 집에서도 다른 가족들과 사이가 점점 틀어지면서 불화가 계속되었다. 결국 케리의 사망 소식을 들은 지 8개월 뒤 동생은 절벽에서 몸을 던졌다. 그가 자살한 나이는 형 케리가 사망했을 때의 나이와 동일했다.

재판정에 케리의 일을 증언하기 위해 막내 동생이 등장했다. 그의 나이 45세였다.

"두크, 당신이 내 형 케리를 죽게 했을 때 내게 친형과도 같은 존 역시 같이 죽도록 했어요."

그가 두크를 정면으로 쏘아보며 말했다.

그러자 두크가 머리를 살짝 끄덕이며 동의한다는 의사를 전했다. 몸을 꼿꼿하게 세운 채 두 팔을 탁자에 대고 있었다. 대리 증인으로 출두한 그를 쳐다보는 동안 두크는 평소처럼 상대방에게 존중과 동정의 감정을 동시에 보여주는 듯한 자세를 취했다.

첫째의 사망 소식에 이어 2년 후 둘째마저 잃으면서 케리의 모친은 침대에 누워 꼼짝도 하지 않았다. 막내는 어머니의 방이 흡사 무덤과 같다고 표현했다. 우울증이 찾아왔고 피부에 대상포진까지 걸리면서 어머니가 삶에 대한 의욕을 잃은 상태라고 말했다. 게다가 부친마저 세상과 단절된 생활을 지속하며 일터에 나가는 것조차 꺼려 결국 퇴직을 신청했다. 케리의 부모는 자식을 잃은 상심이 몹시 커 더 이상 부모의 자리에 있고 싶어하지 않아 했다.

"우리 가족은 자신만의 세계에 갇혀 살면서 타인과 관계를 맺는 것에 겁내며 살고 있어요."

막내 동생은 술로 세월을 보내며 지난 상처를 잊으려 했고 당연히 성적이 크게 떨어질 수밖에 없었다. 그는 끔찍한 상상을 차마 그치지 못하고 자신의 내면을 끊임없이 괴롭히며 살았다. 형 케리가 산 채로 타이어

더미에 앉아 화형을 당하는 모습이 눈에 선했다. 외국인 죄수들은 죽인후 불에 태우고 나서도 그 재를 길모퉁이에 버려서 흔적을 지워버릴 수도 있었다.

게다가 S-21 교도소 자료실에서 발견한 사진을 본 뒤로 사진에 담긴모습이 그의 뇌리에서 떠나지 않았다. 셔츠를 입은 한 남자가 바닥에 누워 있는데 발에 족쇄를 채워놓았고 바닥이 그의 피로 흥건했다. 사진사가 셔터를 누르려고 하자, 남자가 한쪽 팔을 바닥에 댄 채 온 힘을 다해일어나려고 애쓰는 모습이 사진으로 찍혔다. 이 희생자의 출생지는 알수 없었다.

막내 동생이 눈물을 흘리며 긴 한숨을 내쉬었다.

"S-21 교도소에 있었던 케리 해밀은 제겐 세상 누구보다 멋진 형이었어요. 열여섯 살 때 감옥에서 찍었다는 사진을 처음 보았는데 그 뒤로그 장면이 머릿속에서 떠나질 않아요. 그 사진 때문에 잠도 잘 못 잘 정도였어요."

그는 말을 하는 내내 S-21 교도소의 전 책임자를 돌아보았다. 등을곧게 편 두크도 그를 바라보며 이야기에 귀를 기울였다.

"두크, 당신의 몸을 으스러뜨리고 싶었던 때가 한두 번이 아니었어요. 당신들이 쓰는 표현 그대로, 당신이 했던 그대로 으스러뜨리고 싶었죠. 때로 당신의 몸을 꽁꽁 묶은 다음 굶주리게 하고 채찍으로 때리고구타하는 상상을 했어요. 사악하게."

그는 분노에 찬 모습으로 '사악하게'라는 영어 단어 'viciously'를 반복했다.

"당신의 음낭에 전기 충격을 가한 다음 당신이 싼 똥을 강제로 먹이는 상상도 했어요. 익사하기 직전까지 물고문을 시키고 목을 칼로 베어 버리는 상상도 했어요. 당신이 직접, 그 고통을 겪길 바랐어요. 당신이 케리 형을 비롯한 다른 희생자들이 당한 아픔을 느껴봤으면 했어요. 하지만 마음 한켠에서는 그러길 바라면서도 다른 한편으로는 그런 생각을 하지 않으려고 애썼어요. 그래서 이 소송에 기꺼이 개입하기로 결심한 거고요. 오늘 이 법정에 나와서 제가 느낀 분노와 고통, 슬픔을 우겨 넣은 무거운 짐을 당신에게 줄 겁니다. 당신의 머리 위에 그 짐을 내려놓을 테니 혼자 잘 견뎌보세요. 지금 이 순간 이후로 저는 당신에게 그 어떤 감정도 느끼지 않을 겁니다. 당신이 과거에 한 일에 대한 대가를 치르기 위해 당신은 이 인간사회에서 없어져야 한다고 생각합니다."

이 발언 다음에도 막내 동생은 여전히 피고인에게 할 질문이 남아 있었다.

"두크!"

두크가 거의 동시에 자리에서 벌떡 일어났다.

"나는 당신이 유죄라는 걸 알아요. 정말이지……."

그러자 재판장 닐 논이 끼어들어 피고인을 자리에 앉게 했다. 그는 케리의 막내 동생에게 법정에서 모욕적인 언사나 복수심에서 나오는 말을 하지 말라고 당부했다. 그가 피고인에게 직접적으로 질문할 수 없으며 질문이 있으면 재판장을 거쳐서 할 수 있다는 말도 덧붙였다. 닐 논은 동료들 중 이러한 방식으로 희생자가 참여하는 데 익숙하지 않은 사람이 있을 것임을, 그래서 법정에서 그가 이런 발언을 한다는 점에 아연실색할 것임을 잘 알았다.

막내 동생은 경고를 받아들이고 다시 입을 열었다.

"저는 당신과 당신이 한 일을 생각하면 화를 참을 수가 없어요. 하지만 당신이 자신의 죄를 반박하는 것에 대해서는 충분히 그럴 수 있다고 생각하고 존중하려고 해요. 전반적인 전범 내역 중에 당신이 인정한 사안이 비율상으로 적다는 것은 알지만 그래도 당신으로 인해 크나큰 악행이 일어났다는 사실만은 확실하게 드러내주었지요. 이 재판정에서 뛰어난 기억력을 여러 번 발휘했죠? 제발 부탁이니 지금 제가 하는 질문에 꼭 솔직하게 답해주세요. 제 형을 기억하세요?"

"서양인이 4명 있었어요. 하지만 영국인 존만 기억나요. 아주 친절한 사람이었죠. 해밀 씨를 직접 만난 적은 없어요. 그가 아주 상세하게 자백했고 저는 쓴 그대로 믿었습니다. 존과 케리는 거의 같은 시기에 사망했어요. 시체는 소각해서 재로 만들었는데 정확한 날짜는 기억이 나질 않아요. 두 사람이 자백한 직후였던 것만 생각나네요."

두크가 한결 부드러운 어조로 천천히 말을 이어갔다.

두크는 두 사람을 심문하기 위한 담당자로 자신이 가장 좋아하는 심문관인 폰을 지목했다고 말했다. 폭력적인 행위를 조절할 줄 아는 심문관이었다. 어느 날 저녁, 폰이 두크에게 영국인 죄수가 예의 바르고 성품이 착하다고 말한 것도 기억했다.

그래서 그 이야기를 들은 다음 날 아침, 두크가 직접 영국인 존을 보러 갔다. 폰은 두크가 직접 심문을 하길 바라는 눈치였지만 두크는 부하인 그가 심문하는 과정을 관찰하길 원했다. 두크는 중간에 통역자가 말을 제대로 전달해주는지 의문이 들었다.

"이름이 뭔가?"

두크가 원활한 심문을 위해 고용한 통역사에게 말했다.

"사룬 촌Sarun Chon이오."

"영어로 개새끼를 뭐라고 하지?"

"선 오브 비치Son of a bitch."

그러자 두크가 다른 심문관들을 향해 말했다.

"나는 이 통역사가 심문에 필요한 모든 자질을 갖추었다고 생각하네."

그다음에 심문실에서 어떤 일이 벌어졌는지는 상상하지 않는 편이 나을 것이다. 죄수에게 돌려서 묻기보다는 아마도 직설적으로 질문하지 않았을까 싶다.

케리 해밀의 남동생은 형의 죽음에 대한 금전적인 보상을 바라지 않는다고 말했다. 법정도 그 점은 전혀 고려하지 않았기 때문에 피차에 잘된 일이었다. 하지만 남동생은 두크에게 당신이 저지른 죄로 우리 가족이 본 피해를 어떻게 보상할 수 있는지 물었다.

"최상의 해결책은 무엇보다도 무릎을 꿇고 사죄하는 것이겠죠. 피해를 본 모든 사람과 교도소에서 살아남은 생존자들이 저를 향해 손가락질을 한다 해도 저는 그러한 비난을 달갑게 받을 것입니다. 여러분의 당연한 권리니까요. 그리고 여러분이 느끼는 분노를 진심으로 이해합니다. 국민들이 제게 죽을 지경까지 돌팔매질을 해도 저는 아무 말 하지 않을 거예요. 실망스럽다느니 자살을 하겠다는 말도 할 자격이 없어요. 제가 한 일에 대한 책임을 지는 게 마땅하다고 봅니다. 사람들이 저를 용서해줄지는 전적으로 그분들의 자유로운 결정에 달린 일입니다. 저는 여기에 있으면서 제가 저지른 일에 책임을 질 생각이에요. 제가 과거에 한 일에 대해 양심의 가책을 느끼고 있어요. 제 솔직한 심정이 그렇습니다. 제가 후회한다고 해서 잘못한 일이 사라질 수는 없는 법이죠. 어쨌든 지금 제가 하는 말은 모두 진심입니다."

바로 그 순간, 나는 두크와 막내 동생 사이에 뭔가 특별한 감정의 교류가 일어난 것 같다는 인상을 받았다. 그러자 나의 이러한 개인적인 상상은 소송 도중 쉽게 생겼다 깨지고 마는 헛된 꿈들 중 하나에 불과할 뿐이었다.

LE MAÎTRE DES AVEUX

16
쯔엉 엑 혹은 킬링 필드

감옥으로 들어가는 정문 앞에서는 서기 수 티가 문밖으로 나오는 죄수들의 명단을 확인했다. 실수라도 한번 했다가는 적으로 간주되기 십상이었다. 그런 현실을 누구보다 잘 알게 되는 직업이 수 티가 하는 일이었다. 정문 문짝은 반만 열어두어서 죄수 한 명이 겨우 지나갈 수 있을 정도였다. 죄수가 한 명씩 나올 때마다 수 티가 손에 들고 있는 명단에서 이름을 확인했다. 교도관들은 한 명씩 죄수들의 손을 묶고 눈을 가린 다음 정문 바로 앞에 세워둔 트럭 안에 실었다. 트럭 안에 올라가기 쉽도록 호송차 뒤에는 의자를 갖다 놓았다. 트럭 안에는 60명까지 실을 수 있었고, 상황에 따라 추가로 지프차 랜드로버를 동원하기도 했다. 이 호송차는 저녁 6시쯤 쯔엉 엑을 향해 출발했다. 바로 처형하는 곳으로 교도소에서 30분 정도 걸리는 거리에 있다.

죽음의 무덤으로 보내는 아이들의 이름이 기재된 명단은 보이지 않앗다. 백지로 남긴 대신 아이들에게 잡일을 가르쳐 혁명을 이루는 데 이바지할 일꾼으로 쓴 것이다. 그리고 아이들을 희생시키면서도 그 흔적을 남기지 않았다. 교도소 관리인 힘 후이의 말에 따르면, 성인 죄수들은 사형장으로 끌고 가지만 어린애들은 그냥 감옥 근처에 있는 시내에서 죽이고 말았다.

그러나 그 일이 자신과 직접적인 관계가 있는 일이 아니었기 때문에 확실하게 장담할 수는 없다고 했다. 어쩌면 어린애를 죽인 사실을 차마 자신의 입으로 증언하기가 힘들어서 그런 말을 했을 수도 있다. 이 사형 과정을 책임진 직원들은 따로 있었는데 바로 펭Peng과 팔Phal이었다. 그러나 두 사람 모두 죽고 이 세상에 없었다. 정작 책임이 있는 '타인'들은 늘 저세상 사람이 되어 있기 마련이었다.

죄수들 중에서 유독 중요한 영향력을 끼치는 인물들, 높은 직위에 있었으나 숙청당한 관리인들은 별도로 관리를 받았다. 사형을 당하는 곳도 달랐다. 두크가 기억하기로 S-21 교도소 근처에서 살해된 다음에 163가와 마오쩌둥 대로 근처 지하에 묻혔다. 두크가 이 말을 하는 동안 숨을 짧게 쉬었다. 그러면서도 입을 다물지 못하고 계속해서 벌린 채로 말을 이어갔다.

이처럼 특별한 죄수들이라 해도 다른 일반 죄수들처럼 죽을 때는 머리 뒤쪽을 크게 맞은 다음 목을 베였다. 가끔 할복을 당해 죽은 경우도 있었고 그런 시체는 사진을 찍어두었다. 그 이유는 옛 고위 간부들의 비참한 최후의 모습을 증거 자료로 남겨 상하 질서를 확실하게 유지하기 위해서였다. 사형장까지 끌려가지 않고 사진에 찍힌 죄수들은 거의 극심한 고문 때문에 마지막 순간을 감옥에서 보낸 경우였다. 이러한 사진들은 교도소 관리인들이 도저히 발뺌할 수 없는 증거였다.

쯔엉 엑에 도착한 죄수들은 하나씩 나무로 지은 집 안으로 이송되었다. 불이 들어오도록 모터를 돌렸는데 어떤 사람들은 불을 켜기 위해서가 아니라 안에서 나는 소리가 바깥에 들리지 않도록 일부러 시끄러운 소음을 내는 모터를 작동시킨 것이라고 회상했다. 한편, 사형집행인들은 횃불과 함께 사형에 쓸 도구를 들고 둥글게 판 구덩이 가장자리에 모였다. 포격을 맞은 것처럼 땅이 푹 꺼져 있었다. 힘 후이는 그날 저녁에 살해될 죄수의 명단을 쥐고 있었고 마지막으로 본인이 맞는지 확인 과정을 밟았다. 그 후에 명단을 정식으로 작성해 교도소에 제출해야 했다. 사형집행인은 집 안에 있던 죄수를 한 사람씩 사형장으로 끌고 갔다. 그전에 사형수에게 새로운 거처에 데려왔다고 말하며 안심을 시켰다. 그래야 조용한 분위기에서 죄수를 죽일 수 있었다.

"일단 죄수에게 구덩이 옆에 무릎 꿇고 앉으라고 명령해요. 그런 다음 죄수의 목 뒤를 굴대로 내려칩니다. 마지막으로 목을 벤 다음 옷을 벗기고 수갑을 풀어줘요."

힘 후이가 차근차근 설명했다.

검정 인민복을 입은 남자들은 어둠 속에서 죄수들을 처형했다. 밤 9시경에 시작되는데 사형수가 많으면 동이 틀 때까지 진행되었다. 다음 날 아침 7시에 수 티가 사형당한 죄수의 이름과 직업을 적은 명단을 상부에 올렸다. 그리고 혁명의 이름으로 반역자들을 파멸시킨 날짜도 함께 기입했다.

"저는 죄수들을 마지막으로 처단하는 일에는 별로 관심을 기울이지 않았어요. 어디까지나 집행 과정에 속하는 일이었으니까요."

두크가 자신의 입장을 밝혔다.

그 전날, 법정에 출두한 증인들이 교도소의 내부 역할에 대해 하는 말들을 들으면서 두크는 심적으로 매우 피폐해졌다. 하지만 오늘 출두한 증인은 자신의 주 업무와 거리가 있는 사형 이야기를 했다. 사형 현장에서 일상적으로 일어나는 일을 짧고 단순 명료하게 설명하는 증언을 들으면서 두크는 한결 마음이 편안해진 모습이었다. 두크는 다시 스스로를 다잡고 증언이 끝난 뒤에 자신의 생각을 논리적으로 조리 있게 말했다.

"저는 제 자신을 경찰의 한 간부로 여겼지 교도소를 조사하는 감찰관으로 생각하지 않았어요. 여러분 중에도 군대에 가본 사람이 있지 않습니까? 상관은 부하들에게 현장에 나가 할 일을 명령하지 자신이 현장에 가지는 않는 법입니다. 악어가 수영을 잘 배웠나 확인할 필요가 없단 말씀입니다. 교도관들은 자기 일을 잘 알고 있었어요. 그러니 별도로 현장에 나가 감독할 필요가 없었지요. 사형집행인들이 쓰는 구체적인 사형 방법과 실행 단계에 대해서는 심각하게 생각해본 적이 없습니다. 방법이 어떻든 간에 잘 으스러뜨리는 것이 사형집행인들의 당연한 의무였으니까요."

물론 두크는 사형수의 목을 어떤 방식으로 베는지 구체적으로 묘사할 수는 있었다. 말을 하는 동안 그의 음성이 저음이 되었다. 그는 사람 죽이는 일을 관장하지는 않았다는 것을 이해시키고 싶어했다. 심문, 고문 현장과 거리를 두었다는 말이었다.

프놈펜에서 약 15킬로미터 떨어진 쯔엉 엑에 처형장을 만들기로 한 사람은 다름아닌 두크였다. 썩은 시체들로 시내에 온갖 전염병이 발생할 것을 우려한 두크는 교도소 책임자로서 적절한 곳에 사형 집행장을 마련하는 것이야말로 자신이 마땅히 해야 할 의무라고 여겼다. 하지만 사형장에 가서 굳이 사형 과정을 다 지켜볼 필요성은 못 느꼈다고 고백했다. 그리고 솔직히 마음속으로도 그러고 싶은 마음이 전혀 들지 않았다고 말했다. 두크의 직속 상관이었던 손 센이나 그나 마찬가지였다. 손 센은 규정을 따라 S-21 교도소를 단 한 번만 방문했다. 두크도 상부의 명령이 있을 때만 쯔엉 엑을 찾았고 딱 두 번밖에 방문하지 않았다. 두크는 사형수가 자기 눈앞에서 죽는 모습을 한 번 본 게 전부라고 말했다. 그때가 아마 새벽 5시경이었는데 쯔엉 엑의 사형 집행이 유난히 늦게까지 진행되었다면서 그날을 회상했다.

대학살이 일어나는 죽음의 공장 안에서도 존엄성은 좀처럼 찾아볼 수 없었다. 두크는 자신과 지하운동을 함께 했던 동료들과 자신이 직접 고용한 캄퐁참 출신 청소년 등에게는 사형 집행을 맡기지 않았다. 법정에 선 두크는 힘 후이를 비롯한 몇몇 직원에게 사형과 같은 몹쓸 일을 시킨 것에 유감을 표하며 그들에게 동정심을 느낀다고 말했다.

"그 사람들이 그 일을 하면서 양심의 가책을 전혀 느끼지 않았다거나 지난날을 후회하지 않을 거라고는 생각하지 않습니다. 분명 자신이 한 일을 후회하고 양심의 가책을 느꼈을 거라고 생각해요. 그리고 그 마음 충분히 이해가 갑니다. 그 일을 하게 된 것을 부끄럽게 느끼고 가슴에 사무치도록 후회할 거라고 생각해요."

S-21 교도소의 자료실에서 발견한 신상 명세서 중에는, 젊은 시절

의 힘 후이가, 그러니까 스물두 살의 젊은 혁명가였을 때 자신이 하는 일에 대해 어떻게 생각하는지 쓴 자아비판문을 찾아볼 수 있다.

나는 당이 내게 시킨 크고 작은 모든 일을 군말 없이 망설이지 않고 수행하려고 애썼다. 그 일이 얼마나 하기 힘들고 내게 고통을 주는지, 그 일이 얼마나 복잡한지는 별로 중요하지 않았다.

그리고 나서 힘 후이는 자신이 해야 할 일이 많이 남아 있음을 시인했다.

지금까지 동료들에게 불친절한 태도로 내 의사를 표현했던 것 같다. 다른 사람들이 볼 때 바보 같은 짓도 했고 화도 쉽게 냈다. 나는 화를 잘 내는 성격이다. 솔직히 교도소 관리 부서의 리더로서 열정이 부족했다. 내가 분석하고 감독해야 할 부하들에 대해서도 철저한 주의를 기울이지 않았다. 반역자를 찾는 일에도 최선을 다하지 못했다. 사실 지금까지 반역자들의 활동을 과소평가하기도 했다. 그리고 즉각적인 일 처리에도 미흡한 모습을 보였던 것 같다. 또 내가 하는 업무에서 교훈을 이끌어내는 일을 좀처럼 하지 못했다. 그렇게 나는 내 일에 방임주의적인 태도를 보였다. 교도관들을 관리하는 데 있어서 내게 부족한 것은 집중력이다. 내 단점이 무엇인지 잘 아는 나는 진정한 혁명군이 갖춰야 할 자질과 거리가 먼 내 성격을 반드시 개선하겠노라 다짐한다. 그리고 청렴결백한 인간이 될 수 있도록 나 자신을 수시로 점검하고자 한다. 당을 위해 나는 내 자리에서 굳건하게 임무를 수행해야겠다.

이 글을 보면 가히 한 시대의 교리라 할 만하다. 힘 후이는 자신의 상관과 같은 반응을 보였다.

"저와 관련된 신상 기록은 다른 사람들의 기록과 마찬가지로 모두 진실이라고 할 수는 없어요. 정부가 우리에게 기대했던 모습이 그랬을 뿐이죠. 제 주변에 있는 모델을 마냥 따라 한 것뿐이에요."

힘 후이는 두크의 직속 부하였던 호르가 사형 집행과 관련된 기술을 가르쳤다고 말했다. 하지만 쯔엉 엑에서 두크를 두 번 정도 봤으며 그때가 1977년이었을 거라고 회상했다. 여기가 힘 후이가 자신의 옛 상관이었던 두크를 가장 심하게 공격한 대목이었다. 하지만 힘 후이는 자신이 본 상황을 말로 설명하는 데 일관된 모습을 보이지 않았다. 예심 때는 그 어느 때보다 신랄한 증언을 했다. 그는 수사관들에게 이렇게 말했었다.

"두크가 다른 사람들과 함께 사형장에 왔고 마지막 죄수가 남아 있는 상황에서 저에게 죽일 준비가 되었냐고 물었어요. 그래서 저는 그렇다고 대답했죠. 그러자 두크가 마지막 죄수를 죽이라고 명령했습니다."

그러나 법정에 선 힘 후이의 증언은 그때보다 확신이 없었다.

"네, 제가 예전에 한 증언을 기억하고 있어요. 그때는 두크가 확실하다고 생각했어요. 그런데 지금 와서 곰곰이 생각해보니 제가 몹시 성급하게 말한 것 같아요. 그 당시에 누가 내게 그런 명령을 내렸는지 헷갈리네요."

"지난번에 피고인 두크가 당신에게 사형 집행을 여러 번 명령했다고 말하지 않았습니까?"

"그 사람이 호르인지 두크인지 헷갈려요. 아주 많은 일이 일사천리로 진행되다보니 그런 것 같아요."

판사는 피고인을 자리에서 일어나도록 했다.

"당신에게 죄수를 죽이라고 명령한 사람이 저 사람 맞습니까?"

"방금 말씀드린 것처럼 모든 게 아주 빨리 처리되다보니 저 사람인지 아닌지 잘 모르겠어요. 저 사람일 수도 있고 호르일 수도 있어요. 현장에 둘 다 있었으니까요."

두크는 힘 후이란 사람을 잘 알았고 그를 책임자 자리에도 앉혔다. 프락 칸 등을 더 이상 신뢰하지 않은 것도 이유라면 이유였다. 하지만 두크는 힘 후이의 증언에 빈틈이 있는 것에 유감을 표하면서 힘 후이를 쳐다보며 반격에 나섰다. 몸을 앞쪽으로 숙인 힘 후이는 꼭 죄를 회개하는 고해자처럼 보였다. 한때 증인의 상관이었던 두크는 수하 감시인의 증언 중에 정확히 해야 할 부분을 다시 확인시켰다. 그런 다음 자신이 볼 때 문제가 될 만한 발언을 지적했다. 힘 후이가 자신과 호르에 대해 언급할 때, "잘 모르겠다"는 불확실한 대답을 할 바에야 차라리 언급을 하지 않는 것이 더 좋았을 것이라는 충고도 했다.

힘 후이는 차마 두크를 똑바로 쳐다보지 못했다. 그저 자신의 입장을 대변하는 말만 계속했다.

"밤에 죄수들을 죽이는 동안 호르와 두크가 그 자리에 분명 있었어요. 우리보다 먼저 자리를 뜨긴 했지만 사형 집행이 다음 날 아침 전까지 모두 마무리되어야 한다면서 두 분 모두 초조해하며 걱정했어요. 지금 한 증언만큼은 확실해요."

변호사 프랑수아 루는 두크를 상대로 물의를 일으킬 만한 발언을 한 증인을 가만히 보고만 있지 않았다. 그는 힘 후이의 현장 재현시 작성한 조서의 일부를 읊기 시작했다.

"'증인 힘 후이는 두크가 쯔엉 엑에 방문한 횟수에 대해 말할 때 일관된 증언을 하지 않았습니다.'"

예심 판사의 기록에 따르면, 힘 후이가 '가끔씩' 두크가 쯔엉 엑에 온다고 했다가 나중에 '한두 번' 본 적이 있다고 말을 바꾸었다고 한다.

또 "두크가 한 번 이상 쯔엉 엑에 왔는지 확실하지 않다"며 말을 흐린 적도 있다. 법정에 출두한 힘 후이는 이번에는 두크를 두 번 보았다고 단언했다.

"첫 번째는 늦은 새벽이었고 매우 어수선한 상황이었어요. 구덩이 가장자리에 한 남자가 있었고 사형집행인들이 시간에 쫓기며 바쁘게 일을 하고 있었어요. 그래서 정신이 없어서 그때 본 남자가 두크가 맞는지 장담을 못하는 거예요. 두 번째는 쯔엉 엑에 오긴 왔는데 두크가 자기 차 근처에만 있어서 제대로 신경쓸 수가 없었어요."

힘 후이는 수사관들에게 한 진술과 다른 내용의 증언을 했다.

변호사가 다음과 같이 말을 맺었다.

"법정에서 알아서 판단해주시겠지요. 우리는 판사님들의 결정을 기다리겠습니다."

판사들은 힘 후이의 증언을 진실로 받아들일 수 없었다. 그래서 두크가 사형 집행장에 찾아왔다는 발언에 대해서 함구했다. 결국 판사들은 증인의 문제가 되는 발언을 평가 대상에서 제외하기로 결정했다. 딱히 경솔하다 할 것도 없는 결정이었다.

1979년 1월 2일과 3일에 걸쳐 쯔엉 엑으로 이송할 죄수 명단이 작성되었다. 일은 일사천리로 철저하게 진행되었다. 크메르 루즈 지도부는 베트남 부대가 프놈펜을 향해 빠른 속도로 진격하는 바람에 곧 수도에서 물러나야 할 것이라고 여겼다. 크메르 루즈의 2인자인 누운 찌어는 두크에게 교도소에 있는 죄수들을 모두 제거하라고 명령했다. 두크는 크메르 루즈 소속의 군인 4명은 심문을 위해 남겨두겠다고 보고했다. 군인들은 며칠 전 공식적으로 캄보디아를 방문한 서양 기자를 암살했다는 죄명으로 체포되었다. 누운 찌어는 두크의 제안을 승낙했다. 나머지 죄수들은 이 이틀에 걸쳐 모두 사형되었다.

"베트남 부대가 캄보디아 수도를 향해 쳐들어오고 있다니 믿을 수가 없었어요. 그때 저는 새 죄수들을 수용하기 위해 이전 죄수들을 모두 죽이는 거라고 생각했어요. 예전에도 그런 적이 있으니까요. 그런데 제가 잘못 알고 있었던 거죠. 언젠가는 제 차례가 올 거란 생각이 들었어요. 심신이 지쳐 있던 터라 일을 제대로 할 수 없었어요. 계속 졸음이 쏟아질 정도로 피곤한 나날을 보냈어요."

두크는 일을 열성적으로 하는 사람이었다. 하지만 심신이 좋지 않을 때는 그의 말을 빌려 표현하자면, 곱씹고 또 곱씹었다. 아무것도 하지 않았고 대신 자신을 무력화시키는 회의감에 사로잡혔다. 그는 이와 비슷한 경험을 두 번 정도 했다고 자백했다. S-21 교도소가 문을 닫기 전 몇 주 그리고 2년이 지나 태국과의 국경 근처에서 불안한 은닉생활을 할 때였다. 이 이야기를 들은 심리학자들은 두크의 상태가 우울증 환자의 증상과 같다고 진단했다.

"앙카르의 라인이 두크에게 더 이상 이해 가능한 영역이 되지 않자, 의심이 늘고 고통이 계속 심해지는 것입니다. 이해의 가능성이 폐쇄된다는 것은 한 가지 대상에 집착하는 성격의 사람에게는 정신적으로 큰 충격을 줄 수 있어요. 그 결과 의욕을 상실하고 현실 도피로 잠을 자려고 하는 것입니다. 새로운 돌파구를 찾으려고 하는데 삶에서 해결책을 찾을 수 없고, 자기가 존속할 수 있는 방법이 도무지 없으면 사람은 수면이라는 길을 택하거든요. 또 다른 가능성으로 정권이 최후를 맞게 되면서 두크의 일에도 영향을 미쳤다 하겠습니다. 그래서 계속 잠을 자고 싶어함으로써 우울한 마음 상태를 수면으로 대신 표현한 것입니다."

두크에 이어 힘 후이도 자신이 한 일을 좋아하지 않았지만 다른 대안이 없었기에 어쩔 수 없이 한 일이라고 말했다. 다만 두크와 차이점이 있다면, 힘 후이는 크메르 루즈가 몰락한 후에 금방 혁명 세력에서 몸을 뺐다. 1983년 그는 S-21 교도소의 관리자로 기소되어 수 티처럼 형을 살았다. 몇 개월의 감옥살이 뒤에는 베트남과 가까운 국경 마을로 보내져 벼농사 일을 했다. 노역생활을 하는 동안 특별히 학대를 받은 적은 없었다. 그렇게 10개월이 흘러 석방된 힘 후이는 무사히 집으로 돌아갔다.

국제 재판소에 증인으로 소환된 힘 후이에게 이번 법정 출두로 무엇을 기대하는지 물었다.

"다시 태어난 기분이 들어요. 지금까지 살아 있는 것만으로도 참 운이 좋아요. 제가 기대하는 것은 그저 이 소송을 통해 정의가 바로 세워지는 것입니다."

그러자 프랑수아 루가 바로 반응을 보였다.

"당신은 자신을 정의를 찾기 위해 이 자리에 선 피해자로 묘사했습니다. 그 상황을 당신이 스스로 선택하지 않았다는 것은 인정합니다. 그러나 범죄가 성립되기 위해서는 단계마다 범죄 행위를 실행하고 명령하는 책임자가 있다는 것을 아실 겁니다."

"글쎄요. 무슨 말씀인지 잘 이해할 수가 없네요."

"명령이 전달되는 과정에서 각 개인은 자신에게 주어진 역할을 수행하고 상관의 명령에 복종하며 범죄 행위에 가담한다는 거죠."

"모두 상부의 명령을 들어야 했어요. 안 그랬다가는 자신의 목이 날아갈 상황이었으니까요."

"그런 의미에서 당신은 자신을 피해자로 보는 건가요?"

"네. 저를 비롯해 우리 모두 피해자였어요."

17
왜? 왜? 왜?

전체주의 정권을 겪어본 사람은 그 실체가 얼마나 암울한지 잘 알 것이다. 전체주의를 증언해주었던 여성은 크메르 루즈가 정해준 남편을 추모하기 위해 재판정을 찾았다. 혁명군 소속 군인이었던 남편은 1977년 S-21 교도소에서 목숨을 잃었다. 이 여성은 1971년에 공산당 게릴라에 가담한 과거를 흔쾌히 털어놓았다.

"그 당시에 우리나라가 미국 자본가와 제국주의자들의 영향을 받는 것을 참을 수가 없었어요."

이 여성은 자본가와 제국주의자로부터 나라를 구하기 위해 지하 단체에 들어가 활동했다. 그리고 민주 캄푸치아의 승리를 이끈 부대의 지휘관 자리까지 올라갔다. 앙카르가 주관한 결혼식은 두 커플이 더해진 합동 결혼식으로 올릴 예정이었다. 여성의 입장에서는 자신이 선택한 이가 아니라 앙카르가 고른 남자가 남편이 된다는 것이 썩 즐겁지만은 않았다. 다행히 앙카르도 여성의 불편한 심기를 알아챘고 성대한 파티를 열지 않았다. 앙카르에서 생각하기에 화려한 결혼식은 부르주아 계급이 열망하는 겉치레에 불과했다.

여성이 다시 입을 열었다.

"정말 눈 깜짝할 사이에 결혼식을 올렸어요. 어느 날 아침, 사람들이 오후 2시에 결혼식이 있을 예정이라고 알려줬어요. 전 깜짝 놀랐어요. 이렇게 성급하게 식을 올리는 이유가 뭔지 물었어요. 그리고 제 부모님과 친척들, 마을 주민들이 초대되었는지 묻자 아무도 부르지 않았다고 했어요. 그런 식으로 우리 결혼식을 올리려 하다니 기분이 나빴지요. 하지만 어쩔 수 없이 결혼식을 올려야 했어요. 약속 시간은 이미 정해졌고 명령은 거부할 수 없었으니까요. 크메르 루즈의 특별 부대 안에서 부부가 탄생해야 한다는 이야기를 들었어요. 그래서 제가 소속된 부대 바깥에 있는 남자와는 결혼할 권한이 없었던 거예요. 저를 비롯한 동료들은 앙카르가 우리의 부모나 다름없다고 생각했어요. 그런 까닭에 부모인 앙카르가 결혼식 준비를 대신 하고 우리를 위해 제안한 것들을 자식된 도리로서 받아들이는 것이 당연했답니다. 결혼식 날, 저는 도저히 행복할 수가 없었어요."

결혼 후 1년이 지났을 무렵, 여성의 남편은 S-21 교도소에 끌려가 숙청되고 말았다. 남편에 이어 부인은 S-24에서 재교육을 받았다. 그러나 크메르 루즈 정권이 1979년 몰락하면서 여성은 자신이 살던 마을로 돌아왔다. 그녀의 어머니는 딸이 혁명당원이어서 남편이 죽게 된 것이라며 딸을 나무랐다. 이 여성은 이모 앞에서도 무릎 꿇고 사죄를 빌어야 했다. 하지만 이모는 조카를 용서하지 않았다. 오늘날 법정에 출두한 여성은 두크의 사죄를 받아들이지 않을 것이라고 말했다. 그녀는 국가에 충성하기 위해 크메르 루즈의 일원이었던 과거를 거부하고 싶어했다. 자신이 믿었던 조직에 배신당했다는 사실을 깨달았기 때문이다. 그녀에게는 두크가 크메르 루즈의 상징이었다.

S-21 교도소에서 범죄 행위를 한 자들을 처벌한 뒤에도 캄보디아 피해자 가족들이 느끼는 쓰라린 고통들이 여전히 남아 있을 것이다. 그런 까닭에 가까운 사람들을 배신하고 되돌릴 수 없는 죄를 지었다는 죄책감이 가해자에게 형벌 외에 더 무거운 짐을 안겨줄 것이다.

이번에는 회색 빛이 연하게 감도는 짧은 머리카락을 뒤로 가지런히 빗질한 또 다른 여성이 증인으로 등장했다. 흰색 블라우스 위에 진한 자색 재킷을 걸친 여성은 도시인답게 사롱sarong[치마처럼 허리에 두르는 큰 천]을 우아하게 두르고 있었다. 테가 얇은 안경을 썼는데 겉모습만 봐서는 절대 70세 할머니로 보이지 않았다. 여성은 손가락으로 블라우스를 잡더니 초조해하며 옷자락을 밑으로 잡아당겼다. 심리학자의 조수가 팔에 살포시 손을 얹어 증인을 안심시켰다. 100명 정도만 뽑는 의대에 합격하기도 했던 그녀는 몇 안 되는 여성 희생자 중 한 명이었다. 증인은 법정에 서자마자 양해부터 구했다.

"이따금 제가 정신질환에 걸린 여자처럼 굴 거예요."

여성은 활기 띤 목소리로 자신의 이야기를 빠르게 전달했다. 메모한 노트가 있었지만 자신이 쓴 글을 읽는 대신 즉흥적으로 말을 이어갔다. 이 여성은 크메르 루즈가 시내를 정복한 뒤 몇 시간 동안 프놈펜의 주민들이 도시를 빠져나가는 과정을 생생하게 전달했다. 그녀는 입을 다물고 검은 옷을 입은 남자들이 확성기를 손에 들고 사람들에게 말하던 흥내를 내기도 했다. 교육받은 자들 중 제거할 사람이 있다고 했다.

"그 사람들이 하층민들만 보호할 거라고 말했어요."

증인 여성의 남편은 프놈펜 공항의 민간 항공을 관리하는 부책임자였는데 그 역시 크메르 루즈에 체포되었다. 여성은 둑과 제방을 짓는 노동 현장으로 보내져 재교육을 받았다. 우기 동안에 검정 인민복을 입은 감독관이 그녀에게 일을 잘하면 죽음은 면할 수 있을 거라고 말했다. 그렇지 않으면 죽게 될 거라고 했다면서 여성은 눈을 감고 과거를 더듬어나갔다. 뒤이어 파란만장한 인생을 장식한 또 다른 사건을 아주 자세하게 들려주었다. 두크는 의자에 앉아 등을 똑바로 세운 자세로 여자의 이야기를 경청했다.

"오랜 시간을 절망 속에서 살았어요. 다음번에는 죽으라 하면 망설이지 않고 그쪽을 택하겠어요."

여성이 당당하게 말했다.

정권이 바뀐 뒤 다시 프놈펜으로 돌아온 여성은 병원에서 일했다. 하루는 상사가 그녀를 부르더니 뚤슬렝 박물관을 방문하고 오라고 했다. 여성은 크메르 루즈가 세운 교도소 단지 내에 위치한 뽄히얏 고등학교를 잘 알고 있었다. 그녀의 친척들이 학교에서 멀지 않은 곳에 살고 있었다. 여성은 오늘날 생존자로 남아 있는 한 직원의 안내를 받아 교도소 안으로 들어갔다. 그다음부터 갑자기 여성의 목소리가 점점 높아졌다. 짧고 날카롭게 고함을 치며 항의하는 것처럼 들렸다. 여성이 쓰는 크메르어가 분노와 단절의 아픔, 소통 불가능을 표현하는 언어가 된 것처럼 거칠게 들렸다. S-21 교도소에 있던 교관들이 여성에게 문서와 사진 한 장을 꺼내 보여줬다. 그녀의 남편, 티 하우 텍Tea Hav Tek이 죽기 직전에 찍은 사진이었다.

일명 툭Tuk으로 불린 그는 1976년 2월 22일에 입소했으며 1976년 5월 25일 사망했다. 죄수가 된 그녀의 남편 티 하우 텍은 사진을 찍는 사람을 날카로운 시선으로 쏘아보고 있었다. 가는 콧수염이 입 가장자리를 지나 털이 듬성듬성 난 턱 주변까지 이어져 있었으며 그의 눈은 왠지 모르게 초점이 맞지 않았다. 두툼한 입술을 깨물며 무언가를 의심하는 듯한 표정이었다. 티 하우 텍의 형제는 비행기 조종사였는데 그 역시 S-21 교도소에서 살해되었다.

과부가 된 여성은 사촌이나 조카와 대화를 나누기라도 하는 것처럼 갑자기 목소리 톤을 낮추었다. 초반부에 미리 말했듯 증인은 가끔씩 어찌할 줄 몰라 하며 정신 나간 모습을 보이기도 했다. 그런 다음에는 다시 정신을 차리고 이야기를 이어나갔다. 남편이 '큰 죄'를 저질러 감옥에 갔다는 이야기를 하는 순간, 그녀는 다시 분노에 찬 목소리로 되돌아갔다. 다시 한번 법정이 시끄러워졌다. 여성은 "왜? 왜? 왜?"라고 끊임없이 소리 높여 물었다.

증인 여성은 사람을 크게 두 부류로 나눌 수 있다고 말했다. 인간의 형상에 마음이 부드러운 사람이 있고 인간의 탈을 썼으나 마음이 동물적인 본능에 따라 움직이는 사람. 종교에 심취한 여성은 두크가 다음에 꼭 환생을 하게 해달라고 빌었다. 그리고 모든 사람이 폴 포트 정권 하의 사람들처럼 잔인한 면을 버리도록 기도했다. 그 뒤에도 여성은 "왜"로 시작하는 질문을 다시 꺼냈다.

"왜 아무 잘못 없는 사람들이 감옥에 가고 학대를 받아야 했을까요? 전 정말 이해가 안 가요."

끝이 없는 고리처럼 증인은 같은 말을 반복했다. 사람들이 남편을 찾으러 왔고 그 후로 남편의 모습을 볼 수 없었으며 나중에 사망 소식을 들으면서 제정신이 아니었다는 말이 무한 반복되었다.

결국 재판장이 중간에 개입했다.

"자, 이제 휴정할 때가 된 것 같군요."

증인은 친언니를 엄마처럼 여겼다. 그러나 그녀의 남편을 인민복 입은 남자들에게 넘긴 사람이 알고 봤더니 친언니였다.

"우리는 서로 배신감을 느꼈어요. 언니는 가족이라도 고발을 하는 게 당연하다고 배웠기 때문에 그런 행동을 했던 거예요. 지난날의 모든 경험과 고통이 다 지나간 뒤에 언니에게 공산주의가 대체 뭐기에 그랬냐고 물었죠. 지금은 저도 그게 뭔지 잘 알아요. 그것은 질투와 경쟁, 학살의 또 다른 이름에 불과하지요. S-21 교도소에 사람들을 보내는 것, 배신, 측근을 고발해 사형장에 끌려가도록 내버려두는 것이죠. 지금은 불교 교리를 되짚어보면서 마음이 전보다 편안해졌어요. 언니가 과거에 했던 일이 이제는 이해가 돼요. 공산당원들이 언니에게 주입시킨 사상 때문에 그랬던 거니까요. 그래서 제 남편을 고발했던 거고 전 그런 언니를 욕하며 미워했어요. 어쩌면 언니는 폴 포트의 아내라도 되고 싶었던 거겠죠. 그리고 그런 결과를 낳았겠지요."

판사들은 조용히 증인의 말을 들었다. 당사자 측 변호사는 증인이 불행이란 뗏목을 타고 기억의 강을 헤쳐가는 모습을 옆에서 지켜보기만 했다. 변호사가 따로 질문을 하지도, 누가 중간에 끼어들지도 않았다. 쓰라린 상처를 안고 필사적으로 강을 건너려는 증인은 고통에 몸서리치며 과거를 끄집어냈다. 그리고 "왜?"로 시작하는 질문을 던지며, 생채기가 날 정도로 괴로워하며 강을 건넜다.

"저는 제 조국에 충성했어요. 제 남편에게도 성실한 아내였어요. 그런데 왜 제가 이런 식으로 벌을 받게 된 걸까요?"

LE MAÎTRE DES AVEUX

18
예술가들, 목숨을 건지다

두크는 폴 포트가 왓프놈에 기념상을 세우고 싶어했다는 이야기를 꺼냈다. 프놈펜 시내에서 북쪽 방향으로 가다보면 작은 언덕 왓프놈이 나오는데 그곳에 사원이 한 채 있었다. 1977년 말 폴 포트를 신격화하는 초기 작업이 막 시작되었다. 이러한 풍경은 전체주의 정권에서 흔한 전통이었다. 비밀 유지에 집착했던 크메르 루즈는 은밀하게 작업을 추진했다. 화가와 조각가들이 필요했던 정부는 두크에게 사형수들 중 재능 있는 예술가를 찾으라고 명했다.

"이 방에 그림 그릴 줄 아는 사람 있나?"

젊은 감시인이 소리쳤다.

부 멩이 손을 들었다. 바로 교도소 1층에 있는 방으로 끌려간 그에게 교도관들이 중국에서 인화한 사진 한 장을 건넸다. 그리고 사진 속 인물의 초상화를 그리라고 명령했다. 부 멩은 그 남자가 누구인지도 몰랐다. 사진의 주인공은 혁명군의 '제1의 형제' 폴 포트였다. 부 멩이 그림을 그리는 동안 두크는 죄수 뒤에 다리를 꼬고 앉아 있었다. 교도소장 두크는 만약 부 멩의 그림이 형편 없을 경우, 그를 퇴비로 써버리겠다고 말했다.

"진짜 제 몸을 퇴비로 쓸까 싶었어요. 그림을 꼭 그려야 하는지도 알지 못했고요. 하지만 그 순간에 뭐라 대답해야 할지 몰랐죠."

부 멩이 과거를 회상하며 말했다.

두크는 부 멩에게 종이 한 장을 건네며 간단한 스케치를 시켰다. 결과가 맘에 들었던 두크는 큰 초상화를 그리기 위해 필요한 재료가 뭔지 물었다. 부 멩이 대답하자 두크는 바로 부하들에게 준비물을 사오라고 시켰다.

B동 내 집단으로 수용되는 감방에 완 낫이 누워 지낸 지 한 달이 지났을 무렵, 교관이 그의 이름을 불렀다. 그의 몸은 죄수들을 한데 묶은 사슬 끝에 있었다. 그래서 감방 밖으로 나오려면 다른 죄수들과 이어진 족쇄를 풀어야만 했다. 다른 사람이 도와줘야 일어설 정도로 몸이 약해진 완 낫은 굶주림에 지쳐 있었다. 그는 인육이라도 먹고 싶은 심정이었다. 교도관들의 부축을 받아 겨우 걷기 시작했다. 그의 눈을 가리지도 않았다. 완 낫은 곧 죽게 되겠구나 생각하며 겁에 질려 있었다. 그런데 한 건물에 들어가보니 교도관 4명이 그를 기다리고 있었다. '동쪽의 형제'로 불리는 두크도 있었다. 교도관들은 1965년부터 화가로 활동한 완 낫의 경력에 대해 물었다. 그곳에는 부 멩도 있었다. 앙카르에게 초상화가 필요하니 그림을 그려야 한다는 말에 완 낫은 최선을 다하겠다고 대답했다. 이번에도 '제1의 형제' 사진을 그에게 건넸지만 완 낫은 처음 보

는 얼굴이었다. 그 당시에 완 낫은 귀에 심한 고통이 있었고 씻지 못해 몸에서 악취가 진동했다. 그는 관리자들에게 수염을 깎고 싶다고 말했다. 그러면서 면도칼로 자살을 할 의도는 아니라고 안심시켰다. 완 낫은 죽을 날이 머지않았다는 실감이 났다. 그림을 망칠 경우, 바로 죽을 수도 있겠다는 생각이 들었다. 물론 그림을 잘 그려도 언제가 될지 모르겠지만 죽음을 면치는 못할 것이었다. 교도관들은 완 낫에게 3일의 휴식 기간을 주었다.

"사느냐 죽느냐가 걸린 일이었어요. 첫 그림은 실패했어요. 흑백으로 그린 그림이었는데 전 처음 그려봐서 그런지 결과가 좋지 않았어요. 그래서 여러 색깔을 이용해 그림을 그리겠다고 했지요."

폴 포트의 사진이 재판정 모니터 화면에 나타났다. 부 멩의 아내 사진보다 더 오래 비춰준 그 사진을 보고 방청인들이 여기저기서 귓속말을 하며 수근대기 시작했다.

초기에는 완 낫의 본 실력이 발휘되지 않았지만 '동쪽의 형제'였던 두크는 그에게 기대치가 있었다. 그래서 1978년 2월 16일에 그는 제거해야 할 사형수 명단에 올라간 완 낫의 이름에 빨간색 펜으로 밑줄을 그었다.

그리고 한쪽 여백에 '쓸모가 있는 죄수'라고 적었다.

어느 날 두크가 새로운 죄수를 한 명 더 데려왔다. 그에게는 폴 포트의 신비로운 모습을 조각하도록 했다. 그러나 죄수는 조각술을 전혀 알지 못했다. 그저 우연히 들어왔던 죄수는 이후 더는 모습을 볼 수 없었다. 베트남 출신의 또 다른 죄수는 파라핀으로 주형을 제작할 수 있다고 장담했다. 하지만 결과가 실패로 돌아가자 두크가 화를 냈다. 심문관 한 명이 죄수에게 폭력을 가했고 어디론가 끌고 갔다. 그 죄수도 다음부터 얼굴을 볼 수 없었다. 한 일본인 죄수도 작품을 만들어 목숨을 보전하려고 애썼지만 헛수고만 한 채 최후를 맞이했다.

작업실은 교도소 중앙에 자리잡은 E동 건물 안에 있었다. 옛 학교 건물 5채로 이뤄진 교도소는 삼지창처럼 생겼다. 그중 가운데 창날에 해당하는 건물이 E동이었다. 조금 부서진 커다란 돌 네 개를 세 층으로 쌓아 둘러싼 입구는 사진 촬영 전, 수 티가 교도소에 막 도착한 죄수들을 맞이하는 곳이었다. 건물 반대쪽, 작업실 창문에 달린 덧창은 항상 닫혀 있었다. 그럼에도 불구하고 완 낫은 매일같이 죄수들의 비명을 들었다. 처음에는 놀랐지만 시간이 지나자 어느새 그 소리에 익숙해졌다.

예술품을 만드는 죄수들의 수용생활은 다른 죄수들보다 훨씬 나았다. 변변찮은 곡물에서 쌀밥으로 식단이 바뀌고 평소 교도관들이 먹는 식단으로 같이 먹었다. 부 멩은 과거를 회상하며 한 번은 면이 들어간 수프를 먹은 적이 있다고 했다. 족쇄를 차지 않고 잠을 잤는데 E동 뒤의 발전기가 돌아가는 방이 이들의 감방이었다. '쓸모 있는 죄수'들을 위한 방에는 총 4명의 죄수가 있었다. 교도소 아니면 정권의 권력자들이 시행한 정책에 수혜를 입은 죄수들이 아닐 수 없었다. 모기장도 있을 정도였으니까. 이들은 교도소 정문을 통해 트럭이 드나드는 소리를 들었다. 하지만 상황을 눈으로 볼 수는 없었다. 작업실 안에서만 생활해야 했기 때문이다. 예술가 죄수들을 수시로 감시하는 간수는 없었지만 작업 조건상 외부의 정보를 알 수도 없었고 내부의 사정이 밖으로 알려질 수도 없는 상황이었다.

부 멩은 가로 1.5미터, 세로 3미터의 대형 초상화를 제작하기 위해 3개월을 작업 기간으로 요청했다. 두크는 그림에 그려진 최고 지도자의 목 부분을 보더니 수정을 요구했다. 그의 눈에는 목에 종양처럼 보이는 혹이 그려진 듯 보였기 때문이다. 그림의 결함을 지적하는 동안 두크의 얼굴에 미소가 감돌았다. 부 멩은 그 미소가 곧 초상화의 입술 부분을 고치라는 뜻임을 알아차렸다.

"저는 폴 포트를 그대로 묘사한 초상화를 그렸기 때문에 지금까지 생존할 수 있었어요."

두크는 혁명 당원으로서 사용할 자신의 이름을 지을 때 조각가의 이름에서 영감을 받기도 했다. 교도소 안 작업실은 그에게 일종의 은신처가 되었다. 거의 매일 이곳을 찾았으며 두크가 나타나면 예술가들은 하던 일을 멈추고 방 한쪽으로 물러나야 했다. 그리고 두크의 조언을 들을 준비를 했다. 예술가 죄수들은 그를 무서워했지만 두크는 보통 칭찬하는 편이었고 결과물의 좋은 면을 평가했다. 그러나 죄수들이 작업 일정을 지키지 못하면 바로 불만스러운 마음을 드러냈다. 완 낫은 그가 죄수들을 사형장으로 끌고 가는 장면을 상상할 수 없었다.

"자기 권력을 보여주면서도 지적인 면과 세심한 성격을 느낄 수 있었어요. 우리에게 겁을 주려고 특별한 말이나 행동을 한 적도 없었고요. 저희를 배려하는 마음이 느껴졌으니까요."

법정에 휴식 시간이 찾아왔다. 두크가 변호사 까 사웃과 한참 동안 이야기를 나누었다. 평소와 다름없이 변호인 측 좌석에 앉아 쉬던 까 사웃은 충치를 드러내며 이따금 웃었다. 몇 초간 머리를 곧게 들 때면 크게 뜬 눈에서 눈동자가 반짝거렸다. 또 까 사웃은 프랑스 출신의 변호사들과 대화를 나눌 때 유창한 언변을 발휘했다.

완 낫이 증언하는 동안 두크는 마치 껍데기 속에 몸을 숨긴 조가비처럼 그 속을 꿰뚫어볼 수가 없었다. 옛 부하 직원들에게는 영향력을 발휘했던 그였건만 화가로 일한 죄수들에게는 누구에게도 실질적으로 큰 영향을 미치지 못했다. 완 낫은 손으로 배를 어루만지더니 이번에는 손수건을 만지작거렸다.

늘어진 볼과 밑으로 무겁게 처진 눈꺼풀 때문일까, 그의 얼굴은 흡사 슬픔에 잠긴 거북이를 연상시켰다. 1978년 한 해 동안 화가 완 낫은 최선을 다해 작품을 만들었고 사람들이 그에게 주문한 사항을 지키려고 했다. 이렇게 말하던 그는 '생존'이라는 단어를 입 밖에 내면서 목소리가 낮아지며 살짝 콧소리를 냈다. 완 낫이 그 시간을 버틸 수 있었던 유일한 이유는 바로 생존하기 위해서였다.

어느 날 아침 시간이 거의 끝날 무렵, 완 낫은 예술가 죄수들이 얼마 전부터 감시를 받는다는 느낌을 지울 수 없어 겁이 났다. 때마침 교도관이 부 멩을 불렀고 작업실을 떠난 부 멩은 그 뒤로 돌아오지 않았다. 완 낫은 그 당시에 순진하게도 부 멩이 석방되어 협동작업장에 들어갔다고 생각했다. 하지만 2주가 지났을 무렵 아래층 계단에서 호명하는 소리가 들렸다. 그리고 땅에 쇠사슬이 끌리는 소리가 들려왔다. 작업실 문 앞까지 사람들의 발소리가 이어지고 족쇄를 찬 부 멩이 머리를 길게 늘어뜨린 창백한 얼굴로 등장했다. '동쪽의 형제'가 부 멩 바로 뒤에 서서 말했다.

"아-멩, 자넨 우리에게 무얼 맹세했나? 바닥에 무릎 꿇고 우리 모두에게 용서를 빌어야지."

두크는 부 멩이 여전히 쓸모 있는 죄수인지 아니면 비료로 쓸 몸뚱어리인지 물었다. 고문하는 사람들이 흔히 하는 유머였다.

완 낫이 증인의 자격으로 말을 하는 동안 두크는 그에게서 시선을 떼지 않았다. 그리고 증인의 이야기에 귀를 기울이며 깜짝 놀라기라도 한 듯 입을 살짝 벌리곤 했다. 화가로 일한 죄수 중 생존한 인물은 몇 안 되었다. 완 낫은 절도가 있고 자신의 생각을 확실하게 말하는 단호한 성격의 소유자였다. 그래서 자신이 개인적으로 본 것과 그렇지 않은 것을 항상 따지고 확실히 구별하면서 말을 했다. 완 낫이 들려준 이야기는 그의 감정이 듬뿍 담긴 실화였다. 그에게는 타고난 우아함이 풍겼다. 지난 30년의 세월 동안 그는 S-21 교도소를 거쳐간 1만4000명의 희생자를 대신해 그 당시 목격한 상황을 증언하는 데 많은 시간을 보냈다. 그러면서 사람들의 신뢰를 받는 독자적인 위치에 올랐다고 해도 과언이 아니었다. 설령 화가 완 낫이 증언한 내용에 대해 두크가 동의하지 않는 부분이 있다 하더라도 그저 수긍할 수밖에 없었다.

반면 부 멩은 동료인 완 낫이 기억하는 과거를 모르고 있거나 완 낫과 다른 방식으로 그 당시 상황을 증언했다.

증언을 시작하면서 부 멩이 이러한 자초지종을 먼저 설명했다.

"제 머릿속에 남아 있는 기억이 완벽하다고 볼 순 없어요."

보청기를 착용한 부 멩은 치아가 거의 빠진 모습이었다. 증인으로 선정된 S-21 교도소의 생존자 세 명 가운데 가장 심한 폭력에 희생당한 것을 겉모습만 봐도 확연히 알 수 있었다. 재판 관계자들이 그에게 작업실에서 일어난 심각한 사건에 대해 여러 차례 물었지만 그는 질문을 이해하지 못했는지 딴소리를 하거나 모르겠다고 대답했다. 그럼에도 당시 일어난 일을 솔직하게 들려주기도 했다.

솔직한 두 남자 부 멩과 완 낫은 지옥과도 같은 시간을 함께 보낸 탓에 지금까지 끈끈한 관계를 맺고 있었다. 인생을 살면서 가장 끔찍한 순간을 함께 보고 들은 두 사람이지만 그 당시 상황을 똑같은 방식으로 해석하지는 않았다. 어느 정도로 돌발적인 폭력에 노출되었느냐가 관건이었다. 결국 법정은 두 사람이 각자의 눈으로 바라본 상황을 설명하도록 기회를 주었다.

부 멩이 말했다.

"네 발이 모두 성한 코끼리라도 때로는 넘어져서 바닥을 뒹구는 법이지요."

모든 것을 완벽하게 이해하는 데 한계가 있다는 소리였다.

인격을 무시당할 때는 '아–멩'으로 불리던 부 멩은 몸의 비율이 부조화를 이루었다. 몸의 한쪽이 망가진 것처럼 허약했는데, 심하게 말하면 신체 일부가 기형처럼 보였다. 등과 어깨에는 상처가 남아 있었으며 치아가 다 빠진 데다 고막까지 터졌다. 그는 자신이 아는 것이든 잘 모르는 것이든 일단 말하고 보는 주의였다. 그리고 자신이 안다고 생각하는 것에 대해서도 서슴지 않고 말했다. 거짓과 중상모략이 판을 치는 극한적인 상황을 겪었던 탓일까? 그는 진실을 가지고 치는 장난 따위에는 전혀 관심 없는 사람처럼 보였다. 부 멩은 모욕적인 사기꾼들이 남긴 혐오스러운 흉터를 영원히 간직한 채 한없이 정직한 사람으로 살았다.

"그때 그렇게 고문만 안 당했어도 이렇게까지 늙진 않았을 겁니다."

부 멩이 자신 있게 말했다.

자신의 건강 상태에 대해 말하면서도 그는 자신보다 열 살 어린 동료 생존자에 대해 언급하면서 농담을 했다.

"그런데 춤 메이, 그 친구는 여전히 젊어 보이죠!"

부 멩은 주변 사람들에게 의도적으로 창피를 주는 농담을 하는 재주가 매우 뛰어났다.

한번은 전직 화가 부 멩이 전기 충격 고문을 받은 일화를 묘사한 다음 당사자 측 변호사가 어색해하며 물었다.

"당신은 얼마 동안이나 사리판단을 하지 못했나요?"

그에 대한 대답은 파안대소로 돌아왔다.

"사리판단을 못한다면 아예 뭘 알지도 못하지요!"

보잘것없는 서민이 잘난 체하는 변호사를 멋지게 놀려주었다. 방청인들도 그만의 야유 방식에 희열을 느끼며 좋아했다.

부 멩은 작업실에서 일어난 사건을 모두 기억하지는 못했다. 하지만 몇 가지 학대 행위는 기억했다. 두크가 예술가 죄수들을 보러 온 날이었다. 그와 중국인 조각가에게 플라스틱 파이프를 내주며 서로 때리라고 명령했던 일을 부 멩은 똑똑히 기억했다.

이 재판이 열리기 1년 전, S-21 교도소에서 일어났던 사건을 재현하는 날 부 멩은 예심 판사에게 이 구타 장면을 법정에 가서 꼭 밝히고 싶어했다. 그는 그 당시 상황을 생생하게 기억했다. 옛 작업실을 방문한 부 멩은 흰색 플라스틱 의자를 끌어와 사람들이 있는 방 가운데에 놓고 그 위에 앉았다. 그리고 두크가 한 행동을 그대로 재현했다. 두크가 등받이에 편안하게 기대어 앉아 화가들이 그림 그리는 것을 지켜보는 모습이었다. 한쪽 다리는 반대쪽 다리에 직각으로 걸쳤다. 부 멩은 두크의 모습을 흉내내면서 입가에 미소를 지어 보였다. 그러더니 갑자기 두크를 향해 손짓을 하면서 두크가 예전에 자기에게 담배를 권하던 모습을 그대로 따라 했다. 보다 우월한 위치에 선 교도소 관리자들은 죄수들을 상대로 정도에 지나친 장난을 치곤 했다. 관리자의 짧은 웃음만으로도 부 멩은 소스라치게 놀랐고 얼굴에는 주름이 깊게 패였다.

"그래서 그다음에 무슨 일이 있었죠?"

예심 판사가 그에게 물었다.

"두크가 죄수들에게 한 명씩 차례대로 때리라고 시켰어요. 그 이유는 잘 몰라요."

"그럼, 당신도 때렸나요?"

"네, 물론이죠."

부 멩이 웃었다.

"때리는 강도가 심했나요?"

"흉터는 남지 않았지만 심하게는 했지요."

"진짜예요?"

예심 판사가 이번에는 두크를 향해 질문을 했다.

"네, 죄수들에게 차례로 때리라고 했습니다."

"왜죠?"

"이유는 기억이 안 나요."

"특별한 이유도 없는데 그런 겁니까?"

"이유가 생각나지 않는군요. 별 이유는 없었을 겁니다."

심리학자들이 두크에게 이 사건을 두고 여러 질문을 했지만 그는 대답하기 전에 먼저 고해신부를 만나고 싶다고 했다. 결국 죄수들을 서로 구타하게 한 사건은 베일에 싸인 채 시간만 흘러갔다.

부 멩을 놀리면서 쾌감을 느낀 관리인은 두크만이 아니었다. 관리자 힘 후이도 보초들 앞에서 부 멩에게 모욕을 주면서 교도소에서 통하는 특유의 농담을 했다.

두크는 거북스런 얼굴로 한 가지 사실을 자백했다.

"교도소 관리인들이 부 멩이 키가 작다는 것을 지적하며 놀려댔어요. 그러면서 그 키로 여자를 어떻게 사귈 수 있는지 물어본 적도 있어요."

하루는 엄한 교도관이었던 청년 힘 후이가 정도를 넘어서는 장난을 했다. 죄수의 체력을 확인하겠다며 아-멩의 등 위에 올라타 말을 탄 일이었다.

"당신은 그런 장난이 재미있나요?"

변호사 프랑수아 루가 비꼬듯이 물었다.

"그냥 우리끼리 가볍게 농담하며 장난친 것뿐이에요. 저는 그 죄수가 나를 업을 만큼 체력이 되는지 확인해볼 요량으로 등 위에 올라탄 거예요. 그뿐이에요."

"그게 그렇게 즐거웠나요?"

"부 멩이 그때 나를 업을 수 있을 만한 기력은 있다고 말했어요. 그래서 그렇게 한 겁니다. 어떤 식으로든 죄수를 위협할 의도는 없었어요."

부 멩이 손으로 머리를 어루만졌다.

힘 후이가 다시 입을 열었다.

"죄수에게 고통을 주려고 했던 건 아니에요. 그냥 웃자고 장난 좀 친 거예요."

부 멩은 법정에 나와 증언하게 되어 기쁘다고 말했다. 그러면서 전보다 마음이 한결 편안하다고 했다. 크메르 루즈 정권에 희생당한 수백만 명의 사람을 위해 정의로운 심판이 이뤄져야 한다고 생각한 그는 피고인 깡 켁 이우에게 한 가지 질문을 하고 싶어했다.

"내 아내가 어디에서 죽었나요? S-21 교도소에서? 아니면 쯔엉 엑에서?"

부 멩은 아내의 자취를 찾아 고인의 명복을 빌기 위해 꼭 알아야 한다고 강조했다.

그러면서 다음의 말을 덧붙였다.

"저는 이 일이 빠른 시일 안에 해결됐으면 좋겠어요."

두크가 자리에서 일어났다.

"부 멩 씨, 저는 당신이 한 말에 대해 특별히 감명을 받았습니다. 2008년 2월에 당신을 다시 만나서 큰 충격을 받았지요. 당신의 질문에 답을 드리고 싶지만 제가 알고 있는 영역을 벗어난 질문이라…… 제 부하들이 한 일이어서요. 하지만 제 예상이 맞는다면 아내는 쯔엉 엑에서 사망했을 가능성이 높습니다. 고인의 명복을 빌며 부 멩 씨의 아내를 생각하는 제 마음과 존경심을 알아주시길 바랍니다."

두크는 동요와 고통이 공존하는 표정으로 눈살을 찌푸렸다. 아마도 자신의 고뇌를 서툴지만 그렇게라도 표현하려는 듯했다. 두크가 고개를 천천히 들며 코를 훌쩍였다. 탁자에 기대고 있던 두 팔이 파르르 떨렸고 그는 다시 자리에 앉았다. 부 멩은 두 손으로 머리를 감쌌고 이마에 연고를 재차 발랐다. 왜소한 몸집의 증인은 괴로웠던 옛 기억에 고통스러워하며 좌절했다. 부 멩의 몸은 선천적으로도 그렇거니와 동포들에게 당한 일로 불구가 되어 있었다. 재판장은 비통한 분위기에 안절부절못했다. 대화가 부재한 비극의 침묵이 그렇게 재판정을 가득 메웠다. 두크의 눈 속에 깊은 슬픔이 깃들어 있었다. 몇 주 전의 희생자 앞에서도 보인 눈이었다.

완 낫은 1978년 10월부터 교도소가 전보다 훨씬 조용해졌다고 말했다. 베트남 군대와 싸우기 위해 무기를 갖춘 캄보디아 군인은 국내의 반역자를 숙청하는 일에 종지부를 찍고 대신 국외에 있는 적을 처단하는 데 더 신경을 써야 했기 때문이다. 국경선 안에 있는 반역자는 그다음에 해결해야 할 대상이었다. 1979년 1월 3일을 기점으로 교도소가 텅 비었다. 그날, 죄수를 실은 마지막 트럭이 사형장에서 돌아왔다.

"심문관들도 체포되었고 저희는 특별히 하는 일 없이 시간을 보냈어요. 모든 죄수가 죽어나갔을 때라 감시할 사람도 없었으니까요."

이번에는 프락 칸이 증언에 참여했다.

일명 '쓸모 있는 죄수'들인 화가나 춤 메이 정도만 빼고 모든 죄수가 사형장으로 끌려갔다. 춤 메이는 12일 동안 고문을 받은 뒤 교도소 남쪽에 위치한 건물 꼭대기 층 감방으로 옮겨졌다. 마침 그때 S-21 교도소에 기계를 고칠 수 있는 사람이 필요했다. 사형자 대기 명단에 있던 춤 메이는 대신 기계 작업실에서 일하라는 명령을 받았다. 그래서 교도소에 있는 다양한 기계를 고쳤다. 동료 죄수들이 전기 충격을 받고 자백한 기록을 칠 때 쓰는 타자기를 고친 적도 있다. 춤 메이는 치과의사 타뚜운Ta Tuon과 함께 방을 썼다. 그가 일하는 작업실에는 4~5명의 일꾼이 더 있었다. 옛 학교를 개조해 만든 교도소의 주요 건물 뒤에 별도로 마련한 작업실이었는데 두크는 이곳을 한 번도 방문한 적이 없었다.

1월 7일 늦은 아침이었다. 완 낫이 S-21 교도소에 온 지 1년이 다 되어가는 날이었다. 완 낫은 그 시간에 무기가 작동하는 소리를 들었다. 12명의 죄수가 작업실에 모였는데 교도관들이 찾아와 따라오라고 명령했다. 죄수들은 일렬로 걸어가며 무서워서 벌벌 떨었다. 그렇게 뚤톰퐁 Tuol Tom Pong을 지나갔다. 오늘날 이곳은 관광객들이 '러시아 시장'으로 부르는 관광지가 되었다. 죄수들은 그곳을 지나 S-21 교도소와 연계한 시설인 쁘레이 쏘Prey Sar, 일명 재교육 기관 S-24로 향했다. 밤새도록 행군한 죄수들은 여러 그룹으로 흩어졌다가 다음 날 아침 다시 한자리에 모여 4번 국도까지 걸어갔다.

체포된 지 두 달밖에 되지 않았던 춤 메이는 쁘레이 쏘에서 기적적으로 아내와 갓 태어난 자식을 만났다. 춤 메이가 가족들과 함께 도주를 시도할 무렵 베트남 군대가 쳐들어왔다. 총이 불을 뿜는 와중에 S-21의 교도관들이 수용소를 떠나 도망갔다. 죄수들은 뿔뿔이 흩어졌다. 완 낫은 과거에 함께 수용되었던 동료 세 명을 만나 겁에 질린 채 갓길에서 구조를 기다렸다. 프놈펜으로 돌아가고 싶었지만 베트남 군인에게 살해될까 무서웠다. 1월 10일 완 낫과 동료 세 명은 무사히 수도 프놈펜에 도착하는 데 성공했다. 한편 춤 메이는 가족과 S-21 교도소에서 함께 예술품을 만들었던 동료 한 명과 피난길을 나섰지만 도중에 크메르 루즈 조직에 붙잡히고 말았다. 결국 동료 죄수와 춤 메이의 아내가 총에 맞아 죽었고 도주 과정에서 춤 메이는 어린 자식까지 잃고 말았다. 홀로 프놈펜에 도착한 춤 메이는 그곳에서 완 낫과 부 멩, 그 밖에 S-21 교도소에서 살아남은 죄수 네 명과 상봉했다.

이제 자유인이 되었지만 춤 메이는 아내와 자식을 잃었고 부 멩도 가족을 잃기는 마찬가지였다. 완 낫의 아내만이 생존에 성공했지만 다섯 살과 6개월 된 두 자녀를 잃었다. 30년이 흐른 후, 춤 메이와 부 멩, 완 낫 이렇게 세 명만이 교도소 시절을 증언할 수 있는 죄수들 가운데 아직까지 살아 있는 생존자다.

완 낫이 입을 열었다.

"잊어보려고 해도 지난날의 고통을 지우기가 어려워요. 항상 머릿속에서 떠나지를 않아요. 제가 겪은 일을 완전히 지우기란 불가능하죠. 이렇게 법정 증인석에 앉을 날이 올 줄은 상상도 못했어요. 오늘날 제가 누릴 수 있는 명예로운 자리이자 특권이란 생각이 들어요. 제가 바라는 것은 그게 다예요. 보통 소송을 제기하는 사람들은 대가를 바라기 마련이지만 저는 이 재판을 통해 어떤 보상을 바라지 않아요. 제가 바라는 것은 물질적인 보상이 아니라 고인들의 넋을 기리기 위해 정의가 승리를 거두는 것이에요. 그게 이 재판을 통해 제가 바라는 결과입니다. 제가 겪은 고통을 이야기하는 일이 지겹다는 생각이 든 적도 있어요. 하지만 진실을 밝히기 위해서라면, 더불어 젊은 세대들에게 과거의 역사를 알려주기 위해서라면 싫증을 느낄 틈이 없어요."

화가 완 낫의 뒤통수가 볼록 튀어나온 게 눈에 띄었다. 그의 건장한 체격과 어울려 근엄한 자태를 뽐내기에 충분했다. 그는 냉방 장치에서 나오는 바람 때문에 추웠던지 마린블루 색깔의 재킷을 집었다. 자신감이 느껴지면서도 부드러운 걸음걸이로 법정을 나가는 완 낫을 보는 순간, 나는 그가 좀처럼 찾기 힘든 신비로운 세계에서 온 현자 같다는 인상을 받았다.

LE MAÎTRE DES AVEUX

19
두크의 청년 시절

　두크는 열다섯 살 때부터 정치에 관심을 드러내기 시작했다. 1949년, 그는 중국에서 일어난 혁명운동에 대해 알게 되었다. 그 사건으로 8년 전에 정치가 마오쩌둥이 권력을 쥐었다. 중국의 저우언라이[중국의 정치가로 1949~1976년 수상을 역임] 수상이 1956년 캄보디아를 방문했다. 중국인들에 대한 평판이 쉽게 나빠지곤 하는 캄보디아 사회에서 두크는 중국 출신이었다. 그래서 이번 중국 수상의 방문이 더할 나위 없이 자랑스러웠다. 꺼 낌 훗Ke Kim Huot이란 교사는 두크에게 농민과 노동자들의 실상을 기록한 책을 몇 권 주었다. 그때 캄보디아는 1953년 말에야 프랑스로부터 독립하여 갓 발을 내디딘 상태였다. 시아누크는 신생 비동맹국들을 이끄는 대표적인 정치가 중 한 사람이었다. 북베트남의 공산주의자들은 프랑스 식민 지배자들에 대항해 영광의 승리를 거두었으며 불가능이란 존재하지 않는 것처럼 보이는 시절이었다. 한편 두크는 손에 잡히는 책들을 모조리 읽었다. 그는 정치뿐만 아니라 불교에도 관심을 보였다. 인생을 살아가기 위해 행동과 진보에 중점을 두어야겠다고 느낀 그는 자기를 가르쳐주고 조언해줄 이들을 찾아다녔다. 그는 가장 먼저 승려들을 만났다. 자신이 존경하는 승려들과 함께 생활하면서 불교 교리를 공부하기 위해서였다.

인생의 목표를 확실하게 결정해야 하는 나이에 이르자, 젊은 두크는 가족의 사회적인 상황이 어떤지에 대한 눈을 뜨기 시작했다. 그리고 인간들 사이의 경제적인 착취가 어떻게 이뤄지는지도 인식했다.

두크의 부친은 고리대금업자인 삼촌에게 돈을 갚아야 하는 채무자였다. 깡 켁 이우로 살아가던 두크는 독서와 몇몇 교사의 가르침을 받은 덕분에 인간이 인간을 착취하는 현실을 뒤엎을 대안 체제에 눈을 떴다. 공산주의가 전 세계에 걸쳐 영향력을 떨치게 된 시대적인 흐름도 있었지만 이 사상은 젊은 캄보디아 지식인층에게 큰 매력으로 다가왔다. 그렇지 않아도 이들은 사회계층 간의 불평등과 부패, 부조리, 전제 왕권에 분노하고 있던 터였다.

1958년 두크는 청년 남녀 두 명씩과 독서도 하고 공부도 함께 하는 작은 모임을 만들었다. 모임에 나오는 여성 중 한 명이 두크와 사이가 매우 가까웠던 쑤 삿Sou Sath이다. 쑤 삿은 깡 켁 이우의 얼굴을 그리는데 2분밖에 걸리지 않을 정도로 그를 매우 잘 알았다. 성격이 선하고 자상한 두크는 학교에서도 훌륭한 제자로 통했다. 그에게는 비밀이 없어서 자신이 알고 있는 것을 남들과 나눌 줄 아는 의리 있는 친구로 학급에서 유명했다. 또한 두크는 친한 친구 몇몇하고만 진한 우정을 나누긴 했으나 다른 급우들에게 수업 때 배운 내용을 자상하게 가르쳐주기도

하며 불화 없이 잘 지냈다. 또 선생님들을 존경했으며 학교에 결석한 적이 단 한 번도 없었다.

법정에 있던 두크의 얼굴에 애정어린 미소가 번지기 시작했다. 방청석에 뒤늦게 도착한 두 사람 때문에 법정 분위기가 다소 산만해졌는데 알고 보니 두크의 학창 시절 친구들이었다. 그는 열여섯 살 때부터 친구로 지낸 쑤 삿을 물끄러미 쳐다봤다. 쑤 삿은 사람들이 한 질문을 잘 이해하지 못하고 있었다. 쑤 삿이 웃자 두크도 덩달아 미소를 지었다. 두 사람 사이에 차분하면서도 친근한 우정이 느껴지는 기류가 흘렀다. 옛날부터 지속된 이 기류는 이제 할머니가 된 두크의 어린 시절 친구 쑤 삿의 순수한 모습에서 풍기는 향기와 뒤섞였다. 현재 퇴직 교사인 쑤 삿은 과거에 캄보디아의 인권 연맹에 가담한 운동가이기도 했다. 그녀는 깡 켁 이우가 두크란 이름을 쓰기 전, 또 혁명운동에 가담하기 이전의 모습이 어땠는지 확실하면서도 솔직하게 말했다.

"깡 켁 이우만 모범생인 건 아니었어요. 저도 그랬으니까요. 그리고 이 친구가 공부 모임의 회장도 아니었어요. 우리가 함께한 모임에 회장은 아예 없었으니까요."

쑤 삿의 힘찬 목소리에는 자신감이 배어 있었다.

조심성이 많았던 청년 두크는 모임의 성격이 변질되는 것을 원하지 않았다.

회원들끼리 형제, 자매라는 호칭으로 불렀으며 쑤 삿은 모임의 이모로 불렸다. 친구들 사이에 사사로운 연애 감정이 생기지 않도록 일부러 가족 같은 분위기를 유도한 것이었다. 당시 깡 켁 이우가 이뤄질 수 없는 사랑 때문에 고통스러운 시간을 보냈다는 것을 쑤 삿은 전혀 몰랐다. 쑤 삿이 웃으며 두크를 힐끔 쳐다보자 두크도 웃음으로 답했다. 두 사람이 함께한 세상은 때가 묻지 않은 순수한 세계로 남아 있었다. 우기 때 벼가 자라는 논처럼 풍성한 생명의 기운이 넘치는 그런 세계였다. 쑤 삿은 증언이 끝난 뒤에 두크를 따로 볼 수 있는지 물었다. 10분도 안 걸릴 테니 감방에서라도 두크와 만나고 싶다고 했다.

쑤 삿에 이어 법정을 찾은 옛 친구는 훗 치엉 깡Huot Chheang Kaing. 3년 동안 두크와 같은 반이었지만 1961년 이후로 피고인을 한 번도 본 적이 없었다고 했다. 그러다가 옛 급우였던 친구가 재판을 받는다는 소식을 듣고 재판소에 오게 된 것이다. 증인으로 서지는 않았지만 휴정 시간 동안 훗 치엉 깡은 기자회견장에서 기자들에게 둘러싸여야 했다. 인터뷰 내내 그는 주로 크메르어로 말했지만 중간에 수준급의 불어 실력을 보여주기도 했다. 훗 치엉 깡은 반에서 늘 1등을 하던 똑똑한 깡 켁 이우에 대해 회상했다. 그러면서 수학과 물리학, 화학을 특히 잘했다는 말도 덧붙였다. 훗 치엉 깡은 이름을 가지고 급우 놀리기를 즐기는 명랑한 학생이었다. 과거에 친구들을 놀렸던 일화가 떠올라 이야기했지만 크메르어로 한 농담을 외국어로 번역하면 제 맛을 잃고 말 것이다. 농담을 유도하는 방법이 다르기 때문이었다.

그가 든 일화 중 하나도 같은 경우를 설명해주었다.

"두크가 하루는 식사하기 전에 물을 마셔야 건강을 유지할 수 있다고 말했어요. 하지만 저는 그에게 정반대로 식전에 물을 마시면 음식이 들어갈 자리가 적어진다고 주장했지요. 사람마다 생각하는 방식이 다를 수 밖에 없으니까요."

남의 이야기를 들을 때 엄청난 재미를 느끼는 순간은 우리가 그 이야기를 전혀 이해할 수 없을 때에도 유감없이 찾아온다. 르완다의 대학살 사태를 둘러싼 재판이 시작되고 몇 달이 지난 후였다. 재판을 보러 간 나는 증인으로 소환된 여러 르완다인의 이야기를 들었다.

그중 몇몇 사람이 르완다인에게 큰 의미를 부여하는 속담 하나를 언급했다. 뱀이 호리병박을 몸으로 칭칭 감았다면 우리는 그 호리병박을 부셔야 한다는 말이었다. 증인이 그 말을 하는 순간, 나는 판사들의 얼굴 표정을 자세히 관찰했다. 이 섬뜩한 속담을 범죄와 연관짓는 증인의 생각에 판사들은 머리를 긁적거렸다. 나에게는 재미난 볼거리가 아닐 수 없었다.

두크의 옛 친구인 홋 치엉 깡은 유머 속에 지혜로움을 발견하게 하는 매력적인 대화술을 펼치는 남자였다. 학창 시절만 해도 친구들과 공산주의를 주제로 한 언어유희 놀이를 즐겼다. 그는 공산주의를 뜻하는 단어 '코뮤니즘communism'을 크메르어로 발음하면 '쿰 메누오kum menuoh'에 가깝게 들린다고 설명했다. 그리고 공산주의자들도 '쿰 메누오'라고 불렀다. 그런데 '메누오'가 크메르어로 '무리지은 인간, 인류'를 뜻했고, '쿰'만 따로 떼어놓고 보면 크메르어로 '원한'을 뜻했다. 그래서 그는 농담처럼 공산주의를 '인류에게 품은 원한'이라고 정의했다.

학창 시절부터 홋 치엉 깡은 공산주의를 더 이상 좋아하지 않게 되었다. 비열한 반동주의자가 아닌 바에야 사람들은 혁명의 이름으로 내건 공약들을 별로 신경 쓰지 않았다. 그는 중국에서 많은 사람이 기근으로 죽어가고 있는 형편인데 자유를 외치는 사상이 과연 국민들에게 어떤 삶을 줄 수 있는지 의문이 들었다고 강조했다. 그는 과학이 자유주의보다 더 믿을 만한 가치가 있다고 여겼다. 그리고 오랜 친구였던 깡 쾩 이우과 다른 의견을 내세운 적도 있다고 했다. 두 학생은 당시 유행하던 사상인 공산주의와 자유주의, 진보주의와 제국주의 사이에서 서로 의견이 갈라지곤 했다. 몇몇 프랑스 교사도 학생들에게 열성적인 사상운동을 권장했다고 훗 치엉 깡은 말했다.

그에 따르면 두크는 말이 많은 친구가 아니었고 유머감각이 뛰어난 친구도 아니었다. 매우 진지했고 유약한 인상으로 기억한다고 덧붙였다. 하지만 아무도 그런 두크를 놀릴 수 없었던 것은 학교에서 매우 성실한 학생이었기 때문이다.

"1979년 이후였나, 누군가가 제게 깡 켁 이우가 S−21 교도소의 책임자였다는 이야기를 했어요. 처음에는 믿을 수가 없었어요. 매우 선한 친구였거든요. 관련 자료를 제 눈으로 확인하고 나서야 정말 그런 줄 알았답니다."

갑자기 훗 치엉 깡이 눈물을 보였다. 그는 진정하려고 애쓰며 다시 입을 열었다.

"민주 캄푸치아 정권이 사람을 그렇게 만든 거예요."

그는 협동작업장에서 일하는 동안 학력을 숨김으로써 검은색 인민복을 입은 사람들로부터 자신을 지킬 수 있었다. 그는 피고인 두크를 예나 지금이나 친구로 생각하고 있지만 법 앞에 심판을 받아야 할 필요가 있다는 것에는 동의했다. 휴식 시간 동안 방청석에 있던 옛 동무를 본 두크는 소리를 차단하기 위해 설치된 두꺼운 유리벽으로 다가가 그에게 인사를 건넸다. 그리고 미소를 지으며 그를 다시 본 것에 매우 흡족해했다.

"두크가 제 쪽으로 다가왔을 때, 옛날의 깡 켁 이우를 보는 것 같았어요. 변한 게 없었어요. 얼굴도 그대로였고요. 한 가지 달라진 게 있다면, 예전에는 여성스러운 면이 있었는데 지금 보니 단호한 모습의 프랑스인 같더라고요."

훗 치엉 깡이 눈웃음을 치며 말했다.

프놈펜의 명성 높은 고등학교로 유명한 씨소왓에 입학한 깡 켁 이우는 캄보디아 농촌 사람들과 경제적으로 부유한 도시 사람들 사이의 생활 조건에 큰 차이가 있다는 것을 간파했다. 1962년 그는 프랑스에서 교육받은 후 캄보디아로 귀국해 사범학교의 교사로 재직 중인 손 센을 처음 만났다. 그 당시에 손 센은 이미 암암리에 공산당에 가담해 활동하고 있었다. 두크는 그를 자신의 스승이라 칭했다. 또한 학교에서 지리학을 담당한 프랑스 교사는 두크에게 마르크스주의의 기초 이론을 알려주었다. 이상과 사회의 변화를 열망하는 젊은 학생인 두크에게 두 스승은 많은 영향을 끼쳤다. 옛 수도 출신의 한 교사는 그에게 감성에 흔들리기 이전에 차분하게 냉정을 찾아야 한다고 가르치며 금욕주의를 깨우치도록 했다.

심리학자들은 두크의 과거를 검토하며 다음과 같이 평가했다.

"두크는 아주 일찍부터 스스로를 과소평가했어요. 그래서 결핍된 자신감을 회복하기 위해 공부와 일에 매진했죠. 또 이상적인 남성상을 찾아 끊임없이 그들의 인정을 받으려고 애썼습니다. 스승에게 인정을 받아야 비로소 고유한 정체성을 찾고 타인에게 비치는 이미지를 통해 자신의 정체성이 세워진다고 느꼈으니까요."

1962년 씨소왓 고등학교는 격렬한 항의운동으로 들끓고 있었다. 시아누크 정권 치하에서는 경찰의 억압이 매우 심했다. 두크가 존경하던 교사 차이 킴 후Chhay Kim Huor가 체포당하자 항의운동에 가담하지 않았던 그는 충격을 심하게 받았다. 이 사건은 두크의 머릿속에 혁명정신이 샘솟는 계기가 되었다. 학교 교사 중 한 명이 두크에게 혁명 조직에 가담하는 것은 마치 원 궤도에 들어가는 것과 같아서 한번 들어가면 다시 나올 수 없다고 경고했다. 그러나 두크의 혁명에 대한 믿음은 걷잡을 수 없이 강렬했다. 그리고 이미 회전반에 뛰어들었으니 속도를 늦출 수도 없음을 알았다. 1964년 두크는 결국 혁명 조직에 들어갔다.

"노예 제도를 기반으로 한 사회가 봉건주의 사회로 변하고 그다음에는 자본주의 사회로 넘어갔습니다. 그런 다음에는 사회주의 사회를 거쳐 마지막으로 공산주의 사회에 이르지요. 우리는 기초 수학을 공부하면서 이 사회 이론의 진가를 평가하기 시작했답니다."

두크가 과거를 회상하며 말했다.

"각자의 능력과 하는 일에 따라 그 개인의 몫이 있는 법이다. 또 각자의 능력과 필요에 따라 그 개인을 위한 몫이 있어야 한다는 이론은 정말 명문이 따로 없었어요. 그게 옳다고 믿었어요. 그래서 이러한 이론에 기반을 둔 사회를 만들고 싶었어요."

물질적인 풍요로움이 가능한 사회, 그러면서도 생산 단계의 여러 문제를 제거한 사회야말로 이상적인 사회였다.

학교를 졸업한 후, 두크는 1965년에 프놈펜에서 북쪽으로 100킬로미터 넘게 떨어진 스쿤에서 수학 교사로 발령을 받았다. 나중에 그는 쑤 삿을 만나러 갔다. 그는 그녀가 자신과 같은 지역에서 교사로 일하기를 바랐지만 쑤 삿은 그러지 못했다. 이야기를 듣고 있던 라베르뉴 판사와 프랑수아 루 변호사가 입을 다물고 잠깐 비밀스러운 미소를 주고받았다.

두크는 그 뒤부터 마르크스 사상이 담긴 문학과 혁명주의 작품을 읽기 위해 수학책을 멀리하기 시작했다. 그가 처음으로 읽은 관련 도서는 삽화와 설명이 붙은 사진을 실은 중국 책이었다. 다음으로 광산에서 일하는 중국 노동자들의 이야기를 담은 책을 샀는데, 제목을 번역하면 '모든 것을 당을 위해 했다'였다. 그 무렵 두크는 무기 수리 공장, 총검 제작 공장, 중경량 무기 공장을 다니며 혁명 조직의 일을 했다. 눈과 손을 다친 두크는 치료를 위해 소비에트 연방으로 보내졌다. 귀국 후에는 대학에서 회화와 산업디자인 교수로 발령을 받았다.

"그 일이 혁명을 이루는 길에 속한다면 마땅히 잘해내야 했고 또 그 길을 잘 따라갈 수 있을 거라고 생각했어요."

두크는 레지스탕스 영웅 조르주 폴리체르가 쓴 소시알 출판사Editions sociales의『철학의 기본 원칙』이란 책도 탐독했다고 강조했다. 그 책뿐만 아니라 마오쩌둥의『신민주주의론』도 그가 읽은 도서 목록에 포함되었다. 계급 투쟁 이야기는 그를 완전히 사로잡았다.

두크가 법정에서 불어로 한 구절을 외어 말했다.

"계급의 흔적 없이는 개념이란 있을 수 없다."

그의 뇌리에 각인된 구절에는 이것 말고도 '민중에 대한 진정한 사랑은 프롤레타리아 계급의 완전한 정권 장악을 위해 희생하는 것이다'도 있었다. 두크는 그 외에도 다양한 분야를 공부했지만 설득력 있게 다가오지 않았다. 예를 들어, 기독교의 성경을 보면 '왼뺨을 맞거든 너의 오른뺨을 내주어라'라는 말이 있다. 두크는 그 방법이 결코 효율적이라고 여기지 않았으며 심지어 매우 바보 같은 대처라고 생각했다.

"기독교의 교리로 민중을 제대로 도울 수 없을 거라고 생각했어요."

두크가 자신의 입장을 간결하게 정리해 말했다.

두크는 간디의 저서도 읽었다. 그러나 간디의 가르침을 실천에 옮기기란 불가능했다. 두크는 간디가 반은 인간, 반은 신인 존재라고 말했다. 차라리 마르크스, 레닌, 마오쩌둥이 간디보다 더 친근하게 느껴졌다. 두크는 특히 중국의 지도자 마오쩌둥에게 끌렸다. 그래서 투쟁과 관련된 마오쩌둥의 사상을 담은 『네 가지 철학적 에세이』를 구입했다.

'올바른 사상은 어디에서 오는가?'란 소제목이 기억난다면서 두크는 또렷한 기억력을 자랑했다.

"책의 마지막 부분에 가면 마오쩌둥이 이런 말을 합니다. '수많은 꽃송이에 꽃잎이 피도록 하라. 백 가지의 정치 이론을 받아들여 상호 보완이 될 수 있도록 만들라百花齊放 百家爭鳴.' 저는 이 글이 정말 가슴에 사무칠 정도로 좋았어요."

한참 뒤, 1976년 두크는 레닌주의에 대해 말하는 스탈린의 책도 탐독하려고 애썼다. 스탈린의 유명한 이 저서를 통해 소비에트 연방 시대를 보낸 동유럽의 젊은이들이 러시아어를 배웠다. 그러나 두크는 레닌주의를 자신의 사상으로 받아들이지 않기로 결심했다. 두크는 자신의 지적인 사고 과정에 가장 큰 영향을 준 이론이야말로 마오쩌둥주의라고 주장했다.

20
두크의 교사 시절

"안녕하세요, 선생님! 여기요, 선생님!"

큰 키에 깡마른 60대 노인이 방청석에 들어오면서 큰 소리로 외쳤다. 남자는 주변 사람들에게 인사하며 두 손을 얼굴 앞에 가지런히 모았다. 함박웃음을 짓고 있는 이 멋진 노인은 논밭에서 일생을 보낸 농부 출신이었다. 1965년부터 1968년까지 두크의 제자였던 이 남자는 소박하고 친절한 교사였던 두크에 대해 매우 좋은 추억을 간직하고 있었다. 두크는 평등에 대한 집념이 강했던 교사로 유명했으며 형편이 어려운 제자들에게 방과 후 공짜로 과외도 해주는 인자한 선생님이었다. 그는 교실에서 정치와 관련된 선전활동을 한 적이 한 번도 없었다. 수업이 끝날 때쯤 공산주의에 대해 언급한 적은 있지만 그렇다고 공산당에 가담해야 한다고 말한 것은 아니었다.

"선생님은 우리에게 훌륭한 모범이 되어줬어요. 학생들이 선생님을 참 좋아했어요. 그래서 선생님 수업이 있을 때마다 즐거운 마음으로 공부했어요."

중학교 교장이었다가 현재 전원생활을 즐기는 깡 켁 이우의 또 다른 제자는 두크를 자상하고 가까이 다가가는 데 전혀 부담이 없었던 교사로 묘사했다.

"선생님은 우리가 좋은 학생, 서로 돕고 사는 사람이 될 수 있도록 우리에게 좋은 말씀을 많이 해주었어요. 언제든 원할 때마다 선생님에게 자문을 구하러 갈 수 있을 정도로 편했어요."

말끝마다 짧게 콧소리를 섞어가며 제자가 말했다.

깡 켁 이우는 제자들에게 인간의 도리를 가르치고 가난한 사람들을 사랑하는 법을 가르쳤다. 그리고 국가를 위해 더욱 성실하게 일하려면 알아야 할 것들도 잊지 않고 강조했다.

두크는 제자들이 열심히 공부할 수 있도록 장려했으며 스스로 본보기 역할을 했던 교사였다. 옛 제자들이 한 명씩 법정 증인석이나 방청석을 다녀갈 때마다 두크의 얼굴 표정은 늘 같았다. 검소하고 공정하며 여유 있는 남자의 표정을 지으면서도 근엄함을 잊지 않았다. 특히 그의 얼굴에서는 잔인한 인간의 냉혹함을 전혀 느낄 수 없었다.

두크는 교사로 일하는 동안 월급의 상당 금액을 혁명운동에 기부하면서 혁명 집단을 몰래 도와줬다. 매달 받는 7000리엘[캄보디아의 화폐단위로 현재 1000리엘이 약 270원에 해당됨] 중에서 1000리엘만 본인이 가졌으며 부모에게 따로 돈을 드리지도 않았다. 나머지 돈은 모두 대의를 위해 썼던 것이다. 음지에서 활동하며 두크는 비밀 조직을 이끌었다. 조직원 중에는 인 론In Lorn, 일명 낫으로 불리는 사나이가 있었다. 지하 조직이 만들어지고 10년이 지나 S-21 교도소를 맡은 최초의 책임자가 바로 그 남자였다.

두크가 혁명 조직에 가담하기로 확실히 결정한 해는 1964년이다. 하지만 본격적으로 활동에 뛰어들기 시작한 때는 1967년부터였다. 그해 초에 캄보디아 북서쪽에 위치한 삼라우트에서 농민 봉기가 거세게 일어났다. 정부는 가차없는 탄압으로 대응했고 강경 우파 정권은 권력을 이용해 '빨갱이 사냥'에 나섰다. 그러다가 1967년 중반부터 두크가 지하운동과 관련된 교육을 정식으로 받게 되면서 캄보디아 공산주의 운동의 최고 지도자 중 한 사람인 원 웻을 만났다. 원 웻은 나중에 지하 조직에서 두크의 직속 상관이 되었다. 원 웻은 훗날 당 정치국의 5, 6인자의 자리에까지 오르지만 최후는 S-21 교도소에서 맞이했다. 그것도 두크의 손에 숙청되었다. 낫과 마찬가지로 두크의 옛 스승인 꺼 낌 훗과 차이 킴 후도 체포되어 감옥에 갇히는 운명을 맞았다.

1967년 말에 두크는 가까운 사람들에게 작별을 고했다. 지하운동가의 길을 걷기로 결정했다는 것을 부모에게 알리기 위해 그는 가족들이 있는 곳으로 떠났다. 몇몇 친구와 자신이 다니던 사원의 주지에게도 찾아가 이 사실을 알리고 마지막으로 쑤 삿과 그녀의 남편을 보러 갔다. 그때가 1967년 10월 21일이었다고 두크는 날짜까지 정확히 기억했다.

깡 켁 이우는 캄보디아 남서쪽에 자리잡은 카르다몸 산맥의 숲을 향해 떠났다. 1967년 11월 25일, 그는 께 빠욱Ke Pauk 앞에서 혁명 조직에 충성을 다하고 공산당을 위해 성실히 일하겠다는 서약을 했다. 께 빠욱으로 말할 것 같으면 나중에 캄보디아 북부 지방의 대대적인 숙청 작업을 지도한 인물로, S-21 교도소는 그 기간 매우 바쁜 나날들을 보내야만 했다.

"캄푸치아 공산당에 가입하면서 정치적인 수단으로 폭력을 쓴다는 것을 받아들였나요?"

라베르뉴 판사가 두크에게 물었다.

"그 당시에는 당을 위해 정치적인 폭력을 늘 행한다는 사실을 아무도 말해주지 않았어요. 한참 후에야 알았어요. 저를 M-13 형무소의 관리자에 앉혔을 때 그때 비로소 알았습니다."

40년이 지난 뒤 자신이 숲속에서 선언한 서약 내용을 회상하며 두크는 변함없는 열정을 보여줬다. 꼿꼿한 자세로 선 그는 팔꿈치를 직각으로 구부린 다음 팔뚝을 머리 높이까지 들어올렸다. 그리고 손가락을 안으로 오므려 혁명대원이 하는 정식 인사를 했다. 그의 몸짓은 오랜 세월 일상적으로 반복한 의식이 몸에 배어 굉장히 자연스러웠다. 혁명 조직을 향한 충성심이 아직까지 남아 있는 듯 혁명을 향한 열정마저 느껴졌다. 오므린 손에 힘이 들어가 있는 상태에서 상체를 곧게 세운 두크는 팔을 몸에 가지런하게 붙였다. 그의 모든 인생을 사로잡은 뜨거운 믿음이 몸에 그대로 스며 있었다.

"주먹 쥔 손을 드는 행위는 배신하지 않겠다는 뜻이에요. 저는 한 번도 조직을 배신한 적이 없어요. 라인을 바꾼 적도 없고요."

그러나 혁명활동을 한 지 얼마 되지 않아 두크는 심각한 일에 연루되고 말았다. 크메르 루즈가 정부에 대항해 무장 투쟁을 개시하기 12일 전, 1968년 1월 5일 두크가 체포되었다. 두크가 전복시키고 싶어하던 정권 소속 경찰이 그를 잡아들였던 것이다. 체포 사유는 그가 국가의 안위를 위태롭게 만들었으며 외국과 내통을 시도했다는 것이었다. 그는 법정에 서기 전날까지 변호사를 만나지도 못했다. 재판은 반나절 동안 진행되었고 유죄를 선고받은 그는 20년 동안의 강제노동형에 처해졌다.

그럼에도 불구하고 그는 그 어떤 도움도 요청하지 않았다. 혁명 조직에 피해를 주는 일은 오만하고 과격한 행동일 수 있기 때문이다. 중앙형무소에 수감된 두크는 그곳에서 지하운동에 가담한 운동가들을 알게 되었다. 1968년 5월, 그는 쁘레이 쏘 교도소로 보내졌다. 이곳은 8년이 지난 후, 두크의 관리 아래 재교육 기관 S-24로 바뀌었다.

쁘레이 쏘 교도소에서 끔찍한 일을 했다면서 두크가 운을 띄웠다. 몇몇 죄수는 직접적인 증거가 없었음에도 불구하고 바로 형을 받았다. 고문도 행했다며 두크는 냉담한 어조로 그때의 상황을 설명했다. 교도관들은 프랑스 정부의 이름에서 노로돔 시아누크의 이름으로, 이어 론놀의 이름으로 고문을 했다.

"제가 스스로 익힌 것들도 있지만 제가 체득한 기술은 대부분 그곳에서 실제로 일어난 일을 바탕으로 한 것이에요."

두크는 교도관들에게 심한 욕설을 들어야 했지만 다행히 고문을 받은 적은 없다고 했다. 하지만 교도소에서 고문이 불가피하다는 것을 이해한다고 했다. 판사는 두크에게 고문이 당연한 일인지 아니면 수치스러운 일인지 물었다. 그러나 두크는 즉각적인 답을 회피하며 대화 주제를 바꾸려고 했다.

"저는 혁명을 위해 싸우는 한 사람으로 혁명을 위해 고문을 감당할 준비가 되었습니다."

두크의 첫 대답이었다.

"두려울 것이 없었어요. 언젠가는 제가 바라던 날이 올 거라는 걸 예감했어요. 변화를 위해 혁명 조직에 가담했고 더 나은 사회를 만들기 위해 정부와 반대 입장을 취했습니다. 정부가 우리를 박해했지만 당당하게 싸웠어요. 정권이 몰락할 때까지 말입니다."

그는 흔들림 없이 당당하게 발언했다.

두크는 확신에 찬 눈빛을 보냈지만 예사롭지 않던 광채는 보이지 않았다. 온전히 희생정신을 발휘했다는 면을 설득하려는 의욕이 높아 보였다. 그 후에야 판사의 질문에 대한 자신의 입장을 밝혔다.

"우리가 이 자리에서 고문의 정당성을 판단해야 한다면 고문이 폭력을 요구하는 나쁜 행위라는 점을 인정해야 할 것입니다. 하지만 고문을 없앤다는 게 과연 가능한 일일까요?"

두크는 바로 청자들을 향해 다시 질문을 던졌다.

"여러분은 죄수에게 가하는 고문과 형벌이 범죄 행위라고 봅니까? 고문과 처형이 사악한 짓이라는 건 알았지만 혁명을 이루기 위해 어쩔 수 없이 거쳐야 하는 필요악이라고 생각했어요. 지난날 일어난 사건을 모른 척하며 제 자신을 숨기며 살고 싶지는 않습니다. 그러니 저를 제대로 심판해주십시오!"

노로돔 시아누크가 지배하던 쁘레이 쏘와 폴 포트의 지배를 받게 된 쁘레이 쏘의 상황은 전혀 달랐다. 상주 의사가 있었고 배식 수준도 훨씬 나았다. 죄수들이 원하면 글을 읽을 수도 있었다. 두크는 그곳에 있는 동안 마오쩌둥의 저서를 연구했다. 이 이야기를 하면서 두크는 시아누크 정권의 안보 체계가 얼마나 방임적인지 드러내는 사례라고 지적했다. 쁘레이 쏘 교도소는 매주 목요일 죄수 가족들의 면담을 허락했다.

죄수들은 이런 대우를 받고 멀쩡한 몸으로 출소할 수도 있었다.

1970년 4월 3일, 2년하고도 3개월의 수감 기간을 마치고 두크가 다시 바깥 세상에 나왔다. 행운이 그에게 손짓을 보냈다. 2주 전, 노로돔 시아누크 밑에 있던 참모총장 론 놀은 그를 몰아내고자 외국 방문을 하도록 추진했다. 그리고 일이 성사되자마자 그는 500여 명에 달하는 정치범을 해방시키겠다고 선포했다. 그 당시에 두크는 심판과 형을 다 받은 뒤였다. 그래도 두크의 외가 쪽 먼 친척인 론 놀의 정치적 개입이 두크에게도 유리하게 작용했다. 두크는 자유인의 몸이 되었다.

1970년 3월 18일, 론 놀이 일으킨 쿠데타는 두크의 앞날에 큰 영향을 미쳤으며 캄보디아인들의 삶을 순식간에 뒤흔들어놓았다. 게다가 미군들이 캄보디아 영토에 폭격을 감행했다. 1969년부터 1973년까지 최소 54만 톤에 달하는 폭탄이 마구잡이로 투하되었다. 제2차 세계대전 동안 일본 영토에 떨어진 폭탄 무게가 16만 톤'뿐'이었던 것과 비교하면 엄청난 양이 아닐 수 없다. 쿠데타로 크메르 루즈의 젊은 게릴라 용사들은 뜻지 않게 신성한 연맹이자 시아누크의 정당성을 대변하는 조직으로 간주되었다. 결국 심각한 내전을 겪으면서 캄보디아의 위상은 크게 격하되었다. 1970~1975년 60만 명의 사람이 목숨을 잃었다.

"시아누크는 국가의 최고 원수였어요. 민중정치를 주도했고 군주제를 보호하려고 애썼던 정치가였습니다. 반면 론 놀은 미국에 복종하는 친미 정치가였어요. 만약 미국의 닉슨 대통령이 론 놀을 인정하지 않고 크메르 루즈가 시아누크 파와 협력하지 않았다면, 크메르 루즈가 정부군과의 싸움에서 승리를 거둘 수 없었을 겁니다. 시아누크는 모든 캄보디아인이 지하운동에 가담해야 한다고 말했어요. 그 결과 크메르 루즈의 세력이 더욱 강해질 수 있었습니다."

두크가 확신에 찬 어조로 말했다.

두크와 같은 감방을 쓴 동료 죄수들 중에는 몸 나이와 호르, 폰도 있었다. 그리고 모두 살아서 감옥을 나갔다. 이들은 다른 이들을 가르치는 일에 최선을 다했다. 레닌주의를 알기 전에는 계몽정신을 이어받아 학식을 쌓았던 사람들이 나중에는 죄수들을 으스러뜨릴 죽음의 기계가 돌아가는 공장의 책임자가 되었다. 호르는 S-21 교도소의 부책임자가 되었고, 교육자였던 폰과 몸 나이는 심문관들의 우두머리 위치에 올랐다. 물론 세 사람보다 더 실력이 뛰어난 교육자 두크가 그들의 상관이었다. 이 모든 사람을 지휘하는 스승은 역시 교육자였던 손 센이었다. 아무리 학식 있는 자라도 극한에까지 이르는 폭력을 꺼리지는 않았다.

감옥에서 나온 두크는 3주 동안 집에서 지냈다. 그리고 사원을 찾아간 다음 다시 혁명활동에 참여했다. 출소 후 4개월이 지난 1970년 8월의 어느 날, 두크는 크메르 루즈가 지배하는 '자유 지대' 안으로 들어갈 권한을 얻는 데 성공했다. 그때부터 두크의 혁명가로서의 인생이 본격적으로 시작되었다.

법정에 선 심리학자는 두크란 인물이 어떻게 탄생할 수 있었는지 질문을 던졌다. 그의 어린 시절과 교육과 관련된 배경, 가족과 관계된 개인적인 사건들만 가지고는 반인륜적인 범죄를 저지른 인물의 탄생을 모두 설명하기 어려웠다. 지정학적 배경에 따른 심리가 실제로 구현되는 모습을 보면, 어디에서나 집단의 역사와 개인의 역사가 밀접하게 결합되어 있음을 알 수 있다. 그러므로 정치적 요인, 경제적 요인, 역사 및 문화적 요인이 한 주체의 인격에 큰 영향을 미친다.

이 요인들은 한 개인이 겪은 어린 시절, 가족의 역할처럼 개인적인 사건들이 미치는 영향력과 거의 맞먹는 수준이다. 게다가 캄보디아 문화권에서는 특별히 스승이 개인에 미치는 영향력 역시 만만치 않다.

심리학자들과 면담하는 동안 두크는 세 가지 큰 개인사를 고백했다. 지하운동을 시작하기 전, 그의 성격 형성에 큰 영향을 주었다는 일화들이었다. 그가 고백한 첫 번째 사건은 연애소설에 등장하는 단골 주제로 사랑 때문에 큰 실망감을 느낀 나날이었다. 두 번째 사건은 1965년에 자전거를 도난당한 일이었는데 이야기를 꺼내자마자 법정 관계자와 방청객들의 비웃음을 샀다. 그는 자전거를 잃어버리는 바람에 수업에 제때 갈 수 없었다며 교육자로 헌신했던 자기 인생에서 심각한 사건이 아닐 수 없다고 강조했다.

물론 정당한 이유를 설명하려고 애쓰면 무슨 일이든 의미를 부여할 수 있기 마련이다. 대량 학살이 여러 면에서 우연한 역사적 사건들이 점점 발전한 결과이듯, 대량 학살의 주동자도 평범하던 사람이 사소하고도 불확실한 운명에 이끌려 만들어진다. 우리 중에서도 사랑에 실패해 실망하고 자전거를 도난당해본 경험을 한 사람들이 있을 것이다. 그러나 이 두 경험은 충분히 극복 가능한 경험이며 인생에 큰 트라우마를 남기는 일이라고 보기 힘들다. 그럼에도 두크는 한 치의 의심 없이 자신의 인생에 있어서 잊을 수 없는 사건들로 그 두 가지를 언급했다.

그나마 마지막으로 언급한 사건은 그의 경력과 어느 정도 일맥상통했다. 친구 10명이 체포되었는데 그중 두크와 친형제처럼 친하게 지내는 친구도 있었다. 시아누크 시절 경찰국에서 반역활동을 했다는 혐의로 그들을 잡아갔다고 했다.

두크는 위에 열거한 세 가지 사건이 직간접적으로 자신을 마르크스주의에 입문하게 유도했다고 말했다.

21
S-21의 전신 M-13

"검사들이 왜 M-13 교도소 출신 사람들의 증언까지 들으려고 하는 지 우리 변호인 측은 이해가 가지 않는군요."

변호사 프랑수아 루가 퉁명스럽게 말했다.

사실 이번 재판으로 1975년 4월 17일 크메르 루즈가 권력을 잡기 이 전에 일어난 일까지 모두 다룰 수는 없었다. 그리고 크메르 루즈가 몰락 한 1979년 1월 6일 이후에 일어난 일들도 판단 대상에 들어가지 않는 것 이 당연했다. 모든 국제 재판은 판결할 때 판결 대상과 관련된 공간과 시간, 범죄의 유형, 피고인 집단의 범위를 결정하고 그 안에서 재판해야 하기 때문이다. 프놈펜에서 일어난 이번 국제 재판도 폴 포트가 정권을 거머쥐기 이전에 발생한 5년간의 내전, 수십만 개의 폭탄이 투하되고 수십만 명의 목숨을 앗아간 전쟁에 대해서는 아무런 판단도 하지 않고 있다. 정권이 붕괴되면서 공산당원들끼리 벌인 20년의 내전으로 수십만 개의 지뢰밭과 수십만 명의 피난민이 발생했다. 게다가 국제사회에서 범죄 행위를 한 것이 세상에 알려졌음에도 불구하고 10년 이상 캄보디아의 합법적인 정권으로 크메르 루즈를 인정해주기로 합의한 일도 그대로 묻어두었다. 재판소가 다루는 대상의 범위가 이렇게 엄격하게 제한되어 있는 이면에는 냉철한 정치적 계산이 몰래 자리하고 있다. 특히 힘 있는 거물들은 이번 일에 괜히 발목이 잡혀 피해를 입지는 않을까 늘 조심하며 경계했다. 재판 범위가 제한된 데에는 우리가 마땅히 주의를 기울여야 할 점이 더 있다.

일단 재판소가 세워지면 법정 관계자들은 신속하게 재판소의 입지를 구축하려고 애쓴다. 재판 과정을 자기들끼리만 해결하려고 하다보면 끝이 없기에 어떻게 해서든 외부에서 도움을 받아 일을 마무리 짓는다. 국제 재판소에서 일하는 사람들은 이 시대의 영웅도 성자도 아니다. 공정하고 진지한 사람도 있을 수 있지만 야비하고 정직하지 않은 사람도 있을 수 있다. 어쨌든 이들을 사리사욕이 전혀 없는 사람으로 볼 수는 없다.

그런데 프놈펜에 세워진 국제 재판소가 건드릴 수 있는 영역이 제한되었음에도 불구하고 변호사 프랑수아 루가 한 질문에 대한 대답은 생각 외로 매우 간단했다.

"M-13 교도소와 S-21 교도소 사이에 연관성이 있기 때문이에요."

여검사가 단호하게 응수했다.

지하운동을 시작한 두크는 자신을 혁명운동의 길로 이끌어준 교사 차이 킴 후 아래에서 잠깐 동안 일을 했다. 그러다가 1971년 5월부터는 혁명운동의 또 다른 대표 지도자인 원 웻 밑에서 일을 했다.

원 웻은 공산당 게릴라가 소유하는 지역 중에서도 '특별 지대'로 명명된 곳을 관리하는 사무관이기도 했다. 그리고 이 지대 중심부에 위치한 치안 시설이 바로 M-13 교도소다. 원 웻은 두크에게 교도소 관리직을 위임했다. M-13 교도소는 차후에 더 큰 규모의 S-21 교도소를 짓고 구조를 정교하게 만드는 밑바탕이 된 곳이었다.

크메르 루즈 정권의 대량 학살은 소규모의 통제 구역을 확보하게 되면서부터 본격적으로 시작되었다. 두크는 초반에 지하운동을 할 때 동료들끼리 자주 부르는 노래가 있었는데, '음흉한 침입자' 비슷한 제목이었다고 했다. 내부에 있는 적을 청산하는 것은 당이 확정해놓은 정책 중 하나였다. 얼마 가지 않아 동료들 사이에 과도한 집착과 공포심이 널리 자리잡았다. 일단 체포된 죄수들은 '스파이'로 여겨졌으며 유죄를 판단하기도 전에 이미 죄인 취급을 받았다. 사형은 당연한 수순이었고 거리낌 없이 시행되었다. 만약 높은 직위에 있던 사람이 체포될 경우, 그 밑에서 일하던 부하들도 줄줄이 체포되는 식이었다.

모든 구역에 적이 있을 거라는 가정 하에 탐문이 진행되었다. 또 적이라도 꼭 적군의 겉모습을 한 것은 아니라는 인식이 팽배했다. 두크는 지하운동을 하던 그 시절에 대해 이야기하면서 크메르 루즈가 승리를 거둔 뒤로 점점 혁명 의식이 퇴락한 것 같다고 말했다. 그렇게 생각하는 사람들에게는 조직이 하는 일이 잔인하게 비칠 수밖에 없었다.

"얼마나 더 많은 혁명운동을 해야 하는 것일까? 몇 번의 승리를 더 거두어야만 할까?"

두크와 동료 폰은 고문 담당 경찰이 해야 하는 일을 빠른 속도로 배웠다. 그 일에 재능이 있고 무엇보다도 일을 성실하게 했던 두 사람은 금방 그 범죄 행위에 익숙해지기 시작했다.

"그 당시에 저는 비판정신을 가질 수가 없었어요. 제 머릿속에는 항상 없어지면 어쩌나 하는 두려움이 있었어요."

두크가 당시의 심경을 고백했다. 그가 말한 없어지는 것에 대한 두려움이 숙청될까 두려운 것인지 아니면 자신의 직위에서 해임될까 두려운 것인지 애매했다. 영어권 통역사는 그 표현을 'removed'로 통역했다.

상부에서 그에게 그 직무를 부여했을 때 두크는 의문을 제기하지 않았다.

"저 같은 지식인층은 매우 엄격해야 했어요. 네, 고문을 명령한 사람이 저 맞습니다. 그리고 제가 직접 죄수를 심문하기도 했고요."

M-13 교도소에서 두크가 만난 '스파이'들은 론 놀 부대가 통제하는 지역에서 체포한 사람들이었다. 대개 감옥에서 빠져나갈 길이 없는 가난한 자들이었다고 그는 시인했다. 그때는 내부에 있는 적을 청산하는 대대적인 작업을 실행하기 이전이었다. 교도소에서 일하는 직원들 중 적으로 간주되는 사람을 처벌하는 작업도 아직이었다. 그때만 해도 제국주의에 대항해 크메르 루즈와 손을 잡았던 베트남인들은 목표가 아니었다.

"가장 충격적이었던 건 하층민들을 숙청하는 일이었어요."

두크는 농민들을 예로 들며 설명했다.

"그런 사람들의 이름으로 이 혁명을 일으키지 않았습니까. 그때만 생각하면 언제나 마음이 아파요."

15일에 한 번씩 두크는 자아 비판을 위한 모임에 참가했다. 각자 자신의 개인적인 생각을 철저하게 까발린 다음 집단 속에서 자신의 위치를 확립하는 시간을 가졌다.

이때 개인적인 의식은 서서히 소멸되었다. 두크는 더 이상 한 명의 주체가 아니었다. 그는 조직 그 자체이며 공산당, 혁명 그 자체로 자신을 정의해야 했다.

"인간이 심리적으로 극단적인 상황에 처했을 때 가장 위험한 부분이 바로 그 사람을 하나의 개인이 아닌 집단에 소속된 부속으로 인식하도록 자신을 축소하는 것입니다. 개인의 가치를 희생시키고 자아 인식을 하지 못하도록 유도하는 세뇌 작업에서 빠져나오려면 스스로 자신이 한 조직에만 속했다는 생각을 버려야 합니다."

S-21 교도소 단지가 S-21과 S-24로 이루어진 것처럼 M-13 교도소 역시 두 구역으로 나뉘어 있다. 제1구역은 두크의 부하가 관리했으며 이곳에 수용된 죄수들은 재교육을 받은 다음 석방되었다. 반면 제2구역은 두크가 직접 관리했으며 이곳 죄수들은 심문을 꼭 받았고 거의 다 숙청 작업의 일환으로 처형되었다. 두크는 그 무렵 타 목 장군의 적극적인 반대로 석방되지 못한 몇몇 죄수의 이름을 기억했다. 제2구역에 있으면서 석방에 성공한 사람이 열두 명 정도 되었는데 그는 아직까지도 석방된 죄수들의 이름을 대부분 기억한다고 했다.

"실제로 고문을 받고 사망한 죄수보다 석방된 죄수는 극히 적었어요. 그러니 기억할 수밖에요. 저도 제가 한 일이 자랑스러워할 만한 가치가 있다고 생각하진 않아요. 그러니 자축하고 싶은 맘도 없고요. 하지만 그 당시 상황이 그랬어요. 크메르 루즈가 한 범죄가 바다라면 제가 한 과오는 그 바다에 흘러간 물방울이었죠."

그러나 두크가 한 일이 전체적으로 볼 때 극히 일부분이라 해도 그 와중에 감옥에서 매우 중요한 사람을 만났으니 바로 프랑수아 비조였다.

민족학자인 프랑수아 비조가 1966년 프랑스 국립극동연구원EFFEO, École française d'Extrême-Orient의 일원으로서 캄보디아를 찾았을 때 그의 나이 스물여섯 살이었다. 약 1세기 전부터 이 연구원은 캄보디아 북부에 위치한 앙카르 사원들의 재발견과 정비의 중심 역할을 해왔다. 캄보디아인은 오래전부터 이 프랑스 학자를 부를 때 성만 따서 비조라고 불렀다.

비조는 크메르 불교 전문가이기도 했다. 1971년 10월 10일 그의 일을 도와주는 캄보디아 현지인 라이Lay와 손Son과 함께 사원을 방문한 비조는 그곳에서 매복해 있는 크메르 루즈 혁명군들에게 붙잡혔다. 신속한 인민 재판을 받은 그는 CIA의 조직원이라는 판결을 받았다. 가상 처형을 받게 된 그는 긴 계단을 따라 끌려갔다. 그 끝에는 죄수들이 모여 있는 감옥이 있었다. 그리고 거기서 캄보디아 동료들을 다시 만났다. 감옥 관리자는 비조를 맞이하는 첫날부터 그에게 빈정대는가 하면 공격적인 모습을 보였다. 비조는 발목에 금속 막대로 된 족쇄를 차야 했다. 그 족쇄는 방에 있는 10~15명의 죄수 발목과 한데 이어져 있었다. 그런 상태로 이틀 밤낮을 걸어다녀야 했고 씻을 수조차 없었다. 몸에 진흙이 묻어 있었지만 비조에게 빈정대던 교관은 비조가 씻는 것을 허락하지 않았다. 그럼에도 불구하고 비조가 계속 부탁하자 교도소에 있던 젊은 관리인이 그에게 말했다.

"가서 씻도록 해."

그 남자가 바로 두크였다. 비조가 간 교도소가 바로 M-13이었던 것이다.

교도소에는 가건물이 크게 세 곳 있었으며 널빤지를 이어 올린 막사 같은 건물이었다. 한 건물은 병에 걸린 죄수들이 묵는 곳이었다. 죄수들은 대나무로 만든 임시 화장실에서 소변을 보았고 대변을 보려면 바깥에 마련된 구덩이에서 해결해야 했다. 1미터50센티미터 깊이로 파놓은 구덩이는 똥으로 이미 가득 차 있었다. 죄수들은 그곳을 다녀올 때마다 진저리를 쳤다고 했다. 식사는 하루에 두 번 나왔다. 아침마다 죄수 두 명이 벼를 찧어 지은 질척한 쌀밥도 주었다. 설상가상으로 말라리아가 무서운 기세로 확산되었다.

"두크의 건강 상태가 매우 좋지 않을 때였어요. 다른 죄수들과 별반 차이가 없었죠."

비조가 자신이 목격한 두크의 모습에 대해 이렇게 말했다.

변변한 약품도 갖추어지지 않은 상황에서 많은 죄수가 처형을 당하지도 않았는데 위험한 병에 걸려 죽었다. 미군의 B-52 폭격기가 지나가면서 주변에 큰 구덩이가 세 개나 생겼고 폭격을 피하기 위해 죄수들을 그 구덩이에 몰아넣고 대피시킨 적도 있다고 두크가 말했다.

역설적이게도 죄수들을 지켜주는 것은 포탄밖에 없었다. 폭격이 시작되면 처형을 잠시 미뤄둘 수밖에 없었기 때문이었다. 교도관들은 구덩이를 여러 개 파서 죄수들을 가둬두는가 하면 처형을 마친 시체를 쌓아두기도 했다. 목덜미를 둔기로 세게 치면 죄수들이 비명 한번 못 지르고 즉사하는데, 이는 처형 시간을 절약하는 데 효과적이었다.

두크는 B-52 폭격기가 상공을 지나가는 모습을 목격한 적이 있다. 하지만 폭탄이 떨어지는 현장에 있었던 적은 단 한 번도 없었다. 그의 직위는 전투와 관계된 군사부 소속이 아니라 정치경찰부의 관리 위원이 었다.

전쟁 중에는 죄수와 관련된 신상 기록이나 관련 자료들이 대부분 파손되었다. 처형한 다음에는 그 사형수와 관련된 모든 자료까지 함께 없앴다. 교도소 관리인들에게 배당되는 음식이 날이 갈수록 형편없어졌으며 죄수들에게 주는 음식은 말할 필요도 없이 부족했다. 1974년 말에 가서는 쌀 찌꺼기만 겨우 얻을 수 있는 정도였다.

M-13 교도소는 4년 동안 세 번이나 이사했다. 흙탕물이 흐르는 강기슭에 자리를 잡았을 때는 죄수들이 쉬이 강에 나가 씻고 용변을 볼 수 있었다. 멱을 감을 수 있도록 관리인들이 여성 죄수들의 족쇄를 풀어주었다. 하지만 남자 죄수들은 아니었다. 그물 침대를 엮을 때 쓰는 밧줄로 여러 죄수의 몸을 하나로 연결해 씻도록 했다. 두크는 감옥에 있는 어린애들이 학살 대상에서 제외된 편이라고 했지만 그나마도 불확실했다. 두크가 일할 당시 세 명의 아이가 있었고 잘 키워보려고 했지만 끝내 모두 사망하고 말았다.

"아이들은 밤에는 부모 곁으로 돌아갔지만 낮에는 나와 같이 있었어요. 제 상관들은 저의 이런 태도에 대해 의문을 품었어요. 상부에서 아이들이 크면 나중에 부모의 원한을 갚기 위해 저에게 복수할 거라는 말을 하는데 도저히 반박할 수 없었지요. 하지만 제가 돌보던 세 아이가 모두 병에 걸려 죽었어요. 아이들은 죽는 마지막 날까지 몸이 퉁퉁 부어 있었어요."

M-13 교도소는 크메르 루즈를 위한 교도소의 원형이요 표본이었다. 하지만 이 교도소에서도 몇 가지 실수를 저지르고야 말았다.

1973년에 죄수 한 명이 한 간수의 무기를 손에 쥐는 데 성공한 것이다. 그 소동이 벌어지는 와중에 당직을 섰던 관리인 중 하나가 몸 나이를 상처 입히고 말았다. 그러나 몸 나이는 부상당한 몸을 이끌고 무기를 들고 간 탈옥수를 뒤쫓아갔다.

시간이 많이 지난 지금, 몸 나이는 그때 일을 기억하지 못했다. 어차피 그것 말고도 과거에 일어난 일들을 잘 기억하지 못했지만 말이다. 몸 나이는 자신이 감자를 심고 있었고 그날 죄수 30명이 단체로 도주하는 바람에 감옥이 한동안 썰렁해졌다는 것만 기억했다. 피고석에 앉은 두크가 입을 열었다.

"저는 원 웻에게 제게 처벌을 내려달라고 했습니다. 하지만 그는 파괴할 대상들이라며 더 많은 죄수를 우리 교도소로 보냈어요. 그때 저는 이 일이 제 운명이라고 짐작했어요."

"다른 대안이 전혀 없었나요? 몰래 도망갈 생각은 전혀 안 해봤습니까?"

"저는 생존을 위해 상부의 명령에 복종하는 길 외에는 다른 선택이 있을 수 없다고 생각했어요. 제가 하는 일이 본질적으로 죄에 해당된다는 걸 알고 있었지만 명령에 따를 수밖에 없었어요. 그게 제 운명이라고 생각했어요. 그래서 거부할 수 없었어요. 제게 주어진 임무를 충실히 수행하는 것이 제 의무라 여겼어요."

두크는 형을 내리는 일을 맡았다. 그가 교도소 관리자로 임명된 후 얼마 되지 않았을 때 형을 지시한 죄수 몇몇은 아직도 기억이 난다고 했다. 직업이 작가인 죄수도 있었고 타 목의 옛 부하였던 죄수도 있었다. 또 하노이에서 온 간부들도 있었는데 베트남의 사주로 첩보원 노릇을 했다는 혐의로 감옥에 온 자들이었다.

"제 목표는 우리 민족이 자유롭게 사는 것이었어요. 그런데 결과적으로 그 사람들을 죽이는 조직의 일원이 되고 말았죠. M-13 교도소는 생활이 힘든 곳일 뿐만 아니라 잔인하고 끔찍한 곳이었어요. 인간성을 처참하게 짓밟는 공간이었어요. 역경과 잔인함 그 이상의 무언가가 존재하는 곳이었습니다."

1974년 9월 M-13에 극심한 우기가 찾아왔다. 교도소는 엄청난 양의 홍수에 큰 피해를 보고야 말았다. 어느 날 아침 8시경, 수위가 한 시간 동안 빠른 속도로 올라갔다. 죄수들은 쇠사슬에 묶인 채 깊은 구덩이에 갇혀 있었다. 두크는 얼른 주변에 있는 높은 곳으로 대피시켰기에 죄수들이 익사하지 않았다고 말했다. 간신히 목숨은 살렸지만 시간이 지나 질병에 걸려 죽는 환자들이 생겼다. 두크는 호소력 있는 목소리로 말하며 사람들을 둘러보았다.

마치 특정 인물을 꼭 집어 찾는 듯했다. 그런 다음 가만히 서서 입을 놀렸다.

"그날 아무것도 먹지 못했어요. 온갖 잡동사니가 다 둥둥 떠내려가더군요."

그의 부하 몸 나이도 그날의 홍수 사건을 기억했다. 하지만 사망자에 대해서는 잘 모르는 듯 말했다.

"홍수로 죽은 사람이 있었는지는 모르겠어요. 전혀 기억이 나지 않아요. 하지만 그날 돼지들이 익사한 건 기억나요."

크메르 루즈에 소속된 관리인들이 가축을 더 걱정하는 것은 그렇게 놀랄 일도 아니다. 1998년 말 제2의 형제인 누운 찌어는 자신의 항복을 선언하는 자리에서 이런 말을 했다.

"전쟁으로 많은 인민의 생명을 앗아간 것에 대해 유감을 표합니다. 더불어 전쟁의 희생양이 된 가축들에 대해서도 같은 마음을 전합니다. 정말 죄송할 따름입니다."

"저는 경찰 업무가 몹시 싫었습니다. 또 대량 학살도 혐오스러웠어요." 두크가 속마음을 시원하게 털어놓았다.

"하지만 사람들은 그게 다 당 지도부의 미숙한 점에서 온 것이라고 말하며 덮었어요. M-13에 있으면서 저는 쓰레기 같은 생활을 점점 혐오하기 시작했지만 거기에 발을 담가야 했습니다. 저만의 방식으로 문제를 해결해나갈 궁리도 했고요."

두크는 스탈린 시절부터 공산 정권이 사용하는 오래된 기술을 발전시켜나갔다. 그것은 바로 죄수에게 자백을 받아내는 기술이다. 물론 육체적인 타격을 준 일탈 행위를 한 적이 몇 번 있었다. 한번은 열이 나는 몸을 이끌고 두크가 죄수를 심문한 일이 있었다. 그때 총으로 무장한 두 교도관이 죄수를 때리기 시작했다. 구타를 당하자 죄수는 고통을 이기지 못해 자백을 하겠다며 입을 열었다. 이 일로 두크는 화가 머리끝까지 치솟았다. 죄수를 심문하는 과정에서 몽둥이질을 해서가 아니었다. 맞기 '전에' 죄수가 왜 자백을 먼저 하지 않았는지 그게 화가 났다. 이번에는 두크가 죄수를 때렸다. 교도관들에게 맞기 전에 자백을 하지 않은 벌이었다. 그 뒤에 다른 죄수를 심문할 차례가 되었다. 이 죄수는 시를 썼던 사람이었다. 두크는 전에 배운 심문 방법을 시험해보기로 했다. 그러나 말로만 하는 심문이 한 달 정도 지속되자 결국 두크가 몽둥이로 죄수를 때렸다.

그렇게 두크는 최소한 두 명의 죄수를 자기 손으로 때린 적이 있다고 자백했다.

"다른 죄수들을 때렸는지는 지금 잘 기억이 나질 않아요."

"그 말은 두 명 이상일 수도 있다는 얘긴가요? 더 있는데 잘 기억이 나지 않는다는 말입니까?"

검사가 두크에게 물었다.

"네, 그렇습니다."

한 증인은 두크가 여성 죄수를 채찍으로 때렸으며 그 여성이 두크 앞에서 정신을 되찾자 웃었다고 말했다. 이 증언을 들은 두크는 흥분하며 부인했다. 그러고는 자신의 입장을 조목조목 밝혔다.

"제가 그 여성을 심문한 것은 사실이지만 감옥에 들어온 여성을 제 손으로 때린 적은 한 번도 없어요. 죄수를 구타할 경우 저를 도와주는 보조자가 있는 것도 아니고요. 심문관들은 심문할 때 따로따로 하지 절대 다른 죄수가 보는 앞에서 하지 않도록 했어요. 따라서 그 광경을 제삼자가 봤다는 건 있을 수 없는 일이에요."

비닐봉지를 사용하는 고문은 원 웽이 추천한 고문 수단이었다. 수용소의 실무를 담당하는 두크는 그 방법이 썩 마음에 들지 않았다. 근방에 비닐봉지를 구할 데가 없었기 때문이었다. 죄수들은 기둥에 묶여서 고문을 받았다.

"아무튼 저는 그렇게 기억해요."

두크가 말했다. 몇몇 증인이 언급한 것처럼 기둥에 죄수를 묶었는지 아니면 매달아놓았는지 구체적인 질문이 있자 두크가 자리에서 일어나 죄수를 기둥에 어떻게 고정시켰는지 그대로 재현했다. 동시 통역을 도와주는 기계의 도움을 받아 두크는 죄수의 팔목과 팔뚝을 어떻게 조이는지 말로도 설명하고 행동으로도 시범을 보였다. 죄수들은 그 자세로 나흘 동안 버텨야 했다. 누가 고문을 받는 동안 식사를 하냐고 물었다.

"그건 기억이 잘 안 납니다."

두크의 대답이었다.

횃불로 화상을 입히는 고문이 실행된 적도 한 번 있었다. 또 죄수를 매서운 바람이 부는 곳에 세워놓는 고문도 최소한 한 번 있었다. 그때 여성 죄수들도 같은 고문을 받았었다. 하지만 고문을 처음 배우는 견습생들은 이 고문이 좋은 방법이 아니라며 반대했다. 고문관들 사이의 기본적인 도덕 관념에 적지 않은 파장을 일으킨다는 문제도 있었다.

"여성 죄수들이 고문받는 동안 옷이 몸에 딱 달라붙어 몸매가 그대로 드러났어요. 그러자 고문 담당자들의 얼굴에 불편한 표정이 드러났고요. 저를 비롯해 동료였던 폰도 같은 생각을 했습니다. 그래서 그다음부터는 바람 부는 곳에 세워두는 고문을 하지 않기로 결정했어요. 고문을 한다고 해서 달라진 것도 없었습니다. 이름이 속Sok인 여성 죄수의 대답은 늘 한결같았어요. 동반자 없이 혼자 이동했다는 말만 했어요. 저는 이 고문 방식이 위험할 뿐만 아니라 예기치 않은 사고를 낼 수도 있다는 결론을 내렸습니다."

두크는 그 여성 죄수에 관한 것이라면 세세한 것까지 다 기억했다. 이 죄수에 대한 기록이 하나도 남아 있지 않았지만 두크는 그때가 1971년 8월이었다고 달까지 기억난다면서 38년 전 일을 또렷하게 되짚었다.

"그 여성은 몸을 파는 일을 했어요. 그리고 첩보활동을 해달라는 요청을 받아 자유 지대로 들어갔어요. 심문을 받는 동안 여성이 자백한 내용이 그랬어요."

두크는 여전히 그 죄수의 말을 믿는 것 같았다.

"죄수에게 나이가 어떻게 되냐고 물었더니 스물여덟 살이라고 했어요. 저는 입을 벌려보라고 한 다음 치아가 몇 개인지 세었어요. 총 32개가 안 되었어요. 스무 살을 넘은 사람이라면 치아가 32개는 있어야 했는데 그렇지 않았어요. 죄수가 나이를 속인 것이었죠."

M−13에서 사망한 사람은 모두 몇이나 될까? 아무도 정확한 수치를 알지 못했다. M−13에서 일했다는 죄수의 증언만이 유일한 단서를 제공해주었다. 2001년에 크메르 루즈의 전범을 조사하는 캄보디아 기록센터는 이 증언을 자료로 수집했다. 현재 세상을 떠난 증인은 여러 불확실한 증언과 더불어 M−13에서 약 3만 명의 죄수가 사형을 당했다고 주장했다. 법정은 신중을 기해 비정부기구가 수집한 신빙성이 떨어지는 증언에 대해서는 더 이상 참고하지 않겠다는 결정을 내렸다. 앞에서 언급한 숫자는 하루에 사형을 당했다는 20명에 교도소를 운영한 기간인 4년을 단순하게 곱해서 나온 결과였다.

두크는 M−13에서 17~20명의 직원이 일했으며 한 번에 수용한 죄수가 60명을 넘지 않았다고 했다. 그의 증언은 프랑수아 비조를 비롯한 다른 증인들의 이야기와도 일치했다. 피고인 두크는 4년 동안 200~300명의 죄수가 사형 선고를 받았을 것이라고 어림짐작한 수치를 말했다. 다른 전문가들은 증인이 말했던 엄청난 사망자 수가 있음 직하지 않다고 생각하면서도 두크의 계산을 그대로 믿는 것은 주저했다. 그

274

래서 대량 학살을 다룰 때 자주 쓰는 방법인 가장 높은 값과 가장 낮은 값을 더해 반으로 나눈 수치에 손을 들어주는 편이다. M-13이 약 3만 명의 희생자를 낳았다고 사람들은 말한다. 하지만 이 수치는 어디까지나 가정일 뿐이며 달갑지 않은 진실은 누구 하나 모르는 채로 남아 있다. 교도소가 남긴 흔적 어디에도 실제 수치를 추정할 만한 자료가 없기 때문이다. 출처가 M-13인 문서를 거의 찾아볼 수 없을 정도다. 그 당시에 캄푸치아 공산당은 문서를 꼼꼼하게 보관해야 한다는 열정도 없었고 전체주의에 입각한 관료 체계를 갖추려는 욕망도 없었다. 그저 전쟁만 할 뿐 권력을 유지하기 위한 수단을 마련하지 않았다.

"각종 정보를 잘 보관해야 한다는 교육을 받은 적도 없어요. 이미 제거된 사람과 관련된 정보를 왜 굳이 알아야 하는지 도무지 관심이 없었지요. 우리가 하는 일이 무사히 끝나면 그것으로 족했습니다."

"열두 살이면 사춘기 청소년이라 할 수 있습니다. 열두 살부터 심부름을 할 수 있어요. 그러다가 열여섯 살이 되면 처형과 관련된 특수대에 소속됩니다."

두크가 말했다.

"저는 대량 학살의 주동자로 따를 만한 모델이 결코 아니었습니다. 그 일을 하는 게 두려웠어요. 저를 비롯한 지식인 계층은 시키는 대로 잘하는 농민이나 아이들에게 일을 맡겼어요. 전 세계의 공산주의 혁명가들이 그런 식으로 생각했지요. 가난한 집안에서 태어난 사내아이들은 일을 곧잘 배운다고요. 저는 지식인 계층에 속하는 사람이었어요. 저는 이 아이들에게 죄수들이 도망가지 못하도록 감시하고 죄수들이 소리를 지르지 못하도록 주의하라고 계속 환기시켰어요. 제 스스로 현장에 나가 일을 한 적은 없었어요. 제가 암리엉Amleang 주민들에게 저지른 죄는 이루 말할 수 없이 큽니다. 주민들은 제게 기꺼이 자녀들을 보냈어요. 그래서 제가 잘 교육해서 아이들이 당을 위해 충성을 다하는 사람이 될 수 있기를 바랐어요. 제가 쓰레기 같은 일이라고 싫어했지만 어쩔 수 없이 그 일을 해야 했다는 걸 다시 한번 말씀드립니다. 사실 우리는 마을 사람들과 사이가 좋았어요. 마을 사람들은 혁명을 지지했고 자녀들을 직접 우리에게 보내 조직에 도움을 주는 데 동의했어요. 그들도 다른 선택권이 없었어요. 저는 그 사람들에 대해 깊은 애정을 갖고 있어요. 아이들을 잘 교육해서 훌륭한 혁명가로 키우고 싶었습니다. 당에 속한 책임자들이 할 일이란 사람들을 잘 교육시켜서 해당 계급의 한 일원으로서 자리를 잡도록 도와주는 것이에요. 적에 비해 확실한 입지를 굳히는 것은 물론이고요. 그런데 정작 우리가 사람들에게 가르치는 것은 어떻게 하면 죄를 잘 저지르냐가 되어버렸어요."

1975년 4월, 크메르 루즈가 론 놀 정권을 무너뜨리는 데 성공하면서 M-13 교도소는 문을 닫았다. 수감된 죄수 일부가 새로운 교도소로 이송되었다. 이 교도소의 명칭은 앞선 교도소 명칭과 같은 명명법을 따라 M-99였다. 한편 12명의 직원은 다른 교도소로 옮겨갔다. 심문관, 간수, 심부름꾼들이 각자 자신의 자리에 금방 익숙해져 일을 했다. 바로 S-21 교도소였다.

22
CIA 아니면 KGB

"그의 나이 스물일곱, 저는 서른 살이었어요. 제가 CIA의 비밀 요원이라면서 저를 감옥에 데려갔어요. 사실과 다른 말도 안 되는 이유로 체포당하다보니 저는 항상 화가 난 상태였어요. 이런 일이 있을 거라고는 전혀 생각하지 못했습니다. 그래서 저는 끝까지 반발하며 심문관이 질문할 때마다 저와 상관없는 이야기라며 반항했고 저도 마구 맞받아쳤죠. 그렇게 몇 주의 시간이 흐르고 또 흘렀어요."

연구자 프랑수아 비조가 M-13 교도소에 도착한 날은 1971년 10월의 어느 날이었다. 그는 지붕을 지탱하는 가는 대나무 기둥에 몸이 묶인 상태였으며 신체의 다른 부위도 쇠사슬로 묶여 있었다. 감옥에 온 다음 날부터 두크가 직접 프랑수아 비조를 심문했다. 처음에는 자신이 무죄라는 것을 증명할 수 있는 내용을 모두 글로 작성해야 했다. 그러고나서 두크는 그가 쓴 글을 밤늦게도 읽었고 이른 아침에도 읽었다. 두크는 피곤해할 줄 모르는 일꾼으로 주변에서 이름이 높았다. 말도 잘 없고 교도소 책임자로서 자신의 일을 열심히 하는 사람으로 잘 알려졌다. 프랑수아 비조는 두크가 여느 크메르 루즈 조직원들과는 다르게 죄수들의 인사에 꼬박꼬박 답례할 줄 아는 사람이었다고 평했다.

자백을 하는 것은 죄수들에게는 형벌처럼 고통스러운 일이었다. 하지만 죄수뿐만 아니라 교도소 직원들도 반드시 거쳐야 하는 통과 절차였다. 매일 자아 비판을 위한 모임, 집단 고백의 시간이 열리곤 했다. 간수들은 한자리에 모여 한 사람씩 혁명을 이루기 위한 자질 중 자신에게 부족한 점이 무엇인지 자백하는 시간을 가졌다.

거기서는 주변 동료들이 잘 기억 못하는 결점과 과오를 대신 짚어주기도 했다.

"한마디로 밀고를 장려하는 겁니까?"

라베르뉴 판사가 물었다.

"네, 맞습니다. 하지만 판사님, 그 당시에 밀고는 나쁜 것이 아니라 좋은 것이었습니다. 밀고는 이 일을 하는 데 꼭 필요한 요소 중 하나입니다. 예를 들면, 젊은 혁명단원들은 친부모라도 의심이 드는 행동을 하면 가차 없이 밀고를 합니다. 밀고란 기만의 한 형태이긴 하지만 우리 일이라는 것이 뭐라고 할까…… 그러니까 혁명을 널리 퍼뜨리는 데 있어 빠질 수 없는 과정입니다."

프랑수아 비조는 감옥생활을 하는 동안 폭력적인 고문을 직접 듣거나 목격한 적이 단 한 번도 없었다. 그의 기억에 따르면, 두 동료로부터 교관들이 막대기로 죄수들의 옆구리를 때린다는 이야기를 들었지만 실제로 구타 흔적이 있는 사람을 본 적은 없었다. 죄수들이 입는 웃옷이 단추 달린 검정 셔츠였기 때문에 속살이 보이지 않는 탓도 있었다. 감시인들을 관찰하고 다른 동료들과 주고받는 이야기를 엿듣는 동안 비조는 죄수들이 구타를 당한다는 사실을 알게 되었다. 어느 날 교도소 옆에 위치한 강가에서 멱을 감고 있던 비조는 강 건너편에 있는 둑까지 헤엄쳐갔다.

"가까이 가보니 작은 집이 한 채 있었어요. 그곳에는 세로로 세운 두툼한 대나무에 등나무 고리를 달아놓은 게 보였어요. 저는 등나무로 된 고리를 보자마자 손목을 잡아매는 데 쓸 거라는 생각이 들었어요."

이후 그는 죄수 신분에서 풀려났지만 계속 그곳에 머물던 남자와 마주쳤다. 남자는 등나무 가지로 연장을 만드는 일을 했다. 프랑수아 비조는 그 옆을 지나가면서 남자에게 말을 걸었다.

"여보시오, 동료 양반! 그 등나무 가지로 누굴 때릴 작정이오?"

불행해 보이는 남자가 비조를 바라보며 말했다.

"그럴 리가. 내가 이걸로 누굴 때리겠소! 이 막대기를 쓸 사람이 내가 아니라는 걸 당신도 잘 알면서!"

두크는 프랑스 태생의 이 죄수에게 최소한 두 번 이상 장난을 쳤다. 한 번은 비조에게 혐의가 벗겨졌고 곧 감옥에서 나가게 될 것이라고 말했다. 두크가 비조에게 불어로 말을 걸기는 그때가 처음이었다.

그러나 곧이어 정체를 드러낸 두크는 비조가 무릎을 꿇고 자리에 주저앉자 기다렸다는 듯이 농담이라고 말했다. 또 한 번은 비조와 라이 사이가 가깝다는 것을 알게 된 두크가 비조를 시험해보았다. 동료였던 두 캄보디아 죄수를 언급하면서 한 명은 자유롭게 풀어주고 다른 사람은 계속 감옥에 잡아둘 작정이니 누구를 풀어줄 것인지는 비조가 결정할 일이라고 말한 것이다.

프랑스인 비조가 결백하다는 판단이 서자, 두크는 상하 관계에 위기를 가져올 수도 있는 결정을 내렸다. 누구나 두려워하는 인물인 타 목을 상대로 당의 원칙을 어기면서까지 비조를 풀어주자고 제안했기 때문이다.

"저는 원 웻에게 비조가 CIA 요원이 아니라고 알려줬어요. 제 상관은 그저 웃기만 했어요. 저더러 왜 프랑스인을 무서워하냐고 묻더군요. 타 목은 심부름꾼을 시켜 제게 메시지를 전달했어요. 내용인즉슨 연구자 비조는 물론 두 캄보디아인 동료도 절대 풀어주지 말라는 명령이었어요. 저는 상부의 명령에 반항하지 않았습니다. 이윽고 원 웻이 교도소에 왔을 때 그에게 자초지종을 설명했어요. 그리고 원 웻과 직접 타 목을 만나러 갔는데 마침 식사를 하던 중이었어요. 결국 타 목은 저에게 비조를 해방시켜도 좋다고 말했습니다. 그 뒤로 타 목이 주관한 당 회의가 있었는데 그 자리에서 프랑수아 비조를 대상으로 한 정치적 견해를 확정했어요. 감옥에서 풀려난 사람은 비조 하나뿐이었지만요. 캄보디아인 두 명은 계속해서 M-13에 남아 있었습니다."

오늘날 비조 말고 그 누가 이런 말을 할 수 있을까.

"두크가 저를 감옥에서 해방시켰어요."

구원을 받을 것이라는 희망을 잃지 않았던 비조를 보호해준 사람이 두크였던 것이다. 비조가 석방되고 몇 년 후에 두크에게 딸이 생겼다. 당시 S-21 교도소장으로 일했던 그는 비조가 딸 엘렌Hélène의 이름을 지은 방식을 따라 조모의 이름을 딸에게 물려주었다. 비조가 증인으로 법정에 서서 자신을 도와주었던 두크가 개인적으로 폭력을 사용했는지에 대해 입장을 밝혔다. 그는 완곡하게 말하긴 했지만 생생하게 증언을 이어갔다. 그 순간, 두크는 딜레마에 빠졌다. 비조에게 피해를 주지 않으면서 자기 자신을 보호해야 했기 때문이다. 두 사람 중 누구의 말이 진실일까라는 질문에 두크는 그 어느 때보다 자신을 변호하는 데 힘들어했다. 두크는 처음에는 비조가 자신이 겪은 경험담을 담은 책을 읽지 않은 척했다.

하지만 얼마 가지 않아 비조가 쓴 회고록의 일부를 직접 언급했다. 게다가 169쪽이라고 위치까지 확실히 짚어주었다.

발언을 하는 민족학자의 시선이 밑으로 향했다. 비조는 몸을 움직이지 않은 채 자신의 생각을 말로 옮기는 데 신중함을 보였다. 증언에 임하는 자세는 명상을 할 때만큼이나 진지했다. 이따금 과거의 어떤 기억을 떠올리면서 쓴웃음을 짓다가는 고개를 숙이며 과거에 집중하려는 듯 심각한 표정을 지었다. 그러면서 자신이 겪은 고통을 애써 감추려고 하는 듯했다. 비조가 늘어놓는 지난날의 역경 속에서 그의 고됐던 심경과 마음속 분노는 전혀 바래지 않았다.

1971년 크리스마스에 드디어 프랑수아 비조가 교도소에서 출소했다. 몸을 옥죄인 쇠사슬을 풀게 된 비조는 두 캄보디아인 동료도 머지않아 가석방될 것이라는 기쁜 소식을 들었다.

"두 친구를 다시 만나게 된 날이 제 인생에서 얼마나 중요한 순간이었는지 말로 설명할 필요조차 없었어요. 그때는 뭐라 형용할 수도 없었습니다. 서로 말로 표현하지 않았지만 어쨌든 만났으니까요. 저는 이렇게 해주니 우리가 자유의 몸으로 다시 만날 거라고 기대했지만 라이와 손은 아니었대요. 그저 안타깝게 헤어지기 전에 한번 만나게 해준 거고, 그들과 같이 수감된 사람들은 어느 누구도 제가 말 그대로 석방되었을 거라고는 생각하지 않았답니다. 말만 그렇게 하고 정작 나가보면 석방이 아니라 이전 죄수들처럼 처형을 당하는 길에 오르는 것이라고 믿었다더군요. 그곳에서 거짓말이란 사람들이 매 순간 마시고 내뱉는 공기처럼 흔한 것이었어요. 사방에 거짓이 널려 있는 판이라 석방을 시킨다고 해놓고서 사형장으로 끌고 가는 경우는 흔했으니까요. 아무도 제게 그런 이야기를 해주지 않았어요. 저는 감옥에서 지낸 마지막 순간까지도 그 부분에 대해 전혀 몰랐어요."

피고인 두크는 비조와 친했던 캄보디아 출신의 두 동료는 새로운 교도소로 이송된 지 1년 뒤에 둘 다 사형을 당했다고 말했다.

"저는 동료인 라이와 손에게 큰 도움을 받았어요. 두 사람의 사망 소식은 제게 큰 고통만 줄 따름입니다."

비조가 부동 자세로 있는 두크 앞에서 말했다.

휴식 시간 동안 비조가 천천히 두크 쪽으로 걸어갔다. 손에는 작은 여행가방을 들고 있었다. 두 사람은 거리를 두고 서로 인사를 주고받았다. 두 사람의 모습에서 상대를 결코 잊을 수 없을 만큼 얽히고설킨 사이였다는 것을 짐작할 수 있었다. 두크가 비조의 목숨을 살려주기로 결심하고 최대한 비조 편에 서서 변호를 한 지 40년이 흘렀다. 이제는 비조가 재판소에 증인으로 출두해 옛 교도소 관리인이었던 두크의 운명을 결정짓는 데 이바지할 순서가 되었다. 법정 출두 요청을 받은 날, M-13에서 한때 죄수로 살았던 비조의 온몸에 소름이 돋았다. 하지만 그다음 날부터 서서히 안정을 되찾은 비조는 증인의 자격으로 입을 열

준비가 되어 있었다.

비조가 쓴 글을 보면 두크가 두 달간 심문을 하는 동안 자기가 상대한 죄수와 인간애가 느껴지는 관계를 맺었다는 구절이 있다. 죄수를 주저 없이 사형장으로 보내고 싶어하는 사형집행인이었다면 결코 그런 관계를 스스로 허락하지 않았을 것이다. 두크는 비조와 맺은 관계를 또다시 반복하지는 않는다. 학자 출신의 비조는 자신이 크메르어를 할 줄 몰랐다면 죽었을지도 모른다고 생각했다. 크메르인처럼 사고하며 크메르어로 의사를 표현하지 않았더라면 교도소의 책임자와 그런 관계를 맺지 못했을 것이라고 그는 확신했다. 비조는 그 나라의 언어를 아는 것은 단순히 회화능력만 익히는 것이 아니라 대상을 어떤 방식으로 표현하는지 그 나라만의 노하우를 터득하는 것이라고 강조했다. 또한 비조가 1972년이나 그 이후에 감옥에 들어왔다면 상황이 달라졌을지도 몰랐다. M-13은 시간이 흐르면서 점점 달라져갔고 두크가 죄수를 대하는 태도도 더 엄격해졌다. 결국 두크가 교도소 관리를 시작하던 초기에 저질렀던 얼마 안 되는 실수의 상대가 비조였던 것이다. 그러나 젊은 시절 저지른 실수가 나중에 도움이 될 수 있었다니 참 이상한 일이었다. 두크에게는 비조의 증언이 물에 빠진 그를 구해줄 만한 구명대와도 같았다.

비조를 석방시키는 날이 예정보다 하루 뒤로 미뤄졌다. 석방 전날 저녁이 되자 발에 채운 족쇄를 풀게 된 비조는 두크가 있는 난롯가로 다가갔다.

두 사람은 거의 보통 사람 같은 대화를 나누었고 각자 가족 이야기를 꺼냈다. 그 당시에 두크는 미혼이었지만 비조는 애가 있는 기혼자였다.

"두크는 제 딸 엘렌이 잘 지내고 있는지 걱정했어요. 여기까지 차로

딸을 데려왔었거든요. 그 아이는 우리가 머물렀던 마지막 마을에서 지내고 있었어요. 제가 체포된 사원 옆 마을이요. 두크는 저를 안심시켜주려고 애썼어요."

그날은 크리스마스 이브였다. 비조가 두크에게 물었다.

"누가 죄수를 때립니까?"

"두크는 자기도 죄수들을 몇 번 때린 적이 있다고 솔직하게 대답했어요. 죄수들이 거짓말을 하거나 자백 내용 중에 모순되는 말이 나올 때가 있는데 자기는 거짓말을 하는 걸 참을 수가 없다고 했어요. 역겨운 짓이라고 했었나? 두크가 쓴 단어가 정확히 무엇이었는지 잘 기억나지 않지만 어쨌든 그 일을 하지 않을 수 없다고 하더군요. 하지만 앙카르가 그에게 바라는 임무가 그것이기 때문에 어쨌든 이 일은 자기가 해야 할 책임이 있다고 했어요. 이 일이 곧 그가 조직을 위해 부여받은 임무라고요."

두크가 말을 잘 듣지 않는 첩보원 죄수들에게 폭력을 가한 적이 있다고 말하자 비조는 무척 충격을 받았다. 그는 그날의 공포로부터 아직도 빠져나오지 못하고 있다.

"판사님, 저는 그때까지만 해도 마음을 놓고 있었어요. 우리는, 그리고 저는 '좋은 인간'이고 우리 중에는 괴물이 없겠거니, 신에게 감사하게도 저는 괴물이 될 일이란 없겠거니 생각했지요. 그런 건 다 본성에 따른 거라 몇 명만 괴물로 태어나지 다른 사람들은 그러지 않을 거라고, 결국 모두가 괴물이 될 수는 없다고요. 그런데 두크의 말을 듣고 생각이 달라졌습니다. 심문 이야기들을 해주는데 제 눈이 번쩍 뜨이더군요. 크리스마스 이브 날 저녁에 두크가 그런 말을 제게 했을 때 저는 바로 그 자를 비인간적인 괴물로 여길 거라 생각했습니다. 누구나 저와 같은 상황에 처했다면 그랬을 거예요. 아니요, 이건 차라리 비극이다, 어쩌면 이리도 끔찍할까 하는 게 제 감상이었습니다. 제 앞에 있는 남자를 보면서 문득 두크 역시 저의 보통 친구들과 크게 다를 바가 없다는 생각이 들었습니다. 국가를 위해, 믿어 마지않는 혁명을 위해서 자신의 일생을 바칠 준비가 되어 있는 여느 마르크스주의자였을 뿐인 걸요. 캄보디아 국민의 안녕이 그가 조직에 가담한 최종 이유였고 부조리한 사회에 맞서 싸우기 위해 혁명활동을 시작한 사람이 두크였습니다. 물론 이 크메르 농민 출신 남자의 본성 속에 악마적인 언동이 포함되어 있더라도 수많은 혁명가가 품고 있는 근원적인 진실성만큼은 존재한다고 생각해요. 저 역시 그 무렵 파리에 있을 때 공산주의 혁명에 가담한 친구들이 몇몇 있었어요. 제 친구들은 캄보디아에서 일어나고 있는 일에 수단을 정당화할 만한 목적이 있다는 면에서 충분히 납득할 수 있다고 생각했어요. 제 눈에는 끔찍하기 그지없었는데도요. 수단을 정당화하는 목적이란 곧 캄보디아의 독립을 의미했어요. 그리고 자율적인 정치를 할 권한, 사람들이 비참한 생활을 끝내고 꿈에 그리던 생활을 현실로 이루기 위해 싸운다고 하더군요. 캄보디아인이 처음은 아니었습니다. 인류의 역사를 되돌아보면 꿈을 현실로 이루기 위해 사람들을 죽인 경우가 수차례 있으니까요. 그때 제 눈앞에 있던 두크의 얼굴에서 괴물이란 가면 뒤의 진짜 모습을 처음으로 보게 되었어요. 그가 했던 일은 처형을 받기 위해 감옥에 끌려온 죄수들과 관련된 사항을 결정하고 보고하는 것이었어요. 엄청난 죄를 저지르는 괴물도 인간적인 면이 있습니다. 그런 면이 우리를 혼란스럽게 하고 공포에 떨게 하죠. 저는 물론이요 우리 중 누구도 예외가 될 수는 없잖습니까. 가장 최악은 예외로 남겨둔 사람들이 괴물로 변해버리는 경우일 거예요."

비조가 즉흥적으로 이러한 생각을 하게 된 것은 아니다. 오랜 시간 침묵을 지키면서 발전시킨 끝에 M-13에서 나온 지 27년이 지난 1999년, 두크가 세상에 다시 모습을 드러내고서야 한 민족학자가 비로소 표현할 수 있었던 사고의 결정체였다. 프랑수아 비조는 두크가 체포된 지 1년이 지났을 무렵에 『르 포르타이Le Portail』(대문)라는 책을 완성했다. 그의 감옥 체류기가 담긴 첫 원고로 특히 인간에 대한 적나라한 실상이 담겨 있다.

"여러분에게 말씀드릴 것이 있다면 제가 만난 젊은 두크는 분명 미래를 짊어질 혁명가였다는 것입니다. 그는 동지들로부터 점차 업무 처리능력을 인정받았습니다. 과격한 수단을 사용하지만 늘 진지한 태도를 견지하며 자신이 맡은 역할을 수행하려고 애썼습니다. 여러분은 이 위험한 행위가 괴물이나 저지르는 게 아니라는 사실을 알아야 합니다. 보통 사람들과 다를 바 없는 그냥 인간이 하는 행위에요. 저는 한 사람과 그 사람이 한 일은 구별해야 한다고 생각해요. 그 사람이 한 잘못에 대해서는 죄가 있다고 할 수 있지만 그 사람 자체가 죄라고 말할 수는 없지 않습니까! 그리고 그 당시 정황을 봤을 때, 두크가 되돌이킬 수도 없는 상황이었어요. 단지 죽는 게 두려워서 그런 일을 계속한 것은 아닐 거예요. 물론 죽음이 두려워서 시키는 일을 한 것도 있겠지만 본질적으로 다른 사람의 눈이 있잖습니까. 지하운동에 가담하기 위해 조직에 들어간 이상 조직의 명령을 따라야 했을 겁니다. 일단 어떤 조직 또는 가족 구성원이 될 경우, 그 그룹에서 몸을 빼는 것이 얼마나 어려운지는 여러분도 잘 아실 겁니다. 함정에 빠진 두크는 점점 자신의 세계에 갇혀 살 수밖에 없었고 지금도 상황은 달라진 것 같지 않아요. 그래서 이런 그를 보고 있자니 참 불안합니다, 판사님."

M-13에 갓 들어간 비조는 면도기와 수첩을 압수당하지 않았다. 수첩은 어린 시절의 추억이 담긴 소지품이었다. 비조는 수첩에 시를 적거나 크메르인이 믿는 불교에 대한 생각을 적었다. 비조의 이런 모습을 본 교도소장은 시간이 지날수록 비조가 스파이가 아닌 정말 크메르 문화를 연구하기 위해 온 학자라는 말을 믿게 되었다. 비조가 석방되던 날 두크는 비조가 쓰던 수첩을 가지고 나가도 좋다는 허락을 받았다. 판사들 앞에 선 비조는 추억의 옛 물건을 가방에서 꺼냈다. 법정 사람들의 호기심을 자극하는 허름한 물건은 다름아닌 수첩이었다. 앞표지에 커다란 독수리가 그려져 있는 초등학생용 수첩을 본 두크는 40년 전에 자신이 꼼꼼하게 체크하던 죄수의 수첩을 다시 보자 감정이 복받쳤는지 시선 처리가 불안정했다. 비조는 감옥에서 나온 이후로 이 수첩에 적힌 글을 차마 다시 읽을 수 없었다고 고백했다.

비조는 그 수첩을 거의 열어본 적이 없었고 펼쳐볼 때마다 극심한 무력감이 밀려와 얼른 수첩을 닫아야 했다. 그의 여행 일지와 다름없는 기록에는 사형집행인과 나눈 대화 내용이라든가 감옥에서 직접 관찰한 사실이 없었다. 죄수가 그런 내용을 기록으로 남긴다는 것 자체가 굉장히 치명적인 시도인지라 비조가 남긴 글에는 일종의 재조합한 기억, 그가 마음으로 느낀 것들이 담겨 있었다. 그는 수첩에 대해 "내가 느끼는 공포심, 내 감정, 특정 순간에 다가온 자극에서 받은 인상들을 글로 담은 것이며 이 기억은 38년 동안 지속되고 있었다"라고 쓴 바 있다. 『르포르타이』는 역사는 물론 인간 공동체 연구와 문학 면에서도 매우 귀한 저서라 할 수 있다. 그러나 정의를 위해 싸워야 하는 곳에서는 별로 좋은 대우를 받을 수 없었다. 비조가 쓴 놀라운 일화들은 냉철한 정확성과 증거 자료에 대한 규정을 충족시켰음에도 불구하고 법정에서 유용한 가치를 발휘하지 못했다. 죄수와 유명한 교도소 관리인 사이의 충격적인 대화 내용은 다른 일화들과 마찬가지로 사법적인 문제에서는 무용지물에 불과했다. 형법상 그의 책은 고정된 가치를 매기기가 어려울 뿐만 아니라 거의 가치가 없다고 봐도 과언이 아니었다.

그러나 비조가 법정에 나와 진실에 바탕을 둔 증언을 한 것은 판결에 매우 중요한 영향을 미쳤다. 세부 묘사야 어쩔 수 없이 저속한 내용들을 포함한다 치더라도, 야생 청딱따구리가 어린 참나무 줄기를 정신없이 쪼아대는 것에 비유해 비조는 극심한 고통이 의식을 계속해서 뚫고 있다고 표현하며 그때 느낀 괴로움을 생생하게 전달했다.

"두크와의 만남이 제 운명에 큰 획을 그었다고 할 수 있어요. 제가 하는 생각들이나 오늘날의 제 모습이 있기까지 두크가 제게 미친 영향을 무시할 수 없습니다. 이유는 단순하고도 비극적이었지요. 두크의 두 가지 서로 다른 모습에 대해 제 나름대로 생각을 정리해야 했어요. 먼저 국가가 주도하는 살인 행위 중개자로서의 두크란 사람이 있어요. 지금 생각해봐도 제가 두크라면 어땠을까 상상조차 하고 싶지 않아요. 범죄를 저지를 수밖에 없는 끔찍한 상황을 저는 견딜 수 없었을 거예요. 다른 한편으로는 제가 개인적으로 기억하는 청년 두크의 모습이 있어요.

청년 두크는 자신의 신조를 위해, 범죄가 허용될 뿐만 아니라 칭송을 받는 사상에 동조하며 조직이 추구하는 목표를 달성하기 위해 삶과 온 존재를 바쳤어요. 판사님, 저는 갈등에 빠졌습니다. 어떻게 이해해야 할지 잘 모르겠어요. 저는 첫 번째 두크와 두 번째 두크를 둘 다 알게 되었습니다. 머릿속에서 자꾸만 두크가 처형을 선택한 죄수들이 두크가 아니었어도 다른 누군가에게 동일한 형을 받았을 거란 생각이 들어요. 저도 모르게 두크를 이해하려고 노력하는 겁니다. 그가 저지른 범죄가 얼마나 심각하고 가증스러운 것인지, 그의 죗값을 줄일 생각은 추호도 없어요. 여기가 제게 있어서 가장 어려운 대목입니다. 제가 생각하기에 이 악행의 주체는 한 사람의 인간이에요. 괴물이 아니라 한 인간으로서 두크를 재평가했으면 좋겠어요. 두크도 우리처럼 인간미가 있는 한 남자였으니까요. 그러면서도 더 큰 목표를 달성하기 위해 불가피하게 목표에 방해가 되는 사람들을 처형한 것뿐입니다. 하지만 유감스럽게도 사형집행인을 한 사람의 인간으로 보고 판단할 때 우리는 그의 끔찍한 행동에 초점을 맞추겠지요. 그래서 지금 저도 그의 인간성을 파악하고자 했을 때 생기는 여러 모호한 면 때문에 갈등을 겪고 있는 것입니다, 판사님. 저에게는 비극이지요."

　그전까지만 해도 비조는 두크 소송에 대한 문제 제기를 해본 적이 없었다. 그리고 명료하고 집약된 표현을 써가며 자신의 고통을 확실하게 전달한 적도 없었다. 그가 증언하는 사실은 지난날의 기억 속에서 길을 잘못 들지도 않았고 기억에서 허구를 빚어내지도 않았다. 하지만 그의 고뇌만큼은 글에서, 고독했던 시간과 비로소 꺼내놓는 이야기에서 그대로 배어나와 모든 사람에게 전달되었다. 이 단계에 이르기까지 법정의 밀도 높은 엄숙함이 필요했다. 또 비조의 친딸이 재판소까지 동반해주었고 그 자리에 두크가 있었던 것이 큰 도움이 되었다. 재판이 끝나고 나는 비조와 개인적으로 이야기를 나눌 수 있었다. 그때 비조는 내게 두크란 사람을 잘 알고 조금 전과 같은 공간에 있으면서 두크의 존재를 느끼게 되니 자신의 생각을 있는 그대로 보여주는 데 큰 도움이 되었다고 말했다.

두크가 유리벽 너머로 보이는 40세의 키 큰 아리따운 여성에게 함박웃음을 지었다. 그가 처음으로 비조의 딸 엘렌을 실물로 보게 되었다.

비조가 교도소에 수용되었을 때 엘렌은 겨우 세 살이었다. 엘렌은 아버지처럼 심경이 복잡하지는 않았다. M−13에 이어 S−21 교도소에서 일한 두크가 자신의 눈에는 그저 아버지의 목숨을 살려준 고마운 아저씨로만 보였기 때문이다.

한편 프놈펜에 있는 동안 나는 많은 사람이 프랑수아 비조를 좋아하지 않는다는 것을 확인했다. 비조는 언뜻 봐도 신중함이 무엇인지 잘 모르는 사람 같았다. 그러다보니 사람들에게 원한을 살 만한 언행을 하게 되고 결국 미움을 받고 말았다. 그 나라의 언어를 아는 것이야말로 그 나라 사람들이 세상을 바라보는 방식을 제대로 이해하는 길이라고 단언했던 그가 심심치 않게 현지인들과의 소통에 제대로 신경을 쓰지 않았을 줄이야!

재판소로 향하던 차 안에서 비조는 동석한 캄보디아 여성에게 갑자기 뜻밖의 질문을 건넸다. 그 여성은 당사자 측 일원으로 폴 포트가 권력을 잡고 있던 시기에 부모를 잃고 미국으로 건너가 성장해 그곳에서 성공한 사람이었다.

"만약 내가 두크가 천하에 나쁜 놈이지만 동시에 좋은 인간이라고 말한다면 당신은 기분이 어떨 것 같습니까? 그 이야기에 충격을 받을 것 같습니까?"

몇 초 동안 침묵이 이어졌다.

젊은 여성은 화를 내지 않았고 차분한 목소리로 대답했다.

"네, 기분이 무척 나쁘겠죠."

"네, 이해해요."

비조가 부드러운 목소리로 말을 흐렸다. 그의 친근한 태도는 갑작스러웠을 뿐만 아니라 여성을 더욱 당황하게 만들었다. 비조는 자기의 속마음을 밖으로 표현해야만 비로소 마음이 자유로워지는 남자인 듯했다.

또 한 번은 비조와 처음으로 마주앉아 점심 식사를 하던 날이었다. 의자에 앉자마자 비조가 내게 일말의 망설임 없이 질문을 건넸다.

"지금까지 누구한테 배신당해본 적 있어요?"

캄보디아 여성이 그랬던 것처럼 나 역시 몇 초간 아무 말도 할 수가 없었다. 그가 한 질문이 내 폐부를 그대로 뚫고 들어왔다. 나는 답변을 생각하는 척하며 그의 얼굴을 한참 쳐다봤다.

"여자한테 당한 배신 말입니까?"

비조는 예의를 갖춘 신중한 대화법을 포기한 사람처럼 말을 했다. 그래서 그와 헤어지기 전까지 사람들은 여러 방식으로 대응할 수밖에 없었다. 뻣뻣한 태도를 보이거나 그와 같은 방식으로 대꾸할 수도 있었다. 비조가 뜬구름 잡는 말을 계속 이어가도록 내버려두면서 충격을 완화시키거나 그가 굳이 드러낸 고통을 달게 받아들이며 거기에서 영감을 받으려고 애쓰는 것도 한 방법이었다. 법정에서도 비조는 인간의 양면성이나 우리가 느끼는 모순된 감정을 있는 그대로 드러냈다. 그에게 회피란 있을 수 없는 일이었다. 그렇다고 복수를 하고 싶어하는 목소리에도 귀를 막지 않았다.

"희생자들의 울부짖음이 과도하다고 생각할 필요가 없어요. 피고인에게 지금보다 더 심한 말을 해도 충분하지 않을 겁니다."

그의 증언으로 말미암아 나는 비조가 두크의 편을 들어준다는 의심을 말끔히 씻을 수 있었다. 그가 불필요한 거친 표현을 남발한 것은 아니었다. 그래도 두크로서는 활기를 불러올 줄 알았던 날이 결과적으로 그의 상황을 돌이킬 수 없는 지경에 이르게 한 날이 되고 말았다.

M-13의 생존자인 비조는 판사들 앞에서 자신의 무거운 짐을 내려놓았다. 해가 저물기까지 비조는 자신이 그동안 느꼈던 부담을 모두 해소했고 프놈펜의 딸이 있는 거처로 향했다. 한 여성이 거리에 나와 그를 기다리고 있었다. 그를 보자마자 여성은 울면서 그의 품에 뛰어들었고 텔레비전을 통해 그의 증언을 들었노라고 말했다. 그 여성은 손의 누이였다. 비조의 동료였던 두 캄보디아인 중 한 명인 손은 교도소에서 사망했다. 아버지를 따라 탐방을 왔던 엘렌은 1971년 10월 10일 비조가 끌려간 날 그 여성의 집에 머물렀다. 그날 이후로 비조는 손의 누이를 보지 못했던 터였다.

데이비드 챈들러가 쓴 저서의 후반부를 보면, S-21 교도소가 제기하는 문제점은 그곳이 존재했다는 그 사실 자체가 아니라 '우리 가운데' 누구라도 그곳에서 일을 할 수 있다는 것이었다. 그 사람들이 그런 것처럼 여러분도 그리고 이 글을 쓰는 나도 범죄 행위의 당사자가 될 수도 있었다. 역사가인 그가 자신의 저서에 남긴 최후의 결론을 솔직히 말 그대로 인정하기는 어렵다. 왜냐하면 그가 내린 결론은 애초에 제대로 된 판단이 어렵다는 전제를 바탕으로 하고 있기 때문이다.

> S—21 교도소에서 매일 일어나는 악행의 근원을 찾기 위해 굳이 먼 곳을 바라볼 필요가 없다. 그냥 우리 자신을 들여다보면 답이 나온다.

챈들러는 법정에서 이런 발언도 했다.

"민주 캄푸치아 시절을 지낸 사람들은 명령을 받아들이고 복종하는 것에 익숙한 이들이었습니다. 지도자의 말에 의문을 제기하는 것은 이 나라의 전통이 아니었습니다. S—21 교도소의 상황을 보면, 단순히 복종이라는 말만으로는 설명이 안 되지요. 하지만 그 안을 들여다보면 우리 인간들이 어떻게 '위에서 좋다고 말하면 그것만으로 충분한' 체제를 형성하는지 알 수 있습니다. 우리 인간은 선행을 하는 것보다 악행을 하는 능력이 더 강하다고 합니다. 그렇다고 타인을 죽인 사람들에게 죄가 없다는 이야기는 아닙니다. 다만 이런 상황은 피하고 싶달까…… 사람들이 피고인들을 보면서 '저기 나쁜 놈들이 있다! 우리는 저자들이 한 짓을 절대로 할 수 없지!'라고 말하는 것을 듣고 싶지 않을 뿐입니다. 저는 S—21에서 죄수들을 죽인 사람들이 인간이 아닌 별종이라고 생각하지 않습니다. 어떤 면에서는 내가 저 입장에 처하지 않은 것이 얼마나 다행인지 모른다는 생각이 들 정도예요. 누구나 그런 상황에 처하면 그렇게 할 수밖에 없을 거예요. 그게 우리 인간의 어두운 면이기도 하고요."

70대의 역사학자는 잠시 침묵을 지켰다.

그리고 슬픔이 배어 있는 미소를 지으며 불어로 한마디를 더 했다.

"그게 다예요C'est tout."

LE MAÎTRE DES AVEUX

23
폐허의 장소에 가다

    캄보디아인들은 1년에 두 번 프놈펜의 해방을 기린다. 그러나 어떤 의미에서의 해방인지 알면 두 날의 특징이 아주 다르다는 것을 알 수 있다. 하나는 4월 17일로 캄보디아가 론 놀 정권을 몰아내고 제국주의, 봉건주의, 군사 독재 정치에서 해방된 날이다. 1975년의 그날, 캄보디아 공산주의자들이 아무런 장애물 없이 정권을 차지했다. 안타깝게도 이 날의 해방을 기점으로 캄보디아는 죄수와 사형수가 넘쳐나는 국가가 되었다. 첫 번째 해방기를 보낸 뒤 프놈펜은 또 한 번의 해방을 맞이했다. 1979년 1월 7일에 큰 저항 없이 베트남 군이 프놈펜을 정복한 결과, 프놈펜은 폴 포트 정권에 속한 인물들의 공포 정치에서 해방을 맞이할 수 있었다. 그러나 해방과 함께 이웃 나라인 베트남이 캄보디아를 지배하면서 둘 사이에 애증 관계가 생겼다. 그러면서 두 국가의 합병을 도모한다는 의혹이 불거졌다. 프놈펜은 해방되었지만 진정한 자유를 찾지 못했다. 그렇게 10년의 세월이 흘러, 1989년 9월 26일 베트남이 공식적으로 캄보디아의 수도를 떠나면서 15년 동안 세 번이나 해방을 맞이했다. 무력을 사용하지 않고 해방을 맞이한 유일한 날이었으며 당장은 해방시켜준 사람들로부터 또 다른 해방을 꾀할 필요도 없었다. 하지만 오늘날 사람들의 기억 속에서 잊힌 해방의 날이 되었다.

프놈펜이란 공간은 모든 것을 아낌없이 주며 불평 없이 학대를 참아왔다. 이 도시는 자신을 소유한 자에게 자기 자신을 맡긴다. 우리가 아무것도 요구하지 않고 그저 착하기만 한 사람을 무시하듯, 처음에는 정답게 살다가 나중에는 이곳에 산 것을 후회하는 자에게도 프놈펜은 기꺼이 자기 자신을 내주었다.

이 작지만 산전수전 다 겪은 도시에는 오랜 세월 받아온 극심한 외부의 공격과 악습에도 불구하고 무언가 설명하기 어려운 호의와 부드러움이 느껴진다. 신중하면서도 연약한, 빛을 발하는 도시 프놈펜은 무시무시한 유령의 모습 뒤에 내국민이 최고로 여기는 무언가를 간직하고 있었다.

프놈펜의 두 번째 해방이 있고 나서 베트남군은 S-21의 비밀경찰 본부를 발견했다. 그리고 난 다음에는 쯔엉 엑 대학살 현장도 찾았다. 이 두 곳이 1975년부터 1979년까지 민주 캄푸치아 정권이 범죄 행위를 벌인 대표적인 현장으로 알려지는 것은 시간문제였다. S-21 교도소는 얼마 지나지 않아 '대량 학살 박물관'으로 변했다. 커다란 불교식 사리탑을 보면 유리로 된 기둥 안에 수백 개의 해골이 차곡차곡 쌓여 있다. 이 사리탑은 쯔엉 엑의 공동 참호 주변에 있다.

S-21 교도소에는 E동 건물을 기점으로 사각형 모양의 안뜰이 두 곳으로 분리되어 있다. 예술가인 부 멩과 완 낫이 E동 건물의 작은 방에 갇혀 제1인자의 초상화를 그리곤 했다. 이 안뜰에 지금 가보면 정방형의 작은 풀밭이 네 곳 있고 가장자리에 플루메리아 나무와 야자수, 망고나무를 볼 수 있다. 사람들은 풀밭 사이에 난 작은 길을 지나다니거나 쉼터로 만든 벤치에 앉을 수도 있었다. 하루는 그곳을 혼자 찾아가 쉬고 있는데 왕립 대학교에 재학 중인 대학생 세 명이 다가오더니 내게 설문 요청을 했다. 캄보디아 화폐 체계에서 달러화를 유지하는 것과 리엘만을 단독 화폐로 인정하는 것 중 어느 쪽에 찬성하는지 묻는 내용이었다.

나는 몹시 당황한 나머지 말까지 더듬었다.

"그런 주제와 관련된 설문을 하기에는 이 장소가 좀 그렇지 않나요?"

"맞는 말씀입니다."

한 학생이 정중하게 예의를 갖추며 대답했다.

"하지만 외국인들을 만나려면 이곳에 올 수밖에 없었어요."

이 학생의 말이 틀린 것은 아니다. 요즘 캄보디아의 수도를 방문한 관광객 대다수가 찾아가는 네 곳이 있으니 바로 왕궁과 국립 박물관 그리고 S-21 교도소와 쯔엉 엑이다. 캄보디아에서 단체 관광객이 많이 오는 곳이 다름아닌 대량 학살이 일어난 곳이라니.

캄보디아 대학살의 현장이 박물관으로 이용되는 역설적인 일이 캄보디아의 현재 모습이다. 정돈은커녕 음험한 공간을 그대로 드러낸 S-21의 시설은 보는 이에게 마음의 동요 혹은 경멸을 불러일으키는 장소다. 이 박물관을 찾은 방문객들은 텅 빈 공간, 벽과 바닥에 남은 얼룩

들, 축축한 습기를 온몸으로 느끼며 살과 피의 흔적과 이곳에서 일어났던 잔인한 사건을 새길 수 있다. 계단의 후미진 곳에 쌓인 먼지더미 속을 뒤져보면 옛날에 쓴 오래된 벽보와 술병이 굴러다닌다. 그뿐만 아니라 낡은 판자나 오래된 가시 철사, 작은 부품들도 버려져 있다. 일반인들에게 공개되지 않은 곳까지 들어가보면 과거에 했던 전시회나 박물관에서 주최한 공연 때 쓴 소품들이 파손된 상태로 남아 있기도 하다. 한때 안뜰 회랑을 장식했던 꼭두각시 석고 인형도 발견되었다. 또 범죄의 흔적이 여전히 남은 비공개구역에는 그 당시에 썼던 낡은 사진기의 주름상자도 보였고 누더기 옷으로 가득 찬 궤짝 두 개 속에는 옷과 함께 두개골 등 인간의 뼈도 들어 있었다.

S-21 교도소의 불투명한 권력은 예측 불가능하고 때로 위태롭기까지 한 이 시설에서 비롯되었다. A동은 가장 많은 죄수가 수용되었던 건물인데 이 건물의 천장이 점점 내려앉기 시작하면서 안전에 위험 신호가 울렸다. 사람들은 서둘러 목재로 버팀대를 세웠다. B동은 결국 천장이 무너졌다. 또 C동의 주요 층계를 지탱하던 벽에 커다란 금이 생겼다. 2010년 중반에 박물관 책임자는 내게 사고를 미연에 방지하기 위해 머지않아 죄수들이 쓰던 옛 감방의 접근을 차단할 예정이라고 말했다.

건물 뒤쪽으로 가면 각종 쓰레기와 부서진 벽돌 무더기를 볼 수 있다. 그 틈바구니에서는 여러 부위의 뼈도 눈에 띈다. 사람들의 손길이 느껴지지 않는 버려진 땅 가장자리에는 플랜테인[요리용 바나나]이 중구난방으로 자라고 있다.

눈길을 사로잡는 흰색 타일과 황갈색 타일을 깐 바닥은 도료로 칠한 벽과 조화를 이룬다. 난해하고도 아픔이 묻어나는 온갖 상처와 흔적이 새겨진 벽은 옛 감방과 심문실에 깨끗하면서도 동시에 경직된 인상을 준다. 가장 최근까지 고문이 이루어졌던 방들에는 몸이 탱탱 부은 죄수를 철제 침대에 묶은 장면을 담은 대형 사진이 있다. 빛 바랜 사진과 함께 그때의 충격이 세월 속에 묻혀 점점 퇴색해가는 것 같다. 건물의 외관, 덧창, 발코니 할 것 없이 곳곳에 먼지가 보이고 악천후가 남기고 간 흔적이 더 이상 쓸모없어진 폐허라는 느낌을 주기에 충분하다. 수를 셀 수도 없는 박쥐 떼가 이곳을 제 집처럼 드나든다. 외진 방으로 들어가면 어김없이 천장에 한가롭게 매달려 있는 박쥐들을 만날 수 있다. 게다가 박쥐들이 여기저기에 배설물을 남겨놓은 터라 위생적으로 깨끗한 곳을 도무지 찾아볼 수가 없다. 박쥐 때문에 어디를 가도 불결하다는 인상을 받는다.

단, 예외적으로 방문객들을 위해 특별히 관리하는 방이 하나 있다. 에어컨이 있어서 공기도 항상 쾌적한 이 방은 S−21 교도소의 기록을 모아두는 자료실이다. 총 6147장의 사진이 보관되어 있으며 그중 5382장이 죄수를 찍은 사진이다. 그리고 심문관들이 기록한 요약 보고서가 4186부, 죄수들의 신상 명세를 기록한 장부가 6226부 있다. 두크가 보물처럼 아끼던 물건들이다.

크고 오래된 6단짜리 나무 선반 다섯 개에 단마다 12개의 검은색 종이 상자를 가지런히 정돈했다. 상자에는 그동안 모은 귀중한 자백 기록이 보관되어 있다. 15년이 넘도록 이 자료실의 공간 배치는 늘 한결같았다. 하지만 이 자료실을 관리하는 직원은 찾아온 사람들을 별로 살갑게 대하지 않았다. 하루는 친구인 여기자와 이곳을 방문한 적이 있다. 자료실 보조원은 조심스럽게 문서의 녹슨 스테이플러를 뜯어내던 중이었다.

그런 다음에 종이에 생긴 스테이플러 구멍을 스카치테이프로 잘 막은 다음 플라스틱 클립으로 문서를 한데 묶었다.

여자 보조원은 거기서 그치지 않았다. 클립과 문서 사이에 눌린 자국이라도 생길까 염려하여 작은 종이 조각을 끼우는 섬세함까지 보여줬다. 성경처럼 얇은 종이로 된 문서인지라 조금이라도 잘못 만지면 찢어질 위험이 있어서 만질 때 손이 덜덜 떨릴 정도였다. 보조원이 심문관이 작성한 요약 보고서를 손에 들고 있는 동안 내 눈에 다음과 같은 글귀가 눈에 들어왔다.

'너우 피읍Neou Pheap, 27-4-76, 열일곱 살'

자료실에 보관된 자백 기록은 집단 수용소의 핵심 요소라 할 수 있다. 그럼에도 불구하고 방문객을 위한 전시물이나 설명이 전혀 없었다. 두크와 그의 상관 또는 부하 직원들의 명령을 적은 주석들에 대한 부연 설명도 들을 수가 없었다. 한 사람을 만신창이로 만들기 전 이 죽음의 공장이 만든 자료들이 일반인을 위해 공개되기란 기대할 수 없다. 또 쯔엉 엑으로 보내지기 직전 사형수들의 호송을 관리하는 책임자들이 받게 되는 사형수 목록 견본도 찾아볼 수 없었다. 이 대량 학살 박물관은 눈으로 증거물을 보는 것보다 현장에 가서 마음으로 느끼는 것에 더 중점을 두었으며 그러한 방식으로 박물관의 위엄을 드러냈다. 인위적으로 보여주는 것들이 반드시 과거의 흔적과 동일하다고 볼 수는 없을뿐더러, 하물며 실제 일어난 상황을 가지고도 우리는 완벽히 이해하기 힘들다.

그나마 박물관 안뜰에 '교육용' 안내판이 몇 개 세워져 있다. 구식 표현이 어중간하게 뒤섞인 안내판은 별 필요 없는 친베트남 성향의 공산당 선전 문구를 써놓았는가 하면 폴 포트-이엥 사리 도당을 고발하는 내용도 있다. 아마 이곳을 찾은 관광객 중 다음에 소개할 글을 읽고 찍어가지 않은 사람은 없을 것이다. 대형 사이즈로 제작된 이 유명한 안내판은 불어로 번역된 글이 영어판보다 표현이 더 명확한 것을 알 수 있다. 내용은 교도소 '안보 요원'들을 위해 준수해야 할 내부 규율 십계명으로 다음과 같다.

1. 질문을 하면 그에 맞는 대답을 하라. 내 질문을 회피하려고 애쓰지 말 것.
2. 가식적인 생각들로 핑계를 만들어 나를 피하려고 애쓰지 마라. 내게 반항하는 것은 절대적으로 금물.
3. 혁명에 위배되는 인간이 되면서까지 바보 같은 자가 되지는 말 것.
4. 내가 하는 질문에 즉각적으로 대답하라. 생각을 한답시고 시간을 끌지 말 것.
5. 격식에 어긋나서 발생하는 사소한 사건에 대해서는 나에게 말하지 마라. 또 혁명의 본질에 대해 나에게 말하려고 하지 말 것.
6. 몽둥이질이나 전기 충격 고문을 할 때 고함을 크게 지르지 말 것.
7. 평소에 침착하게 자리에 앉아 내 명령을 기다려라. 명령이 없을 때는 가만히 있을 것. 내가 무언가를 요구하면 이의를 제기하지 말고 바로 행동으로 옮길 것.
8. 반역을 일삼은 입에 캄푸치아 끄럼Kampuchea Krom*을 핑계로 대지 말라.
9. 내 명령을 수행하지 않을 경우 몽둥이와 전깃줄로 구타를 당하고 전기

---

* 캄푸치아 끄럼 또는 '캄보디아 하부'로 불리는 이 지역에는 메콩 강 삼각주가 펼쳐져 있다(옛날에는 코친차이나Cochinchina로 불렸다). 18~19세기에 베트남에 합병되기 전까지만 해도 캄보디아 왕국의 일부였다. 그러다가 프랑스령 식민지였던 베트남에 속하게 되었다. 크메르 루즈는 캄푸치아 끄럼 주민들이 베트남 군을 돕는 첩보원들이라고 의심했다.

충격을 받을 각오를 하라.(얼마나 맞을지 셀 수 없을 것임.)

10. 내가 세운 규율에 복종하지 않을 때마다 그 벌로 채찍질 10번, 전기 충
    격 5번을 받을 것.

위 규율이 과거에 실제로 존재했던 것은 아니다. S-21 자료실에 보
관된 수많은 문서 중에 이에 대한 기록은 어디에서도 찾아볼 수 없다.
많은 사람에게 큰 인상을 남긴 이 규율은 이 집단 수용소를 찾은 관광
객들에게 시시각각 읽히고 있긴 하지만 증언을 통해 재구성된 글이다.
S-21에 있던 희생자들이 실제 준수해야 했던 규율과 매우 흡사한 내용
인 것은 맞다. 하지만 결국 거짓된 진실일 뿐이다. 그 당시에는 꾸며낸
자백이 죽음을 일시적으로 중단시킬 정도로 중요했고, 기억 따위는 양
심과 관련지을 것도 없는 문제였다.

유리 진열장에 있는 고문 도구들 역시 베트남의 지배를 받을 때 재
구성한 것이다. S-21에서 실제로 썼던 장비 및 물건들과 가장 흡사한
것들을 모아 전시했다. 하지만 그중에는 S-21에서 쓰지 않은 물건들도
있었다. 가령 상태가 매우 불안해 보이는 직사각형의 목재 욕조는 죄수
의 발을 욕조 바닥에 묶어 고문용으로 썼다고 했지만, 사실은 S-21 교
도소 밖에서 구해온 것이다.

어떤 방에 들어가면 과거의 흔적을 알 수 있는 수많은 사진이 일렬로
전시되어 있다. 각 사진과 관련된 부연 설명도 없고 사진들이 시간 순서
나 주제에 따라 정리된 것도 아니다. 한마디로 중구난방으로 사진들이
섞여 있다. 이곳을 찾은 방문객들은 수년 동안 사진 앞을 지나가면서도
자신이 어느 시대의 어떤 상황을 보고 있는 것인지 감을 잡을 수 없어

한다. 수많은 사진 속에서 길을 잃기 딱 좋다. 그러다가 발견한 1981년에 찍은 사진에는 7명의 생존자가 보였다. 화가 완 낫과 부 멩 그리고 기술공인 춤 메이가 함께한 사진이다. 춤 메이는 일주일에 세 번 정도 박물관을 찾는다. 가이드로 일하면서 소소한 수입을 벌기 위해서다. 박물관에 외국인을 위한 통역사도 있었지만 운 좋게 춤 메이의 가이드를 받은 관광객들은 옛 교도소의 생존자 중 한 명과 함께 현장을 돌아다니는 특권을 누린다. 그날, 그러니까 두크의 소송이 있기 두 달 전이었다. 나는 박물관에서 춤 메이를 보았다. 유리판 뒤에는 이름을 알 수 없는 사형집행인의 사진이 즐비했다. 역시 설명문이 없는 자기 사진 앞에 춤 메이가 서 있었다. 중후한 매력을 뽐내는 백발의 그는 미국인 관광객 세 명에게 눈앞에 보이는 낡은 흑백 사진에 대해 설명하고 있었다. 사진에는 그 시절의 춤 메이가 있었다. 뜻밖의 행운을 누리고 있다는 것을 알아챈 미국인은 얼른 생존자와 사진을 찍으라고 친구들에게 재촉했다. 30년 전 사진 앞에서 미국인 두 명은 춤 메이와 포즈를 취했다.

"세이 치즈Say cheese."

그러고는 미국인 관광객들이 다른 곳으로 떠났다.

C동 계단 밑 사람들의 시선이 닿지 않는 후미진 곳에 가면 관광객들이 한 낙서를 확인할 수 있다. 표면이 부서지기 쉬운 회칠한 벽에 자신의 개인적인 생각을 이해하기 힘든 필체로 긁적여놓았다. 그렇게라도 이 대단한 곳을 지나갔다는 흔적을 남기고 싶은 모양이었다. 관광객이라는 인간들은 낙서로 자신의 몰상식함을 표현하는 경우도 있는 것이다.

인생은 네가 만드는 것Life is what you make it.

숨 쉬고 웃자Breathe and Smile.

한 번뿐인 인생을 살자One life & live it.

예수는 우리의 사랑Jesus is our love.

이런 더러운 일이 두 번 다시 일어나지 않기를. 제발 좀Don't let shit like this
ever happen again. Please!

이라크 아부그라이브 교도소에서 일어난 CIA 심문을 기억해. 몰랐다는
듯 가식 떨지 말고. 애들도 고문에 가담했다고Remember CIA interrogation at
Abu Ghraib, IRAQ; don't be so fucking ignorant, they also include torture.

관광객들이 건물 내부 방문을 끝내는 지점에 이르면 기념품 가게가
나온다. 일명 '폴 포트 샌들'로 불리는 신발은 타이어의 일부를 절단해
간단한 밑창을 만들고 그 위에 검정 고무로 된 끈을 달았다. 이외에도
기념품 가게에는 선글라스와 은제품, 우표, 가짜 지폐, 불법 복제한 책
과 DVD가 있다. 크메르 루즈의 역사와 직접적인 관련이 있는 것인지
는 확실치 않다. 하지만 오늘날 캄보디아는 최고의 거래를 위해 크메르
루즈를 이용하곤 하고 이따금 최악의 상황에도 크메르 루즈를 개입시
킨다.

첫 재판이 시작되고 2주 후, 나는 이곳을 찾은 친구 두 명과 함께 오
후에 S-21을 다시 방문했다. 안뜰에는 플루메리아 나무에 꽃이 펴 은
은한 아름다움을 발산했다. 가운데가 비긴 했지만 흰색과 노란색 꽃들
이 활짝 핀 나무 그늘에서 부 멩과 춤 메이가 벤치에 앉아 한참 수다를
떨며 돈벌이를 기대하고 있었다. 춤 메이는 관광객들이 자신에게 몇 달
러라도 쥐여주길 기다렸다. 남편에게 헌신을 다하는 젊은 아내를 둔 부

멩은 출간된 지 얼마 안 된 자서전을 팔 작정이었다.

그러나 관광객들은 두 사람을 전혀 알아보지 못했고 그 옆을 지나갔다. 두 생존자는 지나가는 사람들을 멀뚱히 바라만 볼 뿐 말 한마디도 걸지 못했다. 부 멩은 조만간 스칸디나비아 국가를 방문할 예정이었다. 그는 허리에 차고 있던 조그마한 크기의 유네스코 배지를 내게 자랑스럽게 보여주었다. 이 박물관도 곧 유네스코의 세계문화유산으로 지정된다. 대대적인 보수 공사가 이미 시작된 터다. 주요 입구가 다른 곳으로 옮겨질 예정이라 앞으로는 사형수들이 지나다니던 길로 더 이상 출입할 수 없다. 또 A동 지붕도 수리를 하고 B동과 C동 뒤쪽에 있는 바나나 밭과 함부로 버려진 쓰레기 더미를 제거했다.

쯔엉 엑으로 들어가는 입구 주변에 가게가 즐비해 있다. 한 여기자는 이곳을 회상하면서 해골과 뼈가 쌓인 "복잡하게 얽혀 있는 공포를 단순하게 증명해주는 곳"이라고 표현했다. 대리석과 유리로 이뤄진 62미터 높이의 탑 내부에는 쯔엉 엑에서 발견된 수천 개의 뼈가 17개 층으로 나뉘어 차곡차곡 쌓여 있다. 이곳은 한마디로 '호모 토우리스티쿠스homo touristicus'에게 시각적인 양식을 제공하기에 이상적이다. 비록 이들의 머릿속에 남을 기억이란 것의 실체가 제 눈으로 본 것이 아니라 사진으로 담은 이미지가 전부이겠지만 말이다.

죽음을 구경하는 이른바 죽음 관광thanatourism은 이미 큰 유행을 끌고 있다. 상업적인 면에서도 수입이 좋은 장사로 자리잡았다. 2005년에 캄보디아인들은 죽음의 현장에서 더욱 불쾌함을 느끼게 하는 장사 방식을 개발했다. S-21 앞에 젊은 청년이 히스토리 카페를 떡하니

연 것이다. 여종업원들이 헐렁한 검정 바지를 입고 목에 빨간색 크라마 karma[캄보디아인이 전통적으로 매는 체크무늬 스카프]를 두른 차림으로 손님을 대접했다. 회색 빛이 도는, 보기에도 역겨운 수프가 포함된 단일 메뉴를 고집했고 디저트로는 계란과 차가 전부였다. 이런 음식을 크메르 루즈의 점심이라며 손님들에게 6달러에 팔았다. 캄보디아 당국은 결국 대량 학살의 전범인 크메르 루즈를 비즈니스 아이템으로 선정한 가게들을 문 닫게 했다. 그뿐만이 아니었다. 캄보디아인들은 쯔엉 엑 개발 사업의 일환으로 부지가 사유화되면서 외국 기업이 땅을 매입했다는 소식을 들었다.

쯔엉 엑 부지를 매입했다는 회사, 제이시 로얄JC Royal은 소재지가 일본으로 등록되어 있었다. 그러나 실질적으로 쯔엉 엑 부지에서 거둬들이는 수입, 가령 2006~2007년에 번 62만2000달러는 이 정체를 알 수 없는 일본 회사의 손에 전혀 들어가지 않았다. 그 대신 상당액이 한 비영리기금으로 돌아갔다. 문제는 이후 수입의 행방이 고위 권력자들과 밀접한 관계가 있다는 것이다. 시체 9000구를 발굴한 지 30년이 지난 후지만 쯔엉 엑 기념관은 구체적인 정보가 극히 제한되었다. S-21과 마찬가지로 이곳 기념관 역시 베트남이 지배했던 시기인 1988년에 만든 안내판을 지금까지 게시하고 있다. 해마다 20만 명의 외국인과 2만여 명의 캄보디아 자국민이 쯔엉 엑 기념관을 찾아와 자료를 읽는다. 안내판은 폴 포트 정권이 저지른 범죄 행위를 고발하는 내용으로 거기에 쓰인 표현을 그대로 옮겨 말해보자면, "폴 포트 일당은 겉으로 보기에는 인간의 몸을 하고 있지만 마음은 악마의 것이었다. 크메르인의 얼굴을 하고 있지만 그들이 한 행동은 온전히 반동분자의 짓이었다"라고 되어 있다.

쯔엉 엑은 금전에 관한 어두운 욕망을 불러일으킬 뿐만 아니라 정치적으로도 혹독한 논쟁을 자극시켰다. 오늘날 권력층에 있는 옛 크메르 루즈 조직원들은 4월 17일을 해방의 날로 여긴다. 그러나 이들과 맞서는 야당은 그날을 캄보디아에 비극이 시작되던 날로 생각한다. 그날이 되면 야당에 소속된 정치가들이 쯔엉 엑에 모여 숨이 막힐 듯한 압제의 과거를 떠올린다. 그리고 한 달 후, 5월 20일이 되면 이번에는 여당이 쯔엉 엑을 찾아와 혁명의 실패를 슬퍼한다. 여당 정치가들 중 상당수가 과거에 혁명활동에 참여한 경력이 있으며 그중에서 최고위급에 있는 세 사람은 1977년 숙청 작업의 희생자가 되기 전에 도망가지 않았더라면 아마 쯔엉 엑에서 생을 마감했을 가능성이 매우 높다. 둔기로 목 뒷덜미를 크게 한 번 맞은 다음 즉사하지 않았을까.

정치가들은 5월 20일을 '증오의 날'로 지정하여 여러 행사를 마련했다. 그날, 크메르 루즈의 검정 인민복을 우스꽝스럽게 입은 몇몇 연기자가 흰색과 빨간색의 크라마를 허리에 두른 채 과거의 상황을 연기했다. 체크무늬 면으로 된 이 스카프는 캄보디아의 시골 사람들이 최고급으로 여기는 천이다. 이 천은 스카프용 외에도 옷 대신 가볍게 걸치기도 하고 머리에 두르는 두건이나 가방, 배내옷을 만들 때 쓰인다. 죄수 역을 맡은 연기자들이 풀밭에 무릎을 꿇고 있는 동안 스카프를 두른 연기자들이 고문하는 연기를 했다. 죄수들의 겁에 질린 얼굴 표정이 애원하는 연기를 더욱 돋보이게 만들었다.

최근에 만들어진 이 행사가 끝나고 나자 프놈펜 부시장이 말했다.

"이 의식은 누가 우리를 살렸고 또 누가 우리를 파멸시켰는지 모두 기억하기 위함입니다."

두크는 S-21 교도소를 떠나면서 치명적인 실수 두 가지를 저질렀다. 하나는 문서들을 모두 폐기하지 않은 것이고 다른 하나는 화가로 활동하게 한 죄수 하나를 살려주었다는 것이다. 그는 자신이 개입한 범죄 행위와 관련된 수천 페이지의 문서를 내버려둔 채 교도소를 떠났다. 또 자신에게 등을 돌리고 말 매우 위험한 화가를 죽이지도 않았다. 완 낫이 S-21에 있을 당시 그린 그림들은 모두 사라졌다. 하지만 해방 후에 그가 그린 그림들이 박물관에 전시되면서 후대 사람들이 공포스러운 상상을 떠올리는 데 일조했다. S-21이 가져다주는 공포, 고문과 처참한 형벌을 받아야 했던 죄수들의 삶은 30년의 세월이 지나 14장의 그림으로 남았다. 어떤 증언이 생존에 성공한 예술가가 남긴 작품보다 더한 위력을 지닐 수 있을까. 현재 박물관을 찾는 방문객들은 전시된 그림들을 보며 머릿속에 지울 수 없는 이미지를 각인시킨다.

하지만 방문객들에게 가장 충격으로 남는 전시물은 바로 죄수들의 사진이다. 약 2000장의 인화된 사진이 전시되어 있다. 한때는 학교 교실로 쓰였던 방이 감방으로 쓰였고 지금은 박물관의 전시실로 탈바꿈했다. 죄수들의 표정은 정말 가지각색으로 다양하다. 겁에 질린 얼굴, 의문을 품은 듯한 표정, 걱정하는 표정, 침착한 표정, 경계하는 표정, 미소 띤 얼굴, 멍이 든 얼굴, 부은 얼굴, 부드러운 표정, 장난을 치는 듯한 표정, 단호한 표정, 충격을 받은 듯한 표정, 경직된 표정, 자신에 차 있는 표정, 순종적인 얼굴, 심하게 맞은 얼굴, 체념한 얼굴, 시선을 회피하는 얼굴, 놀란 표정, 다정한 얼굴, 슬픈 얼굴, 근심스러운 얼굴, 지친 얼굴, 당당한 얼굴 등.

또 젊은 죄수, 늙은 죄수, 잘생긴 죄수, 못생긴 죄수, 어린애, 깡마른 죄수, 포동포동하게 살이 찐 죄수, 붕대를 싸맨 죄수, 끈으로 묶인 죄수 등 온갖 사람이 뒤섞여 있다. 나란히 배열된 인물 사진, 안내판이 다닥 다닥 붙어 있는 방들을 지나노라면 누구나 소름이 돋지 않을 수 없다. 심문을 접하면서 느끼는 위압감, 방문객의 마음을 짓누르는 중압감, 상당한 가치를 지닌 문서들과 예술품 하며 신상을 기록한 다음에 빠르면 며칠 후 또는 몇 주 후에 죽음의 길로 가야 했던 수천 명의 사람을 촬영한 스냅 사진들은 S-21의 창조물임과 동시에 당시의 기억을 단단하게 붙잡아 매는 닻 역할을 한다.

이곳을 찾는 방문객들은 대부분 사진 앞을 쭉 지나가는 동안 사형수들을 찍은 사진에 담긴 다양한 의미를 짚고 넘어가지 않는다. 그런데 그런 이들도 눈길을 떼지 못하는 사진이 있다. 아마 보는 이의 마음을 가장 아프게 하는 모습이라 유명세를 탔을 것이다. 아름다운 외모, 단아하면서도 기품 있는 여성을 찍은 사진으로 머리카락이 살짝 풀어져 있으며 지친 눈빛이 역력하다. 불행과 체념이 느껴지는 시선을 느낄 수 있다. 또 여성의 품에는 기저귀를 찬 갓난아기가 편안하게 안겨 있다. 엄마 무릎 위에 누운 아기는 두 눈을 꼭 감았고 머리카락은 땀으로 흠뻑 젖어 있다. 이 여성은 S-21에서 1978년에 죽은 죄수로 직접 혁명 조직에 가담한 전력이 있었다. 그리고 캄보디아 남서 지방의 사무국장과 결혼했다. 그러나 고위 관리로 일하던 남편이 그만 불명예스럽게 퇴출당하자 가족이 모두 몰살당했다. 두 사람이 그렇게 충성을 다하던 정권에 의해 죽음을 맞이한 것이다.

우리는 S-21 교도소의 희생자 중 4분의 3가량이 크메르 루즈의 일원이거나 해당 정권과 관련하여 각계각층에서 일하던 사람들이라고 추산하고 있다. 그리고 크메르 루즈는 그들의 노력을 처형이라는 방식으로 보상해주었다.

"S-21을 비롯해 지역마다 안보 기관이 있었습니다. 그래서 죄가 의심되는 사람들을 바로 체포해 심문하고 고문했어요. 마지막에 으스러뜨리는 단계가 곧 처형하는 겁니다. 하지만 S-21에만 주어지는 권한이 하나 있었어요. 중앙위원회의 간부들을 죽일 수 있는 안보 기관은 S-21이 유일했습니다."

두크가 우리에게 자세하게 설명했다.

S-21은 크메르인의 대참사를 알리는 세계적인 상징이 되었다. 크메르 루즈의 대학살 중 가장 유명한 기념비적 건물이자 관광산업에 이용되는 상징, 사법적으로 허용되는 비문으로서 모든 상징의 중심에 S-21이 자리하고 있다. 하지만 S-21 희생자들의 약 80퍼센트가 크메르 루즈에 맹목적으로 충성을 다하고 무한한 신뢰를 보내왔던 당원들이었다는 점은 참으로 아이러니하다. 만약 이들이 형을 받아 목숨을 잃지 않았다면 오늘날 피고석에 앉아 있었을 것이다.

S-21에서 사망한 죄수를 모두 헤아려보는 것은 캄보디아 공산당의 숙청 역사를 꿰뚫어보는 것이나 마찬가지다. 이에 철학자 레몽 아롱은 진지함과 아이러니를 교묘하게 섞으며 이와 같이 말했다.

"단일 정당으로 이뤄진 정부가 숙청 작업을 하는 것은 매우 평범한 현상이에요. 프랑스 내각의 위기도 어떤 면에서 보면 이에 비교할 수 있는 사태라 할 수 있죠."

1977년 중반기에는 캄보디아 중부가 숙청 작업으로 가장 큰 피해를 보았다. 그러다가 1977년 말부터 1978년 초까지 숙청 지역이 북부로 옮겨갔다. 1978년 4~6월에 걸쳐 동부에서 숙청 작업이 활성화되었다. 그 결과 동부와 북부를 관리하던 1000명이 넘는 크메르 루즈 간부가 S−21로 보내졌다.

그런 면에서 볼 때, 두크 소송은 크메르 루즈 조직원들을 죽인 크메르 루즈 조직원을 심판하는 것이라 할 수 있다. S−21은 캄보디아 국민을 대량 학살한 곳이라는 이미지보다는 크메르 루즈의 반역자들을 제거하는 숙청 작업의 중심부라는 이미지가 부각되어 있다. 그렇더라도 이는 S−21의 일부일 뿐, 전혀 참여하지 않았는데도 검은색 인민복을 입은 크메르 루즈에게 죽임을 당한 수백만 명이 있다는 사실을 잊어서는 안 된다. 민주 캄푸치아가 집계한 바에 따르면, 캄보디아에는 200개의 안보 기관이 있었다. 그중 정치적 성향이 가장 큰 곳이 S−21이었다. S−21 교도소의 희생자 중 다수가 크메르 루즈를 위해 일한 사형집행인이거나 비슷한 일을 했다는 점을 고려한다면 그 당시에 활동하던 안보 기관 중 심판해야 할 대상 첫 순위가 S−21은 아니라는 결론이 나온다.

"다른 사람들보다 더 낫다고 말할 수 있는 자가 있다면 누굴까요? 자기 손에 피 한 방울 묻히지 않은 자가 누구겠습니까?"

S−21의 희생자 가운데 중앙위원회 위원과 두크에게 처음으로 혁명에 대해 알게 해준 두 교사가 소송 중 계속해서 입에 오르내리자 두크가 한 말이다.

이번 공판을 통해 우리는 인과응보의 정의가 어느 정도 실현된 것을 알 수 있었다. 두크의 옛 상관이자 상임위원회의 일원이었던 원 웻은 베트남 군이 프놈펜에 도착하기 전에 처형당했다. 또 북부의 치안을 담당하던 최고 책임자였던 반 사린Ban Sarin은 15년 동안 혁명운동에 참여했지만 결국 1977년 1월에 처형당했다.

북부 사무국장이었던 코이 투온은 1972년의 숙청 작업을 잘 수행한 공을 인정받아 상무부장관으로 승진했다. 두크의 표현에 따르면, 반역자들을 으스러뜨리는 권력을 휘둘렀던 코이 투온마저도 결국 1977년 4월 반역자로 몰려 죽음을 맞이했다. 이외에도 일명 야Ya로 불리는 멘 산Men San은 손 센 밑에서 보좌관으로 일하다가 북동부를 관할하는 사무국장 자리에까지 올라갔다. 그러나 1976년 10월에 처형되고 말았다. 타 목의 보좌였던 시Sy는 나중에 서부 지역의 사무국장이 되었지만 1978년 4월 결국 처형당했다. 또 북서부 사무국장인 로 니음Ros Nhim 역시 시가 죽은 다음 달인 5월에 처형당했으며, 한때 S-21의 책임자였던 낫과 S-24의 책임자였던 누온 후이도 같은 운명을 맞이했다. 이외에도 많은 고위직 간부가 사라졌다.

사람들이 언급을 피하고 싶어하는 이 문제에 대해 두크가 어쩔 수 없이 입을 열었다.

"그때는 중앙위원회에 있던 한 사람의 목숨이 보통 사람들 수천 명의 목숨을 앗아간 것과 같았습니다. 이 말에 여러분은 어떤 대답을 하겠습니까?"

이 세상에 죽어 마땅한 사람은 아무도 없다. S-21과 쯔엉 엑은 방문객들 못지않게 외부인의 방문을 통해 이윤을 얻는 사람들에게도 크메르 루즈의 추잡한 행위를 보여주는 것에 그치지 않고 고통과 범죄란 무엇인지 진지하게 생각해보도록 한다. 크메르 루즈가 완전히 몰락하기 전, 수뇌부에서 마지막 거점으로 삼았던 안롱벵Anlong Veng이란 지역은 어떨까? 프놈펜과 달리 안롱벵은 크메르 루즈의 대량 학살을 관광 산업으로 극대화한 정점이 되었다.

LE MAÎTRE DES AVEUX

24
안롱벵, 살인자들의 마지막 은신처

　안롱벵으로 가는 진입로는 오랫동안 굴곡이 심한 길이었다. 또 비가 많이 와서 땅이 깊게 파이면 이곳에 가려고 했던 방문객과 관광객들이 중도에 포기하는 일이 다반사일 정도로 험난하다. 캄보디아 북쪽 국경 부근에 외따로 자리잡은 안롱벵 마을은 마을을 둘러싼 당그렉 산맥 기슭에 위치해 있다. 이 마을의 평화로운 겉모습은 서로 상반되는 두 가지 욕망이 조합된 결과인 듯하다. 바로 태국으로부터 자신을 방어해야 한다는 것과 은신처를 만들기 좋은 입지라는 것.

　마을 중심부로 들어가는 입구 역할을 하는 튼튼한 다리를 건너기 전, 도로에서 왼쪽으로 빠지는 샛길이 나온다. 그리고 그 길 끝에는, 그러니까 300미터 정도 더 가면 작은 반도가 나온다. 물과 땅의 경계를 이루는 이 드넓은 땅에는 망고나무가 자라난다. 사람들은 이곳을 호수로 여긴다. 수면이 정교하게 일렁이며 잔잔하게 흐르는 물과 함께 주변 대지에 풀이 무성하게 자라고 있었다. 또 키 큰 나무들은 미끈한 줄기를 자랑하며 투창처럼 뾰족한 끝을 하늘을 향해 뻗고 있다. 마치 명상을 하기 위한 평화의 땅에 온 듯한 인상을 주는 곳이다. 호수 안쪽으로 더 들어가면 흡사 커다란 습지와 닮았다. 이 작은 반도에서는 안롱벵 마을을 두루두루 잘 볼 수 있다. 이곳에 있는 거룻배는 현자들, 명상가들, 해상 감시인들에게 이상적인 곳이었다. 이곳은 크메르 루즈 군 총사령관으로서 가장 막강한 권력을 발휘하고 가장 잔인한 지도자로 유명했던 타 목이 거처한 곳이기도 했다.

안롱벵은 혁명 조직의 형제들에게는 사망하기 전 또는 항복하기 전까지 버틸 마지막 보루와도 같은 곳이었다. 폴 포트와 그에게 충성을 맹세한 자들은 내전 기간의 마지막 10년, 즉 1988년부터 1998년까지 이곳에서 지냈다. 하지만 이곳에서 가장 오래 생활한 터줏대감은 바로 타 목이었다. 정치부에서 제5의 형제 대접을 받던 그는 4인자로 승격되었고, 그러다가 3인자까지 올라갔다. 이게 다 숙청 작업과 여러 차례의 변절 사건으로 인한 결과였다. 타 목은 경쟁 구도가 매우 심한 조직 내에서도 가장 인정사정없는 냉정한 인물로 소문이 자자했다. 예전에 타 목이 살았던 집 바로 앞 호수 가운데 볼록하게 튀어나온 땅에 작은 집이 있었다고 한다. 폴 포트가 바로 그 집에서 살았다. 험준한 당그렉 산맥을 내려와 이 지역의 실권자인 타 목을 만나러 왔을 때 머문 곳이었다. 하지만 지금 그 집에는 임시로 만들어놓은 화장실만 남아 있는 상태다.

1997년, 타 목은 폴 포트를 잡아들여 간단한 재판을 마친 후 그를 가택 연금시켰다. 그 당시에 폴 포트는 두크의 옛 상관인 손 센을 죽이고 손 센만큼이나 위험하게 여겼던 그의 아내, 가족 11명까지 죽이라고 명령한 참이었다.

심리학자는 이에 대해 다음과 같이 상황을 분석했다.

"과대망상이 멈추지 못하고 계속 진행되는 것과 같아요. 이럴 때는 망상증 환자의 증상을 잠재울 만한 뾰족한 해결책이 없습니다."

제1의 형제가 결국 최고의 요주의 인물이 되고 말았다. 타 목은 폴 포트를 자기 감시 하에 두고 상대할 수 있는 유일한 권력자였다. 하지만 1년도 채 지나지 않아 1998년 4월, 폴 포트가 사망했다. 그해가 끝날 무렵, 타 목은 크메르 루즈의 최고 지도자 중 유일하게 살아남은 인물이 되었다. 1999년 초 체포되었을 때도(얼마 가지 않아 타 목을 유난히 두려워하던 두크도 결국 체포되었다) 다른 최고위급 간부들은 함께하지 않았다. 2006년 7월, 타 목을 재판할 국제 재판소의 개설이 공식적으로 결정된 날을 기점으로 정확히 10일 후 타 목이 그만 숨을 거두었다. 부르주아 계급이 주도하는 재판을 받을 날을 앞두고 사람들의 신랄한 조롱 속에서 세상을 떠난 것이다.

내가 안롱벵을 처음 찾아갔을 때, 넴 엔Nhem En이란 사람이 그 지역의 부군수였다. 그는 1975년, 그의 나이 열여섯 살 때 크메르 루즈의 승리 부대에 들어갔다고 했다. 그로부터 20년이 지난 1995년에도 분쟁은 끝나지 않았다. 하지만 넴 엔은 자신이 속한 부대가 게릴라 부대로 새롭게 바뀌면서 전과 차별화된 변화를 시도했다고 강조했다. 이제 냉전도 종식되었고 베트남의 지배가 10년 만에 끝나 베트남 군이 고국으로 돌아가게 되었다. 그러면서 캄보디아의 군사력이 힘을 모았고 1991년 평화 조약에 일제히 동의했다. 이 조약에 따라 대규모의 유엔 평화유지군이 캄보디아에 파견되었다. 전쟁에도 불구하고 캄보디아의 선거는 무사히 치러졌다. 베트남 지배 시기에 권력을 잡은 공산주의자들은 훈 센을 중심으로 집결하여 왕당[훈신펙당Funcinpec] 정치가가 함께 권력을 분배했다. 과거에 공산주의를 외치던 많은 정치가가 자본주의를 강조한 정치로 노선을 바꾸었듯이 캄보디아의 공산당도 급진적으로 정치 성향을 바꿔나갔다. 평화주의 노선에도 합류하지 않고 시장경제 체제에도 동의하지 않은 분파는 크메르 루즈밖에 없었다. 물론 이들이 시대착오적인 사상을 끝까지 고집한 결과 막대한 빚을 감당해야 하는 위기가 찾아오고 말았다. 더불어 조직원들의 이탈이 갈수록 심해졌다. 이제는 해체 위기에 빠진 크메르 루즈의 고위 간부들과 군인들이 왕이 내리는 대사면을 기회로 삼아야 할 때였다. 또 훈 센이 약속했던 국민과의 상호 화해의 장도 이용할 시기였다. 폴 포트는 손 센을 죽이고 타 목은 폴 포트를 감금하고, 그리고…… 시대의 변화에 둔감하고 무력을 써서 내부의 일을 해결하려고만 하는 늙은이들의 폭력적이고 과대망상적인 태도 때문에 조직이라는 배가 침몰하기 직전에 이르렀다. 배가 가라앉기 전에 얼른 이 배를 떠나는 게 상책이었다.

"제가 혁명주의를 신봉한 지 20년이 지났네요."

넴 엔이 혁명과 영원한 작별을 고하듯 말했다.

두크가 자신의 신변에 덜 위협적인 직무를 맡으며 혁명 조직의 일원으로 있을 때 넴 엔은 혁명가로서의 태도를 정리하는 시기를 보내고 있었다. 만약 두크가 S-21에서 일한 과거가 나중에 세상에 알려질 경우 자신에게 치명적인 불명예가 되리라는 것을 알았다면, 넴 엔도 자신의 선택이 나중에 그에게 영예로 되돌아오겠다고 짐작할 수 있었을지도 모른다. 어쩌면 그것이 수익이라는 형태를 띠기를 바랐을지도 모르겠다.

1990년대 중반에 S-21 교도소는 이미 전 세계에 알려져 유명세를 탔다. 두크 때문에 그런 것이 아니라 희생자들을 찍은 인물 사진 때문이었다. 전문가들은 수천 장의 흑백 사진 고유의 예술적 가치를 높이 평가하며 사진들을 분석했다. 그 과정에서 죽음을 기다리는 이 죄수들을 촬영한 장본인이 밝혀졌다. 바로 정글에서 막 나오자마자 S-21의 사진사로 임명된 넴 엔이었다. 넴 엔은 미국 대사에게 상을 받고 뉴욕에까지 초청되었으며 신문사와 잡지사의 인터뷰 요청이 쇄도했다. 넴 엔은 자신이 지금까지 100~200번의 인터뷰에 응한 덕분에 상당한 돈을 벌 수 있었다고 말했다.

넴 엔은 각종 행사에 참여하고 인터뷰에 응하던 3년 동안 내무부에서도 일했다. 그는 그곳에서 과거에 활동하던 부대 동료들의 제대와 재복무 관련 업무를 맡아보았다. 하지만 1998년을 기점으로 더 이상 전쟁은 일어나지 않았고 그로 인해 넴 엔의 일거리도 없어졌다. 그는 안롱뱅으로 떠나 왕당에 가담하기로 결심했다. 그리고 그곳 군청 소재지에서 책임 있는 지위를 맡을 기회를 얻었다. 2005년 그는 그 지역의 부군수로 지위가 올라갔다. 하지만 실질적인 권력이 왕당의 손을 떠난 지 이미 오래였다. 게다가 3년 전에 친아들이 부인을 살해한 혐의로 18년형을 선고받은 터라 넴 엔에게는 돈이 절실하게 필요했다. 재판관에게 돈을 쥐여줘 아들을 석방시키는 데 총 1만 달러에서 1만5000달러가 든다고 넴 엔이 내게 말했다. 그는 결국 아들을 돕기 위해 그리고 자기 자신을 구제하기 위해 내전 때부터 계속 실질적인 권력을 쥐고 있는 정당에 합류하는 길이 최선이라고 결론지었다. 그 정당이 바로 훈 센을 수장으로

1979년부터 실권을 쥐고 있는 캄보디아 국민당CPP이다. 2006년, 넴 엔은 자신의 생각을 바로 행동에 옮기는 데 주저하지 않았다. 실용주의를 선호하는 캄보디아 정치인 넴 엔이 기존의 정당을 버리고 캄보디아 국민당에 들어간 것이다.

크메르 루즈 소속에서 왕당으로 건너갔던 넴 엔은 그 둘을 패배자 집단으로 만들어버리고 그 위에 군림한 새 정당으로 다시 옮겨갔다.

부군수로서 다달이 받는 월급이 원칙상으로는 35달러라고 그가 내게 액수까지 꼭 집어 말했다. 넴 엔은 타 목이 지은 학교 앞에 위치한 조촐한 집에 살았다. 현관에 있는 벽에는 사진이 잔뜩 걸려 있었다. 그중에는 S−21에서 찍은 사진 건으로 미국 대사로부터 상을 받는 사진도 있었다. 그 외에도 크메르 루즈의 선전 포스터들도 있었다. 현실주의와 프롤레타리아 계급의 열정이 담긴 포스터들은 200년은 된 것처럼 굉장히 낡아 보였다. 넴 엔은 크메르 루즈와 관련된 사진을 2000장 가까이 보유하고 있으며 여러 권의 앨범으로 만들어 집에 보관했다. 대부분 본인이 찍지 않은 사진들이었다. 나중에 여러 경로를 통해 수집한 사진들로 상태가 매우 형편없는 사진이 많았다. 하지만 기록 자료로서의 가치는 대부분 높았다. 물론 S−21에서 찍은 사진은 아니었다. 탈출하는 과정에서 교도소 모처에 고스란히 두고 나왔으니까. 그의 앨범에는 이미 잘 알려진 이미지들과 덜 유명한 이미지들이 한데 섞여 있었다. 꼼짝 않고 누워 있는 피사체들을 적절한 구도로 촬영한 사진이었다. 손 센과 아내가 형을 당하고 난 후 피바다 속에 누워 있는 사진, 폴 포트나 타 목이 사망 후 침대에 평온하게 누워 있는 모습을 찍은 사진도 있었다. 죽은 타 목의 사진은 넴 엔이 직접 찍은 것이었다. 사진들을 바라보노라니 문득 그가 S-21의 사진부 책임자가 되지 못했다니 말도 안 된다는 생각이 들었다.

넴 엔은 그가 만든 앨범을 팔려고도 해봤지만 뜻대로 되지는 않았다. 그는 돈이 절실했다. S-21에서 보낸 과거 덕분에 넴 엔은 지난 10년간 최고의 경력을 쌓았고 거기에서 더 수익을 얻고 싶어했다. 그는 빠른 속도로 미디어가 대량 학살을 어떻게 이용하는지를 습득했고 미디어를 통해 약간의 이윤을 획득하는 데 성공했다. 그는 안롱벵의 미래 관광업에 큰 기대를 걸고 있다. 민주 캄푸치아 정권의 지도자 중 사람들에게 가장 많이 알려졌고 가장 잔인하기로 소문난 세 남자. 폴 포트, 타 목, 손 센이 이곳 안롱벵에 묻힌 것을 감안해 2007년 말 그는 안롱벵에 크메르 루즈 박물관을 세우기로 계획했다.

그의 사업 계획은 완전히 새로운 것과는 거리가 멀었다. 2001년 12월, 캄보디아 정부는 기존의 대량 학살 사적지를 조사 및 복원하고 양호한 상태를 유지하는 것은 물론 또 다른 시체 유기 장소를 발굴하여 검토하도록 정식 공문을 발행했다. 이들 장소에 경계를 세우고 나무들을 심은 공터, 안내판 등을 마련하여 캄보디아 국민과 관광객들을 위한 기념관으로 활용하기 위함이었다. 또한 지역 당국은 '폴 포트가 이끄는 크메르 루즈 군의 여러 지도자가 정치생활을 마감한 곳'이었던 안롱벵 산맥을 국가 관광 사적지로 선정했다. 넴 엔은 새로 급부상한 죽음 관광업에 한 발을 넣었을 뿐이지만 그 누구보다도 놀라운 방법으로 관광객들을 맞이했다. 예를 들면, 시체가 있는 무덤을 순례하는 코스와 집단 학살을 감행한 옛 지도자들이 살았던 은신처를 공개하는 코스를 마련했다.

넴 엔은 보다 원대한 구상을 했다. 그리고 200만 달러라는 거금을 직접 투자하기로 선언했다. 그중에서 30만 달러는 박물관 건축에 쏟아 부었다. 언론사와의 인터뷰에서 넴 엔은 이렇게 말했다.

"아주 좋은 계획이라고 생각했어요. 제가 일하는 이 지역의 금전적인 수입을 늘리는 데 매우 효율적인 방법이 될 겁니다. 외국에서 온 관광객들이 크메르 루즈의 지도자들의 초상화를 보고 싶어할 거예요. 그점에 대해서는 더 많은 조언을 받아야 합니다. 이를테면 박물관을 세워서 거기에 크메르 루즈의 지도자들 사진만 전시하는 것이 좋을까? 아니면 그 외의 다른 것들도 포함시켜야 할까? 그런 것들이요."

넴 엔이 자문으로 말을 마쳤다.

넴 엔은 안롱벵이 독일이나 베트남의 여느 지역보다 더 유명해질 수 있을 거라고 확신한다. 그 이유는 다음과 같다.

"호치민, 사담 후세인, 히틀러, 스탈린, 이 사람들 모두 전 세계인을 주목시킨 영웅들이었습니다. 그들의 행동이 선행이었든 악행이었든 말입니다."

그는 현재 기술적인 지원과 정신적인 후원이 필요하다고 내게 말했다.

하지만 무엇보다도 투자자금을 끌어들이는 일이 우선이었다. 그는 자신의 사업 파트너를 내게 소개해주었다.

앙카르 사원 초입에 자리하여 캄보디아의 관광지로 손꼽히는 대도시, 시엠립에 사는 보석상 부호였다. 이 여성은 넴 엔의 사업 계획안에 동의했고 안롱벵 입구 도로변에 있는 대규모 땅을 매입했다. 넴 엔의 계획대로 진행된다면 그곳에 크메르 루즈 박물관을 지어 크메르 루즈의 초기 활동과 관련된 자료와 넴 엔이 임의로 선정한 100여 점의 사진을 선보일 예정이다.

보석 가게를 한다는 투자자는 매력 넘치는 기품 있는 여성으로 스스로 자유분방한 삶을 추구하는 듯했다. 이혼 후 그녀는 자녀를 위해 자기 소유의 거대한 집을 지었다. 집의 구조가 마치 두 마리의 소가 수레를 끌고 가는 형태와 흡사했다. 그녀의 눈빛에서 확신에 찬 당당함과 지성미가 그대로 느껴졌다. 이 여성은 독자적인 사업을 성공적으로 운영해왔다. 게다가 국내에서 부동산 투자를 하면서 한 번도 손해를 본 적이 없었다. 해외도 그렇지만 캄보디아에서 사회 및 정치적으로 폭력을 휘두를 수 있는 현실적인 기반 중 하나가 부동산 사업이다. 부동산은 매점매석의 대상으로 사람들은 땅을 소유하려고 혈안이 되었다. 오늘날 캄보디아에서 이데올로기를 내세우면서 살인을 저지르거나 감옥에 강제 수용하는 일은 더 이상 일어나지 않는다. 그 대신 땅을 차지하기 위해 다른 사람을 강제로 쫓아버리거나 죽이는 일이 일어나고 있다. 과거에 크메르 루즈의 일원으로 일한 사람들이 오늘날에는 크메르의 부호로 살고 있다. 이 부자들의 지칠 줄 모르는 탐욕과 투기 성향, 부패 행위는 아이러니하게도 이들이 공개적으로 모욕한 1960년대의 최고 지도자들과 닮았다.

어떤 박물관을 짓더라도 보석상의 투자 비율은 극히 일부에 지나지 않는다. 그녀는 박물관 총 면적이 55헥타르라면 그중 1헥타르에 대해서만 투자를 하겠다고 자신의 입장을 밝혔다. 우아한 이 여성 사업가는 2년 뒤에 시엠립과 안롱벵 사이를 잇는 도로를 새로 닦는다는 사실을 알고 있었다. 그렇게 되면 두 지역을 이동하는 데 걸리는 시간이 1시간 반으로 줄어든다. 그녀는 도로가 생기면 앙카르의 옛 유적지를 구경하기 위해 매년 캄보디아를 찾는 100만 명의 관광객이 이곳을 들를 만한 곳으로 추천할 것이라고 예상했다.

"앙코르 와트를 방문하고 온 사람들이 이곳에 와서 캄보디아에서 일어난 일을 더 잘 알 수 있을 거예요. 여행사와도 상의해봤는데 저희를 적극적으로 지원해주기로 약속했답니다."

그녀가 내게 자세히 설명해주었다.

프놈펜을 찾은 관광객들은 여행의 필수 코스라고 할 수 있는 뚤슬렝 박물관과 쯔엉 엑에 있는 '킬링 필드'를 꼭 방문한다. 그렇다면 해마다 앙카르의 찬란한 역사를 구경하기 위해 이곳을 찾는 방문객들 중 한때 대량 학살을 자행한 주동자들이 묻힌 무덤을 방문해 보고 싶은 사람들이 있지 않을까? 고인에 대한 상념에 잠기거나 정반대로 모욕을 하러 가는 것이 아니더라도 한번쯤은 그들의 무덤가를 찾아가 보고 싶은 마음이 들 수도 있지 않을까?

넴 엔은 2000년부터 이러한 생각을 하며 크메르 루즈의 옛 지도자들과 관련된 박물관을 구상했다. 그리고 2007년 11월, 내가 그를 찾아갔을 무렵, 넴 엔은 군수로부터 박물관 건설에 대한 승인을 받는 데 성공했다. 넴 엔은 드디어 꿈꾸던 계획이 이뤄졌다고 생각했다. 그러나 아름다운 보석상 투자가와 정신세계가 좀 특이한 이 사진사 출신의 남자의 협력 관계는 아무래도 비현실적이었다. 몇 달이 지난 후, 결국 투자가 여성은 사업에 손을 떼기로 결정했다. 한편 넴 엔은 폴 포트가 신었다는 샌들 한 켤레, 옛 독재자였던 그가 입었다는 옷가지 등 각종 보물을 모두 합쳐 50만 달러에 내놓았다는 말을 늘어놓았다.

넴 엔은 진실만을 말하지 않았다. 다른 사람들처럼 그가 하는 말이 모두 참은 아니었다. 수년간 자신이 S-21의 유일한 사진부 책임자라고 자처했지만 실제로는 그렇지 않았다. 고문 부서에는 여섯 명의 사진사가 소속되어 있었음에도 불구하고 넴 엔은 그 부분에 대해 일절 언급하지 않았다. 게다가 열일곱 살 때 그는 사진부 책임자가 아니었다. 넴 엔은 자신에게 유리한 쪽으로 이야기를 만들어 이득을 보긴 했지만 그 후에 더 이상 자신을 상품화시킬 이야기가 부족해졌다. 그리고 그에 대한 신뢰성도 점점 떨어지기 시작했다. 소송이 진행되면서 그의 명성이 실추할 위기에 처했다. 생존해 있는 두 사진사가 나타났기 때문이다. 그중 한 명은 예심 판사의 신문에도 응했다. 넴 엔은 자신이 한 말에 책임을 지기에는 몹시 불리한 상황에까지 이르게 된 것을 알자 순순히 사진부 책임자가 다른 사람이었다고 자백했다.

그런 그가 두크에 대해 언급하면서 내게 이렇게 말했다.

"그와 같은 범죄를 저지른 사람들이라면 누구나 진실을 은폐하고 거짓말을 하려고 하는 게 당연합니다."

그 말을 듣고 나니 넴 엔이란 자의 전문가다운 노련미가 더욱 분명하게 다가왔다.

재판이 진행되는 동안 S-21 교도소에서 한 일이 단계별로 정리되었다. 먼저 죄를 지은 개인을 체포한 다음 감옥에 끌고 와 죄수로 등록시킨다. 그런 다음 감방에 보내 구금시키고 나서 심문과 고문을 거쳐 자백을 받아낸다. 마지막으로 사형장으로 이송한 다음 형을 실행한다. S-21 교도소 직원이었던 죄수만 제외시켰던 사진 촬영은 오늘날 똘슬렝 박물관이 전 세계적으로 유명 박물관 대열에 오르도록 했다. 수사가 진행되는 동안 그는 자신이 목격한 내용을 진술했으며 S−21에서 사진 촬영을 했던 사진사 중에서 유일하게 공판 때 진술문이 낭독된 증인이었다. 그러나 그는 법정에 소환되지는 않았다. 지나치게 신빙성이 떨어진다는 것이 이유였다.

25
타 목의 상

타 목이 안롱벵에 있으면서 묵었던 집은 이제 상업적인 개발 구역 중 하나가 되었다. 외국인들은 집에 들어가기 위해 2달러를 입장료로 지불하며 화장실을 이용하고 싶을 때는 500리엘, 즉 10센트쯤 되는 돈을 따로 낸다. 그 지역의 관광 담당자는 2007년 한 해만 매달 약 1000명의 캄보디아 내국인이 이곳을 방문했으며 태국인이 50~100명, 일본인을 비롯한 외국인 20명이 역시 달마다 이곳을 찾았다고 말했다. 매혹적인 작은 반도에는 차고가 하나 있다. 그곳에는 자동차들이 가지런히 주차되어 있다. 그리고 철사로 엮은 커다란 통발이 두 개 있는데, 이곳을 찾은 한 무리의 캄보디아인은 그 도구를 보고 거대한 물고기를 잡을 때 쓰는 낚시 도구였나 하는 의구심을 품었다. 그러나 안내원은 그 도구를 보며 죄수들을 가둘 때 쓰는 작은 그물망이었다고 소개했다. 그가 설명을 하는 방식이 꼭 쇼 프로그램에라도 나온 사람처럼 보였다. 더 멀리 가면 망고나무가 자라는 숲이 나온다. 그곳엔 작은 트럭이 기본 골격만 덩그러니 남아 있다. 활짝 열린 보닛은 입을 크게 벌린 한 마리의 멋진 양서류를 연상시켰다. 크메르 루즈는 이 트럭 안에 방송 기자재를 마련해 이동하는 동안 선전활동을 했다.

주요 건물 안에 들어가보니 변변한 가구나 집기 없이 텅 비어 있었다. 하지만 보존 상태만큼은 양호했다. 1층 벽에는 1990년대 초반에 그린 크메르 왕국의 찬란한 역사를 묘사한 벽화들이 뚜렷했다.

이 찬란한 시절은 오늘날까지도 자부심을 드높일 근거가 다소 부족한 캄보디아의 민족주의를 강화하는 역할을 한다. 앙코르 와트에 있는 사원이 그 대표 격이라 할 수 있다. 혁명 이전의 문화가 남긴 흔적을 지우고자 했던 크메르 루즈마저도 앙코르 와트 신전의 윤곽을 깃발에 그려 넣었다. 또 당그렉 산맥 정상에 자리잡은 멋진 유적인 프레아 비히어 사원Temple of Preah Vihear 터도 빼놓을 수 없다. 이따금 사원 인근에서 캄보디아 군과 태국 군 사이에 충돌이 일어나 군인들이 목숨을 잃는 일이 일어난다. 자기 나라를 위하는 마음에 사원 앞에 비이성적으로 목숨을 내던지는 일이 지금까지도 일어나는 것이다. 새벽에 동이 트면서 주변이 붉게 물들기 시작하고 서서히 은색으로 밝아오면 암석투성이 산 위 외딴곳에 위치한 이 고요한 제단은 사람들이 도착하기 전이든 아니면 도착한 뒤라도 늘 위풍당당한 세상 끝의 아침을 느끼게 해준다.

유명 사원들의 그림이 즐비한 집안 벽에는 왕국의 전경을 보여주는 1:1250000의 대형 지도가 하나 걸려 있다. 제작자는 넴 엔이다. 1993년에 총사령부의 요청으로 제작되었다가 지금은 이곳으로 옮겨왔다. 이 지도가 걸려 있는 방은 널찍한 테라스가 나 있어서 호수가 내다보이는 환상적인 전망을 자랑한다. 내 옆의 캄보디아인 네 명이 작은 목소리로 자기들끼리 이야기를 나누고 있었다. 그들은 멋진 경관을 예찬하며 타 목이 천국과도 같은 곳에 살았다고 감탄했다. 네 사람 모두 결혼식에 참가하러 이곳에 왔으며 오래된 꿈을 성스러운 결혼을 통해 이루게 된 것에 무척 기뻐했다. 그들에게는 두 가지 오래된 꿈이 있었다.

한 남자가 내게 무슨 이야기인지 자초지종을 설명해주었다.

"저는 앙코르 와트와 안롱벵, 이 두 곳을 생전에 꼭 한번 가보는 게 소원이었어요. 그런데 이렇게 소원 하나가 이뤄지니 아주 행복합니다."

결혼식이 끝나면 폴 포트가 묻힌 무덤에 갈 예정이라고 했다. 말하기를 조금 꺼리는 기색이긴 했지만, 그들은 크메르 루즈가 정권을 장악하던 시절에 적게는 열 살, 많게는 열다섯 살이었으며 어린이 기동 부대에 가담했다고 고백했다.

한 남자가 신중하게 말을 이어갔다. 사람들이 타 목을 범죄자처럼 여기고 훈 센을 영웅처럼 바라보지만 자기네는 모든 지도자에게 얼굴을 새긴 입상을 세워줘야 한다는 입장이라고 했다. 그러자 옆에 있던 친구들이 남자의 의견에 동조하며 캄보디아의 리더들이 모두 용감한 투사들이었다고 덧붙였다.

첫 공판이 있기 몇 달 전, 캄보디아 남부에 거주하고 있는 크메르 루즈의 희생자들을 위한 모임이 있었다. 참가자들이 두크가 저지른 범죄를 두고두고 기억할 수 있는 방법을 제안했는데, 그 제안이 매우 특이했다는 소문이 내 귀에까지 들렸다. 캄보디아의 큰 인권단체에서 일하는 청년은 뚤슬렝 박물관에 두크를 본뜬 상을 세 개 만들어야 한다고 제안했다. 하나는 거대한 말굽처럼 생긴 U자형의 피고인석에 앉아 있는 상이고, 두 번째는 자신의 잘못을 사죄하는 상, 마지막은 고문을 받는 상이었다. 자신의 견해를 뚜렷이 지녔던 이 청년의 제안은 거기서 끝나지 않았다. 재판 당일에 두크가 90명의 희생자 앞에서 무릎을 꿇었으면 좋겠다는 말까지 했으니까. 캄보디아인 당사자 측 변호사 한 명도 재판이 끝난 다음에 뚤슬렝 박물관에 두크 입상을 세우는 것이 좋다는 의사를 밝혔지만 혁명군복을 입은 모습, 즉 크메르 루즈의 범죄 행위의 주범자인 두크를 상징하게끔 해야 한다는 의견을 신중하게 밝혔다.

한편 넴 엔은 타 목과 폴 포트를 포함한 모든 고위 관리자의 상을 안롱벵에 세우고 싶다고 말했고 각 지도자의 경력에 따라 상 위에 '좋은 지도자' 또는 '나쁜 지도자'라고 새기자는 제안까지 덧붙였다.

"타 목의 상에 뭐라고 쓰고 싶으세요?"

나는 넴 엔에게 단도직입적으로 물었다. 그러자 넴 엔과 옆에 있던 결혼식 하객들이 일제히 큰 소리로 웃었다.

그중 한 남자가 먼저 입을 열었다.

"지금 이 자리에서 확실한 답을 하기는 곤란해요. 사람들이 대부분 그를 나쁜 지도자라고 말하니까요. 하지만 저는 다수의 의견에 동의하지 않습니다."

드디어 넴 엔이 입장을 밝혔다.

"저는 나쁜 지도자라고 쓰겠어요. 우선 전쟁에서 졌으니 좋은 평가를 내릴 수만은 없죠."

"그럼, 폴 포트는요?"

남자들 가운데 한 명이 먼저 '나쁜 지도자'를 선택했다. 넴 엔과 마찬가지로 전쟁에서 졌다는 이유에서다. 대화가 어느 정도 무르익기도 했고 사람들의 경계심이 풀려서인지 남자가 갑자기 구체적인 대답을 내놓았다.

"어쩔 수 없이 '나쁜 지도자'라고 써야 할 거예요. 그분 때문에 수백만 명의 사람이 목숨을 잃었고 국력이 크게 약해졌으니까요."

남자는 내친김에 계속 말했다.

지금까지만 해도 크메르 루즈 시대에 대해 잘 모른다고 했던 남자가 그 정권 아래에서 벌어진 범죄 행위를 구체적으로 언급하기 시작했다. 예기치 못한 그의 비판에 나는 다음과 같은 질문을 했다.

"그렇다면 당신이 생각하기에 타 목은 좋은 지도자입니까, 아닙니까?"

"나쁜 지도자라고 말하겠어요."

그는 이렇게 말을 맺었다.

당그렉 산맥에 자리한 안롱벵과 태국과의 경계를 곧장 가로지르는 도로에 스라 추크Srah Chhouk 탑이 있다. 그곳에는 웅장한 묘가 있는데 누가 묻혀 있는지는 알 수 없다. 고대 앙카르는 권력에 따라 묘의 크기나 보존 상태가 달랐는데, 그 기준대로라면 사후에 가장 강대한 크메르 루즈 지도자는 말할 필요도 없이 타 목일 것이다. 타 목은 '형제들' 중에서 대학교를 졸업하지 않은 몇 안 되는 인물이다. 하지만 농촌에서 그의 영향력은 혁명을 이끈 교육자 출신들보다 훨씬 우월했다.

부지의 한쪽 가장자리에는 미완성의 벽이 길게 늘어져 있다. 동일한 높이의 시멘트 벽을 잇대었는데 각각 크메르어로 글자가 새겨져 있었다.

누가 기증했다는 내용이 쓰여 있다고 사람들이 내게 말해주었다. 또 다른 가장자리에는 멋진 인공 못을 파놓았는데 주변에 유칼립투스 나무가 자라고 있었다. 나는 2007년에 이곳을 처음 방문했다.

가로 6미터, 세로 10미터의 자그마한 공원이 지면에서 50센티미터 위에 솟아 있다. 인조 자개로 덮인 작은 기둥이 그 주변을 에워싸고 있었고 꽃이 만발했던 것으로 기억난다. 중앙에는 나무로 된 멋진 지붕을 얹은 정자가 우뚝 서 있다. 네모난 포석을 덮은 바닥 가운데 직사각형의 큼지막한 묘가 회색 시멘트로 덮여 있다. 폭이 2미터는 족히 되어 보였다. 가운데가 볼록한 덮개로 인해 지면 위로 두드러진 묘에는 고인의 이름도 묘비명도 없었다. 지역 당국은 타 목이 살았던 집에 그의 이름을 표기하는 것은 괜찮지만 그의 무덤에는 표기할 수 없도록 금지시켰다.

첫 방문 후 3년이 지나 다시 이곳을 찾아갔더니 묘가 확 달라져 있었다. 단순한 구조의 나무 지붕 대신 단단한 재질로 지붕을 다시 만들었고 호화로운 묘로 꾸며놓았다. 지붕이 코끼리 모양으로 제작되었는데 문득 나를 이곳까지 태워준 오토바이 주인과 닮았다는 생각이 들었다.

묘지로 가는 길에 나는 타 목의 네 딸 중 한 명과 마주쳤다. 그녀는 소박한 구멍가게를 하고 있었는데 가게 안에 부친의 화려한 초상화가 걸려 있었다.

"그분이 선한 사람이었든 악한이었든 아버지는 아버지인 걸요."

타 목의 딸이 차분한 목소리로 말했다.

그녀는 지난 2년 동안 묘를 개축하는 공사가 있었고 1만6000달러의 돈이 들었다며 내게 주변 상황을 자세하게 설명해주었다. 그리고 지금은 돈이 다 떨어져서 정비를 중단할 수밖에 없지만 나중에 묘 주변에 고인을 그린 그림을 이름과 함께 전시하고 싶다는 포부를 보였다.

여자는 내게 미소를 지으며 물었다.

"당신이 공사를 위해 자금을 투자해주시겠어요?"

타 목의 묘에서 얼마 떨어지지 않은 곳에 작은 길이 나 있다. 그 길을 따라가다보면 기초를 다져 만든 허름한 오두막집이 하나 나온다. 눈에 잘 띄지 않는 집이었다. 집 앞에 1미터 정도 흙길을 지나치면 경사가 낮은 구릉이 이어진다. 그곳에 삼색제비꽃들과 관목 한 그루가 자란다. 주변에는 원래 표지판도 없었고 관리인이나 안내소도 없었다. 그러다가 2006년부터 지역 당국이 이 작은 집을 중심으로 1500평방미터에 이르는 땅을 보호하기로 결정하면서 그때부터 사람이 거주할 수 없는 보호 구역으로 지정했다.

별다를 것 없어 보이는 땅이 보호 구역으로 지정된 이유는 구릉 밑으로 손 센을 비롯한 열두어 명의 유해가 고스란히 남아 있어서다. 특출한 실력을 발휘했던 국방부장관이자 S-21 교도소의 창시자인 손 센과 그의 가족은 폴 포트의 명령에 따라 1997년에 형을 선고받아 모두 사망했다. 그 당시 폴 포트는 결국 베트남의 하노이 조직과 긴밀한 동조 관계를 맺은 상태였다. 그래서 1인자의 손에 마지막 '라인'에 속했던 손 센마저 최후를 맞이하고 만 것이다. 손 센의 죽음은 한참 동안이나 크메르인을 학살한 사람들 중에서 가장 사람들의 관심을 적게 끌었다.

호화롭기 그지없는 타 목의 묘와 자취도 찾기 힘든 손 센의 시체가 버려진 땅을 떠나 계속 가보자. 바위투성이 당그렉 산맥을 따라 급경사 길을 나아가면 캄보디아와 태국 사이의 총쌍암Choam-sa Ngam으로 이어지는 작은 국경사무소가 나온다. 총쌍암은 안롱벵에서 15분 떨어진 곳에 위치해 있는 마을이다. 가파른 길을 올라가는 중간에 거대한 바위가 우뚝 서 있는데 바위를 기준으로 길이 두 갈래로 나뉜다. 주민들이 제물을 바치는 자리로 정한 이곳은 지나는 사람들의 눈길을 끈다. 크메르 루즈가 예전에 베트남 군대와 싸워 이긴 승리의 날을 기념하기 위해 이 바위에 무언가를 새겼다고들 한다. 세월이 흐르면서 많이 훼손되긴 했지만 혁명 조직의 간부로 보이는 한 남자의 다리와 상체를 조각한 흔적이 보였다. 관광객들은 이곳에 도착하면 잠시 멈춰 머리가 사라진 상체 위에 자신의 얼굴을 대고 기념 사진을 찍곤 한다. 주변을 둘러보면, 바위 주변에 작은 '영혼의 집'이 열 채 정도 있다. 지역 주민들은 분명 혁명을 위해 싸운 전투원들을 기리기 위해 상서로운 이 바위 주변을 꾸몄다. 마을 여성들은 제단에 과일을 올려놓고 향을 피운다. 일부가 훼손된 어떤 조각품에는 색색의 천 조각을 늘어뜨려놓았다. 그 답으로 마을의 수호신은 주민들에게 풍요와 다산의 은총을 베풀어주기로 결심한 모양이다.

총쌍암은 전형적인 국경지대의 모습을 하고 있다. 한쪽으로 편향되지 않은 다양한 품목이 유통되고 있으며 전통적인 장이 서는데 불법 거래가 가장 심한 곳이라고 해도 과언이 아니다.

주요 도로를 따라 쭉 가다보면 약간 아래로 내려가는 길이 나온다. 그 길 초입에는 도랑을 지나갈 수 있도록 폭이 좁은 작은 판자가 다리처럼 놓여 있다. 도랑 양옆으로는 풀밭이 나 있다. 쓰레기와 섞인 더러운 물이 임시방편으로 만든 다리 밑에 고여 있다. 크게 몇 발짝 내딛기만 하면 되는 다리를 지나면 모래로 덮인 작은 오솔길이 나온다. 한 50미터 정도 걸어가면 양철 지붕을 씌워 폴 포트의 시체를 태운 재를 보관하는 곳이 보인다. 그리고 왼쪽에 독재자였던 그가 최후를 보낸 집이 있었는데 지금은 그 흔적이 거의 남아 있지 않다. 그 당시에 몸이 아팠던 폴 포트는 타 목의 하수인들의 감시를 받으며 이곳에서 생활했다. 집은 나중에 모조리 불질러버렸다. 그나마 남은 콘크리트 포석 틈새에는 솜털이 난 키가 큰 풀들이 마구잡이로 나 있다. 수풀로 뒤덮인 땅에는 과거에 집의 일부였던 법랑 변기 조각이 떨어져 있었다. 나와 동행한 미국인 친구는 박물관과 대량 학살 기념관에 대해 정통한 전문가였다. 그 친구는 이 변기 조각을 미국에 가져가 뉴욕의 전시관이나 박물관에 전시할 수도 있다고 말하며 소장품으로서의 가치를 인정했다. 그날 우리와 함께 했던 넴 엔이 그토록 꿈꿨던 박물관 말이다.

그는 미소 띤 얼굴로 중얼거렸다.

"작품 제목은 '폴 포트의 변기Pol Pot's Pot'가 되겠네."

어디에선가 가벼운 바람이 불어와 그곳의 분위기를 차분하게 가라앉혔다. 나는 친구의 다다이스트적인 계획을 조용히 들어주었다. 독재자의 재가 있는 이 초라한 곳에 온 다른 사람들 같으면 호기심과 거북함만 느꼈겠지만 그 친구 덕분에 나는 그곳에서 정신적인 휴식을 취할 수 있었다.

고인의 시체를 살랐던 곳은 흙을 돋우어 감춘 부분을 따라 병을 거꾸로 세워놨는데, 그렇게라도 화장터의 경계선을 만들고 싶었던 듯하다. 녹이 슨 양철 지붕 주위를 둘러싼 나무 울타리는 반쯤 부서져 있어서 주변 상태가 매우 허술했다. 지면에서 1미터쯤을 돋우어 재를 묻었지만 타이어 조각, 빈 병, 벽돌이 그 속에 버려져 있었다.

휑한 묘 앞에는 향 한 다발과 나무로 제작한 소형 코끼리가 놓여 있었다. 최소한의 관리만 했을 따름이나 주변 청결을 위한 주의만큼은 확실히 했다. S-21에 있는 영어 버전과 불어 버전의 안내판과 거의 같은 푸른 안내판에 관광부의 공식 문구가 적혀 있다. 방문객들이 주변을 깨끗하게 유지할 수 있도록 당부하는 글이었다. 무덤가에 세워둔 안내판에 쓰인 영어 문구는 다음과 같다.

'이 역사적인 장소를 깨끗하게 보존해주시기 바랍니다. 폴 포트가 화장된 곳입니다. 청결한 상태를 유지할 수 있도록 이곳을 더럽히지 말아주세요. Please help to preserve this historical site. Pol Pot's was cremated here. Help to maintain properly. Keep it clean.'

첫 방문 후 3년이 지나 다시 찾아가보니 길 가장자리에 난 도랑을 따라 빨간색 푯말이 줄줄이 꽂혀 있었다. 새로 만든 것처럼 보이는 안내판에는 해당 부지에 대한 자세한 설명이 적혀 있었다. 한편 넴 엔은 폴 포트가 썼다는 변기 조각을 빼돌렸다고 한다. 박물관에 전시하려고 가져갔거나 경매 상품으로 내놓았을 것이다. 흰색, 분홍색을 뽐내는 탐스러운 꽃들이 봉분 앞을 장식하고 있었다. 또 나무로 된 영혼의 집을 새로 만들어 보는 이를 깜짝 놀라게 했다. 말뚝 위에 세운 크메르 식의 멋진 빌라 같았다. 한쪽 측면에는 기둥 위에 수호신 역할을 할 코끼리 상을 장식해두었다. 나와 동행한 크메르인들이 해준 이야기인데, 태국인들이 폴 포트의 신상 명세와 관련된 번호를 찍어 복권에 당첨된 뒤에 이곳에 영혼의 집을 지었다고 한다. 전설의 마력은 태국인들에게 이런 식으로 이어 내려왔다.

총쌍암으로 이어지는 흙길을 계속 가다보면 관광객들과 행인을 위한 상점들이 줄줄이 있다. 잡초와 비닐봉지로 뒤덮인 황량한 땅에 회색을 띠는 3미터 높이의 나무 말뚝이 열다섯 개 정도 우뚝 서 있는 게 보인다. 사람들의 손길이 더 이상 닿지 않는 이곳은 지금은 관광지가 되어버렸지만 과거에는 소수의 인원이 모이던 집회 장소였다. 1997년 타 목의 주최 아래 폴 포트를 심문하는 공개 재판이 열린 적도 있다.

바로 그곳에 당그렉 산맥 산등성이에 위치한 숲으로 이어지는 길이 길게 뻗어 있다. 길은 100미터를 사이에 두고 한쪽은 낭떠러지, 반대쪽은 태국과 국경을 맞댄 지점도 있다. 이동 경로는 금빛을 띠는 가는 모래로 덮여 있다. 그 길을 조금 가다보면 타 룬Ta Roun의 가족이 운영하는 민박집이 나온다. 이중으로 굽은 바위투성이 산부리는 아찔한 절벽으로 이어지며, 그 아래 캄보디아의 드넓은 평원이 한 편의 장관처럼 펼쳐져 있다. 여기 위치한 난공불락의 망루는 바위를 절단해 만든 듯했다. 그래서 얼핏 보면 더 이상 일을 하지 않는 채석장처럼 보였다. 동이 트는 시간이 되면, 안롱벵의 호수가 마치 펄펄 끓어오르는 용광로인 양 붉어진다. 바로 이곳이 크메르 루즈의 중앙사령부가 마지막으로 명령을 내린 장소다.

앞에서 잠깐 언급한 룬은 중령 출신으로 1968년 정부군에 들어갔다. 그해는 게릴라 부대가 처음으로 무장 투쟁을 시작하던 해였다. 동시에 두크가 감옥에 잡혀 들어간 시기와도 겹친다. 룬은 그 당시에 열아홉 살이었다. 자신의 신분을 완벽하게 숨기는 데 성공한 그는 폴 포트가 지배하는 4년 동안 무사히 목숨을 보전했다. 그러다가 민주 캄푸치아가 붕괴하면서 다시 군대에 들어갔다. 타 목이 구속된 후, 룬은 국경을 감시하라는 임무를 부여받고 이곳으로 배치되었다. 룬과 함께 수십 명의 군인이 가족을 데려와서 이 절벽에 위치한 마을에 정착해서 살고 있다. 2001년 룬은 이 특이한 지리적 특성을 활용해 조용하고 소박한 민박집을 차렸다. 민박집에는 6개의 방을 마련해 관광객들을 손님으로 맞아들인다. 또 주민들 중에도 이 민박집을 고정적으로 찾는 이들이 있는데, 주변 환경을 높이 평가하기도 하지만 불륜과 같은 부적절한 관계를 은밀하게 즐길 수 있는 곳으로 적절하다며 어떤 사람이 내게 슬며시 이유를 들려주었다.

이토록 평이 좋은 멋진 민박집을 둘러싼 초원에는 타 목이 썼다는 대형 라디오 안테나가 남아 있다. 그리고 폴 포트의 하수인들이 손 센을 죽인 집의 자취도 여전하다. 방 하나로 된 돌집인데 벽의 절반이 철창으로 되어 있다. 내게 오토바이를 태워준 동행인은 3년 전에 이곳에 50대로 보이는 프랑스인 방문객을 데리고 온 적이 있다면서 말문을 열었다.

그 프랑스 남자는 이 집에 도착하자 갑자기 가방에서 검은색 스프레이를 꺼냈다고 한다. 이 집 내부에는 이미 사람들이 남긴 수많은 낙서가 벽을 도배하고 있었다. 그는 그 위에 큼지막한 글씨로 낙서를 했다. 정체를 알 수 없는 영감을 받았는지 그는 세 종류의 낙서를 남겼다. 감정을 최대한 절제한 낙서에는 불어로 '타 목, 부끄러운 줄 알아라'라고 적었고, 그보다 좀 더 과장된 낙서에는 '타 목, 인류 역사에 남을 암살자'라고 적었다. 그리고 마지막으로 성적인 표현을 쓴 문구에는 '남색가, 타 목'이

338

라고 적었다. 같은 프랑스인으로서 가끔 자신의 의사를 표현하기 위해 먼 곳까지 여행을 하는 동포가 있구나 하는 생각이 들었다.

그다음 내가 선택한 여행 경로를 따라 당그렉 산맥의 단층면으로 웅장한 숲을 지나자 연못 여러 개와 숲속의 빈터가 나왔다. 그리고 헐벗은 나무 그루터기가 쓰러져 있는 작은 늪지도 나왔다. 한 6킬로미터를 더 가자 길이 좁아지기 시작했다. 그러더니 가파른 비탈길로 변했다. 이 길은 무척 좁아서 차 대신 오토바이를 대여해야만 지나갈 수 있었다. 언덕길을 따라 올라가니 다시 길의 폭이 넓어졌다. 이번에 우리를 맞이한 곳은 민주 캄푸치아의 국가간부회의 의장을 지냈던 키우 삼판Khieu Samphan의 집이었다. 집은 크고 작은 나무 사이로 기초만 덩그러니 남아 있었다. 벽돌을 쌓은 벽은 부서져 땅에 흩어져 있었고 콘크리트로 된 벽면의 일부도 보였다. 시멘트로 접합한 흔적이 남은 철판 조각은 녹색을 띠었다. 과거에 이 집의 지붕에 얹은 철판인 게 분명했다. 외진 곳에 있어서 잊히기 쉬운 이곳에 관광부는 대범하게도 이미 파란색 푯말까지 만들어 꽂아놓았다. 이 오래된 거주지를 지나 내리막길을 따라가면 커다란 연못이 나오고 반대편에 오솔길이 보였다. 그 길을 오르면 평지가 펼쳐지는데 천연 방어물 역할을 해주는 호수와 경사가 가파른 협곡에 둘러싸인 곳이다. 맨 위까지 오르자 절벽 가까이에 폴 포트가 체포되기 전 마지막으로 머문 집의 폐허가 보였다.

그 집은 1993년에 지어졌으며, 가이드의 말에 따르면 자기가 2005년 이 집에 들어왔을 때 바닥에 멋진 타일이 깔려 있었다고 한다. 하지만 시간이 지나면서 조금씩 타일이 깨지거나 사라지기 시작했다. 콘크리트로 된 커다란 판 밑에 안으로 들어가는 입구가 두 곳 있었는데 어찌나 비좁은지 지나가려면 곡예를 해야 할 정도였다.

지하에 마련해둔 은신처는 따로 없었다. 가로 10미터, 세로 3미터의 방 2개로 된 지하실은 칙칙한 색깔의 벽 때문에 분위기가 더욱 음산했다. 그 위층은 거의 사라지다시피 했고 한 단 위에 만든 테라스만 덩그러니 남아 있다. 철조망으로 둘러싸인 테라스에 서면 왕국의 초원이 보이는 멋진 전망을 감상할 수 있다. 또한 콘크리트로 만든 커다란 원통들을 여러 개 찾아볼 수 있다. 과거에 물탱크로 사용되었는데 파괴되지 않고 지금까지 제자리를 지킨다. 집보다 낮은 지대에 있는 이 물탱크들은 수량이 차면 밖으로 배출할 수 있도록 되어 있었다. 젊은 군인 셋이 이 집을 지켰지만 그 일보다 주변 과일나무에 맺힌 열매를 따는 일에 더 열중했다. 관광부가 만들어놓은 푯말에 보면 집터와 관련해 다음과 같은 글이 눈에 띄었다.

'영광에 싸인 캄보디아를 있는 그대로 보여주기 위한 곳.'

넴 엔과 보석상 투자가의 말이 맞았다. 내가 두 사람을 만난 지 2년 후, 시엠립과 안롱벵을 잇는 길이 보수 공사에 들어갔고 캄보디아에서 매우 중요한 통행로가 되었다. 구불구불한 것이야 변함없지만 매끈하게 다듬은 120킬로미터의 아스팔트 길을 이동하는 데 1시간 30분이 걸린다. 보석상 여자는 박물관 사업에서 손을 뗐지만 넴 엔은 여전히 그 일에 매진했다. 시내에서 10킬로미터 벗어나 주요 도로와 만나는 분기점에 3킬로미터 거리에 위치한 박물관을 광고하는 거대한 표지판이 있다. 표지판의 좌측 상부에는 넴 엔의 두 초상화가 그려져 있다. 하나는 카키색 옷을 입은 크메르 루즈 조직원 차림의 넴 엔이고, 다른 하나는 넥타이를 매고 정장을 입은 지방 정치가의 모습이다.

악착같은 성격의 소유자인 넴 엔은 자신이 하던 일을 통해 소기의 이득을 얻는 것도 소홀히 하지 않았다. 부군수에서 물러난 뒤에는 지역의 '감독관'으로 일하고 있다. 현재 그는 벼농사를 짓는 논 50헥타르와 드넓은 밭을 소유하고 있고, 밭에는 캄보디아의 변덕스러운 날씨에 잘 적응하는 작물을 기르고 있다. 햇볕이 강한 날, 그를 만났다. 넴 엔은 크라마를 허리에 두르고 밀짚 모자를 머리에 쓴 채 근사하게 꾸며놓은 박물관 입구에 여러 색깔의 깃발을 꽂고 있었다.

그는 내게 두 달 후면 박물관 개장 준비가 끝날 거라고 예고했다. 몸을 후끈 달아오르게 만드는 열기 속에서 남녀 장인들이 열심히 일하고 있었다. 햇빛으로부터 몸을 보호하기 위해 빈틈없이 옷으로 감싼 그들은 크라마를 두건처럼 둘둘 말아 머리를 보호하고 대략 가로 25미터, 세로 7미터 규모 건물을 완성해가고 있었다. 넴 엔은 한 달에 적으면 100명, 많으면 1000명의 방문객이 찾아왔으면 좋겠다며 자신의 바람을 털어놓았다.

"그럼, 입장료는 얼마나 받으실 겁니까?"

"글쎄요."

사실 넴 엔은 박물관에서 조금 떨어진 곳에 훌륭한 시설을 자랑하는 '바라이baray'[크메르 왕국 시절부터 있었던 사각형 저수 시설] 두 곳의 건설 사업에도 손을 댔다. 바라이는 관개가 용이하도록 만든 저수지다. 이 일에 대한 열정이 대단한 넴 엔은 나와 친구 두 명을 자신의 차에 태우고 저수지 주변을 한 바퀴 돌았다. 전체 둘레가 100미터 조금 안 되는 규모였다. 트랙터가 우리 앞을 먼저 지나가며 재빠르게 길을 만들어주었지만 내 지인인 장 루시Jean Rouch는 졸지에 우리가 진흙투성이 승마장을 네모나게 돌고 있다며 여지없이 농담을 쏟아냈다. 넴 엔은 흥분한 나머지 극도의 고음을 내며 자신의 계획을 속사포처럼 빠른 속도로 털어놓았다. 요점만 말하면, 그가 레스토랑과 게스트하우스를 짓고 싶고 게스트하우스에 있는 방갈로에 이름을 짓게 된다면 '폴 포트' '누운 찌어' '키우 삼판'으로 하고 싶다는 이야기였다.

"투숙객들이 자기가 자고 싶은 방을 직접 결정하도록 할 겁니다."

넴 엔이 함박웃음을 지으며 말했다. 그의 눈동자가 반짝거리며 빛났다.

"이곳을 찾는 손님들이 가장 먼저 보고 싶은 것은 바로 앙코르 와트일 거예요. 그리고 두 번째가 크메르 루즈와 관련된 관광지겠죠."

넴 엔은 그뿐만 아니라 사원 건축에도 관심이 있었다. 그가 갑자기 내 팔을 붙잡더니 이 계획에 대한 구상 역시 다 해놓았다면서 설명을 늘어놓았다.

"타 목의 시체를 파내서 박물관에 전시할 수도 있어요. 그를 보고 싶은 사람들은 1인당 20달러를 지불하라고 할 거예요. 전기로 움직이는 유리문을 단 다음 문을 열면 시체를 볼 수 있도록 하는 거예요. 또 시체를 승강기로 이동시킬 수도 있고요. 타 목이 생전에 썼던 나무 의족을 박물관에 전시할 수도 있지요. 그러려면 일단 그 의족부터 찾아야겠죠."

넴 엔의 얼굴에 활기가 넘쳤다. 그는 팔을 쭉 펴더니 내 배를 가볍게 만졌다. 그리고 다정스럽게 내 턱을 손으로 집었다. 그는 박물관 개장 전 우리가 이곳을 찾아와서 마냥 즐거운 듯했다.

26
죽음의 라인

사람들은 보통 S-21 교도소와 쯔엉 엑을 방문하지만 앞으로 폴 포트의 무덤을 찾는 수가 점점 증가할 것이다. 반면 크메르 루즈가 세운 집단 수용소이자 두크가 관리했던 쁘레이 쏘(S-24)를 찾는 사람들은 앞으로도 거의 없을 전망이다. 사실 쁘레이 쏘는 크메르 루즈가 권력을 잡기 이전부터 이미 죄수들을 수용하던 교도소였고 지금도 그렇다. 혁명이 절정을 이루던 시기에 사람들은 그곳을 '재교육 센터'로 일컬었다.

누군가 두크에게 이런 질문을 한 적이 있다.

"'재교육'이라는 말을 썼는데 정치적인 표현으로 들리는군요. 왜냐하면 장기적인 관점에서 볼 때 그 당시 정권의 목표가 재교육보다는 죄수들을 으스러뜨리는 데 있었으니까요. 그렇지 않습니까?"

"예상하신 대로입니다. 누구나 그럴 거라고 예측할 수 있는 상황이었으니까요. 그땐 혁명이 죄수들을 한 명씩 없앤다는 의미였으니까요."

혁명을 위해 투쟁한 민주 캄푸치아 전역은 어느새 고된 노동을 감당해야 하는 대규모의 일터로 바뀌었다. S-24는 전국 각지에 있는 수많은 '협동작업장'과 견줄 만했다. 수많은 캄보디아인이 배고픔과 질병, 극에 달한 피곤에 지쳐 죽기 일보 직전이었다. S-24가 협동작업장들과 다른 점이 있다면 어쨌든 범죄를 지은 죄수들이 모여 있다는 것이다. 협동작업장의 경우 출신 계급에 따라 관리 유형이 달라지는 반면 S-24는 대부분 공산당에 가담한 전투원 출신이었다.

이곳으로 가도록 판결을 받은 희생자들은 대부분 중앙 조직의 숙청 작업에 희생당한 크메르 루즈의 하수인들이었다. 시골에서 살다가 형을 받아 감옥생활을 한 평범한 소시민들이 아니었다.

S-24의 주요 역할은 공산당에서 볼 때 당의 규율을 어긴 전투원들을 가두는 것이었고, 바로 사형에 처할 만큼 죄가 심각하지 않은 사람들이 머무는 곳이었다. 죄수를 으스러뜨리는 결정은 절반 정도만 확정된 것이었다. 죄수들은 그곳에서 '분자element'로 불렸다. 죄수들은 벼와 카사바를 재배하며 가축을 기르는 일을 했다. 크게 세 그룹으로 나뉜 죄수의 수는 대략 1300명에 달했다. 죄의 강도가 비교적 낮은 죄수들 중 이곳 규칙에 순응하고 일을 열심히 하며 비인간적인 환경 속에서도 꿋꿋하게 견딘다고 판단되면 석방되어 다른 전투 부대로 재배치를 받았다. 죄질이 중간 정도인 죄수들은 내부 생활에 따라 재평가를 받았다. 죄가 심각한 죄수들은 죽을 때까지 일을 하거나 쯔엉 엑으로 끌려가 최후를 맞이했다. S-24에서 찾은 기록에 따르면 590명의 죄수가 수용되었다고 나왔다. 그중 50명 정도의 죄수는 S-21로 이송하여 사형에 처했다. 우리는 S-24에서 사망한 죄수의 정확한 숫자는 물론 사형장으로

바로 보내진 죄수가 몇 명이었는지 알지 못한다.

두크는 S−24를 네 번 정도 방문했다고 자백했다. 마지막이 1978년 12월이었으며 외부로 도주하기 몇 주 전이었다고 기억했다. 그는 S−24의 책임자인 누운 후이를 체포하기 위해 그곳을 찾았다. 자신의 직속 부하였던 누운 후이는 S−21에 있을 당시 두크를 모시던 세 명의 관리인 중 한 명이었다. 그를 체포해야 하는 이유는 여러 가지가 있었지만 두크는 전부 생각나지는 않는다고 했다. 하지만 가장 결정적인 이유가 기억났는지, 두크는 S−24에 있던 무전기사가 도주한 일 때문에 책임자인 누운 후이를 체포할 수밖에 없었다고 말했다.

"말이 안 되는 일이었어요. 당장 그를 체포하라고 상부에 요청했어요. 그 결과 누운 찌어도 제 요구 사항에 기꺼이 동의했습니다."

두크가 누운 후이를 잡으러 가던 날, 누운 후이는 고구마 밭에서 일을 하던 중이었다. 그의 아내인 큰Khoeun은 S−21에서 여성 심문관 부서를 관리하던 부책임자 출신이었다. 누운 후이를 체포한 다음 날 큰마저 체포되고 남편의 뒤를 따라 저승세계로 떠났다. 그렇게 크메르 루즈는 같은 '라인'에 속하는 동료들을 가차 없이 죽였고, 얼마나 죽었는지 그 수를 다 헤아릴 수 없을 정도였다.

1977년, 오토바이 운전기사인 부 톤Bou Thon의 남편이 갑자기 체포되어 자취를 감추고 말았다. 폭 혼Phok Horn이라는 이름의 이 남자는 평범한 군인이었다. 하지만 고위 간부직에 있던 코이 투온의 권유로 혁명조직에 가담하면서 그의 불행이 시작되었다. 코이 투온은 그 당시 북부지역을 책임지는 관리자이자 상무부장관이었다. 1976년에 코이 투온은

345

윗선의 눈 밖에 나면서 결국 1977년 초에 S-21에서 최후를 맞이했다. 코이 투온의 '라인'에 속하는 말단 군인이었던 폭 혼은 자리에서 쫓겨난 윗사람의 뒤를 따라 '반역자의 무리'의 일원으로서 죽음을 면할 수 없는 잔인한 도미노 게임에 말려들었다. 이때 폭 혼을 찾고 제거하는 일에 손을 보탠 인물이 다름아닌 두크였다. 남편이 사라지고 3개월이 지나자 검은 군복을 입은 남자들이 부 톤을 찾아왔다. 남편이 휘발유를 훔친 죄로 감옥에 있으니 같이 가면 남편을 만날 수 있다고 했다. 하지만 남편과의 재회는커녕 부인마저 감옥에 수감되어 구타와 갖은 학대를 당했다. 크메르 루즈가 정한 규율에 따라 죽은 군인 폭 혼에 이어 그의 아내와 자녀들도 나란히 숙청 대상에 올랐던 것이다. 부 톤은 우선 S-21에 들어가 그곳에서 증명 사진을 찍었다. 그리고 나중에 S-24로 이송되었다.

부 톤에게는 4명의 자녀가 있었는데 모두 이 일로 희생당했다. 증인으로 나온 부 톤이 판사 앞에서 고통을 애써 참는 동안 방청석에 갑자기 시골 사람들이 몰려들었다. 당사자 측 좌석에 새로운 얼굴들도 보였다. S-21에서 희생된 죄수들의 혈족으로 다음 주에 증인으로 출두하기 위해 외국에서 이곳까지 일부러 왔다. 이들이 앉은 자리에서 두크가 있는 곳은 꽤 멀었다. 방청인들 너머 머리가 쑥 드러난 모습이 크기로 보나 흐릿한 형태로 보나 꼭 진열대에 놓아둔 두리안 열매처럼 보였다.

그때 경비원 한 명이 모기 한 마리를 잽싸게 잡는 모습이 눈에 들어왔다. 부 톤은 혁명이 한창이었을 때 중노동형을 받은 죄수들의 일상이 어떠했는지 이야기를 늘어놓기 시작했다. 나는 집단 노예생활에 관한 이야기를 하도 여러 번 반복해서 듣다보니 집중이 잘 되지는 않았다. 법정에서 재판이 시작된 지도 어느덧 4개월 반이 지났다. 그래서일까? 이제는 사람들이 상황에 많이 익숙해진 것 같았다. 이른 아침인데도 사람들의 표정이 이상하리만큼 밝았다.

부 톤은 상황을 생생하게 전달하기 위해 다양한 표현법을 썼다. 64세이지만 그녀의 회색 머리칼에서는 윤기가 흘렀다. 소심함을 떨쳐버리고 당당하게 증언하는 모습이 퍽 인상적이었다. 그녀는 흰색 블라우스 위에 금색과 녹회색이 섞인 실크 스카프를 둘렀다. 얼굴에 미소까지 띤 그녀는 아이러니하게도 즐거워 보였다.

그날 아침, 두크의 모습은 부 톤과 대조적이었다. 얼굴의 주름이 전보다 더 늘고 눈 밑에 살까지 처져서 그동안의 피로가 누적된 것을 알 수 있었다. 흡사 슬픈 표정을 지은 마르셀 마르소[프랑스 출신의 팬터마임 배우로 팬터마임 극단을 창립한 세계적인 배우이자 연출가]를 보는 것 같았다. 두크는 부드러운 음성으로 그녀의 사진과 신상 기록이 교도소 자료 보관소에 있다고 망설임 없이 단언했다. 도시 여성의 우아함이 느껴지는 부 톤의 현재 모습을 보고 있으면 그녀가 글자를 모르는 문맹인이란 생각을 잊어버릴 수밖에 없었다.

"제 남편은 폴 포트 아래서 살고 싶지 않다고 말했어요. 그 사람이 계속 권력을 쥐고 있다면 이 나라에 먹을 것이 충분하지 않을 거라고 했어요."

부 톤은 1973년 프놈펜에서 살았다. 폴 포트와 같은 라인에 속한 인물이 계속 권력을 이어가자 그녀는 도시의 부르주아 계급의 입장에 섰다. 그녀는 끊임없이 말했다. 그런데도 나는 부 톤의 이야기를 지겨워하지 않았다. 어느새 나는 그녀가 하는 이야기에 귀를 기울이고 있었다. 죄수들이 늘 걱정하는 것이 두 가지 있었으니 바로 배고픔과 갑작스러운 호출이었다. 부 톤은 이런 뻔한 수용소의 일상을 진부하게 이야기하지 않고 여러 단편적인 에피소드를 새롭게 재창조했다. 그녀가 들려준 이야기는 매우 세부적인 내용까지 담고 있어서 진짜로 그런 부분까지 기억하고 있는지 궁금할 정도였다.

그래도 여러 에피소드 중에서 바나나 사건은 확실히 신빙성이 있었다. 부 톤이 노역을 하는 동안 바나나 송이를 발견했다. 그리고 사람들이 보는 앞에서 허기를 채우기 위해 바나나를 먹으면 되겠다고 말했다. 하지만 이 이야기를 들은 교도관들은 그녀를 적으로 몰아 폭력을 가했다고 한다. 그때 얼굴에 맞은 상처가 지금까지도 남아 있었다.

매일같이 죄수들은 벼농사를 거들고 물을 나르고 옥수수 밭을 지켰다. 또 채소를 재배하는 일을 하면서 힘든 노동을 감당해야 했다. 이때 교도관들이 엄격하게 감시하기 때문에 쉴 수도 없었다. 그렇게 피땀을 흘려 수확한 작물은 베일에 싸여 정체를 알 수 없는 조직 앙카르를 위해 보내졌다.

"우리가 재배한 작물을 먹을 권한도 없었어요. 그런데도 아무도 저항조차 못했어요. 저 역시 교도관들에게 심한 압박을 받았어요. 그들의 명령에 복종하며 살아야 했어요. 반박할 권리가 없었으니까요. 원하면 언제든 저를 죽일 수도 있는 사람들이었어요."

그곳에서는 아무도 주변 사람과 이야기를 나누지 않았다. 동료 죄수 중 누군가가 부름을 받고 자리를 비운 채 영영 돌아오지 않는다는 것을 목격했지만 모두 장벽 없는 감옥을 나눠 쓰면서 쉬쉬하며 침묵을 지켰다.

그러다가 베트남 군대가 프놈펜을 점령했다는 소식이 전해지면서 상황이 달라졌다.

"저와 다른 죄수들은 이틀 동안 계속 달려 도망갔어요. 그때 저는 의리를 지킨답시고 무리를 떠나지 않았지요. 어리석게도 다른 죄수들을 따라가다니 눈이 멀었던 거죠. 왜 그랬는지 모르겠어요. 아무튼 그렇게 암리엉의 한 마을에 도착했고 이틀 밤을 묵으면서 숨어 지냈어요. 사람들 말로는 교도소의 책임자도 거기 숨어 있다고 했어요. 누군지 당연히 알고말고요!"

의자에 앉아 있던 부 톤이 갑자기 등을 꼿꼿하게 세우며 큰 소리로 외쳤다.

"어깨가 좁은 남자예요."

그녀가 인상착의를 설명하자 두크가 미소를 지었다.

"그리고 그의 아내도 알지요. 키가 크고 여자치고는 몸집이 좋은 사람이에요."

도피한 지 얼마 되지 않아 부 톤은 자녀들이 모두 죽었다는 소식을 들었다. 고향으로 돌아갔지만 집에 갈 엄두가 나지 않았다. 혼자가 된 것에 대한 두려움이 엄습했기 때문이다.

"고통스러운 시간을 보냈어요."

그녀가 감정을 최대한 억누르며 말했다. 하지만 눈물이 계속 흘러 그녀의 목소리가 흔들리는 것은 어쩔 수 없었다.

"마을에 있는 사찰을 돌보는 주지 스님이 제 삼촌이었어요. 삼촌은 제게 모든 것을 잊고 용서하라고 말씀해줬죠. 하지만 농사일을 혼자 하면서 이 일을 해서 뭐하나, 내 곁에는 아무도 없는데 대체 누구를 위해 일하나 하는 생각이 끊이지 않아요. 어머니께서는 마음을 편하게 먹으라고 하셨지만 저는 이 법정에 꼭 나오고 싶었어요. 제 남편과 자식들의 억울한 죽음을 갚아줄 수 있는 정의로운 심판이 꼭 내려지길 바랍니다. 대체 아이들을 왜 죽인 겁니까?"

법정에 휴정 시간이 찾아왔다. 부 톤은 물을 마셨고 두크는 책상 뒤에 앉아 입을 반쯤 벌린 채로 가만히 있었다. 그의 얼굴은 마치 고통스러운 내면을 감추려는 듯 가면을 쓴 것 같았다. 그래서 다른 사람들이 보면 그가 아픔을 느끼는지조차 알 수 없었다. 두크는 밖으로 나가는 방청인들을 물끄러미 바라보았다. 그러다가 담당 변호사와 캄보디아 출신의 보조들이 웃으며 여유를 즐기는 자리에 합류했다. 주머니에 손을 넣은 자세는 그가 일할 때 습관적으로 취하는 포즈라는 것을 단번에 알 수 있었다.

부 톤은 크메르 루즈의 간부 출신도 아니다. 사람들의 기억 속에 잊힌 유배지였던 쁘레이 쏘가 부 톤의 등장과 함께 크게 부각되었다. 1977년 7월 23일, 160명의 어린이가 곧장 쯔엉 엑으로 보내져 사형당했다. 이유는 이 아이들이 나중에 커서 크메르 루즈에게 복수를 할 수도 있고 죽은 부모 대신 키우기에는 양육비가 무척 많이 들어서였다. 쁘레이 쏘는 오늘날 다른 감옥처럼 박물관으로 탈바꿈하지 않았다. 폴 포트 시절 전 두크, 몸 나이, 폰이 수용된 때처럼 여전히 감옥으로 사용되고 있다. 역사 속에서 자칫하면 망각될 뻔했던 쁘레이 쏘가 이날 법정에서 다시 언급된 덕분에 사람들은 쁘레이 쏘의 존재를 확실히 기억했다.

이제 두크가 발언할 차례가 되었다. 부 톤이 갑자기 눈물을 흘렸다. 그녀의 눈물은 오랫동안 참아왔던 피고인의 눈물을 유도했다.

"저는 죄가 없는 사람들을 대신해 눈물을 흘리는 것입니다."

S-21과 S-24의 총책임자였던 피고인이 한숨을 쉬며 말을 시작했다.

"저는 캄보디아 국민과 가까이하고 싶습니다. 하지만 국민들이 저를 비난한다면 저는 그 점을 충분히 이해하며 벌을 기꺼이 받을 것입니다. 중형을 선고받더라도 달게 받을 것입니다. 코끼리를 가리겠다고 덩치 큰 코끼리의 몸에 양동이를 씌울 생각은 추호도 없습니다. 그 당시에는 '유은yuon'들이 캄보디아를 점령하기 위해 쳐들어왔다고 생각했습니다. 지금 이 자리에 계신 판사님들 앞에서 그리고 캄보디아 국민들 앞에서 말하건대, 희생자들의 고통을 진심으로 나누고 싶습니다. 법정의 판결이 어떤 것이든 따를 것입니다. 캄보디아 국민이 제게 최고형을 내려도 좋습니다."

그 순간 방청석이 쥐 죽은 듯 고요해졌다. 사람들이 눈치를 보며 자세를 바꿀 때마다 삐걱거리는 소리와 옷자락이 가볍게 스치는 소리만 들렸다. 깜짝 놀란 사람들은 당황한 표정을 지으며 몇 초 동안 돌처럼 굳어 있었다. 두크는 법정 관계자들에게 인사를 한 다음 방청인들을 향해 허리를 굽혔다. 단정하게 빗질한 머리카락, 우아한 사롱을 허리에 두른 부 톤이 사뿐사뿐 걸어나갔다. 확신에 찬 의연한 걸음의 노부인이 그렇게 법정을 떠났다.

LE MAÎTRE DES AVEUX

27
프놈펜에서의 탈출

프놈펜에서 떠나는 과정은 야반도주에 가까웠다. 두크는 화가, 조각가, 전기 수리공, 기계 수리공, 치과의사로 일하던 죄수 열두어 명에 대해서는 미처 생각할 겨를이 없었다. 당을 위해 잠깐 쓸모 있는 일을 한 죄수들은 잠시나마 죽음에서 먼 삶을 살 수 있었다.

"누운 찌어가 교도소를 모두 비우라고 명령했을 때 우리가 부리는 죄수들까지 처치해야 된다고는 생각하지 않았어요. 캄푸치아 공산당이 멸망할 거라고는 생각하지 않았으니까요. 그러나 베트남 군이 접근해오자 저는 바로 도망을 갔습니다. 이 죄수들을 버려둔 채 말입니다. 그 결과 이들이 생존하게 된 거고요. 제가 실제로 연민의 감정을 느꼈다거나 머릿속에 특별한 생각이 있어서 이들을 내버려둔 게 아닙니다. 그냥 단순하게 이들의 존재에 대해 생각을 못한 것뿐입니다."

"그렇다면 이들을 처단할 수도 있었단 말이군요. 그렇습니까?"

판사 한 명이 물었다.

"네, 판사님."

두크가 맨몸으로 교도소를 나왔을 때가 1979년 1월 7일 늦은 아침 무렵이었다. 베트남 전차의 추격을 받는 상황이었다. 부 톤처럼 두크도 이틀 내내 걷기만 했다. 물도 음식도 여의치 않았다. S-21에 고용된 열두어 남짓한 죄수의 운명도, S-24에서 일한 노동자들의 운명도, 교도관들의 운명도 더 이상 두크의 관심사가 아니었다.

이제부터 각자의 인생은 스스로 책임져야 했다. 두크는 암리엉이 나오는 북동쪽을 향해 도망갔다. 살인자는 항상 살인 현장을 다시 찾아온다는 말이 있다. 두크는 과거에 M-13 교도소가 있던 터를 발견했고 그곳에서 잠시 동안 피신해 있었다. 그가 정치경찰로서 처음 경력을 쌓은 곳이었다. 두크가 거느렸던 낮은 계급의 경찰들은 타 목의 명령에 따라 움직였고 나중에 다른 곳으로 직장을 옮기거나 죽었다. 그 당시에 두크는 북서쪽에 위치한 삼라우트 지역으로 발령받기를 원했지만 실패로 돌아갔다. 수 멧Sou Met 사령관의 지휘를 받고 싶어했던 두크는 1977년 숙청 작업이 한창일 때 그와 직접적인 협력 관계를 맺는 데 성공했다. S-21의 자료보관소에는 그때 주고받은 편지 아홉 통이 명백한 증거 자료로 남아 있다. 두크는 한 지역을 총괄하는 크메르 루즈 지휘관인 수 멧에게 자백의 발췌 내용을 건넨 적이 있다. 수 멧이 거느린 300여 명의 부하가 S-21에서 형을 선고받아 목숨을 잃었던 탓이다. 오늘날 수 멧은 캄보디아 정부군의 퇴역 장군이 되어 개발이 덜된 바탐방 주Battambang에 위치한 시골 마을에서 한가롭게 살고 있다. 캄보디아 정부는 수 멧을 피고인으로 지목하는 것에 반대 입장을 표명했다. 소송 관계자들과 판사들도 수 멧의 법정 출두가 불가피하단 생각은 하지 않았다. 다른 소송들처럼 이번 소송 역시 정치적인 힘 앞에서는 무릎 꿇을 수밖에 없었다.

두크는 삼라우트에서 운송 부문 관리자로 일했던 기간에 대해 자세히 이야기했다. 또 수 멧의 자녀들을 가르치는 개인 교사로 일하기 전, 수 멧이 자신을 한 지역의 지휘관으로 임명시켜주겠다고 한 제안을 거절한 일화도 소개했다. 그 뒤 두크의 고문관으로서의 경력은 끝났다. 8년여 전에 갑자기 시작한 고문은 이제 그의 인생에서 사라졌다. 하지만 두크는 여전히 크메르 루즈의 한 사람으로 살고 있었다. 다만 달라진 것이 있다면 국가의 안보를 위한 그 어떤 책임도 지지 않는다는 데 있다. 사람들은 그를 혁명운동의 최고 지휘자들의 그룹에 들어간 강대한 열정가로 묘사했다. 그리고 정치국의 일급 비밀에 대해서도 모르는 것이 없는 사람이라고 여겼다. 하지만 이제 그는 아무도 아니게 되었다. 더 이상 혁명에 유용한 사람이 아니었다.

경찰 임무와 숙청 작업은 한켠으로 물리고, 다시 두크를 지하운동가로 생각해야 할 때가 온 것이다. 두크는 군사적 인물상에서 벗어났다. 그의 갑작스러운 직업 전환에 대해 아무도 정확한 이유를 설명할 수 없었다. 검사도 그랬고 피고인도 스스로 해명을 잘 못했다.

"저는 새 사냥을 좋아하는 편입니다."

1980년인지 아니면 1981년인지 확실하지는 않지만 두크는 삼라우트의 외딴 집에 있으면서 사냥할 때 쓰는 총을 닦고 있었다. 총 사냥이 그의 취미였다. 두크는 총을 조립했다. 총알을 채운 다음 탄창에 윤활제를 발랐다. 그런 다음 하늘을 향해 총구를 겨누었다. 두크의 아내는 남편이 언제 총 다루는 법을 배웠는지 의아해했다. 두크가 불시에 팔을 뻗더니 손가락으로 방아쇠를 당길 준비를 했다. 총을 쏘는 순간 두크의 한쪽 손이 부상을 당하고 말았다. 간호원 출신인 아내가 잽싸게 붕대를 가져와 응급 치료를 했고 가장 가까운 곳에 위치한 임시 병원에 남편을 데려갔다. 하지만 두크는 손가락 하나를 절단해야 한다는 이야기를 들었다. 그때부터 그의 왼쪽 손가락은 4개가 되었다. 부상당한 손 때문에 두크가 딱딱하지만 힘찬 몸짓을 보이면 꼭 공을 세운 군인 같다는 느낌이 묻어났다. 하루는 법정에 온 여기자가 나를 보며 두크의 왼쪽 손이 꼭 새의 발처럼 생겼다고 속삭였다. 허나 새 사냥을 좋아한다던 그는 그 뒤로 새를 더 이상 잡을 수 없게 되었다.

1980년대 중반, 두크는 초등학교 교사로 다시 일을 하게 되었다. 학교는 크메르 루즈의 게릴라가 점령하고 있는 지역에 위치했다. 두크가 S-21에서 근무할 때 태어났던 자식들 말고도 그새 아들 둘이 더 생겼다. 손 센은 두크에게 중국에 가서 학생들에게 크메르 문학을 가르쳐보라는 제안을 했다. 본명이 깡 켁 이우인 두크는 중국에 가기 전 이름을 바꾸기로 했다. 항 핀Hang Pin이 그의 새 이름이었다. 성인 항은 그의 옛 조상이라 할 수 있는 중국 부족의 이름에서 따온 것이다. 조상들이 살던 나라에 가르치러 가는 입장에서 딱 알맞은 성이었다. 핀은 그에게 있어 게으름을 부리는 학생을 뜻하는 단어로 성실했던 두크의 실제 모습과 대조적인 의미를 지녔다. 하지만 불교 교리 사전에 보면 핀이란 단어는 정상, 우월함과 관계가 있다.

어쨌든 핀이란 이름에는 두크가 늘 동경하던 '정상' '우월함'과 현 상태인 '쓸모없음'이 공존하게 되었다.

1986년 9월, 두크가 드디어 베이징으로 떠났다. 그리고 2년 뒤에 다시 캄보디아로 돌아와 손 센의 아내 밑에서 일했다. 그 후에는 프코암 Phkoam이라는 마을의 회계 일을 맡았다. 그 후 캄보디아가 평화 조약을 받아들이면서 유엔의 감시 아래 여러 당이 참여한 선거위원회가 조직되었다. 두크는 크메르 루즈 소속 당원으로 그 자리에 참석할 준비를 했다. 그러나 계획은 수포로 돌아갔다. 1991년에 크메르 루즈가 평화 조약을 거부하면서 갈등 상태가 빚어졌기 때문이다. 하지만 크메르 루즈 군대가 세력을 장악하는 데 실패하면서 프코암은 정부의 통제 지역이 되었다. 항 핀으로 살던 두크는 당의 중앙위원회와 연락을 취할 수 없었고 더 이상 승리를 자신할 수 없는 상황에 이르렀다. 동료들과의 관계가 모두 끊기면서 두크는 크메르 루즈의 용사들이 그랬던 것처럼 몸을 빼낼 길을 찾느라 바빴다. 그렇게 혁명의 꿈은 시들어갔다. 크메르 루즈의 최고 지도자들은 심지어 베트남 사람들이 S−21 교도소를 만들었다는 주장까지 하기 시작했다. 거기에 손 센의 부인은 스웨덴 전문가들이 현장 조사를 나왔고, 그곳에서 발견한 시체들의 사망 날짜가 1979년 1월 이후였다고 자신 있게 말했다. 사람들의 거짓 발언에 두크는 자신이 25년 동안 거짓으로 가득한 세상에 갇혀 살았던 것 같다고 토로하며 이제는 그 한계에 도달한 것 같다는 말을 했다. 그리고 자신이 혁명운동에 큰 공헌을 했음에도 불구하고 그에 상응하는 대가를 받지 못했다는 말도 덧붙였다.

"역사가 그대로 증명해 주는데 어떻게 그런 말을 할 수 있는지 정말 이해할 수가 없어요. 과거에 어떤 일이 있었는지 나도 아는데⋯⋯. 어떻게 S−21 교도소를 베트남의 작품이라고 말할 수 있는 겁니까?"

두크는 크메르 루즈에 들어가 새로운 인간이 되려고 하기 전에 자신이 몸담았던 세상으로 돌아갔다. 바로 공교육이었다. 프코암의 한 고등학교에서 그는 물리학과 화학을 가르치게 되었다. 그러다가 1995년 11월, 자택에 강도가 무단 침입하면서 두크의 아내가 강도의 칼에 찔려 사망했다.

프코암 마을에는 그 뒤로도 계속 흉흉한 사건이 이어져 위험 지대로 알려져 있다. 싸움도 자주 일어나고 각종 범죄가 유행병처럼 퍼졌다.

"그 당시에 마을의 보안 경비가 철저하긴 했지만 하루가 멀다 하고 매일같이 총소리가 들리고 절도 사건이 일어났어요. 법이 있어도 사람들이 그 법을 지키지 않았어요."

증인 한 사람이 과거를 회상하며 말했다.

오늘날 두크는 자신의 영원한 적, 두려움의 대상인 타 목이 자신의 가족을 노린 것이라고 확신한다. 그는 감옥에서 일할 때 죽은 매형에 대해 냉정한 태도로 말했던 것처럼 아내를 죽인 자에 대해서도 같은 톤을 유지하며 자신의 감정을 밖으로 드러내지 않았다. 또한 현재 살아 계신 친어머니와 1990년 돌아가신 친아버지에 대해 이야기할 때도 차분한 목소리는 여전했다.

"한 번도 아버지 꿈을 꿔본 적이 없습니다."

두크가 사실을 강조하듯 힘주어 말했다.

게다가 죽은 자녀들을 더 이상 볼 수 없게 되었지만 두크는 자식을 잃은 슬픔 역시 겉으로 표현하지 않았다.

"타인의 생각, 타인이 느끼는 감정에 공감하지 못하고 타인이 자신과 다르게 생각하고 느낄 수 있다는 것 자체를 이해하지 못하는 공감 불능disempathy 상태에 빠진 거라 볼 수 있습니다."

심리학자가 두크의 심리 상태에 대해 이와 같이 말했다.

"두크는 개인의 독립적인 정체성을 말살하고 그 빈자리에 조직의 정체성을 대신 집어넣었어요. 예전에는 공산주의를 넣었고, 지금은 기독교가 그 자리에 들어앉았지요. 물론 두크의 심리 상태를 완전히 공감 불능만으로 일반화할 수는 없습니다. 그의 인성을 형성하는 또 다른 특징이 있는데, 전문 용어를 빌리자면 감정표현 불능증alexithymia이라고 합니다. 피고는 지금 내면의 감정을 의식적으로 느끼고 언어로 표현할 수가 없어요. 중국계 캄보디아인의 문화적 속성에 영향을 받은 면도 있지만 단순히 문화가 두크의 인격을 결정했다고 보기는 힘들어요. 그의 사고 체계는 매우 실용적이에요. 두크의 표현대로 '유용함에 중점을 두고' 생각하는 사람입니다."

캘리포니아 주의 LA에 사는 목사 크리스토퍼 레이펠Christopher Lapel은 그의 나이 서른일곱 살 때 두크를 처음 만났다.

1995년 12월 연말에 목사는 항 핀을 '복음 기사단'의 일원으로 받아들였다. 복음 기사단은 사헬 지역의 수확물을 덮치는 메뚜기 떼처럼 30년 전부터 제3세계에서 활발한 기독교 활동을 펼치는 이들을 가리켰다. 그는 자신이 맞이한 두크의 과거 경력을 전혀 몰랐다. 하지만 그게 다 무슨 소용 있겠는가? 항 핀은 불의의 사건으로 홀아비가 되고 신에게 자신의 일생을 바치고 싶어 찾아온 사람이었다. 목사의 눈에 비친 두크는 그저 신의 종이 되고자 기꺼이 기독교의 세계를 찾은 마음 따뜻하고 인자한 남자일 뿐이었다. 2주간의 교리 교육을 받고 깡 켁 이우에서 두크로, 그다음에는 항 핀으로 이름을 바꾼 이 남자는 S–21이 문을 닫은 지 정확히 17년이 지난 1996년 1월 6일 강가에서 세례를 받았다. 두크는 설교자로 나설 준비가 되었다고 선언했다. 라펠 목사는 두크가 복음을 전파할 수 있도록 바로 자리를 마련해주었다. 그렇게 3년이란 시간이 흘러 기독교로 개종한 항 핀의 진짜 정체를 알게 된 목사는 처음에는 놀라워했지만 이내 흐뭇한 표정을 지었다.

"주님이 한 사람의 인생을 바꿔주었어요. 살인자에서 기독교 신자로 변한 과정을 보게 되다니 기뻤습니다."

공산주의에서 타인을 사랑한다는 것은 프롤레타리아 계급에게 절대적인 권력을 준다는 것을 의미했다고 두크가 우리에게 말했다. 그러나 공산주의의 신조를 버리고 기독교를 받아들이자 기독교는 그에게 이웃을 자기 자신처럼 사랑하는 것이야말로 모든 이에게 진정으로 이로운 길이라고 지도했다.

"이 종교로 개종하길 참 잘했다는 생각이 들어요. 적도 사랑할 수 있는 법을 가르쳐주는 곳이니까요. 모든 사람을 계급 없이 평등하게 대하는 종교만 따르고 싶습니다. 그런 의미에서 기독교야말로 이상적인 종교라고 생각해요."

공산주의는 자백, 기독교는 고해성사. 사전에 털어놓음으로써 구제받는다는 점에서 공산주의 세계와 기독교 세계는 통하는 부분이 있었다. 두크는 두 세계에 모두 발을 담가본 인물로서, 사실 은폐만이 구원의 길이라는 것을 알았다. 죄를 씻고자 세례를 받으면서 두크는 정말 죄를 용서받을 수 있었을까? 만약 세례를 받는 사람이 거짓말을 한다거나 진실을 은폐할 경우, 진정한 세례라고 말할 수 있을까?

라펠 목사는 기독교가 한 사람을 구제하는 데 성공한 것에 대해 만족해할 뿐 이와 같은 의혹에 대해서는 별로 신경을 쓰지 않는 듯했다. 신에게 선택되어 유일한 주를 받아들이고, 예수 그리스도를 구원자로 여기며 세례의 의미를 이해한다. 그러면 세례로써 구원받을 수 있다. 목사는 이런 생각을 바탕으로 두크에게 세례를 해주었다.

"두크, 아니 항 핀을 처음 만났을 때가 문득 떠오르는군요. 1995년 연말이었는데 마음의 평화가 사라진 채 매우 슬퍼 보였어요. 기쁨도 삶의 목적도 없어 보였어요. 하지만 제가 세례식을 해준 다음부터는 그의 삶이 확연하게 달라졌어요. 사람이 180도 달라졌어요. 평화와 즐거움을 매일 만끽하며 살았고 인생의 의미를 깨달은 사람처럼 보였어요. 저는 아직도 그날을 생생하게 기억합니다. 그의 겉모습이 갑자기 달라진 날이었어요. 옷을 잘 차려입고 안경을 낀 항 핀이 사람들의 말을 경청하고 복음을 전파했어요. 또 교리를 가르치면서 신, 예수, 성령, 원죄, 구원에 대한 질문도 했습니다."

항 핀은 14가구의 가족을 위한 보금자리인 이상적인 새 교회를 짓기 위해 살던 곳으로 돌아왔다. '소비에트적 인간homo sovieticus'에서 '거듭난 인간born again'으로 다시 태어난 그는 새로운 인간이 되는 기적을 다른 곳에까지 확산시켰다.

하지만 라베르뉴 판사는 두크의 신앙심을 의심했다. 어떻게 그렇게 빨리 한 사람이 세속사회의 목회자가 될 수 있는지 이해할 수 없다는 입장이었다.

"지나치게 빠른 속도로 회심을 하는 것 같군요. 목사님께서는 세례를 받는 사람들이 모두 그렇게 빠른 속도로 사람이 변하는 게 가능하다고 보십니까? 아니면 특별히 두크만 예외적인 사례인 건가요?"

"뭐라 말해야 할지 말이 잘 안 나오네요. 어떤 사람이 신의 목소리를 듣고 그 부름이 심장을 관통했다면 그의 내면에 어떤 일이 있었는지에 대해서는 제가 모든 것을 확인할 수 없습니다. 교리를 배우고 신의 말씀을 듣고 나서 그는 더 이상 지체하려고 하지 않았어요. 저는 항 핀의 간절함을 눈으로 직접 보았습니다. 그는 서둘러 고향에 돌아가 친구, 친지들과 함께 예수의 말씀을 나누고 싶어했어요."

"그렇다면 그에게 주어진 소명이라는 것이 예수를 믿게 된 그 자신의 새 신앙을 이웃들과 나누기 위함인가요? 아니면 그 이상의 무엇을 위함일까요? 두크가 교리를 가르치고 직접 세례식을 주관하고 예배를 거행할 수 있다고 생각하세요?"

"네, 판사님. 충분히 예배를 올릴 수 있다고 봅니다. 신의 말씀을 사람들에게 가르쳐줄 수도 있고 기도회는 물론 그 마을의 교회 관리자로서 신자들과 성찬식을 할 수도 있고요."

"기독교로 막 개종한 그의 신앙심에 어떤 결점이 있다는 걱정은 해본 적이 없는 겁니까?"

"아뇨, 그런 걱정을 할 이유가 없지요. 그분이 복음을 전파할 때 사람들이 말씀의 진리를 마음속 깊이 느낀다는 것을 알 수 있으니까요. 판사님, 제가 할 수 있는 말은 이게 전부입니다."

"캄보디아에 있는 목사님의 교회에 총 몇 명의 신도가 있는지, 그리고 세례를 받은 사람이 얼마나 있는지 아십니까?"

"정확한 숫자는 기억을 못 하지만, 제가 캄보디아 교회를 방문한 지 18~19년이 지났고 그 사이에 수천 명의 신도가 들어왔다고 알고 있습니다."

"목사님, 참석해주셔서 감사드립니다. 재판장님, 저는 더 이상 이 증인에게 할 질문이 없습니다."

이번에는 검사가 증인에게 질문했다.

"목사님은 두크가 개종을 한 이유가 심리적인 안정을 찾기 위해서일지도 모른다는 생각을 해본 적은 없으십니까? 아니면 기회를 이용하기 위함이나 여러 가지 추론을 한 결과 가장 효율적인 선택이 기독교 개종이었을 수도 있지 않습니까? 예를 들어, 기독교로 개종하면 특별한 조건 없이도 즉시 신에게 죄를 용서받는 은총을 입겠지요. 불교의 윤회사상에 위배되지도 않고 말입니다. 그렇지 않습니까?"

"예수님의 전능한 힘을 다 헤아리기란 매우 어려운 일이지요."

법복을 입은 사람들이 종교에 대한 회의적인 시각이 담긴 질문을 연달아 했지만 목사는 태연하게 맞서 대답했다.

검사가 대꾸하지 않고 포기하자 다른 판사가 질문할 기회를 건네받았다.

"과거와 정체를 속인 한 남자에게 처음부터 놀아났다는 사실이 두렵지는 않았습니까? 게다가 당신을 이용한 남자는 S-21 교도소에서 1만 2000명도 넘게 죽이는 일을 책임진 사람입니다. 그중 몇몇은 당신과도 가까운 사이였지 않습니까?"

"네, 친한 친구들 중 S-21에서 죽은 사람이 있어요. 또 제 부모와 형제, 누이도 사형장에서 최후를 맞이했고요. 2008년 6월에 두크와 재회했을 때, 저는 그에게 말했어요. 그를 여전히 좋아하고 그가 S-21에 있으면서 내 부모와 형제, 친구들에게 한 일을 용서하겠다고요. 그리고 기독교인으로서, 예수 그리스도를 믿는 사람으로서 제 자신에게도 같은 이야기를 했어요. 그러자 마음에 평화가 찾아오고 기쁨이 차올랐습니다. 그를 용서하며 그를 좋아한다고, 그를 사랑한다고 말하자 제 병이 깨끗이 나은 기분이 들었습니다. 저는 죄를 증오할 뿐이지 죄인을 증오하지는 않습니다. 진정한 신자라면, 주의 말씀을 제대로 이해한 기독교인이라면 용서가 무엇인지 알 것입니다. 용서한다는 것은 매우 어려운 일입니다. 하지만 기독교 신자로서 저는 용서해야 한다고 말하고 싶어요."

세벤 출신의 프랑수아 루 변호사라면 라펠 목사의 이야기를 누구보다 잘 이해할 것이다. 유서 깊은 기독교인의 땅에서 태어난 데다 자신의 고객인 목사를 변호할 의무가 있으니까.

"증인은 신학 수업을 받을 수도 있지만 그보다 더 근본적으로 필요한 것은 신과의 만남, 친밀한 교감이 필수이지요. 이런 제 생각에 동의하십니까? 오래 공부했다고 해서 이 만남이 저절로 이뤄지는 것은 아니죠?"

변호사의 질문에 목사도 동의했다.

"그럼, 성경에 그런 사례가 있나요? 과거에 범죄자였는데 갑자기 신의 부름을 받고 기독교 신자가 된 예가 있다면 말씀해주세요."

목사는 곰곰이 생각했지만 예를 들 만한 사람을 찾지 못했다. 그래서 한 인간이 신에게 자신의 모든 것을 바칠 때 운운하는 말만 되풀이하는 데 그쳤다. 그러면서 법에 따라 생각하는 사람인 변호사가 되려 신앙에 의지해 사는 목사를 도와주는 상황이 연출되었다.

"좀 더 구체적으로 말해서 모든 인간은 살면서 얼마든지 자신만의 다마스쿠스를 찾아 회심할 수 있다는 말이죠?"

그러나 사도 바울이 된 변호사의 질문에 목사는 답변하지 않았고 더이상 그 이야기에 중점을 두지 않았다. 크리스토퍼 레이펠의 교리는 공산주의 사상처럼 객관적인 지식을 획득하기 위함이 아니다. 그저 신의 말씀(공산주의에서는 당의 신조)을 받아들이고 이해하며 신에게 영광을 돌리는 과정에서 어떤 일이 일어나느냐가 교리에서 강조하는 바다. 이때 중요한 것은 완전한 믿음뿐이다.

목사는 자신의 옛 신자가 죄를 받아들이고 그에 대한 벌을 받겠다고 결정한 것에 대해 매우 자랑스럽게 여겼다. 그러면서 신의 말씀을 곳곳에 퍼뜨리는 일을 계속하라며 용기를 북돋워주었다. 왜냐하면 "예수만이 우리의 유일한 답이요, 평화의 왕이기 때문이다." 목사가 증인석을 떠나는 동안 두크는 자리에서 일어나 자신의 정신적인 스승을 향해 공경하는 마음을 표했다.

나는 1994년에 일어난 르완다 대학살 사건을 심판하기 위해 열린 국제 재판에 참석한 적이 있다. 그중 내가 파고든 사건 하나는 위험하고도 약간 비장함까지 엿보이는 벨기에 남자의 이야기다. 사람 좋고 젊은 사회보장 담당 공무원이었던 남자는 열정적으로 분위기를 달구는 라디오 진행자로 변신했다. 그는 민병대가 투치 족Tutsi[르완다와 부룬디에 거주하는 부족으로 후투 족과 갈등 관계에 있었다] 주민들을 잡아들여 모조리 살해하는 와중에 민병대원들을 지지하고 나섰다. 그러나 대학살을 자행한 주동자들이 끝내 항복하게 되면서 이 벨기에 남자는 국제 경찰의 표적이 되었다. 그는 결국 신분과 종교를 바꾸며 자신을 철저하게 숨겼다. 기독교에서 이슬람교로 개종한 것이다. 그가 그 범죄 행위에 동의했던 사상적인 이유가 있다 해도 이미 가치를 상실해버렸다. 이 남자는 과거에 열성적으로 믿었던 대상만큼이나 새로 믿게 된 대상에 적극성을 보이며 과거의 이유를 깨끗이 지워버렸다. 벨기에 남자가 후투 파워가 믿었던 신조를 뒤로하고 마호메트의 가르침 속에서 새로 태어났듯, 공산주의를 믿던 두크는 기독교에 귀의했다. 사실 무언가를 열렬히 믿고 싶어하는 욕구는 그뿐만 아니라 다수의 사람이 바라는 것이다.

그중에서 그 욕구를 채우기 위해 극단적인 상황을 맞닥뜨리고 마는 최악의 경우만 피하면 된다. 그리고 많은 사람이 운 좋게도 그런 상황을 모면하며 살고 있다.

"우리 인간은 믿음 없이는 살 수 없습니다. 처음에는 공산당이 내 조국을 구할 수 있다고 믿었어요. 하지만 지금은 하느님만이 그럴 수 있다는 걸 압니다."

두크가 심리학자들에게 말했다.

그러면서 철의 장막Iron Curtain 뒤에 위치한 폴란드와 동유럽의 몇몇 국가에서 종교가 공산주의보다 우위를 차지한 역사적 사례를 들었다. 종교를 바꾸면서 두크는 카르마karma, 즉 업보를 피하고 싶어하는 것 같았다. 그는 강자 옆에 가까이 붙어서 자신의 문제를 해결하려고 했다. 국제 재판소에 협조적인 태도를 보이는 것만 봐도 잘 알 수 있다. 반면 심리학자들은 두크의 개종에 대해 다른 해석을 내놓았다. 그러니까 그가 때를 잘 맞춰 단순히 종교를 바꾼 것 외에도 그 이면에 더 심오한 변화가 일어났다고 보았다.

"두크는 소속 그룹을 바꿨어요. 흥미로운 점은 피고인이 지금까지 걸어온 길 중 이번에 선택한 그룹은 독자적인 개인이 존재하는 그룹이라는 것입니다. 기독교 공동체에서는 각 개인이 신과 직접적인 결속 관계를 맺을 수 있습니다. 이 점으로 인해 사람이 완전히 바뀌어버린 거죠. 공산주의에서는 고유한 개인이 존재하지 않습니다. 하지만 기독교를 접한 두크는 한 사람 한 사람이 신과 만나는 것이 목적인 한 조직을 만났어요. 그런 면에서 볼 때 두크가 기독교를 믿게 된 것은 아마 피고인이 치료를 하기 위함이 아니었나 짐작해봅니다."

1996년, 기독교인 항 핀은 혁명운동에 뛰어들기 전의 깡 켁 이우와 매우 비슷했다. 두크에게 교육학을 가르친 스승 중 한 명은 두크를 기억하면서 예전 학생들이나 1960년대 그 또래의 아이들과 다르지 않았다고 강조했다. 겸손하고 공부를 열심히 하며 매사에 성격이 꼼꼼한 학생이었다고 말이다. 또 같은 반 학우들에게도 좋은 평을 받는 모범생이었다고 했다. 두크는 시간 개념이 철저했다. 정해진 기간 내에 일을 처리하는 것을 당연하게 여겼고 교수법에 대해서도 훌륭한 자질을 보여주었다. 그는 학교에 다니는 동안 정치 이야기를 거의 하지 않았다고 했다. 어떤 집단에 소속되면 그 조직에 복종하면서 신중하게 처신했다. 그래서 어디 하나 흉볼 데가 없을 정도였다.

"그 친구는 참 순했어요. 말도 많지 않았어요. 우리가 시키는 일이라면 뭐든지 해냈고 청소를 시켜도 묵묵히 잘했던 걸로 기억납니다."

어느덧 1996년이 끝날 즈음, 두크는 프랑스어를 가르쳐보라는 제안을 받았다. 더불어 교과서 배급을 그에게 시켰다. 두크는 평범한 남자가 되었고 어느새 나이도 제법 들었다. 쉰네 살의 두크는 동료 교사들에 비해 나이가 많은 인생 선배였다. 사람들은 그를 크루 타krou ta라고 불렀다. 스승이란 뜻인데 문자 그대로 번역하면 '할아버지 선생님'이란 듯이다. 지난날을 회상하며 두크에 대해 이야기하는 공무원 교사의 이야기를 들으면서 두크의 입가에 미소가 번졌다.

두크의 옛 동료나 학교 교장이 법정에 등장할 때마다 두크는 자리에서 일어나 예의를 표했다. 자신의 입장을 밝힐 때도 내내 환한 표정이었다. 그렇게 여러 증인이 차례대로 등장할 때마다 두크는 한결같이 미소를 지었다. 그 사람들은 두크가 지시한 고문의 고통을 경험한 적이 없는 사람들이다. 그저 깡 켁 이우의 모습이 두크란 사람인 줄 아는 이들이었다. 그러니 두크에 대해 겁을 먹지도 않았고 그에게 복종해야 한다는 인식도 없었다.

학교 교사로 일하던 어느 날, 예고도 특별한 설명도 없이 항 핀이 자취를 감추었다. 학교 교장은 그가 삼라우트에 일을 하러 떠났다는 소식을 들었다.

"항 핀이 범죄 행위에 가담했다니 아직도 받아들이기가 어렵습니다. 교사로 일할 때는 정말 나무랄 데 없는 훌륭한 사람이었어요. 마음씨도 착하고 인자하고 정도 많았던 사람이었는데. 나쁜 짓을 저지를 수 있는 사람과는 정말 거리가 멀었어요."

학교 교장이 두크의 예전 모습에 대해 털어놓았다.

크메르 루즈의 최고 지도자들 사이에 불화가 점점 심화되면서 1996년, 폴 포트의 매부이자 크메르 루즈의 제3의 형제가 수천 명의 부하를 데리고 폴 포트를 떠났다. 또 1997년 6월에 폴 포트는 두크의 위대한 멘토였던 손 센을 살해했다. 삼라우트에 있었던 두크는 상관인 수멧이 자신과 함께 항복을 하리라 기대했다. 하지만 그의 바람은 이뤄지지 않았다. 결국 두크는 민주 캄푸치아의 마지막 반란군들과 함께 꼼짝없이 자리를 지켰다. 1998년 4월 드디어 폴 포트가 죽고 8월 무렵에 두크는 마을로 돌아갔다. 1998년 말에는 2인자인 누운 찌어가 항복을 선언했다. 누운 찌어는 1977~1979년 S-21 교도소에서 두크의 상관으로 있었던 사람이다.

약 30년 동안 지속되던 내전이 결국 끝나고 1999년 3월에 크메르 루즈의 라스트 모히칸과 같았던 타 목이 체포되어 감옥에 들어갔다. 한편 항 핀은 그가 맡은 지역의 교육 수준을 높일 책임자로서 역할을 잘 수행해야 했다. 새로운 승진도 준비하고 있었다. 깡 켁 이우는 어린 시절 임 치우란 이름을 썼고, 나중에는 두크, 항 핀이란 이름을 썼다. 하지만 할아버지가 된 지금은 자신의 수많은 이름을 모두 받아들인 듯했다. 손자의 성에 그의 진짜 성인 깡을 붙여주고 자신의 중국 이름인 윤Yun을 붙인 결과, 두크의 손자 이름은 깡 윤 치우Kaing Yun Cheav가 되었다.

"닉 던럽Nic Dunlop이 저를 찾아내면서 이러한 변화가 생긴 것입니다."

두크는 씁쓸한 회환이 밀려오는 것을 애써 감추려고 애썼지만 성공하지 못했다.

닉 던럽은 사려 깊고 이성적인 판단이 명확하지만 별난 구석이 있는 남자였다. 아일랜드 출신의 이 젊은 사진작가는 장난치기를 좋아했고 호기심도 유별나서 캄보디아를 여행하는 몇 달 동안 내키는 대로 지역 탐방 사진을 찍으러 다녔다. 주머니에는 두크와 관련된 보기 드문 사진들이 들어가 있었다. 그러던 어느 날이었다. 1999년 4월경에 삼라우트 주변을 지나가던 사진작가가 끈질긴 집념의 결과로 드디어 S-21 교도소의 책임자였던 두크를 발견했다. 카멜레온처럼 변신을 잘했던 두크는 항 핀이란 이름으로 난민들을 도와주는 미국 단체에서 일을 하고 있었다. 닉 던럽이 두크의 과거에 대해 언급하자 두크는 즉시 숨겼던 비밀을 밝혔다.

"어떤 비밀을 영원히 간직하는 것은 불가능하다는 것을 확실히 깨달았어요. 한동안은 그 비밀이 보장될 수 있겠지만 오랜 시간 비밀을 유지하기란 힘들더군요."

법정에 선 두크가 우리에게 말했다.

1999년 5월 10일 두크는 체포되었고 프놈펜에 있는 군사 형무소로 이송되었다.

28
두크의 부하 몸 나이의 침묵

법정에 출석한 두크 오른편 피고석에 그와는 다른 상황에 놓인 한 남자가 앉았다. 그는 M-13에 이어 S-21에서 일한 살인자 집단의 일원 몸 나이다. 몸 나이의 실제 나이는 두크보다 열 살이나 더 많았다. 하지만 혁명 조직에 들어온 뒤로 그의 계급은 두크보다 늘 낮았다. 몸 나이의 성격을 말하자면 수다스런 남자와는 거리가 멀었다. S-21에서 일한 여느 직원들과 달리 말을 매우 아끼는 남자였다. 특히 크메르 루즈의 죽음의 공장이었던 교도소에서 죄수들을 감시한 직원들에 대해 20년이 지나도록 일절 이야기하는 것을 꺼렸다. 그는 사람들이 물어도 완강하게 저항하며 입을 열지 않았다. 혁명에 대한 신념이 도마에 올라 비판이 거세게 불거질 무렵, 몸 나이는 갑자기 반대파로 몰려 조직으로부터 제명당했다. 그래서인지 몸 나이는 캄보디아 정부에서 요청하고 시류에 따라 국제 재판소의 투사들이 조직한 이 지극히 상징적인 법정에 출두

371

하는 일에는 별로 걱정하지 않았다. 유일하게 살아 있는 S-21의 심문관 책임자이긴 했지만, 몸 나이도 어느덧 76세가 되었다. 슬며시 삶의 끈을 놓는다 해도 이상하지 않은 나이였다. 그는 옛 상관이 사람들 앞에서 수치심을 느끼고 과거를 후회하는 모습을 묵묵히 지켜보았다. 사실 몸 나이가 법정에 소환된 때가 그에게 별로 좋은 시기는 아니었다.

키가 1미터75센티미터에 달하는 몸 나이는 다른 캄보디아 사람들에 비해 신장이 컸다. 그가 처음으로 사람들 앞에서 과거에 대해 진술한 날, 그는 50년은 된 광택 없고 두터운 겨울 커튼지로 만든 황록색 웃옷을 입었다.

그는 언제나 옷 위에 크라마를 걸쳤다. 크메르 루즈 조직원들은 평소에 목 주변에 느슨하게 크라마를 두르곤 했다. 이때 크라마 양쪽 끝이 어깨를 지나 앞으로 떨어지는 모양을 유지하는 것이 기본이었다. 혁명 당원의 검정 제복에 유일하게 걸칠 수 있는 장신구 같은 것이 바로 크라마였다.

몸 나이가 걸친 크라마는 그의 상의와 아주 잘 어울렸다. 어린 시절, 피부병에 걸린 병력이 있는 몸 나이는 손을 보호하기 위해 여러 색으로 염색한 모직 장갑을 꼈다. 정수리와 관자놀이에 난 머리카락이 하얗게 세었고 양쪽 측면과 목덜미 위쪽은 그보다 덜했다. 또 머리 뒤쪽은 원형 탈모증이 진행되고 있었다. 머리가 빠진 부분이 꼭 테니스 공을 그린 것처럼 요상했다. 그다음 날, 몸 나이는 파란빛이 도는 낡은 회색 웃옷에 색을 맞춘 크라마를 매고 법정에 출두했다. 몸 나이는 유행이 지난 데다 살짝 정신이 나간 사람만이 입을 법한 스타일을 고수하며 겉치장에 신경 썼다. 방청인들은 그의 옷차림을 보며 산골 주민인가보다고 생각할 정도였다. 몸 나이를 보고 있으면 여름이 끝날 무렵 오래된 빙탑 氷塔 하나를 보고 있는 것 같았다.

쉰 목소리로 말을 하는 몸 나이는 또래 노인들이 가만히 있을 때 상체와 머리, 손을 가볍게 떠는 것처럼 연신 몸을 흔들었다. 그는 재빨리 자신이 당의 비밀을 폭로하기 위해 이 자리에 온 것이 아니라고 단도직입적으로 말했다.

"저는 보잘것없는 하급의 죄수들을 심문하는 일을 했습니다. 그게 전부입니다."

"그럼, 고문은요?"

"그 점에 대해서는 잘 모릅니다. 제가 평소에 관찰하기로는 고문이 실행되었을 수도, 그렇지 않을 수도 있습니다. 고문을 증명할 만한 흔적을 본 적은 없고요. 그 부분에 대해서는 별로 신경을 쓰지 않았어요. 물론 죄수들이 고문을 받았을 가능성도 있습니다. 하지만 제가 그 점에 대해서 구체적으로 확답을 내릴 수는 없습니다."

그러나 몸 나이가 직접 기록한 수첩이 S-21 교도소에서 발견되었다. 총 396쪽에 달하는 수첩에는 교육 내용에 대한 요약문과 교도소 직원 회의에 관한 기록이 담겨 있었다. 그 안에는 고문을 실행한 것과 관련된 수많은 내용이 함께 명시되어 있었다.

그럼에도 불구하고 몸 나이는 자신의 입장을 바꾸지 않았다. 고문하라고 지시한 적이 없고 자신은 회의 때 배운 이론을 기록하는 데 그친 것뿐이며, 다른 심문관들이 실제로 죄수들에게 고문을 했는지는 모른다는 입장을 고수했다.

"만약 죄수들이 자백을 하지 않을 때는 어떻게 합니까?"

"그럼, 교도관에게 말해서 죄수를 감방으로 보냅니다. 좀 더 심사숙고할 시간을 주는 겁니다."

"사형은요?"

"그 점에 대해서는 확실하지 않습니다. 저는 모르는 일이라서요. 저는 죄수들을 감방으로 데려가라는 지시만 내렸습니다."

몸 나이는 S-21의 세부적인 구조에 대해서 아는 바가 거의 없었다. 심문관이 모두 몇 명인지, 다른 심문관들은 어떤 사람인지도 몰랐다. 또 죄수들의 감옥생활이나 수용 인원, 죄수들 중에 베트남인이 있었는지도 알지 못했다. 심지어 베트남 죄수가 몇 명 있었느냐는 질문에 10명 아니면 20명이라고 답할 정도였다.

"그럼, 두크에게 받은 지시 사항이 뭐였습니까?"

"거기에 대해서는 아무것도 생각나는 게 없네요."

크메르어로는 "옷트 당 테Ot dant té", '잘 모르겠다'는 말이었다. 몸 나이는 거친 말투로 그 말을 몇 번이나 반복했다.

그러다가 갑자기 열대 나무를 언급했다. 종자가 부드러운 솜털 같은 섬유에 둘러싸여 있어 방수 효과와 내식성耐蝕性이 뛰어난 케이폭 나무였다.

"우리는 아무것도 못 보고 못 듣는 사람처럼 굴었습니다. 꼭 케이폭 나무처럼 살았어요. 어쩌면 그랬기 때문에 제가 지금까지 살아 있는 것 같아요."

몸 나이가 계속해서 부정하자 방청석에서 쓴소리가 들렸다. 유리벽 사이로 방청석과 분리된 법정에 있는 몸 나이는 방청인들이 집단으로 보내는 비난을 들을 수는 없었다. 어떤 사람은 비웃었고 또 어떤 사람은 신경질적인 반응을 보였다.

"당신은 혹시 기억력에 문제가 있습니까?"

라베르뉴 판사가 불편한 기색을 그대로 드러내며 냉담하게 물었다.

"공부를 하면서 굳어진 습관인 것 같아요. 구체적인 날짜도 잘 기억 못하겠고 심지어 제 자식들 이름을 까먹기도 해요."

몸 나이는 자기가 하는 말이 어리석게 들릴 수도 있다는 염려는 안중에도 없는지 무심코 대답했다.

그는 심문관으로 일했던 과거를 묻는 질문이 파놓은 함정을 교묘하게 피해갔다. 대답을 길게 하는 것 자체를 피했고 상대의 공격에 꼼짝 못할 시에는 갑자기 태도가 돌변했다. 본색을 드러낸 몸 나이는 지금껏 빙빙 돌기만 했던 주제를 파고들어 든든한 버팀목으로 삼았다.

"국가가 미 제국주의로부터 공격을 받은 상황에서 죄수들을 수감하는 것은 불가피한 일이었어요. 모두 비참한 생활을 했어요. 죄수들이나 우리나 배급받는 먹거리에 큰 차이가 없었죠."

그러면서 윗사람 탓을 하기도 했다.

"부하 직원인 저에게 상관들이 받아 적으라고 시켰어요. 그게 전부 예요. 물론 제 필체인 것은 맞지만 상관들의 교묘한 술책에 대해서는 알지 못했어요. 저는 그들의 부하 직원이었을 뿐이고 지시한 것을 그대로 따라야만 했어요."

기억력이 나쁘다는 고질적인 이야기만 하는 그에게 판사가 요약문을 예로 들며 다시 물었다. 옛 비밀경찰 상관의 서명이 함께 있는 심문 과정 보고서였다.

"그럼 몸 나이 씨, 이 기록들이 기억은 나십니까?"

"아뇨, 기억이 안 나요. 물론 거기에 적힌 짠Chan은 제 이름이 맞습니다. 하지만 아무리 기억하려고 애써도 도무지 기억이 나질 않네요."

S-21에서 일할 당시 네 명의 남자가 함께 찍은 사진이 발견되었다. 남자 넷 중 둘은 두크와 몸 나이로 각자 아내와 자녀들과 서서 찍은 사진이었다. 유명한 그 사진 때문에 몸 나이는 옛 상관인 두크를 모른다고 잡아뗄 수가 없었다. 그렇지만 크메르 루즈의 4인조에 속한 다른 두 남자만큼은 모른다는 뻔뻔한 거짓말을 했다. 사람들은 그에게 서양에서 온 죄수들을 심문한 자료를 보여주었다. 이번에는 그가 묵비권을 행사했다. 몸 나이는 두크처럼 기소되지 않았다. 이 자리에는 반드시 나올 의무도 없었고, 묵묵히 침묵을 지킬 수도 있었다.

하지만 그는 그럴 기회를 거부하고 건망증에 걸린 것처럼 천연덕스러운 연기를 보이며 실속을 챙겼다. 법정에 48시간 동안 참여하는 것만으로도 고통스러운 일이었을 것이다. 그가 살아오면서 유일하게 치욕을 느낀 시간이었다. 몸 나이는 목과 귀 뒤쪽에 호랑이 연고를 조금 발랐다. 그리고 크라마로 안경알을 닦으며 끝까지 항복하지 않았다.

"후회스러운 일이 있습니까?"

"제가 후회하는 것은 제 나라가 외국의 침입을 받았다는 것입니다. 미국이 우리를 점령한 뒤에는 베트남이 쳐들어왔어요. 그게 유감스러울 따름이에요."

공판이 진행되는 동안 S-21 교도소에서 일어난 실제 정황이 정리되어갔다. 그 와중에 법정에 출두한 몸 나이가 보라색, 빨간색, 오렌지색 끈을 조합한 특이한 모자를 쓰고 나타났다. 게다가 이마 쪽에 '두려움은 없다No Fear'란 도발적인 문구까지 새겨져 있어서 더욱 이상했다. 두렵지 않다……. 그는 그 말의 의미를 몰라서 저렇게 보여주는 것일까 싶었다.

공산주의를 신봉하는 지식인들만큼 얼음처럼 차가운 사람은 없다. 좋은 계급에서 태어났지만 이들은 프롤레타리아 계급으로 자신을 바꾸었다는 것을 사람들에게 설득시켜야만 했다.

"농민 계급이 아닌 사람 그리고 뛰어난 능력을 자랑하는 사람들과 전혀 관계가 없는 사람들은 공산당에 들어가기 위해 피땀 흘려 노력해야 했어요. 이미 확실하게 굳어진 당의 가입 조건을 만족시켜야 했으니까요."

그 점에 대해 두크가 자신의 입장을 밝혔다.

자신의 온당하지 못한 혈통에 대해 항상 죄스러워하며 살았던 지식인 몸 나이는 극단적인 사상으로 무장하여 그 문제를 해결하려고 했다. 그는 자신의 변화가 성공적이었다고 여겼다.

"저 역시 그랬어요. 직업이 교사였고 부르주아 계급 출신이었거든요. 그래서 저 스스로 프롤레타리아 계급으로 변하려고 노력했어요. 그리고 노력한 보람이 있었어요. 당에서 저를 당원으로 받아들여줬거든요."

"재판장님, 저는 이제 더 이상 피고인…… 아니 증인에게 질문할 게 없습니다."

라베르뉴 판사가 그만 말실수를 범했다. 하지만 그의 말실수는 오히려 사람들을 구속에서 해방시켜주는 것처럼 통쾌하게 들렸다. 방청석에 있던 사람들의 마음에 쌓인 불만을 잠재워주는 말이었다.

1977년 말 이후부터 크메르의 공산당 부대와 베트남 부대 사이의 갈등이 점점 악화되었다. 이에 따라 S-21 교도소에 끌려온 베트남 출신의 죄수들의 수가 크게 증가했다. 자료보관실에 남겨진 증거 자료를 보면 345명의 베트남인이 S-21에서 심문을 받은 뒤 목숨을 잃었다. 그중에는 군인, 첩보원도 있었고 평범한 시민들도 있었다. 크메르 루즈는 라디오를 통해 베트남인 포로를 모두 사형시켰다고 선전했다. 1978년에는 포로가 된 베트남 죄수들이 두크가 지휘하는 교도소로 이송되는 과정을 담은 영화가 여러 편 제작되기도 했다.

"죄수가 베트남인들이 굶주림에 지쳐 죽어가고 있다는 말을 하게 하고 싶으면 그렇게 말하라고 시켰어요. 우리가 어떤 목표를 세웠느냐에 따라 자백의 내용이 결정되었습니다."

한때 교도소를 책임졌던 피고가 말했다.

두크는 '유은'에 대한 오래된 원한을 숨기는 데 서툴렀다. 유은은 캄보디아인이 베트남인을 경멸적으로 칭할 때 쓰는 단어다. 그는 동료들과 있을 때면 베트남에 대한 증오심을 함께 나누곤 했다. 하지만 법정에서만큼은 그런 속된 표현을 쓰지 않으려고 조심했다. 캄보디아와 베트남은 수천 년 동안 이웃으로 지내면서 갈등의 골이 깊었다. 두 국가의 지역 문제를 연구하는 전문가가 두 국가를 '천적인 형제'라고 표현하자 두크가 갑자기 긴장했다.

기다렸다는 듯이 판사가 그에게 물었다.

"당신은 베트남 군을 증오합니까?"

"옛날에는 그렇게 느꼈습니다. 오래된 역사가 두 국가 사이의 증오를 말해주었고 오랫동안 적대관계를 이루었으니까요."

반면 몸 나이는 베트남인들을 유은이라고 당당하게 말하며 그들을 향한 분노를 숨김없이 표현했다. 그는 혁명 조직이 국내의 반역자들뿐만 아니라 외부의 적, 즉 베트남 군의 침략 때문에 무너졌다고 믿었다.

어학 실력이 있다는 이유로 몸 나이는 교도소 동쪽에 위치한 집에서 베트남 출신들을 심문하는 과정에 개입했다. 폐수가 지나가는 수로 바로 옆에 위치한 집이었다.

"당신은 그들이 한 자백을 믿습니까?"

이번에는 카트라이트 판사가 몸 나이에게 물었다.

"베트남 군인들이 우리를 공격한 것은 명백한 사실이기 때문에 저는 군인들이 한 자백을 믿습니다."

판사는 감옥에 끌려간 적군들이 남긴 자백 기록 중 하나를 예로 들었다. 1978년 12월 14일자로 하노이 부대가 프놈펜에 입성하기 3주 전이었다. 자백 내용에 따르면 베트남 죄수는 베트남 군대가 참패하게 될 것이고 민주 캄푸치아의 영광스러운 군대와 감히 싸울 용기가 없기 때문에 상대하기도 전에 달아날 것이라고 했다.

"당신은 이 말을 믿습니까?"

"그의 말이 '유은' 부대 전체를 가리키는 것은 아니에요. 그저 소부대에 해당되는 이야기였어요. 그 죄수의 말이 사실이라고 믿지는 않습니다. 캄보디아 출신의 죄수들의 경우, 감옥에 있는 모든 죄수가 다 캄푸치아를 배신한 반역자는 아닐 겁니다. 물론 모두 죄가 없을 리도 없겠지만요. 몇 명은 어쨌든 간에 죄를 지었을 겁니다. 하지만 베트남 죄수들의 경우, 캄푸치아를 물리치기 위해 온 침략자인 것만은 확실했어요. 그렇기 때문에 그 무리 안에 죄가 없는 사람이 없었죠."

크메르 루즈는 베트남을 '영토를 침범하는 식충'이라고 불렀다. 몸 나이가 S-21에 있으면서 사용한 수첩에 보면 이런 구절이 있다.

"오늘도 전쟁을 해야 하고 내일도 전쟁을 해야 한다. 싸움은 끝없이 계속된다. 베트남이 우리나라를 집어삼킬 수 있을까? 그 대답은 전적으로 우리에게 달려 있다. 우리는 조국을 보호해야 한다. 그래야만 온 누리에 우리의 위상을 알릴 수 있다."

베트남에 대한 증오심은 캄보디아 정계에 늘 좋은 구실을 제공한다. 과거에도 그랬지만 지금도 자신의 의견이 옳다는 것을 입증하기 위해 베트남에 대항해 반기를 들기만 하면 되니까.

그렇게 진정한 애국자처럼 자신을 포장하고 그 길이 합법적이라는 것을 설득시키기만 하면 그만이었다. 1970년에 론 놀 장관이 이끄는 극우파가 '뿌리 깊은 적 베트남'에 대항하겠다는 명목으로 쿠데타를 정당화한 것을 보라. 나중에는 크메르 루즈의 최고 지도자들까지 베트남 죽이기에 합류했다. 크메르 루즈 정권 아래 경제적인 대손실과 피를 부르는 공포 정치로 명예가 실추되자 이를 회복하기 위해 패권을 쥔 오래된 이웃 국가 베트남을 상대로 투쟁을 선언했다. 하지만 오늘날 베트남의 신세를 진 캄보디아의 현 정권은 이 구린내 나는 악습을 자제하려고 노력하고 있다. 반면 야당은 자신들의 존속을 위해 정기적으로 베트남 죽이기를 이용한 정치활동을 추진함으로써 사람들에게 외국인 혐오증을 자꾸만 호소하고 있다.

크메르 루즈가 저지른 죄는 분명하지만 현지 사람들은 흔히 크메르 루즈를 '대단한 국가주의자'라고 말한다. 극우파의 국가주의가 독과 같다면 극좌파의 국가주의는 고귀한 이상이다. 크메르 루즈가 국민의 4분의 1을 학살하긴 했지만 그들은 거리낌없이 조국을 위한 선택이었다고 말한다. 말하자면 죽일 만큼 사랑한다는 이야기다. 두크를 찾아다니던 사진작가 닉 던롭과 함께 여행했던 네이트 테이어는 폴 포트에 대해 이런 글을 썼다.

"폴 포트는 지독한 악한을 겸한 진정한 국가주의자란 생각이 들었다."

이 기자의 말은 모순일 뿐일까? 아니면 폴 포트는 서로 다른 두 결함이 결합된 인간인 것일까?

지역 전문가이기도 한 네이트 테이어는 국가주의를 현실에서 생기는 마르크스주의의 공백을 채우기 위한 수단으로 이해했다. 크메르 루즈가 정권 장악에 성공하기 이전에 이 조직을 이끌던 지도자들은 개인과 당, 이 둘 사이에서 양자택일을 하도록 강요당했고 그중에서 당을 고른 사람들이다. 40년의 세월이 지나 감옥에 가기 전 잠깐 짬을 내어 인터뷰에 응한 크메르 루즈의 2인자는 국가와 개인 사이에서 하나를 선택해야 했고 그 자신은 전자를 선택했다고 말했다. 그러고 보니 공백과 최악의 선택, 이 둘 사이에 뭔가 통하는 게 있는 것 같다.

LE MAÎTRE DES AVEUX

29
풍 떤 교수가 불러일으킨 파문

공판이 시작될 때부터 풍 떤Phung Ton이란 남자를 둘러싼 알 수 없는 풍문이 떠돌곤 했다. 법학 교수이자 프놈펜대학의 학장이기도 한 풍 떤은 캄보디아 교육계에서 대단한 신임을 받고 있는 인물이었다. 국제법과 해상법 전문가이며 평생을 학문 쌓기와 연구에 바칠 정도로 매우 엄격한 생활을 고수했다. 그는 사람들이 흔히 말하는 진보 사상을 세상에 알린 인물로도 매우 유명하다. 1968년, 시아누크가 통치하던 시절 두크가 비밀리에 활동하는 지하 공산당원과 관계가 있다는 이유로 감옥에 수감되었을 때 풍 떤 교수 역시 캄보디아에 자유주의를 불어넣은 좌파 운동을 한 것이 발각되어 경찰들에게 체포되었다. 이후 한 달 동안 감옥에 수감되었고 감옥에서 나온 다음에는 일정 기간 가택 연금을 당했다.

1975년 4월, 크메르 루즈가 프놈펜에 입성했을 때 풍 떤 교수는 운이 좋게도 캄보디아에 없었다. 프놈펜이 폭격을 당해 초토화되기 한 달

전 스위스에서 열린 학회에 참가하러 갔기 때문이다. 그런 덕에 다른 사람들처럼 억지로 끌려가 인민복을 입은 젊은 청년들의 매서운 감시 속에 논, 제방, 수로에서 강제 노역을 하거나 재교육 센터로 보내지는 신세를 면할 수 있었다. 하지만 풍 떤 교수의 아내와 자녀 7명은 캄보디아에 남아 있었다. 가족으로부터 소식을 들을 수 없게 된 교수는 식구들과 헤어져 있는 시간을 견디기 힘들었다.

그는 프랑스로 피난온 친구 교수에게 아래와 같이 쓴 편지를 보냈다.

내 가족은 수도 많은데 이런 불운한 운명을 겪는 것을 그대로 두고 볼 수가 없네. 설령 곧 끝난다 해도 참을 수가 없어. 권력을 쥔 새 지도자들이 나를 감옥에 가두고 죽인다 해도 상관없어. 내 아내와 자식들의 얼굴을 다시 볼 수만 있다면……

결국 그는 1975년 12월 23일 베이징을 거쳐 고향으로 가는 비행기를 타기로 결정한 소식을 친구에게 알렸다.

집에 돌아가면 어떤 변화가 나를 기다리고 있을지 전혀 알 수 없어. 하지만 내 간절한 바람은 집으로 돌아가 내 가족을 보는 거라네. 소식을 듣지 못한 지 9개월이나 되었어.

크리스마스 날, 풍 떤은 다른 캄보디아 지식인 몇 명과 함께 프놈펜에 도착했다. 그 속에 저명한 교수 짜오 셍Chao Seng도 있었다. 하지만 고국의 땅을 밟기가 무섭게 서로 다른 수용소로 끌려가고 말았다. 그로부터 1년이 흘러 1976년 12월 12일 풍 떤은 한번 들어가면 나올 수 없는 S-21 교도소로 이송되었다. 그곳에 처음 들어가던 날 찍은 사진을 보니 풍 떤이 목에 숫자 17이 쓰인 번호판을 두르고 있었다. 마치 밀렵꾼이 쓰는 올가미 같았다. 셔츠는 군데군데 가늘게 찢겨 너덜너덜했다. 번호로 보아 풍 떤이 그달에 S-21에 들어온 열일곱번째 죄수라는 걸 알 수 있었다.

"아버지 사진인지 처음에는 알아보지 못할 정도였어요. 뼈만 앙상하게 남을 정도로 마른 데다 눈에서 아무것도 느낄 수 없었어요."

풍 떤의 딸은 아버지가 사망하기 전 최후의 모습이 어땠는지 법정에 나와 직접 보여주었다.

보통 S-21에 들어가면 사형당하기 전까지 평균 두 달 동안 감방생활을 하기 마련이다. 그런데 풍 떤 교수는 이상하게 일곱 달 이상 감옥에 머물렀다.

1977년 7월 6일자로 작성된 의료 진단서가 발견되었다. 그 서류에 적힌 내용에 따르면, 풍 떤이 마비 증상, 설사, 신장 기능의 장애를 겪었고 몸무게가 급격하게 줄어든 것을 알 수 있다. 그 후 그의 이름이 자료보관소에 있는 어떤 기록에도 보이지 않았다. 가족들은 그가 마지막으로 건강 진단을 받은 다음 날 사망한 것으로 추정했다. 그리고 그 날짜를 기준으로 몇 달 전부터 그는 심문을 받은 기록도 없었다. 중앙자료보관소에 있는 풍 떤과 관련된 자료는 종이 4장이 전부였다. 신상 명세를 기록한 문서의 첫 네 페이지였다. 또한 작성자로 기입된 이름은 바로 몸 나이었다.

두크에게 있어서 고충이란 자신이 믿었던 당과 공산주의, 숙청 작업, 가혹한 규율에 대해 후회하는 것에 있지 않았다. 또 S-21에서 생존한 3명의 희생자와 화해를 하는 것도 아니다. 자신이 한 배신 행위를 기억하는 것이 가장 힘들었다. 풍 떤 교수의 죽음은 S-21에서 사라진 짜오 셍 교수와 마찬가지로 두크의 마음에 이상하리만큼 동요를 일으키는 드문 경우였다. 두크는 원래 인간이 느끼는 감정을 철저하게 차단하는 훌륭한 방패를 지닌 남자였다. 그러나 풍 떤이란 이름만 말했는데도 단번에 그 두껍던 방어막이 부서지고 말았다. 군대, 당의 반역자들을 숙청하는 것이야 규율이자 자신의 충성심을 보여주는 행위다. 사람들의 존경을 한 몸에 받으며 부정 없는 삶을 살았고 또 진보적인 사상을 용감하게 세상에 드러낸 교수를 죽게 만든 일에 대해서는 두크도 할 말이 없었다. 풍 떤의 가족 앞에서 두크는 계급 투쟁을 위해 그럴 수밖에 없었다는 효과 좋은 미사여구조차 차마 입 밖으로 낼 수 없었다. 풍 떤 교수가 교도소에서 운명을 달리했다는 사실에 대한 깊은 상처는 소송이 진행되기 시작한 초기부터 두크를 아프게 했다. 그리고 교수의 죽음이 두크의 재판 결과를 상징적으로 결정하는 대사건으로 자리잡아 시간이 지날수록 상처는 계속 커지기만 했다. 사람들은 풍 떤 교수의 죽음에 대한 진실을 알리고 애썼다. 불확실하지만 유가족들에게 용서를 받아내고, 불가능하겠지만 피해자의 지위를 회복하는 작업도 함께 이뤄졌다. 방청석에는 늘 특별한 얼굴이 눈에 띄었다. 바로 풍 떤의 딸과 아내였다.

두 사람은 고인이 된 풍 떤을 대신해 자리에 참석해 흐트러지지 않은 모습으로 소송을 지켜보았다. 풍 떤은 다른 죄수들처럼 숙청에 의한 동

족상잔의 희생자가 아니었다. 캄보디아의 비극을 이해하는 데 매우 중요한 실마리가 되는 이데올로기의 대립, 즉 피를 부르는 사상의 차이가 곧 생명을 잃게 만든 것이다.

　내가 지금 이 글을 쓰고 있는 오늘은 바로 2009년 6월 16일이다. 공판이 진행된 지 어느덧 두 달 반이 흘렀다. 두크는 여전히 소송 때마다 고도의 집중력을 보이며 S-21 교도소에 가기 전 수년 동안 무슨 일을 했는지, 또 공산당의 정책과 교도소의 창립 과정을 증언했다. 그는 자기 자신을 잘 통제했을 뿐만 아니라 대화를 이끌어가는 기술도 수준급이었다. 늘 강건한 자세를 유지했다. 풍 떤 교수에 대해 언급한 오늘 아침 전까지는 그랬다.

　풍 떤이란 이름에 두크가 순식간에 무너졌다. 갑자기 두크가 얼굴을 찌푸리며 눈물을 삼켰다. 감정을 추스르려고 안간힘을 쓰는 것 같았다. 평소 같으면 속마음을 겉으로 보이는 법이 없었지만 지금은 마치 거친 모래로 만든 절벽에 바닷물이 계속해서 밀려오는 것을 어찌할 수 없듯이 감정을 감추는 것이 몹시 괴로워 보였다. 그나마 이어진 재판장의 질문이 뒤죽박죽이고 일관성이 별로 없다보니 두크는 다시 본래의 평정심을 찾는 시간을 벌 수 있었다. 이때 프랑수아 루 변호사가 자리에 앉은 채로 몸을 앞으로 기울였다. 변호사는 기력이 없어 보이는 피고인 두크의 눈을 계속 주시했다.

　이어서 심리학자의 분석이 이어졌다.

　"서양의 이론에 따르면 이와 같은 반인륜적인 범죄를 저지른 사람들은 자신이 한 일이 잘못된 행위라는 것을 인식한 후에 여러 반응으로 자신의 죄의식을 표현합니다. 가령 심각한 우울증에 걸리거나 자살 충동에 휩싸이는 경우가 있습니다. 또 눈물을 흘리며 죄를 뉘우칩니다. 하지만 이런 과정을 지나면 더 이상 죄의식을 느끼지 않습니다. 물론 죄의식이 다시 느껴지면 똑같은 표현 방식을 씁니다."

당사자 측 사람들이 모두 자리를 떠났다. 두크는 최소한의 대답만 하려고 애썼다. "틀린 말입니다" "그것은 사실이 아니에요" 정도로만 대답했다. 그는 이렇게 말을 짧게 해야만 지난 40년간 고이 잠재워둔 흥분의 도가니를 끓지 않게 할 수 있다는 것을 잘 알았다.

두크의 목소리는 평소와 달리 변질되어 있었고 살짝 쉰 것처럼 들렸다. 그가 말을 힘겹게 하기 시작한다는 것은 자신에게 유리한 쪽으로 목소리 상태를 조절했다는 의미였다. 두크는 대화를 주도하고 통제할 줄 아는 사람이다. 상대의 주장을 인정하기도 하고 거부하기도 하면서 신경질적인 목소리와 위엄 있는 목소리를 잘 선택했다. 그렇게 함으로써 마음을 아프게 하는 대화를 요리조리 피했다. 프랑수아 루 변호사는 그런 두크에게서 시선을 거두지 않았다. 깍지를 낀 두 손으로 턱을 괸 채 입까지 반쯤 덮은 상태로 변호사는 꼼짝 않고 있었다. 돛대 위로 올라간 망보기 선원 정도라야 그와 비슷한 집중력을 발휘할 수 있으리라. 책상에 달라붙은 그의 몸에 있던 모든 에너지가 밖으로 빠져나가 곤경에 빠진 두크를 향해 이동하는 것 같았다. 질문들은 중요하지 않았다. 객관적인 사실, 고문과 관련된 세부적인 정보들이 모조리 한낱 소음으로 화했다. 두크는 숨조차 제대로 고르지 못하며 쓰러지기 일보 직전이었다.

하지만 그는 끝까지 버텼다.

다시 기력을 회복하려면 40분은 족히 필요했다. 이제 두크는 몸이

많이 약해졌다. 그날 오후에는 S-21에서 실행된 의료 실험에 대한 질문
이 쏟아졌다. 두크의 부하였던 수 티와 프락 칸이 그 부분에 대해 말했
다. 자료보관실에서도 의료 실험을 했다는 증거 자료가 발견되었다. 하
지만 두크는 자신이 그 일에 전부 개입하지는 않았다고 반박했다. 닐 논
재판장은 피고인에게 이 실험이 진행된 것을 알고 있었는지 물었다. 두
크는 눈썹 하나 까딱하지 않으면서 차분하게 대답했다.

"네, 알고는 있었습니다. 죄수들 중 몇몇이 외과 수술의 실험 대상이
된 적이 있었어요. 혈액을 채취한 사례도 있고요. 하지만 수혈 사실에
대해서는 입장이 다릅니다. 예심 때 말씀드린 바와 같이 수혈은 낫이 관
여한 문제이고 저는 그 일에 대해서 아는 게 없습니다. 계속 과거를 생
각하다보니 상관에게 전화 한 통을 받은 기억이 떠오르긴 합니다. 전투
원들에게 수혈을 시켰는데 피부 염증이 일어났다고 했어요. 그것도 제
가 저지른 범죄 행위라면 그렇다고 하겠군요."

두크는 여러 질문에 잘 버티긴 했지만 어느 순간 정신이 살짝 혼미해
졌는지 실제 상황과 거리가 먼 대답을 하기도 했다. 100명의 죄수가 채혈
을 과도하게 해서 죽었다고 말했지만 정황상 그럴 수가 없었다.

의료 시설에서 일하던 직원들이 숙청되면서 채혈이 중단되었다. 죄
수들을 죽음으로 몰아가는 일을 하던 유능한 채혈 담당 의사는 교도소
에서 최후를 맞이했고 그의 빈자리를 대신할 사람을 새로 뽑지 않았다.
그 덕분에 사람의 피를 빼내는 살인 행위가 더 이상 지속되지 않았다.

게다가 의약품의 적격 여부를 확인하기 위해 몇몇 죄수가 실험용 쥐
취급을 받은 적도 있었다. 두크는 해당 죄수들이 의학용 실험에 참여했
다는 사실을 충분히 숙지했다고 단언했다. 그러면서 개인적으로 자기

도 그 실험에 참여했다는 자백 또한 덧붙였다. 그는 갑자기 기상천외한 이야기를 늘어놓기 시작했다. 어느 날 열두 개가량의 캡슐로 된 알약을 몰래 열어서 그 안에 있는 약 성분을 비운 다음 면봉으로 그 속을 깨끗하게 청소했다. 그러고 나서 그 안에 파라세타몰paracetamol[진통제, 해열제로 쓰이는 약 성분]을 넣었다는 이야기였다. 실험을 받게 된 죄수들이 그 약을 대신 먹고 목숨을 건질 수 있었다는 이야기를 두크는 의심 많고 그를 혐오하는 청중 앞에 털어놓았다.

이어서 심리학자의 설명이 잇따랐다.

"이 단계는 재인식이 일어나는 과정입니다. 피고인은 여러 단계를 밟고 있어요. 처음에는 부인하고 재인식 자체를 하지 않으려 했습니다. 그다음에는 부정하는 단계에 이릅니다. 그래서 어떤 사실은 인정하고 나머지는 끝까지 부인하는 경향을 보입니다. 세 번째 단계는 여러분이 곧바로 확인한 것처럼 심리 상태에 큰 변화가 생깁니다. 스스로 자신을 탓하는 것입니다. 두크의 방금 전 태도를 보면, 급격히 자책으로 돌아선 것을 알 수 있습니다. '나는 범죄자이며 죄의식을 느낀다. 이제 어찌해야 한단 말인가?'라고 속으로 갈등하지만 유죄를 완벽하게 인정한 단계는 아닙니다. 그 사실을 전적으로 받아들이는 데 여전히 갈등을 느끼고 있어요."

"부인에서 자책으로 변하는 과정에서 그 자신이 말로 표현하기 불가능할 정도로 매우 심각한 장애물을 만날 수도 있습니까?"

프랑수아 루 변호사가 물었다.

"네, 장애물에 맞닥뜨리는 것 역시 전체 과정에 포함됩니다. 시간이 좀 걸리는 일이죠. 각 주체가 겪은 사건에 따라, 그 장애물을 의식하고 받아들일 수 있는지의 여부에 따라 장애물을 넘는 데 걸리는 시간이 결정됩니다. 어떤 면에서는 재판에 참여하는 것이 장애물을 극복하도록 도움을 줄 수도 있어요. 그리고 또 한 가지 인지해야 할 점이 있어요. 크메르 루즈가 여전히 두크의 지각, 기억에 강한 호소력을 갖고 있어요. 두크의 정신 구조는 지금 전쟁터가 따로 없을 거예요. 수많은 전투가 끊임없이 일어나고 있고 상황이 계속해서 변하는 불안정한 상태가 반복되고 있을 겁니다."

6월 16일 두크의 의식 상태에 변화가 일어났다. 그의 자백에 늘 빈틈이 없었는데 이번에는 전혀 아니었다. 계속해서 자백을 강요당할 때마다 요리조리 빠져나가는 데 지친 게 틀림없었다. 그날 아침, 재판정에서는 풍 떤 교수에 대한 언급이 있었다. 공교롭게도 같은 날 오후, 두크는 지금까지 부인하던 범죄 사실을 순순히 인정했다. 그리고 의학 실험과 관련해 죄수들을 살리기 위해 자신이 몰래 약을 바꿨다는 이상한 이야기까지 하며 횡설수설했다. 자세와 목소리 톤도 평소와 달랐다. 두크의 얼굴이 움푹 안으로 꺼진 것처럼 보였다. 지난주까지만 해도 자신에 가득 찬 씩씩한 모습을 보였던 그였는데.

프랑수아 루 변호사가 그날 밤 내게 이런 말을 했다.

"심각합니다. 부담이 커졌어요. 하지만 뭐 어쩔 수 없는 일이죠."

두크는 풍 떤이란 이름에 크게 당황했다. 통제하기 어려운 불가사의한 힘을 지닌 법정이란 곳이 제 역할을 하는 순간이 찾아왔는가 싶었다.

하지만 그 상태가 계속 반복될 것 같지는 않았다. 감정을 드러내거나 진실에 가까운 순간들이 여러 번 더 있을 수도 있지만 이날처럼 모든 방어벽을 허무는 날은 다시 찾아오지 않을 것이다. 두크가 또 한 번 공개되지 않은 사건을 이야기할 일은 없을 것이다. 그는 다시 '자백의 대가'로 돌아올 것이다.

사람들의 확신과 달리 두크는 S−21 교도소에 풍 떤 교수가 있었다는 사실을 전혀 몰랐다고 잡아뗐다.

"저는 그분을 존경했어요. 만약 교수님이 체포되었다는 것을 알았다면 비록 절차에 따라 사형을 앞두고 있었다고 해도 그분을 지지했을 겁니다. 저는 교수님의 영혼을 배신하지 않았습니다. 그래서 고인의 명복을 빌 따름입니다."

두크가 말을 마치며 자리에 힘없이 주저앉았다.

빨간색 스카프를 목에 두른 풍 떤 교수의 딸은 등을 꼿꼿하게 세운 채 두크에게 시선을 고정했다. 눈썹 하나 움직이지 않고 그를 바라보았다. 두크는 풍 떤 교수가 고문을 당하지 않았고 병 때문에 세상을 뜬 것이라고 장담했다. 그러면서 보통 목을 베기 전에 몽둥이로 목덜미를 때리는데 교수는 그런 구타도 당한 적이 없다고 했다. 하지만 그는 자리에 함께한 수하 힘 후이를 향해 감정을 듬뿍 실은 목소리로 애원했다.

"교수에게 무슨 일이 있었는지 자네는 알지? 그가 사망한 장소가 S−21인가, 쯔엉 엑인가? 제발 솔직하게 말해보게."

물론 그 노력은 헛수고였다. 정식 교육을 받은 적이 없는 젊은 군인이었던 힘 후이의 눈에 풍 떤은 사형수 장부에 적힌 숱한 이름 중 하나였고 익명의 번호에 불과했다.

하지만 봄 나이는 풍 떤이 누구인지 힘 후이보다 더 잘 알았다. 왜냐하면 몸 나이가 풍 떤 교수를 직접 심문한 데다 몸 나이의 옛 스승이기도 했기 때문이다. 게다가 교수의 장인은 사범학교의 사감으로, 피부병에 걸렸던 젊은 시절의 몸 나이를 돌보아준 분이었다.

한 검사가 가장 먼저 나서서 풍 떤 교수의 운명에 대해 더 많이 알려고 이것저것 물어보았다. 냉정함을 잃지 않은 채 몸 나이는 별로 힘도 들이지 않고 어려운 질문을 받아쳤다.

"풍 떤 교수를 심문한 기억이 없어요. 정말 기억이 나질 않습니다."

교수 가족들이 고용한 여변호사 실케 스투진스키Silke Studzinsky도 개입했지만 원하던 대답을 듣지는 못했다.

"그분이 누구인지는 알지만 제가 S−21에서 심문을 한 기억은 없어요. 전혀 기억이 나지 않습니다."

나이 든 공산당원 몸 나이는 계속해서 같은 말만 반복했다.

만약 자료보관소에 있던 자료가 모든 정황을 꼼꼼하게 기록하지 않았다면 어땠을까? 다른 교도소처럼 자료가 없어졌다면? 소송은 거기에서 끝났을 것이다.

그리고 유가족은 끝내 풍 떤 교수가 어디서 사망했는지 알지 못했을 것이다. 두크와 몸 나이가 끝까지 자백하지 않을 테니.

그러나 중요한 단서가 될 만한 사진과 몸 나이의 필체가 드러난 4장의 종이가 발견되자 더 이상 반박할 여지가 없었다. 몸 나이는 결국 자신이 교수의 자백을 글로 작성했다고 진술했다. 그가 쓴 단락이 공개되었다. 두크는 손으로 턱을 괴고 화면을 응시했다. 증거 서류가 차례대로 화면에 등장했다. 그 당시에 몸 나이가 작성한 자백 기록의 결론은 짜오 셍이 공산주의를 신봉한다는 것이었다. 하지만 몸 나이는 지금 그 주제와 관련된 더 깊은 이야기를 들려줄 수 없다고 버티면서 S-21 교도소에 수감되었다는 것은 곧 그 죄수가 사라져야 한다는 것을 의미했다고 되풀이했다. 이번에는 피고인 측 변호사들이 질문할 차례였다. 이들은 몸 나이로부터 조금이나마 더 많은 증언을 얻어낼 수 있었다. 끈질긴 심문 끝에 얻은 대답이 이렇기는 했지만.

"제가 죄수를 심문할 때 강압적으로 자백을 받지는 않았어요. 짜오 셍 교수도 마찬가지였어요. 죄수들은 마음에서 우러나오는 이야기를 했어요."

그 대답에 프랑수아 루 변호사가 되물었다.

"그렇다면 30년이 지난 후 당신의 과거를 돌이켜볼 때 어떤 생각이 듭니까?"

"질문을 더 정확하게 해주시겠어요? 현 정권으로부터 과거요, 아니면 그 이전의 정권을 말하는 겁니까?"

"민주 캄푸치아에 대해 어떻게 생각하십니까?"

"그 시절에는 먹을 것이 충분하지 않았어요. 전쟁을 치른 뒤였으니까요. 하지만 긍정적인 면도 있어요. 독립성, 자기 통제, 자족 정신을 키울 수 있었으니까요."

"S-21에서 사망한 사람이 모두 몇 명인지 아세요?"

"제가 했던 역할과 지위에서는 그 부분에 대해 알 권한이 없었습니다."

"그러면 민주 캄푸치아 정권을 보내는 동안 사망한 인구수를 모르겠군요."

"네, 그것도 몰라요. 그 부분에 있어서는 무식 그 자체죠."

"S-21에서 심문관으로 일을 한 것에 대해 후회하십니까?"

"그 질문의 의도가 무엇인지 잘 이해가 가지 않는군요."

"과거에 당신은 S-21에서 심문관으로 일했습니다. 지금 현재, 그 시절을 돌이켜볼 때 유감스럽게 생각하십니까?"

"유감을 느낀다…… 네…… 확실히 그런 마음이 든다고 말할 수밖에 없네요."

"그 점에 대해 더 이야기해주시겠어요?"

"교도소에 들어온 죄수들 중 선하고 괜찮은 사람들도 있었을 겁니다. 물론 악행을 저질러서 감옥에 온 죄수들도 있었어요. 제가 관찰한 바에 따르면, 전자에 해당하는 사람이 후자보다 훨씬 적었어요. 어쨌든 좋은 사람이 몇몇 있었는데 그들마저 죽게 된 게 안타깝습니다."

"그럼, 상대적으로 덜 착한 사람들이 죽게 된 것에 대해서는 슬프지 않습니까?"

"나쁜 짓을 저지른 사람들이 목숨을 잃게 된 부분에 대해서는 안타깝다고 생각해본 적이 없습니다."

LE MAÎTRE DES AVEUX

30
제발 죽음을 두려워하지 말게

두크에게 곤란한 상황이 일어나고 말았다. 만약 두크가 몸 나이를 변호할 경우, 진실을 말하겠다고 한 두크의 태도를 의심하는 사람들이 그를 향해 비난의 화살을 쏟아낼 것이 뻔했다. 그렇다고 몸 나이를 저버린다면 지금까지 보호하려고 애썼던 충실한 부하를 배신하는 격이 되었다.

몸 나이와 두크는 프놈펜의 사범학교를 나왔고 손 센의 가르침을 받은 제자다. 몸 나이는 그곳에서 수학과 물리학, 자연과학을 공부했고 졸업 후 고등학교 학생주임으로 취직했다. 마오쩌둥이 정권을 장악하던 시절에 중국에 거주하면서 그는 혁명에 눈을 떴다. 쁘레이 쏘에서 폰, 두크와 함께 2년 동안 수감생활을 한 뒤에는 다시 교육계로 들어가 자리를 잡았다. 반면에 폰과 두크는 지하운동을 시작했고 안보 시설인 M-13을 세웠다. 1973년에 론 놀 장군의 군사 독재가 극에 달하면서 반

체제 성향의 교사들에 대한 강압이 심해졌다. 그러자 몸 나이는 뜻을 같이하는 사람들과 강하게 반발하며 개혁운동에 동참했다. 옛 동료인 두크가 몸 나이에게 M-13에 일자리를 마련해주었다. 1975년 폰과 두크, 몸 나이, 이렇게 세 전직 교사는 자연스럽게 S-21 교도소의 관리직에 몸담게 되었다.

대량 학살과 같은 심각한 범죄를 저지르는 과정에서는 뒷배가 든든한 쪽과 그렇지 않은 쪽 사이에 일어나는 사소한 다툼이나 반감, 은밀한 배반, 해소하기 어려운 갈등은 묻히는 법이다.

몸 나이는 1976년 즈음에 두크를 향한 절대적인 믿음이 깨졌다고 고백했다. S-21에 수감된 한 죄수가 자백하면서 몸 나이를 지목했다. 그러면서 몸 나이가 반혁명 활동에 가담했다고 말했다. 이 이야기를 들은 두크는 예외 없이 부하 직원인 몸 나이의 반역 행위를 상부에 보고했다. 졸지에 몸 나이는 반역자 명단에 올랐다. 마침내 손 센이 몸 나이를 믿어도 좋을 만한 지식인이라고 평하면서 몸 나이는 간신히 죽음을 면했다. 그러나 그 뒤부터 두크는 민감한 사안이 걸린 심문은 몸 나이에게 시키지 않았다고 한다. 두크는 당의 중요한 간부를 심문할 때마다 폰을 시켰다.

두크는 초기 동료이자 냉정한 심문관 역할을 잘해내는 폰을 개인적으로 가장 선호했다고 고백했다. 그러면서 몸 나이는 폰보다는 행동이 느렸다고 단도직입적으로 말했다.

두크는 몸 나이를 항상 보호해주지는 못했다. 하지만 이번에는 달랐다. 재판관 앞에 선 옛 보좌관을 자청해서 도와준 것이다. 그는 몸 나이가 고문을 하는 것을 좋아하지 않았다면서 몸 나이를 옹호했다. 증거 문서가 제기되면서 몸 나이가 곤경에 처하자 두크는 핑계를 대면서 그의 편을 들었다. 몸 나이는 정말 자신의 서명이 버젓이 있는 명단을 기억하지 못하는 것일까? 두크는 부하 직원의 놀라워하는 반응이 '이해할 만한' 것이라며 자신도 모르는 사이에 이름이 들어가 있어서라는 이유를 댔다. 그리고 글을 쓴 작성자가 호르였다고 말했다. 호르는 이미 죽은 교도관이었다. 그 말에 라베르뉴 판사가 짜증을 냈다.

"미안하지만 지금 무슨 이야기를 하는 건지 이해가 가지 않는군요. 대체 뭘 숨기려고 그러시는 겁니까?"

그러나 두크는 자초지종을 분명하게 밝히지 않았다.

"좋습니다. 더 복잡해지는 것 같은데 그냥 이대로 접고 넘어갑시다. 자리에 앉으세요."

결국 판사가 한발 물러섰다.

피고인이 옛 수하를 옹호할 경우, 피고인에게 부정적인 결과가 일어나는 것은 자명한 일이다. 변론을 마무리할 시간이 되자, 두크는 아까까지 보여준 태도와 전혀 다른 모습을 보였다.

자리에서 일어난 두크는 군인처럼 경직된 팔 동작을 보이며 입을 열었다. 그러더니 갑자기 몸 나이를 질책하는 말들을 쏟아냈다. 그는 풍떤 교수에게 일어난 일에 대해 의문을 제기하면서 몸 나이에게 사실을 아는 그대로 모두 털어놓으라고 명령했다.

"제발 부탁이니 죽음을 무서워하지 말게! 그냥 진실을 말하게! 오늘날 우리는 역사를 마주보고 있어. 코끼리 시체를 가리겠다고 바구니를 쓸 수는 없는 걸세! 그런 짓은 이제 그만해! 진실을 감출 생각 따위는 하지 말게! 나는 내가 저지른 모든 범죄에 대한 책임을 인정할 준비가 되었어. 그리고 그에 준하는 대가를 받을 걸세. 그러니 자네도 나처럼 행동하게. 지금 희생자 가족들이 우리 앞에 있어. 풍 떤 교수가 정확히 어디에서 죽었는지 알기 위해 여기 와 있는 거야! 교수가 어디에서 사망했는지 장소를 밝혀내는 일은 우리가 해야 할 일이야. 나는 우리의 정신이 공산주의에 지배당해 진실을 말하는 것까지 망설이면 안 된다고 생각하네."

　　실케 스투진스키 변호사는 살찌는 체질과는 거리가 먼 사람이었다. 이 당사자 측 변호사가 주변 사람들을 현혹하려고 일부러 몸매에 신경 쓰는 것은 더더욱 아니다. 마른 몸, 엉킨 갈색 머리, 속눈썹에 검정 펜슬로 아이라이너를 그린 눈이 인상적인 그녀는 가슴 장식이 없는 변호사복을 입고 있어 꼭 한 마리 까치 같았다. 사람들은 그녀를 부를 때 간편하게 '실케'라고 이름만 불렀다. 여변호사가 몸을 구부리고 피고인이나 적대적인 태도를 보이는 증인을 응시하면 마치 눈의 흰자위가 벗겨져 떨어져나올 것만 같았다. 누가 감히 필적할 수 있을까. 그녀는 외부세계의 어떤 반응에도 끄떡없는 여자 같았다. 거의 반란자에 가까운 모습이었다. 스투진스키 변호사는 법정에서건 다른 모임에서건 모욕적인 거친 표현을 충분히 되풀이할 수 있는 사람이었다. 그녀의 반항정신이 부수려고 하는 벽은 그녀의 눈에 정의로움을 실현하는 의무를 주저하는 세계 그 자체의 상징에 지나지 않았다.

　　법정에 나온 변호사가 재판장의 단호한 결정을 거스르는 일은 일생 최대의 오만함을 보이는 것과 같다. 그런데도 스투진스키 변호사는 대담하게도 그 일을 망설이지 않았다. 그것도 한 번에 끝나지 않고 같은 행동을 되풀이했다. 이 유별난 여변호사는 자신의 방식을 절대적으로 고집했으며 그녀에게 타협이란 존재하지 않았다.

어느 날 스투진스키 변호사가 심문할 시간이었다. 두크는 자신을 공격하기 위해 온 이 여변호사의 능력을 평가할 수 있게 되었다. 두크는 프랑수아 루 변호사의 보호를 받았고 루 변호사는 재빨리 스투진스키 변호사에게 법정의 규칙에 맞게 질문해달라고 말해두었다. 그리고 격렬한 논쟁을 통제하는 능력은 완벽하지 않지만 국제 관례에 대해서만큼은 매우 민감한 재판장도 동의하는 아래 스투진스키 변호사의 심문이 시작되었다. 두크는 이 공격적인 성향의 여성을 상대하는 데 금방 익숙해졌다. 발언권이 주어지자 변호사는 다급히 질문했다. 마치 숨이 넘어가려는 목을 맨손으로 부여잡은 사람을 보고 목숨이 1분이나 남았나 겁내는 사람처럼 굴었다.

"M-13이 사형이 집행되던 기관이었다는 것을 인정합니까?"

인사말도 생략한 채 여변호사가 첫 질문을 했다.

"안녕하십니까, 선생님."

변호사의 성급한 태도를 우려한 피고인이 바로 입을 열어 인사부터 했다.

"M-13은 범죄자를 다루는 기관이었습니다."

"그곳을 사형 집행장으로 불러도 되는 거죠? 제 질문에 간단명료하게 대답해주세요."

여변호사가 불만스러운 어투로 말했다. 그녀 스스로 상대에 대한 불만을 잘 감추지 못하는 것 같았다.

"그 말에 대해 이의를 제기하지는 않겠습니다."

"짧게 대답해 주세요. 네, 아니오로 말해주시면 됩니다. 아이들에게 그곳에서 해야 할 일들에 대해 설명한 적이 있습니까?"

변호사의 질문에 대해 두크는 대답할 이유를 못 느꼈다.

"지금 질문했는데 말씀이 없으니 다시 말할게요. 제 말을 잘 들으세요. 아이들에게 무슨 말을 했습니까?"

"당신은 지금 내 대답을 제대로 듣지 않고 있군요."

"아이들에게 사형 집행장에서 일을 해야 한다고 말했나요?"

"우리는 그런 표현을 쓰지 않았습니다. 저는 아이들에게 당의 노선에 대해 가르칠 의무가 있었고 아이들은 혁명운동에 동참하도록 요구를 받던 시기였어요. 그 당시에 혁명운동이 뭐였는지 아세요? 바로 반동분자를 죽이는 거였습니다."

법정 관례상 같은 질문을 반복해서 하면 안 되었다. 스투진스키 변호사가 했던 질문을 또 하자 두크는 그 관례를 언급하면서 만족감을 느꼈다. 초반에는 친절한 태도를 보였던 두크도 시간이 지나자 참을성에 한계를 느꼈는지 점점 짜증을 냈다. 두크가 미간을 찌푸리자 두 눈이 일자처럼 보였다. 목소리 톤도 처음부터 더 높아졌고 여변호사가 중간에 끼어들 때마다 말을 자르지 말라는 경고도 서슴지 않았다. 한번은 "참고삼아 말씀드리는데 저는 질문에 대답하지 않을 권리가 있습니다"라는 말로 여변호사의 질문을 중단시켰다. 또 잠시 뒤에는 "그 질문은 당신이 내게 수도 없이 한 것이잖습니까? 저는 묵비권을 행사하겠습니다"라고 쏘아붙이며 일침을 날리기도 했다. 그러나 숫양처럼 고집이 센 여변호사는 전혀 물러설 기미가 없었다. 거의 제정신이 아닌 것처럼 집요했고 판사들의 주의도 귀에 들어오지 않았다.

독일과의 협력 관계를 도모하기 위해 프놈펜에서 일하고 있는 스투진스키 변호사는 크메르 루즈의 희생자를 돕는 최초의 서양인 변호사였다. 초반에는 독일인 여변호사가 희생자를 변호한다는 소식에 법정 관계자를 비롯한 모든 사람이 별로 달갑게 여기지 않았다. 하지만 그녀는 아랑곳하지 않았다. 희생자들을 만나 그들의 이야기에 귀를 기울이고 캄보디아 출신의 변호사들을 만나면서 소송 준비를 해나갔다. 그녀의 열성은 비난할 수 없을 정도로 대단했다. 하지만 갑자기 들이닥쳤다가 떠나버리는 새 변호사들을 대할 때나 법정에 서 있는 동안만큼은 사포처럼 까칠까칠했다. 정확한 이유도 알지 못한 채 꼭 이 세상과 한판 전쟁을 벌이기 위해 온 사람 같았다. 스투진스키 변호사는 그녀의 의뢰인들처럼 지나치게 격분해서 그랬다는 이유를 들려주었다. 두크가 자기 멋대로 해석한 과거의 역사를 설득시키려고 애쓰며 한 편의 쇼를 벌이는 모습을 보는 게 몹시 화가 났기 때문이었다. 그래서 그렇게 반응하는 것이 자신에게는 지극히 당연한 일이고 '솔직한 태도'를 보여주는 것이라고 내게 말했다.

심리학자들이 말하는 것처럼 우리 인간은 각자 개인의 역사와 집단의 역사가 빚어낸 결과물이라 할 수 있다. 국제 재판소에 서게 된 외국인들은 무국적자가 된 듯한 인상을 받는 경우가 있다. 내가 어디 출신인지 말하는 것은 자기가 어떤 집단에 속하고 누구인지 명확하게 선을 그어주는 매우 자연스러운 행위다.

그렇게 함으로써 국적이 다양한 법률가들이 뒤섞인 애매모호한 조직 안에서 자신의 정체성을 찾을 수 있다. 최종 변론 때가 되자 스투진스키 변호사는 독일의 한 시민으로서 고국에서 일어난 처참한 학살에 대한 기억을 매일 떠올리며 살고 있다는 말로 변론을 시작했다. 그것으로 전부라고 할 수는 없지만 그때 일어난 일은 그녀에게 하나의 역사로 남아 있다. 실케의 친부모는 베를린에 장벽이 세워지기 6주 전에 동독에서 서독으로 이주했다. 그 당시 그녀는 생후 7개월의 갓난아기였다. 실케 스투진스키는 전투적인 성향의 운동가는 아니다. 그녀가 간직한 역사는 지난 세기를 뒤덮은 전체주의의 이중적인 유혹으로부터 그녀를 안전하게 보호해주었다. 하지만 지난 세대의 폭력성만큼은 그대로 남아 그녀를 구속하는 것만 같았다. 법정에 선 스투진스키 변호사는 막바지에 다다르면 항상 적개심을 노출했고 이따금 의뢰인인 희생자들에게까지 같은 모습을 보이곤 했다. 그러다 이날, 그녀의 지칠 줄 모르는 경계심이 좋은 단서를 찾게 해주었다. 사형수에 관해 기록을 하던 서기 수 티를 통해 스투진스키는 풍 띤 교수의 수감과 관련된 문서에 대한 궁금증을 해결해줄 중요한 정보를 얻었다. 다른 사람은 모르는 오로지 수 티만 알고 있는 사실들이었다. 스투진스키는 조금 있으면 몸 나이와 함께 영광의 순간을 맞이할 참이었다.

"지금 희생자의 가족들이 우리 앞에 있어. 풍 띤 교수가 정확히 어디에서 죽었는지 알기 위해 여기 와 있는 거야!"

두크는 옛 부하인 몸 나이를 계속해서 질타하며 큰 소리로 말했다.

스투진스키 변호사가 어느새 책상 뒤에서 발톱을 세우고 기다리는 바람에 피고인 두크는 자리에 앉지도 못했다. 적절한 타이밍에 여변호사가 두크의 요청을 구실삼아 몸 나이에게로 공격 대상을 바꾸는 놀라운 전략을 선보였다. 그녀는 몸 나이에게 새롭게 떠오르는 사실이 있는지 물었고, 이번 기회가 그가 알고 있는 사실을 우리에게 말해주고, 변호사의 질문에 대답할 수 있는 마지막 기회라고 강조했다. 여변호사는 완벽할 정도로 빠른 대처능력을 보였다. 풍 떤 교수의 아내가 손수건으로 입을 막고 있자, 심문관 부서의 옛 관리인 몸 나이가 성치 않은 몸을 일으켜 입을 열었다.

"우선 풍 떤 교수의 유가족 분들에게 삼가 위로의 말씀을 드립니다."

결국 타협을 모르던 남자, 지금까지 부인하기만 하며 융통성조차 없을 것 같았던 몸 나이가 감정을 주체하지 못해 오랫동안 묵혀오던 눈물을 흘렸다.

"내 형제들은 물론 친척들이 크메르 루즈 정권 아래에서 모두 고통스러운 나날을 보냈고 저세상으로 갔기 때문에 개인적으로 회한이 많이 남습니다. 제 아내도 죽었어요. 상황이 점점 절망의 구렁 속으로 떨어지는 것 같았고 후회만 가득할 뿐입니다. 그 당시에 다른 선택이 없었어요. 저는 업보가 있다고 믿어요. 현재는 제 신앙 안에서만 안정을 찾고 있어요. 당연히 양심의 가책을 느끼며 살고 있습니다. 이 법정 앞에 나와 풍 떤 교수님의 유가족 분들에게 제 심정을 전할 수 있었으면 합니다."

두크가 한때 혁명운동을 같이하던 사람의 방어막을 열어버린 격이 되었다. 짧지만 결정적인 이 순간에 실케 스투진스키의 직업적으로 타고난 예민한 반사신경이 청중의 마음을 동요시키는 것은 물론 한 남자의 약점을 노출시키는 절호의 시간이라는 것을 간파했다. 몸 나이가 그 짧은 시간 동안 보여준 모습에서 우리는 그의 음흉한 성격과 함께 인간적인 면을 느낄 수 있었다. 소송에 참석한 많은 방청인의 기억 속에 오래도록 남을 것이다.

여변호사의 신문이 끝나고 닐 논 재판장이 발언권을 넘겨받았다. 하지만 몸 나이는 다시 경직된 태도로 돌아간 뒤였다. 그의 의식의 일부를 다시 열어보기란 암흑 속에서 목표물을 겨냥하는 것만큼 어려운 일이었다. 몸 나이는 더 이상 자세한 이야기를 하지 않았다. 풍 떤 교수의 유가족은 결국 교수의 죽음, 심문 과정과 관련된 새로운 정보를 얻는 데 실패했다. 하지만 퉁명스럽고 반항만 하던 몸 나이가 처음이자 마지막으로 자신의 아픈 마음을 1~2분 동안 보여주었다. 몸 나이에게 폭행을 당한 적이 있는 교도소 생존자 부 멩도 그 시간 법정에 있었다. 그는 손으로 이마를 만지작거렸다. 법정에서 나온 몸 나이는 풍 떤 교수의 딸과 2미터 떨어져서 스쳐 지나갔다. 그 순간, 교수의 딸은 몸 나이를 쳐다보았으나 그는 아니었다. 명예가 땅에 떨어진 군인은 나이가 들어 뻣뻣해진 몸을 이끌고 법정을 떠났다.

31
지식인의 비극적 운명

 손 센과 두크, 몸 나이와 폰은 모두 M-13을 관리한 교육자 출신의 인물로 S-21을 세운 초기 멤버들이다. 혁명은 지식인들이 항상 꿈꾸고 원하며 행동으로 옮기던 목표였다. 이들은 혁명을 일으키면서 특별히 '프롤레타리아 계급'을 명분으로 내걸었다. 그러나 분열된 가족들 사이에 배반이 잇따르면서 시동생이 형수님을 고발하는가 하면 자식이 아버지를, 부인이 남편을 고발하다보니 같은 조직에 속한 엘리트끼리도, 동료인 지식인들 사이에서도 마찬가지의 일이 벌어졌다.

 1970년대 초, 캄보디아 지식인들은 한마디로 정상급 특권층이었다. 그들은 대학교 입학시험을 통과하고 대학교 교육을 받았다. 워낙 소수였기 때문에 그들이 가는 길이 웬만하면 얽힐 수밖에 없었다. 법정에 선 지식인 희생자 가족들의 이야기를 들어보면 보통 특권 계급의 자멸로 요약된다. 그 당시 혁명으로부터 몸을 피할 방법도 알지 못했고 적절한 때에 도망을 칠 수도 없었기에 결국 혁명 조직에 희생을 당한 것으로 여겼다. 혁명가들이 이들을 옭아매기 전에 자기들이 먼저 혁명 조직을 받아들였다고 이야기하는 사람도 있었다.

풍 떤 교수의 아내가 증인 자격으로 등장하자 두크가 자리에서 일어났다. 그녀는 두크를 제외한 모든 사람에게 인사했다. 부인이 자리에 앉은 뒤에 두크가 자리에 앉았다. 풍 떤 교수의 아내는 크메르 루즈가 처단하려고 했던 조건을 모두 갖춘 사람이었다. 도시 사람, 교육가의 딸, 과거 정권 때 일했던 공무원, 고등교육을 받은 우아한 그 여성은 두크가 보기에는 제거해야 할 대상이 분명했다.

아마 두크가 일찌감치 그 여성을 처단했다면 매우 기뻐했을 것이다. 부인이 독재 시절을 이야기하면서 '검은 옷을 입은 사람들의 정권'이란 표현을 썼다. 이 간단한 표현만으로도 그녀가 혁명을 얼마나 끔찍하게 여겼는지 느낄 수 있다. 마르크스주의의 정당성에 대한 역사적인 분석을 할 필요도 없고, 사이비 평등을 유도하는 사회의 어리석은 향수에 대한 비판도 없었다. 그녀는 그보다도 자신이 관찰한 상황에 대한 예리한 판단을 더 우선시했다. 그때는 모든 여성이 단발머리를 해야 했고 단색으로 통일한 옷을 의무적으로 입어야 했다. 한눈에 봐도 인간의 기본적인 행복을 파괴하는 조치였다. 폴포트주의의 신조를 패션을 기준으로 평가한다면, 폴 포트가 강조한 영광스러운 미래는 유행의 종말을 의미했다. 폴 포트 시대의 패션은 끝도 없는 음울한 분위기를 고스란히 드러냈다. 공산주의 이데올로기가 좋은 의도로 미를 추구하는 행위를 어떻게 생각하는지에 대해서는 이것 말고도 토론할 거리가 제법 된다. 마오쩌둥주의자들의 입에 발린 말이나 위선에 관심이 없는 이성적이고 실제에 관심을 둔 사람이라면 육안으로도 어두운 앞날이 뻔히 보일 것이다. 풍 떤 교수의 아내에게는 그 시절이 승려처럼 입어야 하는 의복으로 환원되었다. 그래서 가장 단순하게 그리고 그 당시 상황을 명확하게 보여주는 표현을 써서 '검정 옷을 입은 사람들의 정권'이라고 압축했다.

풍 떤의 아내와 가족은 도시인들을 혐오하는 사람들의 손에 협동작업장으로 끌려갔다. 부친은 그곳에서 일하다가 그만 병에 걸리고 말았다. 그녀는 하는 수 없이 검은색 제복을 입은 젊은 감시인을 불러 노인을 위해줘야 하지 않느냐며 도움을 청했다. 그러나 청년은 혁명 조직의 가르침에 따라 나이 든 사람을 계속 보호해봤자 얻을 것이 없으며 그가 죽더라도 잃을 것이 없다는 말을 남겼다.

지금 70세가 된 풍 떤 교수의 아내가 말했다.

"이건 캄보디아의 전통문화가 아니에요."

결국 그녀의 부친이 사망했다. 그 후 7명의 자녀 중 한 명이 죽었고 모친에 이어 이모도 운명을 달리했다. 그러던 어느 날, 그녀가 노동 현장에 있으면서 닭고기가 먹고 싶다는 말을 입 밖으로 내뱉은 적이 있었다. 이 말을 듣게 된 검정 제복의 젊은 감시인은 이곳에서 '부르주아 계급의 음식'을 말하지 말라고 경고했다. 게다가 그녀의 아들이 습지에 사는 거북과 물고기를 잡는 재주가 남달랐는데 먹이 사냥을 하는 것은 악행이라면서 벌을 받곤 했다. 사람들은 그녀를 자유주의자, 도시 여자로 취급했다. 그러면서 다른 노동자와 마찬가지로 그녀 역시 '자기 구축'을 해야 할 대상으로 대했다.

"저는 그때 자기 구축이란 말이 어떤 의미인지도 몰랐어요."

그 일이 일어난 지도 30년이 훌쩍 지났다. 하지만 고통은 시간이 지날수록 점점 커질 뿐이라고 그녀는 말했다.

"한 번도 행복한 적이 없어요. 약을 복용한 덕분에 지금까지 살아 있을 수 있었답니다. 혹자는 제가 복수를 하기 위해 이곳에 왔다고 말하지만 그렇지 않아요. 저는 그저 정의로운 판단이 내려져서 남편의 죽음이 보상받길 바랍니다. 그리고 왜 그토록 야만적인 행위를 할 수밖에 없었는지 그 진실을 듣고 싶어 온 거예요."

재판이 중단되고 휴식 시간이 되자 두크는 같은 편에 속한 사람과 대화를 나누었다. 그리고 변호인석에 혼자 남아 의자에 앉아 건너편을 주시했다. 그곳에는 풍 떤 교수의 딸이 혼자 있었다. 그녀는 노트에 적은 글을 읽고 있었고 두크를 쳐다보지 않았다. 이윽고 두크의 변호사가 다시 돌아와 피고인이 느끼는 깊은 외로움을 해소시켰다. 풍 떤 교수의 딸은 한 번도 혼자 있었던 적이 없었던 사람처럼 보였다.

녹색 블라우스에 짙은 색깔의 웃옷과 바지를 입은 딸의 의상은 한눈에 봐도 서양 스타일이었다. 그녀는 자기 차례가 되자 증인석으로 자리를 옮겼다. 두크는 이번에는 자리에서 일어나지 않았다. 프놈펜 시민들이 대거 노역 현장에 끌려가던 시기에 그녀도 있었다. 어렸던 딸은 자신의 내력을 생생하게 기록해야만 했다. 그녀는 경솔하게도 숨기는 것이 하나도 없었다. 그 내용을 흘림으로써 풍 떤 교수가 가족의 소재를 찾을 수 있었고 결국 아버지를 죽음으로 몰아갔다는 것을 그녀는 이해하지 못했었다. 기록의 대가가 아버지에게 돌아간 것이다. 대신 그녀는 큰 피해를 보지 않았다.

풍 떤 교수의 가족사진은 남아 있는 것이 몇 장 되지 않을 정도로 희귀했다. 법정에 설치한 스크린을 통해 그의 가족사진이 비쳤다.

파리의 센 강변에서 풍 떤 교수와 아내가 찍은 결혼 사진을 시작으로 7명의 자녀 사진과 왕립 대학교 학장실에서 찍은 교수 사진이 있었다. 또 교수가 캠핑장에서 친구 두 명과 찍은 사진도 있었다. 마지막 사진은 숫자 17이 적혀 있는 번호판을 목에 건 교수의 모습이었다.

교수의 딸은 법정에 증인으로 출석할 이날을 몇 년 전부터 기다렸다. 소송이 시작된 뒤 그녀는 매일같이 어머니와 법정을 찾았다. 법정을 매일 찾은 사람은 생존자 춤 메이와 이들 모녀밖에 없었다. 하지만 수년 동안 지나치게 생각이 많았던 탓일까, 정작 법정에 출두해 증언할 순간이 다가오자 풍 떤 교수의 딸은 자신의 말을 분명하게 전달하지 못했다. 주관적인 감정을 표출해 내용의 사실성을 흐뜨러뜨렸을 뿐만 아니라 주제와 관련 없는 이야기까지 하고 말았다.

1979년 10월경에 신문에 돌돌 만 종려당을 사던 그녀는 모친과 함께 아버지가 S-21 교도소에서 사망했다는 소식을 접했다. S-21의 자료보관소에서도 수감 번호 17번의 사진이 실린 신문이 발견되었다. 그 당시에 교도소는 이미 대학살의 산 현장으로 변모하는 중이었다.

딸의 눈에 두크는 책임감을 회피하려고만 애쓰는 '정신 나간' 남자로 보였다. 누가 아버지를 S-21로 보냈을까? 그리고 1977년 7월 6일에 누가 아버지를 죽여야 한다는 결정을 내린 것일까? 아버지가 그곳에서 어떤 고문을 받았을까? 질문이 꼬리에 꼬리를 이었다. 두크는 첫 번째 질문과 두 번째 질문에 대해서는 모른다고 답했다. 그러면서 가혹한 학대를 받지 않았을 거라고 확신했다. 왜냐하면 교수가 한 자백의 유형으로 판단하건대 고문을 받은 다음에 나온 자백이 아니라는 것이었다. 하지만 풍 떤 교수의 딸은 두크가 어떻게 언제 그리고 어디서 아버지가 죽었는지 다 알고 있다고 확신했다. 다만 그 모든 사실을 자기 입으로 자백할 용기가 없는 것뿐이라고 생각했다.

두크가 1970년 이전에 그토록 존경하던 인물 6명 중 4명이 크메르 루즈에 의해 제거되었다. 그 가운데 2명이 S-21에서 사망했는데, 바로 짜오 셍 교수와 풍 떤 교수로 두 사람은 프랑스에서 같은 비행기를 타고 귀국했다. 현재 두크는 모든 어려움을 무릅쓰고 풍 떤 교수가 자신이 지휘하던 교도소에 수감된 사실을 모른다고 잡아떼는 중이다. 하지만 고문관은 희생자의 딸과 한자리에 있게 되자 막다른 골목에 들어선 것처럼 곤란해했다. 그녀는 그를 향해 몸을 돌렸고 냉담한 표정을 지었다. 그다음부터는 그에게서 시선을 떼지 않았다.

띠울롱Tioulong 가문에는 자식이 7명 있었는데 모두 딸이었다. 부친은 프놈펜의 상류층을 주름잡는 저명한 인물이었다. 대사를 거쳐 장관, 정부 수뇌, 국왕군의 최고 지휘관을 지냈다. 띠울롱 가문은 시아누크와 친밀한 관계를 맺고 있다. 이 유명한 가문의 둘째 딸인 띠울롱 랭시Tioulong Raingsy는 어린 나이에 림 크마리Lim Kimari와 결혼했다. 림 크마리는 상업 은행의 실권을 장악한 인물로 가라테 실력도 뛰어나 검은띠를 보유하고 있다. 띠울롱 랭시는 서양식 대규모 실험실에서 대표를 맡았으며 불어 라디오 방송국에서도 진행자로 활동하고 있었다. 1970년 3월 쿠데타가 일어난 뒤 캄보디아 내전이 점점 격렬해지자 이 젊은 부부는 국내에 살아도 어린 자녀들은 프랑스 파리로 보내기로 결정했다. 두 사람이 캄보디아에 머물기로 한 이유는, 프랑스에서는 그들의

412

신분이 '낙오자'로 전락할 것 같았기 때문이다.

1974년 여름, 두 사람은 옛 수도로 휴가를 떠났다. 다른 가족들이 피난차 지내는 곳이었다. 두 사람은 다음 해 여름에 또 가족들을 보러 오겠다고 했다. 그 무렵에 찍은 사진을 보니 랭시의 부드러운 머리카락이 반짝거렸다. 미소가 아름다웠지만 그녀의 눈빛에서는 가족들을 정말 다시 볼 수 있을까 하는 염려가 느껴졌다. 1975년 3월 28일 캄보디아의 수도가 포위당하자 랭시는 부친에게 다음과 같이 편지를 썼다.

> 아버지, 저에게 어떤 충고를 해주실 수 있으세요? 빨리 이곳을 떠나야 할까요, 아니면 6월까지 더 참아볼까요?

어쩌면 두려워할 일만 있는 것은 아니었다. 무시무시한 공산당 게릴라가 프놈펜에 도착하는 것은 맞지만 그와 함께 안심하고 믿을 수 있는 시아누크도 돌아왔기 때문이다. 그로부터 3주 후, 크메르 루즈가 프놈펜에 입성했고 주변과의 통행을 모두 차단했다. 의심을 품기에 때는 이미 늦었다.

혁명당원들이 도착하자마자 다른 도시인들과 마찬가지로 띠울롱 랭시와 그의 남편은 수도에서 쫓겨났다. 두 사람은 11월까지 작은 촌락에서 목숨을 이어갔다. 두 사람은 혁명의 근거인 '옛 국민' 또는 '하층민'의 정반대의 입장인 재교육하거나 제거해야 할 대상에 지나지 않는 '신흥 계층'을 대변했다. 저녁마다 크메르 루즈가 경계를 늦추지 않고 감시하여 랭시가 불어를 할 줄 안다는 사실을 알아냈다. 무기징역을 받을 만한 죄였다. 또한 그녀가 손 쓰는 일을 하지 않는다는 것도 알았다. 심문 호출을 받은 랭시는 아무것도 숨기지 않았다. 자신의 이름이 띠울롱 랭시이고 아버지가 무슨 일을 한 누구인지 모두 솔직하게 털어놓고 말았다.

S-21에 보관된 기록에 따르면 띠울롱 랭시는 1976년 4월 31일에 사망했다고 나왔다. 수학 교사 출신이 관리하던 죽음의 공장 S-21의 기록이 모두 완벽한 것은 아니었다. 랭시가 죽은 날로 알려진 4월 31일이 존재할 리가 없지 않은가. 그녀의 사망 원인은 죽을 정도로 가한 구타였다.

띠울롱 랭시는 몇 개월 동안 계속해서 고문을 당했다. 그 결과 자백으로 들리지만 알고 보면 진실이 아닌 말들을 털어놓았다. 가령 1969년 CIA에 취직이 되었으며 사람들을 동원하여 토지나 물소를 돌려달라거나 사생활을 보장해달라는 운동을 펼치는 것이 임무였다고 했다. 또한 반역 조직에 가담했다며, 조직원으로 프랑스 텔레비전 방송에서 영광된 시절을 보내던 기자 폴 아마르Paul Amar의 이름을 언급했다. S-21의 자료보관실에 있는 허황된 자백 기록들을 보고 있노라면 공포심도 들지만 그에 못지않게 괴상망측하다는 인상도 받는다.

폴 아마르라고 적은 철자가 'Pôle Hamar'인 것만 봐도 대강 알 수 있다. 젊은 항해가였던 케리 해밀처럼 띠울롱 랭시는 사형집행인 앞에서 오히려 가소로운 장난까지 부렸다. 절대 찾기 힘든 사람들의 이름을 반역자 명단에 올려놓았으니 말이다.

처음에는 파리에 간 랭시의 가족들은 큰 걱정을 하지는 않았다. 프랑스 미디어가 '핑크빛 승리', 그러니까 온건한 승리라고 이야기했기 때문이다. 그러나 이후 침묵이 계속되었고 4년 동안 아무 소식도 들을 수 없었다. 캄보디아가 베트남에 의해 해방되었다는 소식이 전해지고 나서야 랭시의 가족은 S-21의 존재를 알게 되었다. 교도소 자료보관실에서 랭시를 심문한 기록이 발견되었고 부부의 사진도 함께 나왔다. 머리카락이 심하게 손상되어 있었고 아름답던 외모도 빛을 잃은 모습이었다. 림 크마리는 부인이 죽고 한 달 뒤 사형에 처해졌다.

법정에 증인으로 출두하기 위해 먼 프랑스에서 직접 온 랭시의 여동생은 가슴이 무너지는 것 같았다. 언니와 형부가 그토록 끔찍한 일을 겪은 것에 일종의 죄책감을 느꼈기 때문이다. 어째서 가족들이 두 사람을 구하지 못했는가에 대한 한이 가득했고, 프랑스인들이 크메르 루즈를 쫓아내지 못한 것도 원망스러웠다.

일곱 자매 중 막내가 가족을 대신해 증인이 되었다. 그녀는 1974년에 찍은 사진을 펼쳐 보이더니 S−21의 옛 책임자에게 그 사진을 꼭 보여주고 싶다고 말했다. 두크는 띠울롱 랭시를 직접 본 적은 없다고 했다. 그래도 랭시의 여동생은 상관없다고 생각했다.

"피고인에게 이 사진을 보여주고 싶었어요. 자기 두 손으로 파괴한 사람이 누구인지 직접 봐야지요."

그녀는 사형집행인이 과거를 뉘우친다는 말 자체를 믿지 않았다. 공정함이 생명인 이 법정에 두크가 서게 된 것만으로도 그는 희생자들과 달리 운이 좋은 사람이라고 생각할 정도였다. 그녀는 두크를 영원히 용서하지 않을 것이라고 말했다.

"절대로…… 절대로 그럴 일은 없을 거예요."

그녀는 크메르 루즈에게 학살당한 언니와 형부 슬하의 자녀들이 지금까지 성장하면서 어떤 일들을 겪었는지 이야기했다.

열한 살이 되면서 랭시의 아들에게 신경 장애가 일어나 간질을 앓았다. 심리학자들은 간질이 생기게 된 원인에는 어린 시절 겪은 심한 충격도 포함된다고 말했다. 1990년대에 이르러 그는 외국생활을 접고 프놈펜으로 돌아가기로 결심했다. 그러던 어느 날, 차를 타고 이동하던 그는 갑자기 몸에 통증을 느꼈고, 그러다 그만 시내 로터리에 있는 독립기념비와 충돌해 저세상으로 떠나고 말았다. 랭시의 딸 중 한 명은 심신 장애까지 겪었다. 랭시의 부모는 여전히 침묵을 지키면서도 슬픔을 지우지 못한 채 살고 있었다. 랭시의 모친은 지금까지도 왜 자기 딸을 죽여야만 했는지 이유를 알고 싶어한다. 한편 1990년대 초반에 랭시의 부친은 시아누크 왕을 신봉하는 사람으로서 평화 협정을 체결하기 위한 자리에 참석한 적이 있다. 그곳에는 크메르 루즈 출신의 정치인들이 함께 있었지만 그는 겉으로 아무런 내색도 하지 않았다고 했다.

32
한 엘리트의 죽음

　희생자들은 자신이 겪은 범죄가 세상에서 가장 심각하고 끔찍한 일이라고 평하는 경향이 강하다. 범죄의 강도를 서로 비교하며 경쟁한다는 것은 별 의미가 없는 데다 자신의 고통을 타인의 고통과 충돌시키는 헛된 시도에 불과하다. 그럼에도 불구하고 피해를 입은 사람들은 자신이 남보다 더 큰 피해를 봤다고 생각하고 싶어한다. 띠울롱 랭시의 여동생은 말했다.

　"나치 정부가 한 일이 크메르 루즈의 손에서 더욱 심각하게 재현되었어요. 크메르 루즈의 대학살은 크메르인이 크메르인을 상대로 벌인 범죄니까요."

　둘 다 범죄인 것은 명백한 사실이지만, 그녀의 주장에 따르면 유대인을 제거하려고 했던 나치의 행태보다 죄질이 더 나빴다. 나치는 가스실을 만들어 고통으로 몸부림칠 시간을 줄여주지 않았던가. 어찌되었든 간에 모든 범죄는 그 무엇으로도 고통을 정당화할 수 없다.

희생자들의 가족이 법정에 출두한 며칠 동안 모든 형태의 악행은 사소한 것이라도 그냥 넘어갈 수 없는 중요한 일이었다. 평범한 사람들 속에 서 있는 범죄자를 바라보는 것만으로도 가족들은 불안함을 느꼈다. 머리로는 침착하려고 애썼지만 그게 뜻대로 되지 않아 비참한 기분까지 느낀다고 했다. 시간이 지나면서 가족들은 이성보다는 감정에 호소하는 모습을 보이기 시작했다. 결국 슬픔과 비참함, 분노와 역겨움, 반항심과 때로는 증오심까지 여러 감정이 표출되었다. 희생자들이 느끼는 고통스러움과 노여움이 얼마나 강렬한지, 마치 무른 땅에 박히는 말뚝처럼 그들의 마음이 우리 심장에까지 그대로 전달되는 것 같았다.

희생자들에게 용서와 화해는 용납될 수 없는 일일 뿐만 아니라 죄인을 구제하는 일은 절대 있을 수 없는 행위였다. 당사자 측에서 원하는 것은 오로지 고문관들의 책임자에게 벌을 주는 것이었다. 소송은 난관의 연속이었다. 피고인이 자신의 책임을 부인할 때마다 희생자들이 고통스러워하는 소리가 들렸다. 또 피고인이 책임을 순순히 인정해도 고통스러워하기는 마찬가지였다. 두 가지 경우 어느 쪽이라도 희생자들은 힘들어했다. 재판에 참여하는 것만으로도 이들은 정신적인 질식 상태가 어떤 것인지 몸소 체험하는 기분이었다.

우 윈디Ou Vindy란 사람이 띠울롱 랭시, 림 크마리와 함께 체포되었다. 이들은 모두 특권 계층에 속했으며 알고 보면 먼 친척 관계였다. 크메르 루즈가 정권을 잡는 데 성공하자 이 세 사람은 같은 촌락에 들어가 숨어 살았다. 서른한 살의 나이에 우 윈디는 내각에서 특히 중요한 기관인 외무부에서 공무원으로 일했다. 기혼자이며 자녀가 셋인 그는 캄보디아의 국립행정학교를 졸업했다. 장남으로 태어나 성공과 명성을 얻는 데 필요한 모든 자질을 갖춘 남자였다. 그러나 1976년 2월 13일 우 윈디는 S-21 교도소에 수감되어 1976년 5월 20일에 사형되었다. 그의 남동생은 그 후 30년 동안 한결같이 죽은 형을 생각했으며 정확한 날수를 따지면 1만 일하고도 950일이라고 강조했다.

"재판 과정을 지켜보면서 형이 겪은 일을 간접적으로 경험해보고 싶었어요. 저만의 방식으로 형이 느꼈던 고통과 불안을 공유하고 싶었습니다. 채찍질을 당할 때 어떤 느낌인지, 손톱이 뽑혀나갈 때, 전기 고문을 받을 때, 밥을 주지 않고 굶기거나 쇠사슬을 몸에 채울 때 어떤 느낌인지 상상하고 싶었습니다. 재판장님, 저는 더 이상 흘릴 눈물이 남아있지 않다고 생각했어요. 그런데 거기 가보니 그게 아니었습니다."

우 윈디의 남동생의 진술은 희미한 잡음과 끝없는 반사음이 울려 퍼지는 가운데 두크의 발 위에 무거운 주철을 떨어뜨린 것처럼 그에게 큰 충격을 주었다. 이번 증인은 파리와 프놈펜 사이에 위성 통신을 연결해 증언을 들었다. 처음의 잡음이 가시고 나자 긴장된 분위기도 조금씩 완화되었다.

S-21에서 발견된 우 윈디와 관련된 문서를 확인해보니 날짜에 문제가 있었다. 문서에 적힌 입소 날짜가 신상 명세서에 적힌 입소 날짜보다 더 나중이었기 때문이다. 유가족들에게는 이러한 세부 사항을 정확하게 기억하는 것이 굉장히 중요했다. 두크는 서로 다른 정보 가운데 어느 것이 진짜인지 명확하게 가려달라는 요청을 받았고, 그는 우 윈디의 남동생에게 일관성 있는 대답을 건넸다.

"특별 수용소에 먼저 보내졌던 것 같습니다. 그래서 두 문서의 입소 날짜가 달랐던 것입니다. 입소 날짜를 기록한 명단이 항상 정확한 것은 아니에요. 반면 신상 명세서에 명시된 날짜는 그보다는 훨씬 더 믿을 만한 정보입니다."

우 원디의 남동생은 희생자의 부모처럼 형에게 고문을 자행한 악마들에 대항해 싸울 채비를 했다. 그러나 형이 쓴 자백 기록을 확인해보니 그의 필체가 아주 깔끔하고 가지런해서 도무지 고문을 받고 나서 글을 쓴 사람의 필체로 보기 힘들 정도였다. 그때 두크의 설명을 영어권 통역사가 통역했는데, 모순되는 말을 하는 바람에 듣는 이들이 모두 당황했다. 그 모습을 본 두크가 이렇게 말했다.

"우 원디 씨의 경우, 고문을 받지 않았을 거라 확신합니다. 제가 죄를 교묘하게 피하려고 한다고 생각하시겠지만 그게 아닙니다. 저의 죄를 용서받으려고 이런 말을 하는 것이 아니에요. 상황에 따라, 죄수의 반응에 따라 심문 과정이 달라지기 때문입니다. 죄수가 자백을 거부할 때 고문을 한다고 다시 한번 말씀드립니다."

두크가 교묘하게 완곡 어법을 사용해가며 말했다.

"심문관들마다 심문하는 스타일이 달라요. 어떤 사람은 금방 고문에 의지하지만 전혀 그렇지 않은 사람도 있어요. 당신 마음을 편하게 하려고 이 자리에서 형님 분이 고문을 받지 않았다고 주장하는 것은 아닙니다."

1992년 우 원디의 남동생은 S-21 교도소와 관련된 곳들을 방문했다. 막내아들인 그는 파리에서 일했으며 성격이 매우 차분했다. 여느 캄보디아인처럼 자기 역시 감정을 겉으로 드러내기보다는 속으로 삭이는 편이라고 그가 말했다. 그래서 법정에 출두해 증언을 한다는 것은 그에게 매우 큰 용기를 필요로 하는 일이었다.

처음 법정에 얼굴을 비친 순간, 그의 얼굴은 매우 엄숙했다. 하지만 인사한 다음에 언제 그랬냐는 듯이 표정이 한결 밝아졌다. 열의도 느껴졌지만 아직 소심함을 없애버리지는 못했다. 그는 지난 1만950일 동안 겪은 괴로움을 감추며 정숙함을 유지했다. 증인이 캄보디아를 방문했던 소감을 이야기했다.

"어느 날 저녁, 친구 집에 갔는데 그곳에 영혼과 소통할 수 있는 재주를 지닌 젊은 여성이 있었어요. 제가 그녀에게 죽은 형에 대해 말하자 형과의 만남을 시도하더군요. 우리 캄보디아인은 이러한 현상을 믿는 편이에요. 왜 그런지 조리 있게 설명할 수는 없지만 아무튼 그래요. 여자분이 형을 만났는데 형이 매우 슬퍼 보이고 겁에 질려 있다고 했어요. 인간 세상에서 살 때 고통을 몹시 많이 받아서 그런 것 같다더군요. 지상에서 지나치게 큰 고통을 받은 나머지 환생하고 싶지 않다는 말도 했지요. 형은 몹시 무서워서 불탑 안에 영혼이 되어 숨어 지낸다고 말했대요. 그래서 승려들의 보호를 받을 수 있었다고요. 죽은 자와 소통하는 그 여성이 내게 어느 탑인지 알려주었어요. 그래서 저는 다음 날, 누이와 함께 불탑을 찾아가 그 앞에서 제를 올렸어요. 신기하게도 탑 안에 있는 천장을 계속 쳐다보는데 정말 그 천장에 형의 영혼이 있는 것 같다는 느낌이 들었어요. 지금도 탑을 찾아갈 때마다 천장을 바라봐요. 아직도 환생을 두려워하는 형의 영혼이 거기 숨어 있을지도 모른다는 생각이 들어요. 형은 그곳에서 부처의 보호를 받고 싶은가봐요. 지금 제 조카딸이 임신을 했는데 출산하면 아기와 함께 불탑을 찾아가 보여줄 생각이에요."

파리에서 1968년 학생들이 주동한 혁명운동이 막 끝날 때였다. 학생들이 내세운 슬로건 중 하나가 '도시를 시골로 전환하자'였다. 이 무렵 젊은 캄보디아 청년 욱 께트Ouk Ket가 프랑스의 수도로 건너갔다. 욱 께트는 장학금을 받아 유학온 공대생이었다. 그 역시 1960년대를 풍미하던 캄보디아의 상류층 가문에 속하는 자제였다. 그의 가족이 거처하는 곳은 왕궁 안이었다. 그러다가 1970년에 쿠데타가 일어난 후, 파리에 있던 욱 께트는 시아누크의 호소를 접했다. 욱 께트는 당연히 옛 지도자가 만든 전선에 가담했고 그 조직에는 크메르 루즈의 게릴라들도 있었다. 그해 그는 젊은 프랑스 여성을 만나서 1년 뒤인 1971년 10월에 결혼식을 올렸다. 오늘날 숲으로 변해버린 캄보디아의 한곳에서 수많은 사람이 차례로 학살되고 그 가운데 프랑수아 비조가 두크와 실랑이를 벌이며 대립하던 즈음이었다.

결혼 후 몇 달이 지나 욱 께트는 아내와 함께 다카르로 이주했다. 그가 대사관의 3등 서기관으로 임명되어서였다. 첫째 아들은 1973년에 태어났고 2년 뒤 딸을 낳았다. 젊지만 지위가 높은 공무원이 된 욱 께트는 왕에게 충성을 다하는 인물로, 크메르 루즈는 아니었지만 크메르 루즈가 만들고자 하는 새로운 정권에 대해 큰 관심을 보였다. 그러면서 훌륭한 미래를 건설할 수 있으리라는 꿈을 품고 살았다.

오늘날 캄보디아의 모습을 보면, 모든 것이 말끔하게 정화되고 도시와 시골 모두 깨끗한 것 같습니다. 보안도 매우 철저하고 사회적인 평등도 확실하게 보장해주는 것 같고요. 몰래 등 뒤에서 우리를 착취하려고 하는 사람도 없고 우리 중 누구도 착취당하지 않을 것 같아요. 물론 아주 부자인 사람은 없겠지만 그렇다고 찢어지게 가난한 사람도 없을 겁니다. 그 말은 온 국민이 나라를 위해 일하고 나라는 국민 개개인을 위하는 곳이 되리라는 의미겠지요. (…) 공장도 꾸준히 가동됩니다. 작은 공방부터 석유 정제소까지 가동되었고 주택도 재건축 공사를 하고 학교도 문을 열었어요. (…) 이제 우리나라 어린이들에게 밝은 미래가 머지않아 다가올 것 같아요!

이 글은 욱 께트가 1975년 12월에 장인께 드린 편지 속 일부를 발췌한 것이다. 그는 이처럼 확실한 번영을 보장해주는 나라로 돌아갈 수 있게 되어 매우 기뻤다. 1977년 4월, 그는 상부로부터 프놈펜으로 돌아가라는 전갈을 받았다. 그는 가족과 함께 3주 정도 프랑스에 머물렀고, 6월 7일에 베이징을 거쳐 민주 캄푸치아라는 새 나라의 수도를 향해 날아갔다. 외교관으로 일했던 그는 조국으로 돌아간다는 생각에 마음이 설레었다.

"욱 께트는 조국의 재정립을 위해 캄보디아로 떠나게 되어 매우 흡족해했어요."

법정에 나온 그의 부인이 말했다.

"그리고 큰 자부심을 느꼈어요. 버스 안에서 그의 얼굴을 보는데 아주 잘생겨 보였어요. 그때 저는 남편에게 충동적으로 이런 말을 했어요. 어느 날 남편이 죽었다는 소식을 내가 듣게 된다면, 그건 사람들이 당신을 암살한 거라고요. 제 말에 남편이 볼을 톡톡 건드리며 캄보디아인이 그 정도로 야만인은 아니라고 대답했지요. '나한테 농사일을 시킬 수는 있겠지만' 하면서요. 남편한테는 그것만으로도 매우 고단한 일이 아닐 수 없었어요. 남편은 농사야말로 정말 힘든 일이라고 생각했으니까요.

어쨌든 잘못하면 살해당할 수도 있는데 그런 위험을 무릅쓰고 고국에 돌아간다는 게 말이 되나요? 하지만 남편은 자신 있는 모습으로 캄보디아에 갔어요."

욱 께트는 파키스탄에서 쓴 엽서에 이어 중국에서 쓴 엽서를 프랑스에 있는 아내에게 보냈다. 엽서에는 6월 11일 프놈펜에 도착할 예정이라고 나와 있었다. 하지만 그 후로 아내는 남편의 소식을 듣지 못했다. 2년 넘게 연락이 끊겼다. 1979년 12월, 아내는 유엔에 있는 캄보디아 대표에게 남편의 소식을 알고 싶다고 요청했지만 그녀가 들은 대답은 "당신의 인생을 남편에게 걸지 말라"는 말뿐이었다. 세월이 흘러 아내는 S-21 교도소의 존재를 알게 되었고 자료보관실 기록에 욱 께트란 이름이 있다는 소식을 접했다. 1991년, 유엔의 후원 아래 평화 협정이 진행되는 동안 욱 께트의 아내는 생애 처음으로 자녀들과 함께 캄보디아 땅을 밟았다. S-21과 쯔엉 엑을 방문한 가족은 자료보관실에 있는 문서들을 볼 기회를 얻었다. 1977년 12월 9일에 사형당한 죄수 명단을 훑어본 결과, 43번째 줄에 욱 께트란 이름과 함께 서른한 살, 외무부에서 근무, 3등 서기관 임명이란 문구가 눈에 띄었다. 그가 교도소에 들어온 날짜는 1977년 6월 15일이었으며 C동, 2호실에 마련된 23번째 감방에 수감되었다. 과부가 된 그의 아내는 이곳에서 일어난 범죄가 법망을 피해 갈 수 없도록 하겠다고 다짐했다.

물론 그것을 결정하는 사람이 희생자일 일은 거의 없다. 싸움에서 이긴 승리자가 그것을 결정할 수 있다. 하지만 판사 앞에 선 그녀는 당당하게 정의에 대한 목마름을 겉으로 드러냈다. 물론 스스로 그 갈증을 해소할 수 있는 영향력은 없었지만 상관없었다. 욱 께트의 아내와 딸은 두크를 한 번도 이름으로 부른 적이 없었다. 대신 이번 재판의 정식 명칭인 '001건case 001'이라고 칭했다. 처음으로 피고인으로 소환된 크메르 루즈 책임자란 이유에서였다. 그리고 자신들의 남편, 아버지인 사람을 숫자화시킨 장본인을 숫자로 환원하는 것이 두 사람에게는 어쩌면 당연한 일이기도 했다.

시간이 모든 것을 해결해주지는 못했다. 최소한 법정에 증언하러 온 희생자 가족들에게는 그러했다. 대량 학살이 일어난 뒤 소수의 희생자의 목소리가 끊임없이 들렸다. 이들은 진실을 말하고 고발하려는 열망이 매우 강했다. 한편 다수의 희생자는 자신이 겪은 슬픔을 감추며 살았다. 욱 께트의 큰아들도 그랬다. 어차피 그 누구도 식을 줄 모르는 고통을 잠재울 수는 없다. 희생자들은 분노를 표현하고, 어떤 사람들은 그러한 방법을 통해 고통을 치유하려고 애썼다. 하지만 분노라는 것은 계속해서 물이 불어나는 강, 다다를 곳 없이 계속 넘치는 강과 같아서 자신의 고통에 대해 말하고자 하는 욕구는 끝이 없다. 자신이 잃은 것을 말하다보면 이야기가 한없이 이어지기 때문이다. 이따금 그 일에 대해 털어놓으면 털어놓을수록 몸이 더 아픈 것처럼 느끼는 때도 있다. 비가 오던 10월의 어느 날이었다. 나는 002건 공판에 출두할 희생자들을 위해 재판소가 주최한 토론회에 참가하고자 한 주州를 찾았다. 집행자 두크의 소송이 끝난 다음에 생존해 있는 크메르 루즈의 최고 지도자 네 명을 재판할 예정이었다. 그곳 주지사가 토론회의 서두를 여는데 연설을 시작하자마자 갑자기 눈물을 흘리기 시작했다. 알고 보니 친아버지와 남편, 아들이 크메르 루즈의 협동작업장에서 모두 사망한 것이었다. 그로부터 30년이 흘렀지만 이 여성 주지사는 여전히 감정을 제대로 추스르지 못했다.

이어 희생자들을 대표해 일할 캄보디아 여성 변호사가 발언권을 넘겨받았다. 이 변호사도 크메르 루즈의 학대를 몸소 겪은 피해자 중 한 명이다. 그녀 역시 눈물을 쏟아냈다. 또 다른 참가자는 정신적인 질환을 앓고 있어서 전문가의 상담을 받아본 적이 있다는 고백을 했다. 토론회에 참가한 이슬람교도 노인은 넓은 토론장 한쪽 구석에 있다가 자리에서 일어나 이렇게 말했다.

"저는 크메르 루즈에게 피해를 받은 희생자 중 한 명입니다. 제가 겪고 있는 정신적인 병을 고쳐줄 약이 있을까요?"

이어 S-21 교도소와 관련된 소송에 대해 노인은 이렇게 덧붙였다.

"우리는 세균 하나를 처리한 것뿐입니다. 우리 몸에는 그것 말고도 다른 세균들이 넘쳐납니다."

욱 께트의 아내에게도 시간은 아픔을 전혀 치료해주지 못했다.

"지난 32년 동안 남편의 부재는 제게 항상 결핍감을 갖게 했고 참을 수 없는 고통을 주었어요."

그녀는 눈물이 밖으로 흐르지 않도록 눈을 위로 치켜떴다.

"시간이 지날수록 아픔이 줄어들기는커녕 그 강도가 점점 더 심해지는 것 같아요. 마치 얼굴 앞에 거대한 고통의 물결이 밀려오는 느낌이죠. 어쨌든 저는 인간이 겪을 수 있는 인생 최대의 좌절을 경험했어요."

욱 께트의 딸은 이제 아버지가 죽었을 때의 나이보다 더 나이가 들었다. 그녀는 S-21의 문서를 손에 넣은 날, 치명적인 독이 몸 안에 들어온 것 같았다고 고백했다. 딸은 얼마 지나지 않아 학업을 중단했다. 케리 해밀의 남동생처럼 그녀도 길들여지지 않는 야생마를 타고 내달리듯 걷잡을 수 없는 상상의 나래를 펼치기 시작했다.

"최악의 모습을 상상하며 하루하루를 보냈지만 그래도 그런 상상을 하지 않을 수 없었어요."

S-21 교도소의 죄수들이 채혈을 당했다는 소식을 들은 딸은 다시 또 정신없는 질주를 시작했다. 그녀는 S-21에서 살해당한 아이들 중 자기 혼자 운 좋게 생존에 성공했다는 상상까지 했다. 천장에 달린 선풍기를 보며 미제 폭탄을 본 것처럼 소스라치게 놀란 적도 있다고 했다. 실제로 그녀는 미제 폭탄을 본 적조차 없다.

자신의 경험담을 이야기하는 동안에도 그녀는 그 일을 떠올리는 것 자체에 혐오감을 느끼는 듯했다. 낭랑하지만 냉정한 목소리로 말했고, 내면의 혼란스러운 상태를 애써 감추려는 의도인지 태도가 조금 오만해 보였다. 자살을 생각해본 적도 있다고 했다. 왜인지는 모르겠지만 갑자기 창문에서 뛰어내리고 싶다는 충동이 엄습했다고 말했다. 지금은 많이 좋아졌다면서 청중을 안심시키긴 했지만, 욱 께트의 아내에 이어 딸까지 극심한 고통이 지하 깊은 곳의 동요처럼 울렁거리는 듯했다. 마지막으로 그녀는 모친의 모습을 있는 그대로 표현한 리티 판의 글을 인용했다.

"나이가 들면 들수록 몸에 들어온 독이 사방으로 퍼지는 느낌이에요. 이제라도 다시 살려면 증언을 하는 것이 유일한 해결책이죠."

LE MAÎTRE DES AVEUX

33
왜 곧바로 죽이지 않았을까

    띠울롱 랭시나 림 크마리, 우 원디, 욱 께트와 달리 춤 나릿Chum Narith은 프놈펜의 상류층 출신은 아니다. 그는 오히려 두크의 출신 배경과 더 비슷한 점이 많았으며 한때 동료인 적도 있었다. 춤 나릿의 부모는 가난했지만 자식들이 좋은 교육을 받기를 원했다. 춤 나릿의 남동생도 1960~1968년 장학금을 받으며 프랑스에서 공부를 하기도 했다. 그역시 유학 제안을 받았지만 막내가 이미 파리에 있었기 때문에 가정 형편상 두 자녀를 모두 프랑스로 보내기는 어려웠다. 게다가 춤 나릿은 집안의 가장 역할을 하는 아들이었기 때문에 장학금을 포기해야만 했다. 1965년, 두크처럼 춤 나릿도 교사가 되었다. 두 사람의 공통분모가 바로 몸 나이다. 1968년에 그를 비롯하여 두크와 몸 나이 그리고 풍 떤, 짜오 셍과 같은 저명한 교수들이 모두 체포되었다. 공산당 게릴라와 연관되어 있다는 의혹 때문이었다.

법정에 모습을 드러낸 춤 나릿의 남동생은 당시 어려운 국가 사정 때문에 어쩔 수 없이 프랑스 국적을 취득해 그곳에 머물렀다. 그러다가 1999년 드디어 캄보디아로 돌아왔다. 그는 1960년대 말에 캄보디아 사회가 이미 '크메르 루즈'와 '크메르 블루Khmer bleu', 두 파로 분열되어 있었다고 말했다. 그는 당시 캄보디아의 실정과 프랑스의 반란을 들어 둘 사이를 비교했다.

그때까지도 캄보디아 지식인들은 과거 제국주의 시대의 권력에 매여 있었다. 이들은 프랑스의 '1968년 혁명'과 같은 데모에 동참하고 좌파의 사상을 지지했다. 또 군주제가 빚어낸 사회적 부조리에 맞서 싸웠다. 춤 나릿은 잠시 동안 투옥된 경험이 있는데 그 일을 계기로 두크, 폰, 몸 나이처럼 사회참여 운동에 더욱 열중하게 되었다. 1970년부터 내전이 점점 격렬해지면서 사람들의 생활고가 더욱 심해졌다. 프놈펜에 밀려드는 피난민들로 인구가 과밀화되는 현상까지 벌어졌다. 곳곳에서 폭탄이 터지고 연료 공급이 매우 열악해지면서 며칠 동안 전기가 끊긴 적도 있었다. 1973년, 사범학교에서 결국 반란을 일으켰다. 론 놀 장군이 지휘하던 경찰은 춤 나릿을 주동자로 체포하기 위해 그의 가택 수색을 시작했다. 하지만 교사였던 춤 나릿은 이미 몸 나이, 여러 교사와 함께 이미 도망간 뒤였다.

혁명가들이 싸움에서 이기면서 춤 나릿은 프놈펜에 있는 크메르 루즈 선전 기관에 들어갔다. 그러나 1976년 10월 29일에 그는 막내 동생인 시나렛Sinareth 그리고 제수인 큼 소완나리Kem Sovannary와 함께 경찰에 붙잡혔다. 그와 함께 은둔생활을 했던 동료 교사가 춤 나릿보다 먼저 S-21 교도소에 갔는데 그만 자백 도중 춤 나릿의 이름을 언급한 까

닭이었다. 폰의 폭력에 그만 자포자기한 결과였다. 폰은 교육부에서 함께 일했던 옛 동료였다.

춤 나릿은 집산주의에 위배되는 조직을 만들었다는 이유로 체포되었다. 동생은 재판관들 앞에 나와 어떻게 심한 고문을 받고 난 다음에 진술한 자백을 믿을 수 있는 것인지 물었다. 그러나 또 한편으로는 그게 당연하다고 그는 믿고 싶었다. 거짓과 사기, 중상모략을 기반으로 세워진 체제 속에서라야 형을 체포한 일도 사리에 닿지 않겠는가. 그렇게 해서라도 그는 무기력함에서 오는 고통과 분노를 삭이고 싶었는지도 몰랐다.

춤 나릿은 1977년 1월 1일 사형을 선고받았다. 감옥에 수감되어 고문을 받은 지 65일째 되는 날이었다. 그의 남동생은 다시 자리에서 일어나 법정 안이 쩌렁쩌렁 울릴 정도로 소리쳤다.

"그런 행위를 한 목적이 무엇인지 당최 이해가 안 가요! 애초에 죽일 생각이 있었다면 왜 바로 죽이지 않았던 겁니까?"

춤 시나렛 또한 S-21에서 죽었다. 그의 목에 건 수치스러운 번호판의 번호는 59였다. 큰형과는 달리 춤 시나렛의 사망 날짜와 관련된 기록은 찾을 수 없었다. 크메르 루즈의 인민복을 입고 머리도 규율에 맞게 자른 아내의 죄수 번호는 18이었다. 큼 소완나리의 경우는 사진만 남아 있을 뿐이다.

그 이후로 막내 동생은 과거의 진실을 파헤치기 위해 싸웠다. 그는 자신이 우연에 의해, 아니면 운이 좋아서 지금까지 살아남은 것 같다는 죄의식에 짓눌려 살아야 했다. 1975년 4월 프랑스에 거주했던 그는 가족을 제때 데려오지 못한 지난날을 후회하며 살고 있다고 고백했다. 어째서 더 현명하게 생각하지 못했는지, 현실을 제대로 의식하지 못했는지, 상황을 제대로 분석하고 계산하지 못한 것을 후회했다. 그 정도로 심각한 일이 일어날 줄 왜 미리 알지 못했을까 한탄했다. 허나 르완다의 수도 키갈리든 프놈펜이든 최악의 가능성을 점치는 사람은 있다 해도 실제 일어날 줄은 누가 상상이나 했겠는가.

그의 형제들은 어디에서 사형을 당했으며 시체가 어디에 매장되어 있는가 하는 질문이 계속해서 막내 동생의 머릿속을 떠나지 않았다. 왜냐하면 두 형이 사망했을 때는 쯔엉 엑이 생기기 이전이었기 때문이다. 증인은 피고인에게 편지를 썼지만 자신도 잘 모른다는 답장을 받았다. 그는 두크가 억지로 명령에 복종했을 거라 생각하지 않았다. 두크는 자신이 하는 일을 즐겼으며 야망이 큰 남자였을 거라고 확신했다.

"기독교에는 카인이 있어요. 카인은 사람을 죽였고 죽은 자의 눈이 그를 쫓아다녔어요. 그래서 그의 마음이 평온할 날이 없었죠. 그러던 어느 날, 그는 누군가에게 이런 부탁을 해요. 땅을 파서 구덩이를 만들고 자신을 그곳에 묻어달라고 말이에요. 이를 두고 프랑스의 한 작가는 이런 시를 썼어요.

이마 위로 땅을 닫을 때,
그 눈은 무덤 안에 있었다. 그리고 카인을 응시했다.
(빅토르 위고, 「세기의 전설」)

카인은 땅에 묻혔지만 동생의 눈은 무덤까지 따라 들어왔지요. 설사 시체가 되었다고 하더라도요. 1만2000명이 넘는 사람이 S-21에서 죽었으니 눈은 두 배가 되겠군요. 총 2만4000개 이상의 눈이 매일 피고인을 쫓아다니며 해명을 요구한다는 소리입니다. 기독교에서는 자신이 지은 죄를 용서받을 수 있어요. 하지만 불교에서는 반드시 선행을 해야만 선행으로 되돌아옵니다. 나는 적어도 2만4000개의 눈동자가 피고인을 따라다닌다고 생각합니다. 그가 숨을 곳이 세상 어디에 있겠습니까?"

춤 나릿 동생의 증언이 끝나고 법정은 휴식 시간을 맞았다. 자리에서 일어난 두크는 미소를 지었다. 지금까지 이어졌던 희생자 가족들의 증언은 여느 때보다 팽팽한 분위기에 빠져나갈 구석이 없어서 옛 사형집행인이 도망칠 틈을 모조리 막아버린 듯했다. 그 때문인지 처음에 그의 마음을 채웠던 고통스러움이나 후회가 증인들이 쌓은 벽에 밀려 흩어져버렸는가도 싶었다. 그러는 동안 가족들은 유리벽을 사이에 두고 몸짓으로 대화를 나누었다. 희생자 가족들은 춤 나릿과 춤 시나렛 형제의 동생이 교양 있고 설득력 있는 말솜씨로 증언하면서 불굴의 의지를 보여주자 더욱 힘을 얻었다.

두크의 캄보디아인 변호사 까 사웃은 당사자 측 좌석으로 건너가 풍 떤 교수의 부인과 이야기를 나누었다. 그러자 부인의 딸이 대화에 끼어들어 분위기가 더욱 활기를 띠었다. 까 사웃은 부인과 비슷한 또래로, 그녀처럼 1960년대 캄보디아 엘리트 출신이다. 게다가 그가 법학과를 다니던 학창 시절 풍 떤 교수의 강의를 들은 적도 있다. 참관인 가운데에는 론 놀 정권 시절 문화부장관을 지냈던 남자가 자리에 있었다. 그는 1975년 4월 12일 미국인들의 도움으로 생존에 성공했다. 그의 세련된 부인은 교양 있는 엘리트층 노인 특유의 우아함을 풍겼다. 부인은 폴 포트 아래에서 보안 업무를 총괄한 손 센의 부인에게 가르침을 받았다. 그

433

여성은 손 센의 부인이 행동이 바르며 엄격하고 완고한 성격의 소유자였다고 내게 말해주었다. 그녀는 자멸하기 전까지 혁명을 위해 투쟁하는 길들여지지 않는 여성 군인이었다.

시련과 배반이 불가피한 과거의 주인공들이 마치 한집안인 양 관계가 복잡하게 얽혀 있었다. 좁은 세계에 살던 이 모든 사람은 혼란스러운 혁명이 일어나기 전 서로 안면이 있고 만난 적이 있던 사이였다. 법정에서 어떤 사람은 지식인들로 이뤄진 특권 계급 사회가 급성장하면서 서로 긴밀한 관계를 맺다보니 어느 순간 포화 상태에 이르러 폭발한 것이라는 가설을 제기했다. 또 어떤 사람은 큰 화재가 일어날 것이라는 예상을 전혀 하지 못한 채 지식인들이 변화의 불꽃이 타오르는데도 무방비 상태로 방치했다가 이러한 결과를 맞았다고 말했다.

"S-21에 수감된 옛 친구가 엄청나게 많았어요. 춤 나릿도 제가 배신한 지인들 중 한 사람이었고요. 저는 그들과 거리를 두어야만 했어요. 그 사람들을 보고 싶지 않았어요. 그렇게 되면 제가 대면해야 하는 시련이 무척 컸으니까요. 2만4000개의 눈동자가 나를 주시하고 있다는 말에 충분히 동의하고 그렇기 때문에 희생자들이 제게 손가락질을 해도 참을 수 있어요. 저는 지금 성실하게 이 순간에 임하고 있습니다. 희생자들에게 연민을 느끼고 양심의 가책도 느끼고 있습니다. 여러분이 진술한 모든 이야기를 성심성의껏 받아들이려고 애쓰고도 있고요."

두크가 내린 결론이었다.

그러나 그 말을 하기 전에 두크는 다음과 같은 말을 하기도 했다. 동물이나 그 이하의 취급을 받는 S-21 교도소의 죄수들을 위해 비극을 완화시켜줄 방법은 고려되지 않았다고. 그리고 그가 죄수들을 친구와 전혀 모르는 사람들로 구별해 대우했다면 다른 사람들이 볼 때 두크가 적을 곧 동무로 여긴다는 의혹을 받았을 것이다. 그런 함정 때문에 자신은 죄수들에게 조금이라도 동정심을 보일 수 없었다고 말했다. 두크는 감정 때문에 위기에 빠지는 일이 없도록 애썼다.

이러한 상황을 들은 심리학자들은 두크의 심리에 반동형성reaction formation이 강하게 작용한 것이라고 평가했다. 복종, 열정에 대한 지나친 집착, 극도의 충성심은 곧 그가 내면에서 느끼는 공포심을 감추고 자신의 의혹을 겉으로 드러내지 않기 위한 위장술이었다. 이른바 공포에 지나치게 적응한 것이다.

"당신은 그런 도피하려는 태도를 어떻게 봅니까?"

판사가 심리학자의 설명을 좀 더 일반적인 질문으로 바꾸어 건넸다.

"글쎄요. 잘 모르겠어요. 눈과 귀를 모두 닫고 현실을 외면하고 싶었던 거죠."

두크가 살짝 떨리는 목소리로 대답했다.

"그렇다면 그런 태도를 비겁함이라고 해석해도 될까요?"

"비겁함보다는 그 이상의 무언가가 더 있는 것 같아요. 감옥에 갇힌 친구들을 보러 가지 않은 이유는 그들에게 무슨 말을 해야 할지 몰랐기 때문이에요. 물론 제가 그때 비겁한 모습을 보이기도 했어요. 하지만 문제의 본질은 그보다 더 심각해요. 제 생존을 위해 친구들과 스승을 배신했으니까요. 비겁함만으로는 이해될 수 없는 일이에요."

LE MAÎTRE DES AVEUX

34
두크는 정신질환자가 아니다

두크는 정신 질환을 앓은 적이 없다. 신경쇠약이나 강박증은 물론 그 어떤 정신병도 그의 병력에는 존재하지 않는다. 남자건 여자건 극한을 치닫는 정치적 상황에 관여하는 사람들은, 설사 대량 학살과 같은 정치적 범죄에 가담했다 하더라도 비인간적인 세상에서 온 사람은 아니다. 두크는 그 일을 겪었음에도 불구하고 어디가 아프지도 않았고 괴물로 변하지도 않았다. 거기서 모든 문제가 시작된다. 1970년 이전까지만 해도 두크는 전혀 위험한 사람이 아니었다. 1979년 이후에도 틀림없이 그랬다. 힘 후이나 수 티, 프락 칸도 그와 비슷한 부류였다. 어쩌면 두크가 앞으로 남은 생을 감옥에서 보낼 수도 있다. 어쨌든 죄를 지은 자는 벌을 받아야 하니까. 하지만 사회로 복귀된다 해도 그는 정상인처럼 살것이다. S-21이 문을 닫은 지 20년 동안 두크는 체포된 일이 없었다. 몸나이를 비롯해 교도소에서 일했던 직원들도 상황은 마찬가지다. 또 크메르 루즈에 몸담았던 사람이 수만 명이나 되는데도 지난 15~30년 동안 자유의 몸으로 살고 있지 않은가. 그중에는 자기들이 한때 박해했던 인물들과 함께 일을 하고 있는 사람들도 있다.

소송이 시작되기 1년 반 전에 생존자 춤 메이가 내게 이런 말을 했다. 사람들이 왜 두크를 석방시키려고 하는지 그 이유를 모르겠다고 말이다. 그는 고문관이었던 그에게 엄중한 벌을 내려야만 하며 그러길 바란다고 말했다. 그러면서도 아이러니하게 두크의 안전과 자신의 안전을 걱정했다.

"우리는 지금 안전해요. 두크가 풀려날까봐 겁이 나는 것이 아니에요. 걱정해야 할 주체는 우리가 아니라 재판소에요. 만약 그가 누구에게 살해라도 당하면 재판소가 어떤 책임을 질까요?"

심리학자들은 사람이 정치 범죄를 저지르기 쉽다는 점에 동의한다. 직업상 이들은 태어날 때부터 악마이거나 괴물인 인간은 없다고 생각한다.

"태어날 때부터 고문관인 사람은 없습니다. 고문을 시키도록 명령하는 사람도, 그 말을 따르는 사람도 선천적인 것이 아니라 후천적으로 그렇게 되는 것이에요."

법정의 부름을 받은 전문가가 말했다.

"고문을 가하는 사람은 모두 자신이 피해를 주는 사람들의 인간성을 말살하기 전에 자신의 인간성부터 상실하고 맙니다. 변명이 아니라 반인륜적인 범죄를 저지르는 사람의 심리를 이해하려면 이 부분을 잘 이해해야 해요. 타인의 인간성을 말살하는 사람은 문화적으로나 개인적으로 수치스런 경험을 보고 겪어본 사람이에요. 실제 경험한 수치심,

실망감을 없애기 위해 책임이 있다고 판단되는 개인 또는 사회 계층의 존재를 부인하려는 심리를 보이는 겁니다. 반인륜적인 범죄를 저지른 사람은 자기 안의 개인성을 말살시켜버려요. 그러고 난 다음에는 타인의 개인성을 없애려고 합니다. 두크는 항상 이성과 논리, 수학 법칙에 의존해 사고하고 분석했어요. 개인의 고유한 정체성은 말 그대로 으스러져버린 거예요. 그렇게 해야만 두크가 생각하기에 가장 중요한 집단 정체성을 갈고닦을 수 있었으니까요."

재판이 끝난 어느 날 저녁, 나는 프놈펜의 한 길거리 식당에서 이곳에 잠시 체류하는 사람들과 함께 저녁 식사를 했다. 그 가운데 한 사람이 자신 있는 목소리로 단언했다.

"두크는 도착증이 있는 게 확실해요."

그는 도착증이라면 두크를 둘러싼 의혹이 말끔히 해결된다며 부연 설명을 늘어놓았다.

"부인하는 것부터 시작해서 마음대로 조작하기, 엄격하게 통제된 방식으로 타인 지배하기, 상대의 마음에 들고자 하는 욕망, 자신에게 유리한 일을 찾는 데 혈안이 되어 있는 모습. 지금까지 말한 모든 사항이 어디를 보나 두크를 두고 하는 말이 아닌가요? 넓은 의미에서 보면 이 성향들이 도착증 증세 아니냐고요?"

그럴 수 있다. 하지만 그렇다 하더라도 보다 확실한 설명이 요구된다. 이에 한 심리학자가 자신의 의견을 피력했다.

"도착증이란 개념으로 설명할 수도 있지만 그보다는 두크의 그러한 성향이 어디에서 비롯된 것인지를 하루빨리 알 필요가 있어요. 도착증이 하루아침에 갑자기 생길 수는 없으니까요."

그의 정신 상태를 도착증으로 설명하는 것이 지적인 판단을 좋아하는 사람들에겐 흡족한 일이 될 수 있다. 하지만 그것만으로는 문제가 해결되지 않았다.

우리는 인생의 장애물과 그에 대립하는 내면 사이에서 절충점을 찾기 위해 '생존 전략'을 개발한다. 두크는 자신의 생존 전략을 구축하기 위해 크메르 루즈의 정치 노선을 기반으로 삼았고 그 속에서 살아남으려고 애썼다. 그 과정에서 과도한 열정과 함께 자아 분열을 경험했다. 심리적으로 이런 생존 전략을 갖춘 덕분에 두크는 죄를 저지르기는 했지만 오늘날까지 목숨을 부지하고 존재할 수 있었다.

두크의 행동을 잘 이해하려면 그가 경험한 집단의 역사와 개인의 역사 사이의 복잡한 얽힘을 잘 이해해야만 한다고 심리학자들은 입을 모았다. 두크의 정신 구조는 그를 둘러싼 사회, 그가 몸담았던 집단의 역사와 떼려야 뗄 수 없는 관계를 맺고 있다. 두크란 인물은 무에서 생겨난 존재가 아니다. 캄보디아란 나라가 그랬던 것처럼 그는 지속적이면서도 방대한 규모의 문화변용文化變容을 겪어야만 했다. 이 변화는 거칠고 급진적인 방식으로 크메르 루즈가 강요하는 정체성을 그대로 받아들여 새로운 인간으로 거듭나게끔 강요했다. 한마디로 개인이란 그룹의 소단위로서만 존재하라는 식이었다. 불신과 보편화된 두려움에 사로잡혀 개인적인 감정과 생각을 모두 지워야 했다. 그러한 변화에 순응하느냐 아니면 죽느냐 양자택일인 것이다. 민족 정신의학ethnopsychiatry에서는 공산주의를 '문화의 말살'로 보고 있다. 다르게 표현하자면, 기존에 있던 뿌리를 근절함으로써 공산주의를 꽃피울 수 있다는 말이다.

심리학자는 우리에게 다음과 같은 말을 덧붙였다.

"전체주의 체제가 지배하는 나라에서 사는 인간의 심리는 민주주의 국가에서 사는 인간의 심리와 본질적으로 같을 수가 없어요."

공판이 시작된 지 5개월이 지났다. 이제는 법정에 흐르는 침묵의 성격이 전과 달라졌다. 과거에는 사람들이 아직 세상에 나오지 않은 역사를 접하자 놀람에 숨을 가쁘게 쉬며 할 말을 잇지 못했다면 지금은 아니다. 또 법정에서 펼쳐지는 비극적인 사건 앞에서 엄숙한 분위기가 형성되면서 분위기가 조용했다면 지금의 침묵은 두크의 진술과 계속되는 소송에 지쳐 기력이 쇠진한 탓이었다. 두크의 화술도 시간이 지날수록 그 빛을 잃어 지루하게 반복되는 허튼소리로밖에 들리지 않았다. 민주 캄푸치아의 비극의 진실을 밝히기 위해 수년간 애쓰는 데이비드 챈들러는 S-21의 자료보관소에 있는 문서들에 파묻혀 시간을 보냈다. 그러면서 자신도 처음의 강한 의지가 점점 쇠약해지는 것을 몸소 느꼈다고 한다. 크메르 루즈의 책임자들과 그들이 벌인 현실, 즉 크메르 루즈의 지배로 일어난 대참사의 방대함 사이에는 깊고도 깊은 어리석음이 있는 것 같다고 챈들러는 말했다.

한편 두크는 본인의 지적 능력과 재능에도 한계가 있다는 것을 여실히 보여주었다. 궁극적으로 심문관의 신분으로 법정에 소환된 그는 객관적인 사실을 언급하고 정확한 날짜를 언급하며 자신의 이야기를 했다. 하지만 수없이 되풀이한 이야기 외에 새기고 곱씹을 만한 핵심은 하나도 들려주지 않았다. 그러니 그의 이야기를 들으면 들을수록 수박 겉핥기라는 기분이 들 수밖에 없었다. 이제는 그가 말을 하면 따분하고 졸리기까지 했다. 더 이상 민첩한 순발력도 발휘하지 않았다. 지난 5개월 동안 만들어놓은 자신의 그림자 속에 숨어 최고로 안전한 위치를 확보한 사람 같았다. 더 이상 사람들의 관심을 끌 수 없는 그는 먼지 같은 존재가 되었다. 하루는 시작된 지 40분이 채 지나기도 전에 그는 자신의 진술을 마무리하고 재판장에게 발언권을 넘겼다. 이렇게 그날의 재판은 소기의 결실 없이 어설프게 마무리되었다. 이제 변호인단이 증인들과 씨름할 날도 딱 엿새가 남았다. 항구에 정박하기 위해 돛을 하나둘 내리고 모터로만 천천히 나아가는 단계에 이르렀다. 증인 명단에는 두크의 모친도 있다. 하지만 두크의 모친은 법정에 오지 않을 것이다. 그 점에 대해 피고인은 공판이 시작되기 이틀 전에도 거듭 사죄를 구했다.

"제가 저지른 범죄에 대해 책임을 져야 한다고 생각합니다. 제가 여러 번 반복한 표현대로 쌀을 담는 바구니로 코끼리를 감출 수는 없는 법입니다. 그만큼 제가 저지른 범죄의 규모가 크다는 것을 알고 그 방대함을 타마린드 이파리 두 장으로는 가릴 수 없다는 것을 누구보다 잘 압니다. 제가 이 법정에서 할 수 있는 말은 이게 전부입니다. 그야말로 진실 그 자체이지요."

두크는 자신을 진단하기 위해 온 두 심리학자를 높이 평가했다. 그는 그 사람들이 하는 일은 한쪽으로 치우치지 않고, 순전히 과학적으로 입증할 수 있는 이유에 기반을 둔 분석이었다고 말했다. 두크의 담당 변호사인 프랑수아 루 역시 전문가들이 제출한 심리분석 보고서를 칭찬했다. 그리고 법정에서 같은 유형의 논쟁이 시작될 때 새로운 관점에서 전개해나갈 수단으로 사용했다. 예를 들면 이런 식이었다.

"여러분은 나중에 커서 사형집행인이 되고 싶다고 말하는 아이를 본 적이 있습니까?"

소송이 시작되던 첫날부터 프랑수아 루 변호사는 희생자들에게 피고인이 모든 질문에 대한 답을 아는 것은 아니라고 미리 알렸다. 그리고 생존자들과 고인이 된 죄수들의 유가족을 끊임없이 괴롭히는 '왜'로 시작하는 질문에 대해 피고인이 간단명료하면서도 질문에 들어맞는 설명을 할 수는 없다는 말도 덧붙였다. 변호사는 희생자들이 헛된 기대를 버리길 바랐다. 그러면서도 본인이 품고 있는 환상을 내비치기도 했다.

"우리는 과연 희생자들이 잃어버린 인간으로서의 가치를 회복시켜줄 수 있을까요? 그리고 인간성을 저버렸던 자가 예전으로 되돌아오도록 용납할 수 있을까요? 우리가 법정에서 해결해야 할 중요한 쟁점은 바로 이것입니다."

초반에는 두크가 담당 변호사의 꿈에 힘을 실어주었다. 판사들에게 인사를 깍듯이 한 다음에 검사 측 좌석에 인사를 했다. 그리고 마지막으로 당사자 측 좌석을 향해 인사했다. 유리벽 너머로 방청석과 법정이 분리된 관계로 두크는 유리벽 건너편에 있는 생존자 춤 메이와 부 멩을 보고 멀리서 인사를 보냈다. 이 두 사람도 화답하며 미소를 지었다. 희생자 유가족을 대변하기 위한 첫 번째 변호사가 두크를 향해 입을 열자, 두크가 그의 말에 집중하며 협조적이면서도 진지한 태도를 보였다.

질문을 한 사람 쪽으로 완전히 몸을 돌리고는 정성을 다하여 길더라도 최대한 자세하게 대답하는 데 신경을 썼다. 이어서 다른 변호사가 두크에게 물었다. 이 변호사는 여러 범죄를 행하는 데 있어서 크메르 루즈의 조직 구조가 어떻게 활용되었는지 궁금해했다. 두크는 이번에도 매우 적극적으로 답했다.

"그 질문에 대답하겠습니다. 혹시나 답변이 충분하지 않았다면 다시 질문해주세요.”

프랑수아 루 변호사는 자신만의 유토피아를 유지할 수 있었다. 순진하게도 변호사는 그 꿈을 이루기 위한 양식까지 준비했다.

“두크가 제게 이렇게 말했어요. ‘부하들에게 명령을 내린 사람은 저예요. 그러니 제게 책임이 있는 거죠.’ 이 나라에서 명령을 내리는 책임자의 수는 많지 않았어요. 명령을 내린 사람도 알고 보면 위에서 명령을 받은 사람이라는 걸 숨겨야 할까요? 그가 아랫사람들에게 명령하기는 했지만 그 명령은 위에서 내려온 것이라는 말입니다. ‘제가 과거에 한 일을 인정하고 그 일로 수치심을 느끼고 있습니다.’ 법정에서 공개적으로 이런 말을 하는 것이 쉬운 일이라고 생각하십니까? 정말로 간단해 보이나요? 말을 하기까지가 두크에게는 몇 년이나 걸리는 여정이었어요. S-21의 최고 책임자가 오늘날 생존자와 교도관들 앞에 마주하게 될 줄 누가 상상이나 했겠습니까? 그를 호송하는 경찰관 두 명과 판사 두 명 사이에 앉게 될 줄 누가 상상했겠어요? 그동안 어떤 비극이 일어났든 저는 지금 이 순간 자신의 과거와 마주해야 하는 피고인의 용기를 여러분이 인정해주시길 바라는 바입니다. 지금 그에게 남은 생을 살게 해주는 동기가 있다면 무엇이겠습니까? 그는 지금이라도 인류를 위한 일을 하고 싶어합니다. 그리고 피해자들에게도 사죄를 구하고 있습니다. 두크는 여느 사람과 다르지 않은 인간입니다. 그가 인정하기 어려워 하는 부분도 더러 남아 있기는 하지만 역지사지로 생각해보면 여러분도 마찬가지일 것입니다. 두크가 했다고 믿기지 않는 부분들이 남아 있을 겁니다. 우리는 인간이기에 실수를 합니다. 검사라도 틀릴 수 있습니다. 고소를 당한다면 좋은 뜻으로 했던 행동도 오해받을 수 있고요. 저에게는 꿈이 있어요. 공판이 끝날 때, 피해자들과 캄보디아 여론을 통해 이번 재판이 자신의 고통을 치유하는 데 도움이 되었다는 이야기를 듣고 싶습니다. 그럴 때 비로소 정의가 진정한 가치를 발휘했다고 볼 수 있으니까요."

프랑수아 루 변호사는 유독 상징을 좋아한다. 그는 살면서 프랑스 라르작 고원에서 일어난 저항운동에 참가해 농민들의 편이 되어 싸웠다. 또 양심상의 이유로 병역을 거부했는가 하면 뉴칼레도니아의 토착민인 카낙 족의 독립운동을 지지했다. 그뿐만이 아니었다. 르완다 대량 학살의 주범으로 체포된 투티 족 피고인들의 인권을 보호하는 변호사로도 활동했다. 알카에다 조직원의 인권을 변호하는 일도 한 그는 비폭력에 대한 철학이 매우 뚜렷한 남자다. 국가와 체제를 존중하는 법조계 사람으로 지내면서도 그는 분노를 참지 않고 폭발시키는 것을 좋아하는 무리의 편을 들어주었다. 위그노[프랑스의 칼뱅파 신교도]의 정신을 그대로 물려받은 게 틀림없었다. 바다를 볼 수 없는 곳에 인본주의적인 공동체를 이루고 살며 초기의 정신을 간직하는 사람들, 고지대에서 양 떼가 뿜어내는 열기와 함께하는 목자, 굴하지 않는 탐험가, 의심할 줄 알지만 더 나은 세상이 다시 올 것이라는 희망 속에서 자신을 키워나가고, 꿈꾸는 세상이 펼쳐질 때까지 포기하지 않고 정진하는 이상주의자.

국제 재판은 인권운동가들의 상상을 끌어들일 상징으로 가득한 장이다. 그렇기에 프랑수아 루 변호사는 뜻대로 이루어지지 않을 것 같은 때도 있지만 이곳에서 자신의 꿈을 이루려고 했다. 두크 소송만 해도 프랑수아 변호사는 온 열정과 끈기를 다해 자신의 의뢰인인 두크를 변호했다. 법조계에서도 중요성이 남다른 이 사건을 담당하면서 그는 객관적인 사실을 재정립하고 공판이 시작되기 1년 전부터 사건이 일어난 범죄 현장을 방문했다. 두크는 S-21 교도소를 떠난 지 30년 만에 다시 그곳을 찾았다.

그날, 교도소에서 살아남은 세 명의 생존자 부 멩, 완 낫, 춤 메이와 대면하게 된 두크는 자백하는 마음으로 쓴 글을 낭독했다.

"이곳에 다시 온 저는 마음이 매우 혼란스럽습니다. 제 동포와 저에게 극심한 고통을 주는 곳에 왔기 때문입니다. 먼저, 이곳에서 희생된 죄수들과 그들의 유가족을 생각해봅니다. 그 수를 모두 헤아릴 수 없을 정도로 비극적인 일이 이곳에서 일어났습니다. 죄수들이 사형당하기 전 이곳에서 비참한 고문과 비인간적인 모욕을 당했습니다. 저는 말로 형용할 수 없을 정도로 지난날을 후회합니다. 그래서 S-21의 대표 책임자의 신분으로 혼자 재판을 받는 것을 저항하지 않고 받아들였습니다. 희생자와 가족들을 비롯한 모든 동포를 위해 정의로운 판결이 내려지길 학수고대할 뿐입니다.

그리고 S-21에서 일했던 직원들에 대해서도 깊은 유감을 표합니다. 저와 함께 이곳에 발령되어 임무를 수행한 자들이며 마음속으로는 그 일이 싫어도 어쩔 수 없이 명령에 복종했을 겁니다. 직원들의 부모도 자식이 하는 일을 싫어했을 것이고 그중에는 교도소에서 목숨을 잃은 교도관들도 있습니다. 그때를 떠올리면 지금도 마음이 많이 아픕니다.

저는 다른 사람들이 만들어놓은 틀에 그대로 저를 맞추고 제게 주어진 범죄 행위를 묵묵히 받아들였다는 것에 대해 가슴 깊이 후회합니다.

그 시절을 회상하면 저도 화가 납니다. 당 지도부에서 우리나라를 총체적이고 완전한 비극으로 몰고 가는 계획을 이루고자 교활한 일도 서슴지 않았기 때문입니다. 그리고 저 자신에게 화가 납니다. 남들의 생각에 비판 없이 동조하고 범죄에 해당되는 명령을 무분별하게 실천했으니까요."

두크는 그렇게 사죄를 구했다. 그러고는 마음속의 혼란을 느끼며 잠시 쉬어갈 틈을 찾았다. 입술을 굳게 다문 그가 다시 입을 열며 자기가 써온 글을 읽을 준비를 했다. 캄보디아 변호사가 있는 쪽으로 몸을 돌리며 종이를 펼친 두크는 손에 쥔 종이에 적힌 글을 읽기 시작했다. 하지만 중간에 안경을 위로 올리는가 하면 안경을 벗고 말을 잇지 못한 채 주저했다.

그러자 프랑수아 루 변호사가 두크에게 작은 목소리로 중얼거렸다.

"호흡을 충분히 하세요."

두크는 몸에서 열이 났고 안경이 자꾸 코밑으로 미끄러져 내려갔다. 흔들리는 목소리로 그가 다시 글을 읽어 내려갔다.

두크 정면에는 완 낫이 앉아 있었다. 팔짱을 낀 채 머리를 숙인 그는 몸을 옆으로 틀고 있었다. 그의 두 눈동자는 한곳을 바라보지 못하고 배회했다. 두크를 똑바로 바라보던 춤 메이는 그와 불과 2미터도 떨어지지 않은 거리에 앉았다. 두크가 용서를 구하자 춤 메이가 고개를 주억거렸다.

"제가 양심의 가책을 심하게 느낀다 해도 희생자와 그의 가족이 느낀 고통의 바다에 비하면 한낱 소량의 물방울에 불과하겠죠."

발밑만 보던 완 낫이 바지를 치켜올리더니 팔짱을 꼈다. 하지만 시선은 여전히 땅을 향해 있었다. 두크는 엄숙한 자백을 끝내면서 캄보디아식 인사를 되풀이했다. 두 손을 얼굴 앞에 모으고 하는 '솜페아'였다. 완 낮은 자리에서 일어났지만 입을 굳게 다문 채 팔짱을 풀지 않았고, 눈길은 위로 향할 줄 몰랐다. 춤 메이는 고문관을 바라보며 인사를 하려 했으나 끝내 흐지부지되었다. 두크는 안경을 벗었고 자신이 느끼는 아픔을 감추기보다는 겉으로 드러냈다. 춤 메이가 할 말이 있는지 자리에서 일어났다. 두크와 1미터 떨어진 곳에 선 춤 메이가 그를 바라보며 입을 열었다.

"제가 바라는 것은 자유예요. 지금 저는 자유의 몸이고요. 어쨌든 두크가 이곳까지 와서 과거의 일을 증언하고 책임이 있다는 것을 인정한 것만으로도 고맙단 생각이 들어요."

두크는 그에게 경의를 표하며 두 손을 모았다. 잔뜩 부어오른 목은 숨쉬기조차 힘겨워 보였다.

춤 메이가 다시 말을 이었다.

"저는 두크를 증오하지 않아요. 제가 바라는 것은 우리나라와 희생된 100만 명의 국민을 위해서라도 정의와 평화가 실현되는 것입니다. 그러기 위해서는 두크가 법정에서 진실만을 말해야겠지요. 그게 저의 유일한 걱정거립니다."

과거의 사형집행인이 피해자들에게 사죄를 구하라는 요구는 이것으로 해결되는 듯했다. 이번에는 부 맹이 자리에서 일어나 두 손을 얼굴 앞에 모아 인사를 했다.

"두크의 자백을 다 듣고 난 지금 저는 매우 흡족합니다. 이제는 판사들이 우리나라와 세계의 법으로 두크를 심판하는 일만 남았죠."

말을 마치고 그는 다시 자리에 앉았다. 반면 완 낫은 아무런 태도도 취하지 않았다.

참으로 혼란스러운 순간이었다. 보기 드문 시간을 보냈지만 이것으로 모두 마무리된 것은 아니었다. 감동은 있었지만 어딘가 계산된 감이 있었고, 자발적이었지만 누군가가 고안한 틀 안에서 움직이는 것 같았다. 공포를 이겨내고 쌍방에게 도움이 되는 화해를 이루려는 프랑수아 루가 비밀스런 사전 조사를 거쳐 마련한 자리였으니까.

하지만 법정이란 혁명과 마찬가지로 깨어진 꿈을 이루기 위한 연극 무대와 같다. 공판이 시작된 지 2개월 반이 흐르자 프랑수아 루는 자신과 검사 사이에 순조로운 합의는 불가능하다는 것을 깨달았다. 자신이 상상했던 소송의 구상도가 깨졌다. 이제는 복구할 수 없을 정도로. 몇 달이 더 흘러 이제는 소송도 끝날 때가 다가왔다. 피고인 측 변호사는 검사와 공개적인 전쟁을 벌였다. 검사가 두크란 인물을 묘사할 때마다 변호사의 심기가 불편해졌고 그 정도가 절정에 이르렀다. 얼음처럼 싸늘하고도 신랄한 태도로 변호사는 논쟁을 시작할 무렵 검사가 했던 말을 지적했다.

"검사님께서 사실에서 유추한 논리적인 결론이란 '두크란 인물의 실체는 사무실에서 기록들을 처리하는 데 여념이 없는 동안 본의 아니게, 사실상 의식하지 못하는 가운데 아랫사람들이 주변에서 악행을 쌓는다는 이미지가 아니다. 그보다는 상관들로부터 신뢰를 얻고 그때부터 S-21에서 캄푸치아 공산당이 벌인 크메르인 박해를 사명감을 갖고 무자비하게 실행에 옮겼다'는 것 그뿐이지요?"

검사도 이에 질세라 주장했다.

"두크가 그것을 인정한다면, 그는 자기 범죄를 자백하는 것이 스스로 자랑스러울 테고 자백을 구실로 혜택을 얻을 수 있을 것입니다. 원인과 결과를 뒤바꿔도 말이 되겠군요."

이 말을 들은 프랑수아 루 변호사는 화가 나서 딱딱한 어조로 피고인을 향해 말했다.

"두크 씨, 이제 논쟁이 곧 끝날 것입니다. 마지막으로 이 한 가지만 질문하고 싶군요. 실제로 상관의 신임을 얻는 것이 당신에게는 쾌락이었습니까? S-21에 있으면서 캄푸치아 공산당을 위해 헌신적으로, 인정사정없이 캄보디아 국민을 학대했나요? 네, 아니오로 대답해주시겠어요?"

"네, 모두 인정합니다."

"당신은 쯔엉 엑과 S-21을 다시 찾아갔어요. 제 질문은 지금 이 자리에 선 당신께 드리는 것입니다. 2008년 2월 아침, 당신은 어떤 것을 느꼈습니까? 마음속에 있는 진심을 말해주세요. 제발 부탁입니다. 두크 씨!"

두크는 긴장한 기색이 역력했다. 문장 사이마다 그의 거친 호흡 소리가 들렸다. 그는 감정을 최대한 억제한 목소리로 두 곳을 찾아가기로 결심하게 된 이유를 설명했다. 고인의 영혼에 잘못을 빌고 용서를 구하고 싶었다고 했다. 그러자 법정을 흐르던 침묵에서 격한 느낌이 사라졌다. 하지만 두크는 철갑으로 된 보호막을 세운 채 더 이상 말을 잇지 않았다. 그는 결코 무너지지 않았다. 그는 감정을 조절하는 극도의 통제력을 발휘했고 담당 변호사의 감정에 호소하는 말에도 보호막을 거둘 줄 몰랐다.

2008년 2월, 두크의 현장 방문을 카메라로 촬영해 사람들에게 보여주는 것은 그의 의도가 아니었다. 그날의 범죄 현장 검증 영상은 사람들의 입에 많이 오르내렸을뿐더러 프랑수아 루 변호사가 보여주고 싶은 두크의 이미지가 담겨 있다. 이 영상에서 두크는 가식적으로 꾸며낸 인물이 아니다. 하지만 두크라는 사람의 단면일 뿐이었다. 검사는 화면에 담긴 두크의 모습을 다시는 보고 싶지 않다며 거부했다. 보통 다른 국제 재판의 경우, 피고인이 자신의 유죄를 인정한다면 검사도 그의 자백을 지지하는 분위기가 일반적이다. 피고인이 양심의 가책을 토로하면 그의 진심에 대해 더 이상 트집을 잡지 않고 판사들로부터는 오히려 지지를 받았다. 그러나 프놈펜에서 이뤄진 이번 국제 재판은 두크가 자신이 범한 죄의 핵심적인 부분을 인정했는데도 상황이 달랐다. 여느 국제 재판과 달리 수사 과정이 검사의 손을 떠나면서 예심 판사들에게 주어진 탓이었다. 그 결과 협조적인 피고인과 검사 측 사이의 직접적인 의견 조율이 일어날 수 없었다.

그렇기는 하지만 검사 측에서도 법조계의 시스템을 진정으로 이해하려들지 않았고, 주요 책임자들은 잘 알지도 못하면서 교만과 불만이 뒤섞인 태도로 즉각 비판하기만 했다. 검사가 할 수 있는 일이란 결국 제한된 범위에서의 공소公訴 하나뿐인데도 말이다. 검사가 그토록 공격을 가하는 두크라는 인물은 크메르 루즈의 강대한 명령권자였다. 열의와 신념에 차서 사람을 죽이는 데 권력을 휘두르고, 고문관을 맡아 혁명을 위해 자기 임무를 다한 것에 자랑스러워하는 사람이었다. 물론 검사가 말하는 남자가 현실에 존재하지 않는 가상 인물은 아니다. 그러나 그 모습이 두크의 전부를 말해주지는 않는다.

갖은 어려움이 그를 가로막았지만 프랑수아 루는 공판이 끝나기 전 마지막까지 자신이 그토록 바라던 해결 방식을 포기하지 않았다.

"두크 씨에게 부탁하고자 합니다. 피해자들이 원할 때 두크 씨가 있는 감방에 찾아가도 되는지요? 그럼, 두크 씨는 마음의 문을 열고 그들을 맞이하시겠습니까? 오늘 하루만 그러자는 말이 아닙니다. 앞으로 피해자들이 원한다면 두크 씨를 볼 수 있을까요?"

"저를 보고 싶다는 피해자들이 있다면 기꺼이 만날 의향이 있어요. 그들에게 제 속마음을 허심탄회하게 털어놓겠습니다. 그래서 피해자들이 제가 얼마나 책임감을 느끼고 죄스러워하는지 결국 알게 될 거예요. 누구라도 저를 찾아올 수 있어요. 여러분을 향한 문은 언제나 항상 열려 있으니까요."

그러나 여기서 짚고 넘어가야 할 점은, 법정은 한낱 꿈도 아니고 선의를 위한 신전도 아니라는 것이다. 소송에 참여한 관계자들, 주인공들, 관찰자들이 격렬하게 반응하며 싸우는 폭력적인 현장이란 말이다. 그곳에서는 영혼이 점점 고갈되는 것 같고 신경질이 나며 고통이 더욱 증폭된다. 2009년 9월 17일 프춤번Pchum Ben 전날 두크 소송이 일단락되었다. 프춤번은 캄보디아에서 조상을 기리는 축제를 의미한다. 그리고 11월 말에 피고와 원고 양쪽 진영이 마지막으로 모여 진행하는 최종 변론만 남았다.

이 단계에서 변호인단은 공판에서 우세를 차지했기에 느낀 좌절과 고통, 분노를 한데 응고시킨다. 지난 6개월 동안 다양한 증언과 함께 때론 드라마틱하기까지 한 강렬한 논쟁이 이어졌다. 프랑수아 루 변호사는 특히 피해자 가족들로부터 격렬한 항의를 받았다. 상황이 그렇다보니 그는 실패자의 좌절감을 맛보았다. 자신이 그토록 변호하는 두크를 아무도 지지하지 않았기 때문이다. 하지만 그보다 더 끔찍한 점은 프랑수아 루가 꿈꿨던 일이 산산조각나버렸다는 것이다. 그 깨진 꿈은 어쩌면 혁명운동과도 닮았다. 시간이 지남에 따라 점차 악몽으로 변해간다는 점에서.

LE MAÎTRE DES AVEUX

35

물의 축제

해마다 11월이 되면 프놈펜은 지방에서 올라온 사람들로 붐빈다. 1975년 크메르 루즈는 수도를 비우고자 무력을 사용해 도시인들을 시골로 소개시켰다. 시골에 간 도시인들은 농촌 사람들로부터 새로운 사람으로 거듭나는 법을 배웠다. 폴 포트의 동지들이 도시인을 시골로 쫓아 보내자는 계획을 처음 고안한 것은 아니다. 이미 18세기에 영국인들은 '시골화시키다'는 동사 'rustiquer'를 사용했다. 원래는 불어로 '논밭 일을 하다' 또는 '시골에 살다'라는 뜻이지만 영국으로 넘어가서 '강제로라도 사람을 시골로 보내는 행동'이라는 뜻으로 바뀌었다. rustiquer는 학생들에게는 자신을 재정립하는 수단이 되었고, 전염병에 걸린 환자에게는 일종의 격리를 의미했다. 영국 사람들은 이 단어를 어쩌다 일시적으로 시골에 보낼 때에 적용했지만 혁명을 외치던 캄보디아는 혁명이 끝나는 날까지 체계적이면서 대규모로 이뤄지는 '시골화' 운동을 단

행했다. 혁명가들은 도시란 타락과 부로 곪아가는 종양 덩어리로, 그 자체로도 문제이지만 다른 모든 곳에 나쁜 영향을 미친다고 선언했다. 오늘날에 와서는 반대로 1년에 한 번 시골 사람들이 도시생활을 음미하기 위해 프놈펜을 찾는다. 도시인들이 자신들의 땅에 복작댄 지 35년이 흘러 이번에는 시골인들이 프놈펜에 몰려드는 반대 흐름이 형성된 것이다.

시골 주민들은 11월에 사흘 동안 프놈펜에 머물면서 물의 축제를 즐기고 대규모의 야외 행사에 참여하며 희열을 느낀다. 그렇게 이들은 시골의 때를 벗고 도시화된다.

이곳에서 물의 축제는 매우 유명하다. 그 기원은 12세기 앙카르의 영광스러운 시대까지 거슬러 올라가며 해상전에서의 승리를 기념하기 위해 축제를 열었다고 한다. 그러나 축제가 활성화된 이유는 다른 데 있다. 프놈펜을 지나는 톤레삽 강이 공사로 물 흐르는 방향을 바꾸면서 이 축제는 본격적으로 인기를 끌었다. 메콩 강의 수량이 증가하면서 덩달아 물이 불어나는 톤레삽 강은 우기 동안 물이 역류하는 현상을 보인다. 그 후 거대한 메콩 강의 수위가 저하됨과 동시에 톤레삽은 수량이 줄어들기 전 잠시 동안 안정 상태에 놓인다. 물의 축제는 톤레삽의 물이 역류할 때 시작된다. 보름달이 뜨면 사람들은 위대한 메콩 강과 신화 속 뱀들에게 경의를 표한다. 땅을 비옥하게 하고 물고기를 풍성하게 제공해주는 데에 감사를 표하는 것이다. 이 축제의 가장 큰 볼거리는 카누 경기다. 가시처럼 끝이 뾰족하게 생긴 기다란 카누에 들어가 노를 저으며 경기를 펼치는데 한 대에 최대 80명까지 탔다고 한다. 둘씩 짝을 이루어 나란히 뱀처럼 길쭉한 배 안에 앉아 간신히 균형을 잡는다. 수십만 명의 지방 사람이 열광하는 이 경주가 열리면 강둑과 왕궁 주변에 수많은 인파가 몰려든다. 각양각색의 구경꾼 가운데에는 축제 분위기에 들뜬 평범한 서민이 많은 수를 차지한다. 몇몇 수도 주민은 어찌나 겁이 나는지 가능하면 가난뱅이들이 몰려들기 전에 도시를 뜨는 게 바람직하겠다고 말할 정도다. 이렇게 톤레삽 강이 물의 방향에 대해 자신에게 폭력 없는 심문을 하는 동안 캄보디아에서는 두 방향의 인구 대이동이 일어난다. 도시인들은 스스로 시골화를 선택하여 기꺼이 수도를 시골 사람들에게 내어준다.

어두운 밤이 찾아오면 사람들이 점점 흩어지기 시작한다. 한가롭게 산보를 즐기는 사람들, 소박하지만 즐겁고 가족적인 분위기가 캄보디아의 수도를 지배한다. 마치 도시인들의 자만과 열기로 들끓었던 수도를 자유롭게 해방시켜주는 것 같다.

2009년 11월, 축제는 여느 때보다 더 일찍 열렸다. 최종 변론의 시간이 오고 사방으로 흩어졌던 재판 당사자들이 긴 헤어짐을 뒤로하고 모두 한자리에 모였다. 톤레삽 강도 원래의 방향을 찾고 흘러야 마땅한 방향으로 흘러 바다로, 그 드넓은 종착점으로 향했다. 이제 우기도 끝나고 몇 주간 덥고 습한 기후권에 속하는 캄보디아에 겨울이 찾아온다. 캄보디아 사람들은 벌써부터 춥다고 모자와 스웨터를 꺼내지만 이 나라에 거주하고 있는 수천 명의 서양인은 경험하기 힘든 냉랭한 날씨에 열광한다. 북반구에서 봄이 거의 끝날 때의 날씨와 다르지 않기 때문이다. 시원한 계절에 사뭇 감동까지 받으며 서양 사람들은 청바지를 꺼내 입는다. 우주복처럼 무겁고 답답한 옷을 입는 서양인은 없다. 가벼운 재킷을 어깨에 걸치고 멋을 부린다면 또 모를까. 봄이면 고향에서 뽐내던 패션 감각이 다시 빛을 발하는 시기가 온 것이다. 서양인에게는 '겨

457

울'이 반갑게 맞이해야 할 봄의 대체 계절이 아닐 수 없다. 하지만 캄보디아인들은 겨울을 몹시 싫어한다. 부드럽지만 반짝거리며 따갑게 지상을 내리쬐는 햇살은 최근까지의 비로 더욱 투명해졌지만 앞으로 다가올 폭염만큼의 위력은 없다. 파란색과 붉은색이 조화를 이루는 하늘은 흐릿한 것 같으면서도 동시에 강렬했다. 누군가는 내게 북반구의 몇 곳 말고 다른 곳에서는 절대로 볼 수 없는 광경이라고 말했다. 극동 아시아의 세속화世俗畫는 겉보기에 조야하고 인위적인 색상으로 구성되었지만 내게는 매우 사실적으로 다가온다.

법정으로 다시 돌아오자. 소송의 결실을 맺는 매우 중요한 날들이 다가왔다. 한편으로는 매우 감동적인 날이지만 다른 한편으로는 어딘가 부자연스러운 애매모호한 분위기가 연출되었다. 이윽고 재판에 참여하게 된 비극의 주인공들이 한 명씩 차례대로 등장했다.

욱 께트의 아내와 딸은 일부러 프랑스에서 이곳까지 왔다. 우 원디의 남동생, 띠울롱 랭시의 여동생도 캄보디아까지 날아왔다. 풍 떤 교수의 아내와 딸도 빼놓을 수 없다. 그리고 그 자리에는 기대하지 않은 인물도 있었다. 새롭게 열린 레바논 특별재판소를 담당하게 된 판사였다. 그는 현대 국제 재판이 낳은 차세대 판사로 알려졌다. 사람들은 그가 프놈펜에 있으면서 자리를 이동할 때마다 경호원 7명의 호위를 받는다고 말한다. 문득 베이루트에서 레바논 전 총리 라피크 하리리와 더불어 그 주변에 있던 경호원들도 함께 사망한 폭탄 테러 사건이 뇌리를 스치고 지나갔다. 7명의 경호원이 주변에 있어도 폭탄에 당할 운명이라면 막을 수는 없는 법이다.

레바논의 사건을 맡아 일할 동료와 마주한 크메르 루즈 재판 담당자들은 나름대로 자신들의 처지를 즐길 수도 있었다. 폭탄 따위의 문제로 조마조마할 일은 없을 테니까. 훈 센 총리의 철면피와도 같고 때로 저속하게 보이기까지 하는 강압적인 지배 아래 캄보디아는 현재 민주주의나 부의 공정한 배분을 실현하기 위해 애쓰는 사람들에게 위험한 나라일지도 모른다. 하지만 폴 포트의 지배를 받았던 이 나라는 여기 재판소에 몸담은 법관들에게 있어 치안만큼은 보장받을 수 있는 곳이었다. 덕분에 집요한 보안요원들이 매번 쓸데없이 동행하면서 겪는 곤혹스런 일도 별로 없었다. 국제 재판의 경우, 종종 우려할 만한 사건이나 추잡한 일들이 생기기 마련이어서 판사와 검사 같은 주요 책임자들을 호위하는 경찰들이 항상 있기 마련이다. 그러나 프놈펜의 국제 재판만큼은 예외였다. 판사와 검사들은 조심성만 잃지 않는다면 호위 없이 자유롭게 이동하는 즐거움을 누릴 수 있었다.

드디어 며칠간의 최종 변론이 시작되었다. 사람들이 법정에 모습을 드러냈고 그 속에 피에르 올리비에 수르Pierre-Olivier Sur도 보였다. 커튼이 걷히자 법정이 눈에 들어왔다.

수르는 당사자 측 좌석 맨 앞, 법정 한가운데에 자랑스럽게 자리를 잡았다. 그가 마치 자기편인 양 몸을 돌려 방청인들을 바라보았다. 이 프랑스 변호사는 공판 첫날과 마지막 날에만 올 것이라고 했고 결국 그는 그 약속을 지켰다. 그 옆에는 영국인 동지 '미스터 칸', 카림 칸Karim Khan도 있었다. 미스터 칸도 첫날 이후로 본 적이 없었다. 두 남자가 서로 인사를 나누었다. 꼭 남의 둥지에 있는 뻐꾸기 두 마리 같다는 인상을 풍겼다.

459

두 사람 주변에 자리를 잡은 젊은 캄보디아 여변호사는 소송 내내 그녀가 앉았던 첫째 줄 자리를 양보했다. 유럽에서 온 동지들이 자기보다 나이도 더 많고 긴 여행 후 법정에 왔기 때문에 충분히 그곳에 앉을 자격이 있다는 이유에서다. 아무도 그 여변호사의 당당한 양보를 거절하지 못했다. 프랑스 같으면 변호사들이 '팔레palais'[영어의 court처럼 법정과 궁정이라는 의미를 동시에 지닌다]에 드나드는 '선생님'이라고까지 불리지 않던가?

이 여변호사처럼 친절한 여자분이 또 있다. 바로 캄보디아 출신의 여검사다. 그녀는 한 캐나다 검사를 본보기로 삼아 공개적으로 진행되는 논쟁의 장에서 자신의 모든 생각을 노출하지 않고 신진 변호사들에게 논쟁의 기회를 주는 데 전혀 인색하지 않았다. 게다가 적극적으로 두크를 비난하고 싶어하는 사람들의 입을 막지도 않았다. 6개월간 진행된 소송에는 적어도 5명의 검사가 참여했지만 어느 하나 이 캄보디아 여검사 같은 사람이 없었다. 다른 시기, 다른 곳이었다면 이런 종류의 소송에서 이런 역할을 하는 사람은 오랜 경력자로 대접하고 직업인으로서 경의를 받았을 것이다. 오늘날 국제 재판이 이뤄지는 곳을 비롯해 모든 종류의 소송이 벌어지는 곳에 가보면 검찰총장의 위엄이라는 것이 법정보다는 컨퍼런스 센터와 같은 토론장에서 더 많이 드러나는 것을 알 수 있다. 시대마다 위신과 영예에 대한 견해가 달라지는 것 같다.

최종 변론의 서막을 열 영광은 미스터 칸에게 돌아갔다. 언제나 그렇듯 이것이 정말 영광인지는 알 수 없지만.

그는 자기보다 어린 크메르인 여자 동료에게 흔적도 없이 사라진 희생자들과 잘 알려지지 않은 의뢰인들의 이름이 적힌 긴 명단을 또박또박 읽도록 시켰다. 칸은 조바심이 났다. 그에게 주어진 발언 시간이 엄격하게 제한되어 있기 때문이다. 그는 하고 싶은 말이 있었다. 미스터 칸이 캄보디아 여자 변호사에게 첫 장을 전달했다. 여변호사는 명단을 훌륭하게, 그게 안 되면 빠르게라도 읽어보려고 애썼다. 하지만 시간이 한참 지났는데도 말해야 할 이름이 계속 나왔다. 그렇다고 희생자 명단을 요약할 수는 없지 않은가? 어떻게 희생된 사람의 이름을 하나라도 생략할 수 있단 말인가?

미스터 칸이 두 번째 장을 그녀에게 건넸다. 그 바람에 일시적으로 낭독이 끊겼다. 역시 영광은 한 번에 사라지는 것이 아니었다. 그녀는 다시 명단을 읊었다. 이처럼 희생자 명단에 긴 시간을 들이는 데에는 당사자 측이 두크가 자율적인 의지가 없는 사람이라고 생각하지 않는다는 의미가 담겨 있다. 조직에 부속된 단순한 기계였다고 생각하지 않는다. 또한 그가 이 수많은 희생자의 고통을 줄일 수 있는 방법이 없었다는 점에도 동의하지 않는다. 두크가 한 행동은 결과적으로 당의 비정상적인 강박관념을 키워 사람들을 끊임없이 체포하게 함으로써 악순환을 심화시켰다. 그는 단순히 권력자들의 일원이 되고 싶다는 욕망 하나 때문에 이러한 일들을 해온 것은 아니다. 그렇게 사는 것이 그의 생존에 유리했기 때문이다. 이번 소송은 결국 부인이란 게 무엇인지 보여주는 명백한 사례였다. 그리고 두크가 자백한 진실은 그런 우리의 확신을 날려버리기에는 충분치 않았다.

갑자기 핸드폰 벨 소리가 울렸다. 재판장은 미스터 칸의 발언권이 종료되었음을 알렸다. 미스터 칸은 5~10분 정도 추가 발언권을 달라고 부탁했다. 결국 재판관은 그에게 '딱 3분'만 더 주겠다고 짧게 대답했다.

그것도 법정에 고요함이 막 찾아들려고 한 찰나에 말이다.

권위 있는 법정에 자신을 드러내는 것은 일부 특정인들에게 석회암에 산을 뿌리는 것과 같은 결과를 낳는다. 홍 킴수온Hong Kimsuon은 공판이 시작된 초반 몇 주 내내 법정에 찾아와 많은 영감을 받았다. 그러다 시간이 지날수록 그가 녹아내리고 있다는 인상이 들었다. 소송이 진행되는 6개월 동안 사실상 같은 배를 탄 팀원이었던 수르가 내버려둔 결과 캄보디아 변호사 홍 킴수온은 서서히 부식되고 말았다.

그는 사고의 연결 고리를 잃어버린 것 같았고 이따금 이성적인 판단을 상실한 사람처럼 보일 때도 있었다. 마지막 공판이 있는 날도 그는 표류한 배처럼 무기력했다. 30분 동안 발언을 계속했으면서도 판사의 판결에 영향을 미칠 수 있는 결정적인 이야기는 들을 수 없었다. 그가 담당한 희생자 10명 중 2명과 관련된 사연만 겨우 말했을 따름이다. 변호할 시간 내에 자기가 하고 싶은 말을 다 못할까봐 수르는 안절부절못했다. 그러면서 방청석 한구석에 있는 마음씨 좋은 법률팀을 향해 여러 번 눈짓으로 신호를 보냈다.

홍 킴수온도 수르만큼이나 발언에 대한 열망이 높았다. 하지만 변호사라면 부동자세로 자리에 앉아 남의 이야기를 들어야 하는 시간 역시 매우 중요하다. 몇 시간 동안 차분한 모습으로 수동적인 시간을 보내다가 발언권이 주어지면 그때를 절호의 기회로 잡아 뛰어난 말솜씨를 보여줘야 한다. 이때 사건과 직접 관련된 일을 거론하고 효과적이고 설득력 있는 기술을 시의적절하게 적용해 말을 해야 한다. 죄 지은 사람인 양 입을 꾹 다물고 오랜 시간을 지내다보면 말이라고 하는 것이 얼마나 중요한지 알 수 있다. 법정 사람들이 말을 많이 하고 싶어 안달이 난 이

유도 발언 기회가 드물고 소중하기 때문이다.

발언권을 거머쥔 홍 킴수온은 기회를 놓치고 싶어하지 않았다. 그건 수르도 마찬가지였다. 그는 자리에서 일어나 입고 있던 변호사복이 우스꽝스럽게 보이는 줄도 모르고 상대편 변호사를 제치고 마이크를 가로챘다.

국제 재판은 여러 불안한 면을 안고 있다. 애초에 탈식민지 시대의 모순과 여러 환상, 악습들에서 태어났기 때문이다. 서양 국가나 유엔 사무국이 국제 재판에서 독보적인 지위를 차지하면서 약자, 교육을 덜 받은 자, 가난한 자, 추방된 자가 강자, 부자, 교육받은 자, 지배자에게 심판을 받는 장소가 되어버렸다. 국제 재판소에서 일하는 사법 관계자들 중 상당수는 강자가 주도하는 소송 때문에 생길 수 있는 어려움을 훌륭하게 감춘다.

이들은 자신의 태도를 현지 분위기에 맞게 변화시키고 출생지 고유의 문화적 특성을 조금이나마 지워보려고 애쓴다. 그러나 수르는 이런 부분에 대한 경각심이 없었다. 그래서 기자회견장에서 자기가 사람들의 이목을 집중시킬 만큼 웃음거리가 된 것도 정작 그 자신은 몰랐다. 그 바람에 그와 크메르인 법정 관계자들 사이에는 어마어마한 괴리가 생겼다. 다소 과장된 억양, 가짜 침묵이 주는 중압감, 우스꽝스러운 느낌이 드는 끊어 말하기, 어릿광대로까지 보이는 극적인 연출, 또 "내가 잉그리드 베탕쿠르[콜롬비아 대선 후보로 활동하던 중 무장혁명군에게 납치되었다가 극적으로 구출된 여성 정치가]의 담당 변호사였소"와 같이 자기 과시를 자제하지 못하는 요소들을 파리에 있는 법정에서 선보였다면 어쩌면 우아한 분위기를 자아냈을 수도 있을 것이다. 하지만 캄보디아에서는 아니었다. 이런 태도는 자칫하면 그 사람에 대한 나쁜 평판을 심어주기 때문이다. 한번은 수르가 피고인의 상관이었던 손 센과 그곳에서 처형을 당한 원 웻을 두고 헷갈려 했다. 또 수르가 교도소에서 촬영한 '수천 장'의 사진을 두크가 집에 가져갔을 수도 있다며 상상력을 발휘한 적도 있었다. 정도가 지나친 그의 성향 탓에 그가 새로이 불러일으켰던 이국인에 대한 호기심이 송두리째 사라져버렸다. 결국 수르는 그렇게 사람들의 신뢰를 잃었다.

수르가 대활약을 펼치는 동안 미스터 칸은 이웃 나라 동료 수르의 행동 때문이라기보다는 긴 여행으로 인한 시차 때문에 머리조차 제대로 가누지 못했다. 졸음을 참을 수 없어 그는 결국 꾸벅꾸벅 졸고 말았다. 소송이 진행되는 동안 제대로 참여하지 못하고 조는 것이나 지나친 열정으로 과욕을 부리는 것은 절대로 있을 수 없는 일이다. 법정 안 사람들은 미스터 칸과 수르가 곤경에 빠져 반격할 기회를 노렸다. 그러면서 사기꾼이라도 보는 듯 업신여기고 아니꼽게 여기는 눈빛으로 지구 반대편에서 온 두 남자를 쏘아보았다.

36
민주 캄푸치아의 역설

두크는 두꺼운 소재의 바지와 몸에 딱 맞는 옅은 노란색의 터틀넥 웃옷을 입고 겨울철을 시작했다. 소송을 종결짓는 최종 변론의 첫날 아침부터 그는 당사자 측 변호사들에게는 눈길을 주지 않았다. 그는 문서에 온 신경을 집중하여 꼼꼼하게 읽고 주석을 달았다. 두 달 전에는 핵심이 되는 쟁점이 두크와 희생자 사이의 확실하게 공증까지 마친 단절로 끝이 났다. 캄보디아 여자 변호사가 유가족들이 심신을 쇠약하게 하는 불안감과 낮이나 밤이나 뱃속을 휘젓는 격통으로 힘들어한다며 그들이 느낄 상상할 수도 없는 고통을 묘사하는 동안 두크는 문서를 검토하는 데 정신이 팔려 있었다.

조명 때문인지 아니면 창문에 반사된 빛 때문인지 두크의 얼굴이 노랬다. 엔키 비라르의 작품에 등장하는 반은 인간, 반은 양서류인 캐릭터처럼 녹색 바탕에 노란색이 강조되는 얼굴색이었다. 그날 오후, 두크는 아침과 달리 상대방의 얼굴을 쳐다보며 듣는 자세를 취했다. 그는 법정 저편에서 들려오는 유일한 목소리에 귀를 기울였다. 그 목소리의 주인공은 두크가 마음의 문을 조금이라도 열도록 열심히 설득했다.

"당신은 공판 초기에 눈물을 흘렸습니다. 회개의 시작이었죠. 그간 의 잘못들을 사죄한다는 건 자신이 한 일에 대해 이해하고 책임감을 느 낀다는 징표지요."

희생자들을 대변하는 변호사가 말했다.

"자, 이분들을 보세요, 두크 씨! 여기 당신이 으스러뜨리려고 했던 남녀들을 좀 보세요!"

두크가 변호사의 얼굴을 쳐다봤다.

"우리는 인간을 파괴할 수 없어요. 왜냐하면 당신이 파괴했던 자들 은 언젠가 환생할 테고 당신을 찾아와서 대가를 요구할 테니까요. 어쩌 면 당신을 용서한다고 말할 수도 있겠죠. 어쩌면 말이에요. 하지만 당신 은 이분들이 얼마나 알고 싶어하는지 상상조차 못할 겁니다. 희생자들 은 남보다 딱히 악하지도 않은 한 남자가 그런 야만적인 행동을 하게 된 이유가 무엇인지 알고 싶어해요. 평범한 사람에 불과한 한 인격체가 어 쩌다가 사람들의 존경을 받는 동시에 사람들에게 공포를 주는 대상이 되었는지 궁금해합니다. 프랑수아 비조는 당신을 냉혈 괴물로만 보려는 시선에 대해 우리가 오류를 범하는 것일 수도 있다고 알려주었어요. 우 리도 그렇게 단순하게 치부해버릴 문제가 아니라는 것은 알아요. 하지 만 여기 당사자 측 사람들의 면면은 다양합니다. 물질적인 풍요와는 거 리가 멀고 교육도 제대로 받지 못한 소시민들, 반대로 고등 교육을 받고 안정된 생활을 누리는 사람들이 있습니다. 그런 사람들이 한뜻으로 투쟁에 참여했습니다. 바로 이 자리에서요. 인간으로 당당하게 서기 위해 끈기 있게 법조문을 읽는 사람들이 이들입니다."

이날의 공판이 시작되고 나서 처음으로 두크가 상대에게 굴복당했다는 인상을 받았다. 변호사는 캄보디아 헌법 전문에 등장하는 전도유망한 말들을 언급한 다음 물러났다. 이 헌법은 크메르 루즈 대학살이 벌어지고 나서 10년 후에 제정했다.

우리 크메르인은 영광스러운 문명과 번영하는 거대한 국가, 다이아몬드처럼 반짝이는 명성을 조상 대대로 물려받은 자들이다.

지난 20년 동안 나라에 끔찍한 재앙이 일어나는 바람에 크메르인은 매우 유감스러운 혼란을 겪어야만 했다.

바야흐로 인권을 보장하고 법을 준수하기 위해 우리는 각성하여 나라를 새로이 일으키고 견고하게 통합을 이루고자 한다. 그래서 여기에 글로 남기노니……

방청석 맨 앞줄에는 황토색과 주황색의 승려복을 입은 승려들이 있었다. 흙과 먼지를 섞어놓은 듯한 옷 색깔이 눈에 띄었다. 그 옆자리에는 회색 머리카락을 짧게 자른 불교 여승들이 흰색의 긴 옷을 입고 있었다. 여승들이 쓴 낡은 안경을 보니 두꺼운 플라스틱 안경테는 색깔이 바래 있었고 안경알은 꼭 병 밑바닥처럼 탁했다. 이들이 얼마나 오랜 세월을 살았는지 알려주는 단서였다. 사실 이 여승들은 민주 캄푸치아의 혁명 시대를 몸소 겪은 분들이다. 불교와 '반동주의를 조장하는 종교들'이 핍박을 받고 불탑이 감옥으로 변하던 시절이었다. 두크는 더 이상 조상들처럼 불교 신자는 아니었다. 그렇다고 예전에 떠받들던 공산당의 우상들처럼 무신론자도 아니다. 하지만 법정에 들어온 그는 승려들을 향해 정중하게 예를 표했다. 이 모습을 본 당사자 측에서는 그 모습이 아니꼽다는 듯 비웃었다.

"S-21에 들어간 죄수들이 아직까지 살아 있었다면 아마 이 방보다 24배나 더 큰 공간이 필요했을 겁니다."

캄보디아 여검사가 말했다.

"나라 이름은 민주 캄푸치아였지만 사실 '민주주의'와는 전혀 상관 없는 정치가 계속되었어요. 3년하고도 8개월 20일 동안 캄보디아는 황폐해졌고 170만 명이 넘는 캄보디아인이 학살당했습니다."

여검사가 또박또박 과거를 짚고 넘어갔다.

이 검사가 강조한 것처럼 이번 소송은 도시에서 강제로 사람들을 추방한 사건에 대해서는 자세히 다루지 않았다. 도시인들을 강제로 시골로 쫓아 보내야 한다는 끔찍한 결정으로 8만 명이 목숨을 잃었다. 그러나 이 수치는 협동작업장에서 강제 노역을 하다 죽은 사람이나 가족의 생이별, 기근, 질병, 체력 저하로 죽은 사람의 수는 포함하지 않은 것이다.

"또한 우리는 이번 소송을 통해 크메르 루즈의 한 단면만 집중 조사했어요. 정치적 수단으로 가차 없이 폭력을 사용한 크메르 루즈의 극단적인 이데올로기가 어떤 결과를 낳았는지만 밝힌 것이지요."

여검사는 S-21이 스탈린의 NKVD[내무인민위원회를 말하며 소비에트 연방의 정부기관이자 비밀경찰]와 히틀러의 게슈타포Gestapo[독일 나치 정권 하의 비밀국가경찰]와 관련이 있다는 이야기도 서슴지 않고 했다. 그녀는 민주 캄푸치아를 양 극단인 극좌파, 극우파와 동시에 연결짓는데도 그 점에 대해 부담스러워하거나 콤플렉스를 느끼지 않았다.

호주에서 온 검사가 발언권을 얻었다. 그는 특히 두크의 역할과 그가 보유한 권력을 확실하게 정의하는 데 관심이 많았다.

"여러분은 두크가 1971년부터 1990년대 중반까지 당의 인질이자 죄수였다고 말한 것을 인정하십니까? 다른 사람을 수시로 죽이고 고문하도록 강요당한 죄수에 인질이라…… 자신의 의지와 상관없이 그저 죽음의 위기를 벗어나기 위해, 도주할 수도 없는 상황에서 어쩔 수 없이 한 일이라고 보십니까? 범죄를 저지른 주체자가 알고 보니 그 범죄 구조의 희생자였다니요? 우리는 피고인이 죄수도 인질도 아닐뿐더러 희생자는 더더욱 아니라고 주장합니다. 사실이 그렇다는 것을 증명해주고 있습니다. 두크는 이상주의자였으며 캄푸치아 공산당의 혁명가였습니다. 자신의 신조를 지키기 위해 모든 것을 희생할 각오가 된 십자군 병사와 같았어요. 혁명에서 외치는 무분별하고 황당무계한 이득을 위해 사람들을 고문하고 죽일 준비가 되어 있었다는 뜻입니다."

두크를 비난하던 남자의 깊은 한숨이 점점 약해지더니 기계 소리처럼 액센트도 리듬도 없는 법관의 목소리가 되어 이어졌다. 단조로운 목소리 때문에 잠이 올 법도 한데 두크는 법정에 있는 동안 한 번도 졸지 않았다. 소송이 진행되는 내내 그의 체력은 졸음에 져본 적이 없었다. 그는 법정에 있는 동안에는 한눈을 팔지 않고 나름대로 체면을 차리며 단호한 면모를 보여주었다. 그러나 당사자 측 변호사들의 이야기가 모두 끝날 때까지 잘 버텼던 그가 검사의 차례에 이르러 집중력이 현저하게 떨어졌다. 그는 책상 위에 설치된 작은 텔레비전 화면에 시선을 고정한 채 의자 등받이에 몸을 기댔다. 평소 볼 수 없던 그의 면모가 드러났다. 상대방을 대놓고 무시하며 두크가 이번에는 말을 하는 사람이 아닌 정반대 편을 대놓고 쳐다보았다. 그가 이렇게까지 남의 말을 무시한 적은 처음이었다. 검사가 마음에 들지 않았던 두크는 직접적으로 자신의 반감을 드러냈다.

두크를 질책하는 검사가 하는 말 중에 두크의 마음에 드는 내용은 하나도 없었다. 검사도 이 '자백의 대가'로부터 나오는 말이 음흉하다고 생각하여 전혀 믿지 않았다. 검사는 두크가 공산당의 신조를 종교처럼 믿는 사람이며 적을 제거하는 일에 적극적으로 참여하면서 대인관계를 넓혀가는 데 신경을 썼다고 지적했다. 특히 최고위 간부들과 친해지는 데 주력하며 정권이 몰락한 후에도 15년간이나 그들을 위해 계속 일했을 거라고 주장했다. 검사가 보는 비밀경찰의 최고 관리자는 적을 찾아내는 일과 파괴하는 일 두 가지에 모두 능했다. 그리고 최고 간부들의 강박관념에 가까운 집념에 부응하며 일을 수행했다. 자기 밑에서 일하는 부하들에게 사형을 선고하기도 했으며 직접 나서서 적극적으로 추진했을 뿐만 아니라 자신의 권력마저 활용했다. 검사는 그런 두크가 죽은 부하들을 다른 죄수들과 다르게 대했다며 일침을 가했다. 바로 내부 직원들은 희생자로 규정하지 않으려 했다는 것이다.

"우리는 이번 소송을 하면서 피고인이 치밀한 사람이라는 점에 대해 충분히 증명했습니다. 거의 편집증에 가깝게 사고했지요. 선택적인 특징이 강했어도 기억력이 매우 뛰어나서 세부적인 부분까지 관리해왔습니다. 자신이 관리하는 부서에서 규율이 매우 엄격하게 지켜지고 그가 내린 명령이 모두 수행된다는 것에 대해 그는 의심하지 않았어요. 우리가 만약 관리해야 하는 직원이 2000명 이상이 되는데 일일이 기억을 한다면 정말 대단한 일이 될 겁니다."

검사 측은 지금껏 여러 번 애써보았지만 두크에게 체포권까지 주어졌는지는 증명해내지 못했다. 이에 검사는 증거가 제대로 뒷받침을 해주지 않아도 상관없다고 주장했다. 그러면서 두크가 심문과 고문을 통해 그 유명한 '조직망'에 침투해 처음에 수백 명이던 체포자를 수천 명으로 늘렸다고 강조했다. 인정사정없었던 두크는 옛 스승과 동료들을 체포하는 것도 꺼리지 않았다. 그의 역할이 크메르 루즈의 반역자들을 죽이는 일이 되면서 그는 본격적으로 무자비한 인간이 되었다.

혁명에 눈을 뜨게 해준 최초의 멘토인 꺼 낌 훗과 그의 혁명 동지인 아내는 S-21에서 모진 고문으로 몸이 상한 상태에서 결국 목숨을 잃었다. 꺼 낌 훗은 심한 구타와 전기 충격을 받은 것도 모자라 배설물을 삼켜야 하는 고문까지 받았다. 그리고 그의 아내는 감옥에 있으면서 막대기로 성폭행을 당했다.

"우리는 두크가 타인에게 고통을 주는 것을 꺼리지 않았다는 점에 동의할 것입니다. 그 일이 어쩔 수 없이 필요했다고 여기며 사악한 방법을 동원해서라도 조직에게 도움이 되는 일을 해야 한다고 그는 생각했습니다. 피고인이 자필로 쓴 글을 보면 알 것입니다. 죄수를 죽이라는 지시 사항이 담긴 글이 발견되었습니다. 그 문서를 보면 인간으로서 느낄 수 있는 감정이나 후회의 흔적이 전혀 없고 냉정한 태도로 일관한 업무의 효율성만 확인할 수 있습니다. 17명의 죄수가 나온 한 명단을 살펴본 결과, 9명은 어린아이였습니다. 그럼에도 불구하고 두크는 '펭은 명단에 있는 모든 사람을 죽여라'라는 간단한 지시 사항만 적었습니다. 또 '그중 4명만 심문하고 나머지는 다 죽여라'라고 적힌 문서도 발견되었습니다. 이따금 두크는 명단 옆에 '으스러뜨릴 것'이라고만 적기도 했습니다. 여기 계시는 판사님들, 여러분은 피고인이 보여주었던 효율적인 업무 처리, 솔선수범에 대한 자각, 자기 일에 대한 헌신, 에너지, 열정, 욕망에 대해 충분히 확인하셨을 겁니다. 이 점들로 미루어보건대 두크가 이 모든 범죄에 전적으로 동의했다는 결론에는 의심할 것도, 지나치게 나갔다 할 것도 없습니다. 두크를 변호하고 싶은 분들은 두크가 그 일을 하면서도 속으로는 매 순간 그 일을 싫어했다고 주장할 것입니다. 또 몹시 무서워서 시키는 대로 했다는 말도 하겠지요. 하지만 이 문서를 확인하면 변호인들의 주장이 현실과 거리가 멀다는 것을 아실 겁니다. 피고인은 이제 현실을 받아들이시지요. 본인이 진실을 똑바로 보고 혁명에 대한 열정으로, 당에 충실한 일꾼으로 범죄 행위를 한 점을 인정하지 않는다면 이 법정에서 당신이 책임져야 하는 모든 일을 인정하지 않은 것과 같습니다. 우리는 두크가 S-21에서 행한 주요 범죄에 대해 인정한 사실을 알고 있습니다. 그는 교도소 책임자로서 자신의 책임의식을 언급했습니다. 하지만 두크는 자신이 주체적으로 그 일에 열심히 참여했고 범죄에 해당되는 일에 열정을 느꼈다는 관점에 대해서는 끝까지 부인했습니다. 그런 면에서 그가 과거를 후회한다는 말에 대해 진지하게 따져볼 필요가 있습니다. 두크는 자기 입으로 말한 것에만 책임을 느낀다고 하고, 비밀과 공포가 얽혀 결코 빠져나갈 수 없는 곳에 들어와 마지못해 일을 한 것처럼 자신을 포장했어요. 그의 말에는 오류가 있습니다. 여러분은 그가 숨기려고 하는 부분을 외면하면 안 됩니다. 그는 결코 조직의 희생자가 아닙니다. 그는 스스로 당에 충성을 다한 성실한 일꾼이었다는 점을 반드시 상기해야 합니다."

여러 문서가 증거 자료로 제출되면서 검사의 주장은 더욱 확실하게 굳어졌다. 그 당시에 주석으로 단 글을 통해 변호인단이 만들어놓은 두크의 이미지에 타격이 왔다. 그 이미지를 지키려면 때로 매우 강경하게, 그리고 조금은 정신분열증에 가까운 태도로 맞서지 않으면 안 되었다. 하지만 S-21의 자료보관소에서 발견한 확실한 자료로도 검사는 성이 차지 않았다. 그는 증명할 수는 없지만 피고인이 정기적으로 본관을 드나들었으며, 더불어 본관 밖에 위치한 심문실도 자주 출입했다고 강조했다. 두크가 직접 죄수들을 고문했다는 주장을 펼칠 때는 프랑수아 비조가 겪은 일화를 언급했다. 예전에 두크가 '숨이 멎을 정도로' 죄수들을 때렸다는 표현을 한 적이 있다고 비조가 회상했던 대목이었다. 문학적인 표현 그 자체가 형사상의 증거는 될 수 없다는 점에 작가인 비조도 그렇고 누구나 동의하겠지만, 그래도 두크가 한 말을 그냥 넘길 수는 없었다.

어찌되었든 소송이 진행되는 동안 어떤 일이 일어났는지, 설득력 있는 방법으로 증명되었든 그 반대든 사람들은 전혀 민감하게 느끼지 않았다. 6개월 동안의 공판이 문제의 핵심을 관통했다고 보기는 어려웠다. 어떤 시련이 닥쳐도 사람들은 각자 초기에 가졌던 생각을 고집했다. 검사는 두크를 모질고 야만적인 사람으로 묘사했다. 그 모습 외에 또 어떤 모습이 있을 수 있겠는가? 그러나 두크는 검사의 세밀한 지적에 동요하지 않았고 그런 반응이 검사를 불편하게 만들었다. 여기서 한 가지 궁금증이 생긴다. 검사는 어째서 두크란 인물을 이렇게 어둡게만 보는 것일까?

검사의 머릿속에서 그의 이미지는 잉크보다도 더 새까만 도화지와 같았다. 이는 혹시 어떻게 해서든지 두크를 괴물로 보려는 어쩔 수 없는 우리의 성향이 반영된 것은 아닐까?

15년 전부터 헤이그, 아루샤, 프리타운, 사라예보에 국제 재판소가 생긴 이래 자신의 죄를 인정하고 재판소에 협력하려고 애쓰며 다른 피고인들과 관련된 증거를 제공하는 피고인에게 검사가 이런 식으로 논고를 한 경우는 한 번도 없었다. 국제 검사도 이번 소송의 특별함에 대해 인식하고 있었고, 그렇기에 이 건은 여느 소송들과 성격이 다르다고 주장했다.

"피고인에게 개인적으로 엮인 부분에 대해 알려고 유도하면 그때마다 주저하는 태도를 보였어요. 우리 눈에는 별로 정직해 보이지 않는 행동이었죠."

검사의 말에 따르면, 대량 학살을 주동했던 여느 피고인들이 자신의 죄를 정직하게 자백하고 회개하는 것과 달리 두크는 모든 것을 있는 그대로 보여주지 않았다. 그래서 다른 피고인들과 차별화된 대우를 할 수밖에 없다는 것이다. 안타깝게도 나는 검사가 말하는 피고인들, 다른 국제 재판소에 출두해 정직하게 모든 것을 자백한 피고인들을 모른다. 자백이라고 하는 것은 늘 타협과 동의, 일종의 '거래deal'에서 나온 산물이다. 게다가 몇몇 자백에서 보이는 애매함은 말하는 사람의 부정직함을 감추는 역할도 한다. 하기야 이 검사는 헤이그, 아루샤에서 열린 소송에서도 자부심과 확신에 찬 태도로 자신의 죄를 인정한 피고인에 대해 능숙한 변론을 선보여왔다.

정직한 자백이나 부정직한 자백은 존재하지 않는다. 다만 인권을 존중하는 사법제도를 활용하여 유죄판결을 받을 위기를 피하기 위해서,

아니면 전기 충격과 같은 고문 때문에 자백이 나오는 것이다. 그러한 자백은 희미해진 의식과 비속한 이해관계 속에서 적절하게 타협하여 나온 결과물에 불과하다.

검사가 자신의 견해를 밝히는 동안 두크도 자신의 생각을 밝혔다. 두크는 그에게 등을 돌린 채 천장을 바라보았다. 그것도 그를 비난하는 사람들의 반대편 천장이었다. 두 눈을 뜨고 있었지만 피곤한 기색이 역력했다. 대놓고 짜증스런 얼굴은 아니었지만 쓰게 웃는 듯 입꼬리가 경직되어 있었다. 자백의 대가는 자신의 전문 분야에서 실패를 거두었다. 예심 판사들의 긴 질문 공세를 받을 때부터 그는 자기에게 불리한 증언을 했고 두크 다음으로 재판을 받아야 하는 크메르 루즈의 네 지도자에게도 불리한 말을 했다. 검사는 문서를 증거물로 제출했다. 그 문서는 두크에게 있어야 할 문서였다. 구체적인 이득을 보장받기 위해서라기보다는 태워버리는 편이 두크에게 유리한 내용이기 때문이다. 권력 관계에 대해 꿰뚫고 있는 전문가인 그로서는 문서 때문에 자신의 실수가 부각될까 염려했다.

두크가 머리를 오른쪽으로 돌렸다가 다시 왼쪽으로 목을 홱 제쳤다. 그리고 그 짧은 순간 검사를 쳐다봤다. 그런 다음 다시 검사에게 등을 돌렸다.

검사는 40년 징역형을 주장했다. 평소에는 두리뭉실한 편에 친절하고 남과 타협적인 그가 이번에는 자신만만한 태도와 말솜씨를 발휘하며 피고인을 저주하는 강경함을 보였다. 예전에는 어설픈 검사의 모습을 보여줘서 실수를 했지만 이번 기회로 그 일을 만회한 것처럼 기운이 넘쳤다. 상대의 반격을 예측하지 못해 제대로 대처하지 못하고 우물쭈물했던 때와 달리 이번 피고인 구형 때는 논박할 여지가 없는 자신감 넘치는 모습을 보여주었다.

재판이 잠시 중단되자 모두 자리에서 일어났다. 두크는 자신의 죄를 신랄하게 비판한 남자에게 시선을 집중했다. 그런 다음 방청석 사이에 있는 유리벽 너머로 한 젊은 남자에게 인사를 하러 갔다. 두크는 웃으면서 자기 앞으로 줄지어 밖으로 걸어나가는 사람들을 정면으로 마주 보았다. 그때, 1999년 두크를 찾아내기까지 온갖 수고를 아끼지 않았던 닉 던럽이 그 앞을 지나갔다. 그의 얼굴이 살짝 붉어졌다. 두크는 멀어져가는 닉 던럽을 한참 바라보았다. 복도로 자취를 감춘 두크는 시간이 흘러 다시 법정 출입구에 자신의 모습을 반쯤 드러냈다.

그러다가 다시 유리벽을 향해 걸어가더니 주머니에 손을 넣은 채 빈 방청석을 바라보았다. 당사자 측에 속한 두 사람은 두크가 바로 앞에 있자 기분이 상한 티를 내며 서로 어깨에 팔을 두르고 방을 나갔다. 두크는 경비원과 담소를 나누며 다시 자리로 돌아갔다. 그러면서도 미소를 계속 지었다. 잠시 후 다시 일어난 두크는 캄보디아 변호사 까 사웃에게 다가갔다. 까 사웃은 두 눈을 꼭 감은 채 캄보디아의 전통적인 휴식 자세를 취하고 있었다. 방청석 위쪽에선 풍 떤 교수의 딸과 아내가 벽에 등을 기댄 채 서서 두크를 응시하고 있었다. 두 여자는 공판 때도 늘 두크를 시선에서 떼어놓지 않았다. 프랑수아 루 변호사가 측근들과 함께 자리에 앉으려고 법정에 들어왔다. 사람들이 점점 안으로 들어오기 시작했다. 풍 떤 교수의 딸과 부인은 이미 자리에 앉아 있었다. 두크와 까 사웃을 마주 볼 수 있는 자리였다. 두크는 미소를 지으며 긴장을 풀려고 애썼다.

재판이 다시 시작되고 이번에는 두크가 말할 차례다. 그가 이날의 공판을 끝내기 전 마지막으로 말할 수 있는 기회였다. 그는 캄푸치아 공산당의 멈출 수 없던 학살 이야기를 지겹도록 했다. 그러면서 자기가 생존하게 된 데에는 세 가지 이유가 있었다며 상관의 명령에 반항하지 않고 체포 여부를 혼자서 결정하지 않은 것, 그리고 전쟁과 승리를 통한 물질적인 이득에 신경 쓰지 않은 것, 마지막으로 여성들과 부정을 저지르지 않은 것이라고 했다. 명령에 복종할 줄 알고 물질에 욕심을 내지 않으면서 개인적인 도덕을 지키는 삶을 살았던 두크는 감정을 통제하는 방법도 잘 알았다. 그가 들려주는 이야기 속에는 피와 공포가 난무하고 부조리한 상황이 벌어져 곤경에 빠졌다는 역사가 반복된다. 두크는 몇 가지 일화로 시간을 끄는가 하면 수도 없이 반복하는 이론이나 세부 정보들도 모두 소송 내내 말했던 것들이었다. 막연하고 추상적이며 사색적인 묘사를 거듭해가며 그는 고위 지도자들이 서로 상대방을 제거하는 과정 속에서 수많은 무고한 사람이 보이지 않는 곳에서 말없이 숨을 거두었다는 이야기를 들려주었다. 의심과 음모를 기본 원칙처럼 배우면서 성장한 두크는 반감을 털어버리기 위한 의도로 혁명을 위해 싸운 모험에 대해 털어놓으면서 몇몇 인물을 꾸며대기까지 했다. '크메르 루즈 정권이 학살을 할 수밖에 없었던 이유가 캄보디아에 크메르 루즈를 제대로 뿌리내리고 그들의 열망을 충족시키기 위해서였다'라는 결론을 이끌어내기 위해서였다. 크메르 루즈에 속한 당원으로서 두크는 마지막까지 자신의 책임을 인정했다. 그러나 그가 자신의 생각을 표현하는 방식이 지나치게 심오했다.

"저는 지난날을 후회하고 있으며 상상조차 하기 힘든 대학살에 큰

477

타격을 입었습니다. 계급에 대한 올바른 개념과 계급 개념과 계급 투쟁을 바탕으로 크메르 루즈는 모든 이론과 이데올로기에 인민 사랑이라는 개념을 담았습니다. 그러나 결과적으로 나라에 비극을 일으켰으며 극심한 고통을 안겨주었습니다."

선한 의도에서 시작된 일이 잘못된 결과를 초래했다는 이야기는 더 이상 통하지 않는다. 문제는 기본 바탕이 된 철학 그 자체에 있었다. 공산당 출신 사람들이나 이제는 늙어버린 혁명운동가들은 여전히 혁명에 대한 미련을 버리지 못하고 있다. 그중에는 법정에 소속되어 일을 하는 사람, 검사들도 있다. 이런 사람들은 자신이 신봉한 이데올로기를 냉철하게 비판하는 것에 대해 다른 사람들보다 더 어려움을 느끼고 있다.

우리는 두크에게서 이따금 혁명가로 활동했던 시절의 흔적을 느낄 때가 있다. 그 시절에 느꼈던 흥분이 갑자기 몸속에서 봇물 터지듯이 터져나오면 두크는 짧은 순간이지만 과거로 되돌아간 것 같았다. 그 기세가 어찌나 강렬한지 몸에서 열이 뿜어져 나오는 듯하다. 아주 짧은 순간, 크메르 루즈의 모습이 그에게서 보였고 절대적인 믿음이 전달되었다. 두크가 과거를 회상하면서 느끼는 전율은 혹자에게는 그의 은밀한 내면을 보여주는 계기로 작용했다. 즉, 두크가 조직의 일원으로서 조직에 대한 소속감을 여전히 간직하고 있음을 알 수 있었다. 결론적으로 말하자면 한 번 크메르 루즈는 영원한 크메르 루즈였다.

그럼에도 불구하고 두크라는 가면 뒤로 우리는 어렵사리 존재감을 드러내려고 애쓰는 깡 켁 이우를 만날 수 있다.

"여러 길 중 한 가지 길을 선택하는 것은 순간이지만 잘못된 선택이 미치는 파장은 영원한 후회를 남기는 것 같습니다. 국가와 민족의 해방을 위해 성실하게 일했다고 생각했던 시절이 있었습니다. 제 물리적인 힘과 마음, 지력을 다 바쳐 헌신했습니다. 아니, 제 인생을 희생했을 정도였습니다. 그러나 비정상적인 방법으로 국민들을 파괴시킨 위험한 범죄 조직에 가담했다는 것을 깨달았습니다. 하지만 그곳에서 빠져나올 수는 없었습니다. 저는 그때 저란 사람이 끊임없이 돌아가는 기계에 속한 바퀴 같았습니다. S−21에서 희생된 모든 사람과 유가족에게 다시 한번 용서를 구합니다. 1만2380명 이상이 목숨을 잃은 것은 순전히 제 책임입니다. 게다가 죽기 전에 오랜 시간 지독한 고통을 겪었고 말로 형용할 수 없을 정도로 비인간적인 대우를 받았습니다. 저는 이 기회를 빌려 다시 한번 고인들의 명복을 빕니다. 겸허한 마음으로 용서를 빌고 싶고 고인들을 존중하는 마음을 담아 용서를 빌어봅니다. 유가족 분들에게도 앞으로 죽을 때까지 죄송한 마음을 전할 것이며 제가 사죄를 구할 수 있도록 마음을 열어 저를 받아주시기를 늘 희망합니다. 국민을 위한 일이라면 무엇이든 할 준비가 되어 있습니다. 앞으로 어떤 상황이 일어나든 국민이 저를 필요로 하는 곳에 있을 것입니다."

두크에게 개인적인 내면을 드러내는 것은 매우 미묘한 문제였다. 결국 그는 관료적 방식을 택했고 자신의 발표문 하단에 적은 34개의 주석을 읽는 것으로 자신의 마음을 표현했다. 두크라는 사람은 성격이 정말이지 특이하다. 자신의 감정을 그대로 표현하는 것이 불가능해서 지난날에 대한 양심의 가책과 사죄를 요구하는 마당에 자신의 마음을 지적인 표현으로 완성해 완벽한 예시를 작성한 다음 최종 변론 때 읽다니 말이다. 그때의 주석 낭독으로 비극적인 사건에 대한 그의 죄책감은 더 이상 설 곳을 잃었다. 전에도 설득력이 부족했지만 그 정도가 더욱 심각해진 것이다. 문서를 기록하고 모으는 일을 했던 두크는 끝까지 종이에 적은 글에 집착했다.

피해자 측 변호사는 이를 두고 다음과 같이 말하기도 했다.

"정말 한심하군요. 피고인은 아직도 상황을 제대로 파악하지 못하고 있어요. 자신의 방법을 여전히 고수하며 각주를 읽다니요. 피고인은 자신이 봉사하기로 결심한 당의 제도 아래 살고 있군요. 지금까지도 성찰과 이성, 감수성이 결여된 극도로 부조리한 관료주의에 젖어 있는 게 분명해요."

낭독이 끝난 뒤, 두크는 종이를 조용히 정리하더니 플라스틱 파일에 넣었다. 그러고 난 다음 문서를 서기에게 건넸다. 점심 시간이 시작되었다. 방을 나가는 띠울롱 랭시의 여동생의 눈시울이 붉었다. 검사가 피고인에게 무기징역을 구형하지 않았기 때문이었다. 식사가 끝난 뒤에도 그녀는 홍조 띤 얼굴로 갈팡질팡 같은 질문을 반복하며 걱정을 늘어놓았다.

"40년형을 구형했는데 거기서 더 줄지는 않겠지? 설마 그럴 리가…… 아닐 거야. 설마 더 짧아지면 어쩌지?"

다른 사람들은 검사의 구형을 인정하는 분위기였다. 사람들이 영상 장비와 마이크, 카메라를 들고 생존자 춤 메이를 따라다녔다. 소송이 진행되는 동안 과거 기술공이었던 춤 메이는 희생자들을 대표해 중요 대변자로 나섰다. 그는 미디어 앞에서 여유 있는 모습을 보여 사람들을 놀라게 했다. 사람들에게 위안을 주는 동시에 다소 의도적이었던 매체의 그릇된 행동에도 열린 태도로 대응하는 사람이었다.

37
두크의 죄

공식적으로 나이가 76세인 까 사웃은 즐거운 마음으로 자신의 몸을 관리했고 그 결과 그 나이로 보이지 않을 정도로 놀라운 외모를 유지한다. 하나같이 강압적이었던 현대 캄보디아 정권들의 생존 게임에서도 이 변호사는 본능을 발휘해 민첩하게 헤쳐나갔다. 그는 카리스마를 내뿜는 한편 교활하고 음흉한 눈빛을 보냄으로써 그 무엇도 자신을 공포에 빠트릴 수 없다는 것을 과시했다. 또 드라마를 연출하는 일에도 훌륭한 재능이 있었다. 비록 나이가 들어가면서 예전 같지는 않지만 그는 기력을 조절하는 법을 터득했다. 1999년 두크가 체포된 이래로 그는 두크의 담당 변호사가 되었다. 물론 그 역시 크메르 루즈 시절 두 남자 형제를 비롯해 일부 가족을 잃었다. 까 사웃은 훈 센 총리의 법률 고문 중 한 명이기도 했다.

첫 번째 공판이 있기 1년 반 전, 국제 재판을 위한 첫 모임 자리에서

까 사웃은 대답하기 거북스러운 질문을 교묘하게 회피하려고 애썼다. 그러면서 갑자기 두크가 1999년에서 2007년까지 캄보디아 군사재판소의 선고로 수감되었을 때 고문과 구타를 당하며 육체적으로 심각한 폭력에 노출되었다는 말을 꺼냈다. 그가 언급한 건 전대미문의 이야기로 매우 심각한 일이었다. 다음 날 판사가 변호사 까 사웃에게 확실한 검증을 요구하자 그가 유들유들한 목소리로 떨지도 않고 자기 말을 번복했다.

"저는 군사재판소에서는 두크가 죽도록 맞았다는 말을 한 적이 결코 없습니다."

까 사웃에게도 많은 캄보디아 변호사가 보이는 성향이 하나 있다. 금방 성을 내면서 변호를 하고 한쪽 귀로만 들으려고 하는 극단적인 태도였다. 그는 갑자기 전투적인 모습을 보였다가 언제 그랬냐는 듯이 한발 물러나 상대방에게 친절하게 대했다. 까 사웃은 피를 지나치게 흘리며 법정이라는 원형경기장을 향해 돌진하는 황소와도 같았다. 일단 들어오고 나서는 과장된 동작을 취하며 돌아다녔고 그러한 행동에 대해 전혀 콤플렉스를 느끼지 않았다. 그래서 까 사웃을 상대하는 사람들은 얼토당토않게 써먹는 과장하는 수사법에 넘어가지 않는 기술을 나름대로 터득했다.

소송이 시작되자 까 사웃은 놀라운 수사법을 활용하며 정열적으로 변론을 시작했다. 이번 변론도 저돌적이기는 마찬가지였다.

"무슨 취지로 우리는 크메르 루즈의 지도자들이 한 일을 추적하는 걸까요? 세 가지 이유를 들 수 있겠습니다. 우선 이미 죽은 지도자와 아직 살아 있는 지도자들에게 정의로운 심판을 하기 위해섭니다. 또 캄보디아에 그러한 정권이 또다시 출현하지 않도록 방지하기 위해서겠지요. 마지막으로 국가의 주권을 잘 보존하자는 데서 이유를 찾을 수 있습니다. 민주 캄푸치아를 지배한 최고위 지도자는 누구입니까? 그리고 정확히 몇 명일까요? 그것부터 확정하고 나서야 우리는 이번 소송의 정당성을 인정할 수 있을 것입니다. 몇 사람만 간추려서 재판을 진행할 바에는 차라리 아무도 재판하지 않는 편이 나을 것 같습니다."

그의 말에 사람들은 개의치 않는 여유를 보였다. 늙은 여우처럼 교활한 까 사웃의 흥분한 변론과 과장된 제스처를 비웃기까지 했다. 사람들은 이미 예상했다. 까 사웃이 의기양양하게 주장을 한 다음에는 깍듯이 예의를 차리며 아까와는 다른 모습으로 자신의 입장을 호소할 것이라는 걸 말이다. 까 사웃은 보란 듯이 자신의 주장을 펼쳤다. 그는 폴포트 정권 당시 14명의 고위 간부가 있었으며 두크의 이름은 명단에 없다는 점을 강조했다.

"이 14명의 인물을 기소하지 않는다면 그것은 명백한 인권 침해예요! 우리는 그 사람들 문제부터 결판내야 합니다!"

그는 청중 앞에서 큰 소리로 말했다. 까 사웃의 목소리는 상황을 즐기는 것 같으면서도 어딘지 불편해 보였다.

변호사 까 사웃이 점점 도가 지나치는 말을 하자 검사가 중재에 나섰다.

"우리가 벌이는 논쟁이 말씀하신 정당성에 위배되는 것인가요? 만약 그렇다면 계속 이어갈 수 없을 겁니다. 여러분은 버터와 버터를 살 수 있는 돈, 양쪽 모두를 가질 수는 없습니다. 둘 중 하나는 포기해야 한다는 말입니다."

판사들은 까 사웃에게 자신의 위치를 명확히 하라고 요구했다. 그러자 까 사웃이 위협적인 어투로 휘두르던 폭탄을 즉시 내려놓았다.

"저는 이 법정에 문제가 있다고 말하는 것이 아닙니다. 법정 관계자의 유능함에 대해서는 일말의 의심도 없습니다. 만약 그런 생각이 조금이라도 있었다면 예심 때 문제를 제기했을 겁니다. 저는 그냥 간단하게 코멘트를 단 것뿐입니다."

그는 무장해제한 듯 미소를 지으며 대답했다.

휴우!

피고인을 변호하던 배가 점점 좌초할 지경에 이르렀다. 하지만 프랑수아 루 변호사가 배의 키를 잡으며 1년 반 전에 자신이 정한 방향으로 배를 몰았다.

"국제 판사와 국내 판사는 다르지 않습니다. 또 국제 변호사와 국내 변호사도 마찬가지고요. 그리고 국제 검사와 국내 검사 사이에도 차이가 없습니다."

프랑수아 루는 캄보디아인 파트너와 더불어 이번 재판의 모든 단계에서 실제로 마주했던 속임수에 대해 꼭 집어 언급하고 싶었다. 누구든지 자신을 배신할 가능성이 높은 사람 옆에 앉아 있는 꼴이었다. 언제가 될지 모르지만 누군가에게 배신을 당할 것이다. 상대가 찌를 수 있도록 등을 내어준 상태에서 옆 사람의 상처를 칼로 후벼 파고 싶은 유혹은 견디기 힘들다. 프랑수아 루는 상대편 내부에서 생긴 상처를 피가 멎기도 전에 내리찍었다.

마침 그날 캄보디아 내각의 수장이 법정에서 재판을 받아야 할 용의자가 5명밖에 되지 않는다고 강력하게 되풀이한 일이 있었기 때문이다.

그러나 그 말이 나오기 4개월 전으로 돌아가면 상황이 다르다. 1년 반 동안 어떤 면은 신중하게, 어떤 면은 과장을 더하고 미묘한 정치적 균형까지 고려한 끝에 국제 검사는 크메르 루즈에 속했던 책임자 6명이 더 재판을 받아야 한다고 캄보디아 당국에 요청했다.

그러나 캄보디아 출신의 동료 검사는 캄보디아 내부의 권력 체계를 매우 잘 알았다. 그래서 그 여검사는 국제 검사의 판단대로 새로 피고인을 지정하는 것을 극구 반대했다. 여러모로 제약이 많았던 이번 소송에서 의견 불일치는 아마 누구에게나 있을 것이다. 더구나 정치적인 의미에서의 배신은 법정의 오랜 풍습이기도 하다.

소송이 진행되는 동안 까 사웃은 기소들을 다 취소해야 한다면서 같은 이야기를 두세 번 반복하며 과장했다. 그러나 그의 말은 별다른 영향력을 미치지 못했다. 이미 법률 절차상 돌이키기에는 너무 늦었다. 변호사의 주장 속에는 두크를 재판하지 말았어야 한다는 의미가 숨겨져 있었다. 그것은 아마도 변호사들에게 일반적으로 있는 기벽인 의뢰인을 향한 고슴도치 부모의 심정이 아닐까 싶다. 그게 아니라면 순환적인 사고를 하는 크메르인 특유의 속성 때문인지도 모른다. 제발 그런 이유이기를 바랄 뿐이다.

두크를 변호하는 입장도 쉽지는 않다. 피고인의 권리가 매우 소중하다는 것을 확실히 안다 하더라도, 고귀한 대의나 직업적인 신념으로 인권을 옹호한다 하더라도 죄와 죄인을, 죄인과 법정에서 그를 변호하는 사람을 하나로 생각해버릴 수 있다. 인권 보호를 외치는 운동가들, 법률 관계자들 중에서 한패로 몰리는 불명예스러운 상황에 처해보지 않

은 사람들이 과연 얼마나 있을까! 우리 중에 이런 생각을 한번쯤 해봤거
나 열정적인 글로 써낸 사람은 또 얼마나 될까! 프랑스 정규 교육을 훌륭
하게 마친 데다 존경받는 한 인물도 다음과 같이 표현했을 지경이니.

나는 피고인을 편드는 변호사들에게 저 불쌍한 인간의 명령에 따라 죽은
1만4000명 중에 부모나 친구, 측근이 한 명도 없기를 바랍니다. 캄보디아에
사형이 합법적이었다면 저자는 사형을 당해도 마땅했을 겁니다. 한 번이 아
니라 두 번을 죽여도 마땅한 인간입니다. 저 늙은이의 냉소적인 태도 좀 보
십시오! 어찌되었든 간에 저자는 앞으로 오래 살지 못할 겁니다. 만약 국민
에게 직접 벌을 내릴 권한이 주어진다면 저자는 그 자리에서 돌을 맞아 죽
을 것입니다. 그런데도 저런 자를 돕겠다는 파렴치한 일을 하는 변호사들
이 있군요!

우리는 이 이야기를 전에도 들었다. 용감한 '정의의 수호자'들을 앞
세워 군중이 앞다퉈 용맹하게 집단폭행을 가하고 싶어한다는 이야기를
말이다. 나는 문득 피해자 측 사람들이 까 사웃의 코를 한 방 크게 때리
거나 프랑수아 루 변호사의 눈 언저리를 세게 치는 장면을 상상했다. 입
에는 거품이 난다. 한편 나쁜 놈이라고 욕을 먹는 피고인의 시체 위로
돌이 무수히 박힌다. 그리고 그 시체와 가까운 길가에서 변호사는 더러
운 피를 그 가증스러운 법복 앞섶에 묻힌다…….
　우리는 학살자를 심판하는 과정에 있어 모든 사회 계층에 속한 남녀
의 반응에 귀를 기울여야 한다. 죄인을 공개처형대로 끌고 가고 싶은 무
리의 충동, 건의 중심에 선 무리의 충동, 고통을 감내해야 했던 여성들

의 충동을 측량해야 한다. 아프리카, 유럽, 아시아의 여러 재판을 참관해본 나는 최상의 교육을 받은 사람들일수록 죄인에 대해 느끼는 충동이 강하고 증오도 격렬하다는 것을 몸소 체험했다. 이런 사람들이 뿜어내는 충동의 기운은 사형수들의 뒤에서 곡괭이 자루를 휘둘러 그들을 향해 입을 벌린 쯔엉 엑의 구멍으로 떨어뜨리는 일격만큼이나 거셌다.

까 사웃은 자신의 상황을 잘 알았다. 최종 변론이 있던 날, 그는 동포들에게 먼저 변호사가 어쩔 수 없이 해야 하는 고약한 일들에 대해 이해해주기 바란다고 말했다. 그러고는 세심한 주의를 기울이며 이번에 자신이 가장 하고 싶어했던 말을 꺼냈다. 수백 곳의 감옥이 그 당시 존재했으며 그중 몇몇 수용소는 S-21보다 상황이 더 심각했다. 다른 감옥을 관리하던 책임자들 중 지금까지 살아 있는 사람도 있다. 하지만 그들은 법 앞에 심판을 받을지도 모른다는 두려움 없이 잘 살고 있다. 그런데 왜 유독 두크만 재판을 받아야 하는가? 왜 두크 하나뿐인가? 까 사웃은 단호하게 그럴 수 없다고 소리 높여 주장했다. 두크는 희생양에 지나지 않으며 남의 죄까지 대신 지는 상황은 정의롭지 못하다는 것이 그 이유다. 두크 소송이 열리고 9개월이 지났지만 까 사웃은 단념하지 않고 국제 재판소가 두크보다 지위가 더 높은 관리인들, 두크보다 책임을 질 것이 더 많은 사람들을 재판해야 한다고 피력했다.

반면 두크는 누구를 체포하고 숙청할지 결정했던 최고 간부가 아니었다. 이른바 14명의 크메르 루즈 최고 지도자에 속하지 않는다는 말이었다. 까 사웃이 주요 책임자의 이름을 발표했다. 그중 3명만이 생존해 있었고 나이는 79세에서 많게는 85세까지 있었다. 까 사웃은 두크 다음으로 이 3명을 재판해야 한다고 주장했다. 현 상황이 매우 안타깝다고 말하면서 그는 현재 생존해 있는 S-21 외 다른 민주 캄푸치아 산하의 교도소장들을 피고석에 앉히거나 아니면 두크를 석방해줘야 한다고 말했다.

까 사웃이란 인물은 자리에 앉아 있을 때는 누구보다도 명석해 보인다. 하지만 이날 같은 때는 정체를 알 수 없는 희열과 정상 궤도를 벗어난 판단에 이끌려 드디어 안에 있는 것들이 외부로 폭발하고 만다. 참을 수 없는 열기로 끓어오르는 그의 모양새란 마치 절로 땀이 나는 밤, 북소리에 맞춰 원시의 춤인 듯 규칙적으로 몸을 흔들며 망아 상태에 빠진 무용수처럼 보일 정도였다. 몸이 뜨겁게 달아오른 데다 자신이 하는 말에 도취된 까 사웃은 폴 포트가 손 센을 죽인 죄가 얼마나 무거운 것인지 언급하기도 하고, 1인자였던 폴 포트가 죽기 몇 달 전에 가혹한 수감생활을 거치지 못한 것을 유감스러워했다. 그가 저지른 범죄에 대한 처벌이 반드시 이뤄져야 하고 그 일을 잊어버려야 한다고 말하는 것은 매우 위험한 발상이라는 지적도 했다. 까 사웃은 이렇듯 터무니없어 보이는 말에 민감한 진실을 끼워넣는 재주가 있다. 대책 없이 아무 말이나 하는 것 같았지만 그는 크메르 루즈의 옛 고위 간부들이 오늘날 캄보디아 군에서 장교로 아무 걱정 없이 일하고 있는 상황에 대해서도 언급했다. 그런 사람들은 가만두고 왜 두크만 벌을 받아야 하는가? 이제 갈 때까지 갔다는 듯 캄보디아 출신인 변호사 까 사웃은 오래전부터 준비한 자신의 변론을 완성했다. 그는 두크가 '무죄'라고 선언했다. 그러면서 두크에 대한 기소가 모두 기각되어야 한다고 강조했다. 그 순간, 웃음 소리조차 들리지 않았다. 법정 안은 마치 전기에 감전된 것처럼 쇼크 상태였다.

프랑수아 루 변호사로서는 24시간 동안 의뢰인은 자기 세계에 틀어박히고 검사에게 버림받은 것은 물론 동료 변호사에게 배신을 당했다고 하소연할 법한 사태였다. 프랑수아 루는 지난 2년 동안 이번 소송을 준비했다. 하지만 도착한 곳은 파멸이요 막다른 골목이었다. 두크에게 절호의 기회가 왔다가 마지막 날 결국 두크를 저버린 것 같았다. 프랑수아 루는 피해자 측에게 친구 같은 존재였으며 그들의 분노와 쓴소리를 잘 참았다. 그리고 법정에서도 최고의 일꾼이었으며 잡음 없이 원활한 소송을 이끄는 데 그의 공도 컸다. 그는 스스로 수치심을 느낀 적도 있다. 물론 그가 고약한 일을 한다는 비난을 받았지만 그는 소송에 참여하는 동안 정확성과 믿음, 지적인 탁월함과 유능함을 보여준 변호사였다. 그러나 소송이 끝나기 이틀 전, 그의 행동이 갑자기 달라졌다. 되돌릴 수 없는 패자의 모습이었다. 그는 법정을 인간의 한계를 초월한 공간으로 꿈꿔왔다. 하지만 지금 그의 눈에 법정은 깊은 구렁텅이로 변해 있었다. 의뢰인과 동료 변호사가 그에게 그럴 만한 원인을 제공한 이상 그가 어떻게 검사를 설득해 이길 수 있겠는가?

까 사웃이 벌인 한바탕의 해프닝으로 이 법정에서 펼쳐졌던 비극에 새로운 줄거리가 추가되었다. 프랑수아 루는 자신이 그토록 열망하던 바를 사실 아무도 원하지 않는다는 것을 깨달으면서 꿈이 좌절되고 말았다. 이제 그는 셰익스피어 연극의 마지막 장처럼 뜻밖의 일격을 휘두르는 결말을 온전히 구현하는 수밖에 없었다.

그의 옆에는 희생자 가족들이 옹기종기 모여 앉아 소송에 대한 강한 의욕을 유감없이 보여줬다. 지난 30년 동안 발만 동동 구르며 전전긍긍하던 사람들이었지만 오늘은 매우 씩씩해 보였다. 세 줄에 걸쳐 좌석을 차지한 피해자 측 사람들은 언제나 주장하던 바가 자신의 눈앞에서 실현될 것을 믿어 의심치 않았다. 두크는 자신의 지위를 이용해 다른 사람에게 피해를 준 지도자임에 틀림없었다. 그가 한 자백은 일종의 연막 작전에 불과하며 고문관인 그의 진짜 얼굴이 소송을 통해 드러났다고 피해자 가족들은 확신했다. 캄보디아 변호사인 까 사웃의 정도에 벗어난 언행은 피해자들을 씁쓸하게 만들긴 했지만 승리를 알리는 소식과도 같았다. 그 일을 계기로 두크에게 가차 없는 징벌을 내려야 한다는 피해자들의 열망은 더욱 샘솟았다. 이렇게 의뢰인 자신과 동료 변호사가 도와주지 않는 상황에서 프랑스에서 온 변호사는 어떻게 하면 제대로 변호를 할 수 있을까?

38
변호의 대가 vs 자백의 대가

"저는 변호의 대가를 만나러 왔습니다."

다음 날 잠시 체류 중인 미국인 여변호사가 사람들로 가득 찬 법정 안에 들어와 자리를 잡으며 말했다. 그가 보고 싶어하는 남자가 드디어 법정 안에 모습을 드러냈다. 마치 모의 해전에 자신을 희생하러 나온 로마 무사 같았다.

"환영합니다, 여러분. 죽은 사람들이 당신에게 인사를 보냅니다Ave, populous, moriturus te salutat."

그 사람은 바로 프랑수아 루 변호사였다. 그는 마치 사람들을 향해 이렇게 말하는 것 같았다. 그는 자신의 경력에 큰 비중을 차지하게 될 최종 변론을 할 준비가 되었다. 그가 맞닥뜨려야 하는 상황은 그가 생각했던 것보다 더 비참했다. 포기와 치욕, 이 두 가지 마음 상태가 더욱 그를 힘들게 했기 때문이다. 하지만 명예가 떨어지고 모욕을 당하며 말로 돌팔매질까지 당했더라도 누군가에게 '대가'로 인정받은 그는 보이지 않는 단에서 아래를 내려다보는 것처럼 대인의 광채를 내뿜었다. 사실 그의 명예가 실추되었을 때도 사람들은 여전히 그를 존경했다.

드디어 변호사가 자리에서 일어나 말할 차례가 왔다. 엄청나게 느린 속도로 몸을 움직이는 모습이 인상적이었다. 느린 화면처럼 그의 손이 앞에 있는 마이크를 잡는가 하면 상체는 일어나려던 자세에서 조금의 움직임도 없이 직각으로 굽어 있었다. 마치 의자가 그의 몸에 붙기라도 한 것처럼 어색했다. 굽힌 허리를 펴는 과정도 얼마나 더딘지 나중에는 그가 똑바로 선 게 맞는지 의심이 들 정도였다. 확고하지만 안정감이 느껴지는 목소리로 그가 입을 열었다.

"이렇게 일어나는 것, 변호하기 위해 자리에서 일어나는 것은 이 직업의 고귀함을 드러냅니다. 전적으로 비난받는 이의 편에 서서, 세상에 존재하는 범죄 중 가장 심각한 죄를 지었다고 고발당한 사람의 편에 서서 저는 이렇게 자리에서 일어났습니다. 잘 생각해보세요. 반인륜적인 범죄에 대한 이 소송에서 말입니다."

그의 목소리가 자연스럽게 법정 안에 울려 퍼졌다. 음성이 맑았고 단어 선별에도 매우 신중을 기했다. 몇 마디를 한 다음에 갑자기 분위기가 엄숙해지면서 침묵이 흐르자 그는 서둘러 어제 있었던 일이 반복되지 않도록 애썼다. 그래서 자기 나름대로 마련한 용감한 발언으로 침묵을 깼다.

"저는 오랫동안 제가 몸담고 있는 피고인 변호인단에게 우리가 서로 모순되는 두 가지 상황에 대처해야 한다고 강조하곤 했습니다. 한 가지는 우리가 무턱대고 피고인의 무죄 방면을 주장할 수 없다는 것, 즉 그가 무죄라고 말할 수는 없다는 점입니다. 또 다른 한 가지는 피고인이 사건에 관하여 유죄임을 확정하는 발언을 해서도 안 된다는 것입니다. 피고인에게 죄가 있다는 주장을 하지 않았음은 명백하게 아실 수 있겠지요. 저는 피고인이 유죄라고 변론하지 않을 것입니다."

같은 팀의 배신이 일어났다 잠잠해지고 난 후였지만 프랑수아 루 변호사는 여전히 2년 전부터 자신이 변호하기로 했던 두크를 보호하려고 했다. 비록 피고인이 자신의 죄를 뉘우치는 발언을 하고 S-21에서 여러 증거 자료가 발견되었을 때, 풍 떤 교수의 이름이 거론되던 날에 무너지는 모습을 보였지만 변호사는 초심을 끝까지 밀고 나갔다.

"우리가 과거에 겪은 시간을 과연 누가 부인할 수 있을까요? 모든 사람이 진심을 담아 내면의 깊은 감정을 드러내는 인간적인 모습을 보았던 그 시간에 대해 이의를 제기할 수 있는 자가 있겠습니까?"

크메르 루즈의 지도자들이 두크가 강박관념에 걸린 사람이 될 것이라고 예상하지 않았다는 말에 대해 변호사는 존경하는 데이비드 챈들러가 한 말을 인용했다.

"역사학자 데이비드 챈들러는 다음과 같이 말했습니다. '네, 과대망상은 당의 위원회로부터 시작되었습니다. 결코 S-21에서 시작된 것이 아닙니다. 중앙위원회를 기점으로 차차 아래로 퍼진 것이지요. 세상에서 가장 위험한 적은 눈에 보이지 않는 적입니다. 그 적을 볼 수 없기 때문에 적의 소멸이란 있을 수 없는 일이지요.'"

두크의 부정적인 모습도 이번 기회에 만회해야 했다. 그가 범죄의 주동자로 모든 짐을 짊어지게 만들 수는 없었다. 프랑수아 루 변호사는 크메르 루즈의 강령 5항을 직접 인용했다. 모든 조직원이 철저하게 지켜야 하는 조항이었다.

"'일에 대한 확실한 개념과 자세를 갖추고 있어야 한다. 솔선수범해서 자율적인 창의성을 보여야 하며 적극성과 한결같은 고도의 집중력을 유지해야 한다'고 적혀 있습니다. 이 말은 즉 구성원 각자가 당을 위해 열정적인 모습을 보여야 한다는 이야기지요. 오늘날 여러 검사가 두크를 비난하는 점 가운데 이 열정적인 모습이 그 당시에 모든 조직원이 갖추어야 할 요소였습니다. 그런데 지금 상황을 보세요! 여러분은 저와 마찬가지로 선전용 영화 여러 편을 보셨을 것입니다. 모든 당원이 둑을 건설하기 위해 열심히 일하는 모습, 당원들이 눈물을 흘리는 모습, 일에 대한 열정이 넘치는 모습은 물론 당을 위한 노래를 함께 부르는 장면을 보셨습니다! 그런데도 지금 여러분은 두크를 비난하고 있어요. 다른 당원들에게도 요구했던 대로 했다는 이유로 말입니다. 그렇지 않습니까?"

변호의 대가인 프랑수아 루는 피고인 두크가 모든 것을 말하지는 않았어도 핵심이 되는 부분을 자백한 것은 사실이라고 주장했다.

"스투진스키 변호사는 더 많은 것을 알아내려고 애썼어요. 하지만 우리 모두 성공하지 못했어요. 지금 우리가 회피 단계에 처한 걸까요? 어쩌면 그럴 수도 있습니다. 풍 떤 교수에 대해 언급하자 몸 나이와 피고인이 겉으로 드러낸 속마음을 여러분도 목격하지 않으셨습니까? 대체 무엇이 그런 결과를 이끌어냈던 걸까요? 여러분만큼이나 저도 잘 모르겠습니다. 정말 그래요. 따라서 우리가 모르는 음지가 남았다는 생각이 듭니다. 확실합니다. 공개적으로 인정할 수 없는 또 다른 무언가가 분명 있는 것 같아요. 하지만 우리가 거쳐야만 하는 과정 중 하나겠죠."

극작가 와이디 무아와드의 충격적인 작품 「그을린 사랑Incendies」을 보면 등장인물 중 한 명이 이런 대사를 하는 부분이 있다. 과거에 가족 사이에 일어난 범죄를 감추며 살고 있던 그 인물은 끔찍하면서도 단순한 현실에 대해 이렇게 말했다.

왜 당신에게 말하지 않았냐고요? 조건이 갖추어졌을 때 비로소 밝혀지는 진실들이 있는 법이니까요.

프랑수아 루 변호사는 까 사웃을 잊게 하는 데 어느 정도 성공한 셈이다. 이 변호사의 재능은 겉으로는 안 그러는 것 같으면서도 여러 갈래로 갈라지고 헝클어져 손대기 어렵거나 마음을 움직이기 힘든 이야기들을 등반용 밧줄만큼이나 튼튼하게 엮어내는 것이다. 그 튼튼함이란 가파른 절벽도 믿고 내려갈 수 있을 정도였다. 변호의 대가인 프랑수아 루는 여러 문서와 인용, 웅변술을 이용해 사람들을 현혹시켰다. 이때 능숙한 기교와 대담함도 빠지지 않았다. 그의 변론은 물 흐르듯 잘 흘러갔고 내용도 풍부했다. 조화롭게 짜인 악보를 보는 듯 전체적인 비율이 좋았다.

두크는 그런 변호사를 뚫어지게 관찰했다. 두크가 통역을 위해 쓴 헤드폰을 벗더니 상체를 앞으로 내밀며 변호사의 말을 경청했다. 당에 속한 지식인들의 언어인 불어이니 문제없었다. 변호사의 날카로운 목소리가 울려 퍼졌다. 사람들이 두크가 당의 신격화된 인물들의 비밀을 알고 있다고 대놓고 하는 말에 대한 불만스러움이 그대로 묻어났다. 크메르 루즈의 최고 관리자들에게 반항할 수도 있었다는 주장에 관해서는

495

날카로웠던 목소리가 기력을 잃은 듯 수그러들었다. 그리고 잇따른 죽음이 상부에서 결정한 바이기에 빠져나갈 구멍이 없었다는 설명을 늘어놓을 땐 다시 날카로움을 찾았다.

프랑수아 루 변호사는 자신의 부서진 꿈들에 대해 언급했다. 첫째로 검사 측과 벌인 공방 중 과연 크메르 루즈의 주요 책임을 오직 두크 한 사람에게 요구할 수 있느냐는 건에 대해 그는 검사가 여론을 비껴간 결정을 하길 꿈꿨다. 변호사는 검사가 피고인에게 내린 구형은 지극히 전통적인 것이며 피고인이 괴물이라는 사고방식에서 나온 결정이라고 규탄했다.

"검사님들, 여러분은 어제 한 남자가 무릎을 꿇은 채 용서를 비는 격정의 장면을 보았습니다. 저는 그 부분이 마음에 들지 않습니다. 하지만 검사님이 내린 구형도 마음에 들지 않기는 마찬가지입니다. 검사님께서 구형하실 때의 목소리 톤도 거슬렸습니다. 희생양이란 한 사회의 모든 고통과 불행을 우리 대신 짊어지게 하는 대상을 말합니다. 히브리서에 보면 사람들이 제물로 염소의 머리를 바쳤습니다. 또 사막에 염소를 바치면서 '이 염소가 우리의 죄를 대신 지리라'라고 말했고, 그럼으로써 사회 집단이 통합을 이룰 수 있었습니다. 그런 의미에서 우리는 '희생 염소'라는 말을 씁니다. 두크는 결코 희생양이 아닙니다. 캄보디아에 일어난 비극적인 끔찍한 사건들 때문에 그의 머리를 바칠 수는 없습니다. 두크는 여러 검사님이 묘사한 그런 인간이 결코 아닙니다."

휴정을 틈타 내게 온 닉 던럽은 빈정거리긴 했지만 정당한 평을 내렸다.

"지금까지 저렇게 감동을 주는 '지랄맞은' 이야기는 들어본 적이 없어요."

　대가의 변론이 이어졌다. 복종에 의해 일어난 범죄에 대해 말하고자 했던 그는 명령에 굴복해서 죄가 된 경우에 대해 언급했다. 프랑수아 루는 이번 소송을 맡으면서 순진하게도 검사와 우호적인 관계를 맺고 싶어했다. 소송이 시작되자마자 프랑수아 비조가 했던 말을 통해 그의 의도가 본격적으로 노출되었다. 그는 데이비드 챈들러의 저서 결말부에 실린 문구들을 인용하기도 했다. S-21을 제대로 이해하려면 멀리 볼 필요 없이 우리 자신을 바라보면 된다는 문구 말이다.

　"법정에서 우리는 항상 진부한 말만 하고 끝날 겁니까? 가령 그는 죄를 범했으니 마땅히 벌을 받아야 하고 그래야 사회가 더 잘 유지될 거라는 이야기를 합니다. 더 심한 말도 있죠. 그렇게 해야 같은 범죄가 반복되지 않을 거라고요. 저는 여러분에게 이 말을 꼭 하고 싶습니다. 평범한 사람을 어느 날 학살자로 만든 이 현상을 보다 명철한 관점에서 다루지 않으면 이와 같은 범죄는 또 일어날 수 있다는 걸 말이에요. 이러한 현상은 챈들러가 용기 있게 비판한 것처럼 복종에 의해 일어난 범죄입니다. 여러분이나 저와 다르지 않은 미국 시민들을 어느 방에 데려가 끔찍한 일을 경험하게 했다는 이야기를 저는 35년 동안 들었습니다. 유리벽 너머 있는 사람을 가리키면서 그자가 거짓말을 하고 있다고 합니다. 그러면서 전극을 다룰 수 있는 스위치를 내주면서 상대에게 질문을 하고 그자가 거짓말을 하면 가차 없이 스위치를 눌러서 전기 충격을 주라고 말합니다. 그 옆에는 하얀색 가운을 입은 교관이 계속하라고 격려까지 해준다지요. 여러분과 저와 별반 다르지 않은 평범한 사람들이지만 이들의 60퍼센트가 흰색 가운을 입은 사람의 말에 복종합니다. 그리고 인간의 생명을 위협할 만큼 스위치를 누른답니다. 사실 유리벽 반대편에서는 배우가 고문을 받는 척합니다. 아주 공포스러운 경험이 아닐 수 없지요. 저는 이 재판소에서 법정 관계자들을 상대로 이런 말을 하는 사람까지 봤습니다. '대답할 수 없습니다. 윗분들께 우선 물어봐야 하거든요.' 그럴 수밖에요. 우리는 상사의 명령에 순종하며 일을 할 수밖에 없습니다."

재판의 종료는 마치 감금 상태에서 해방되는 순간과도 같다. 수개월, 길면 수년간 공술, 증거물과 증언, 사실, 문서, 평가, 변론이 이어지지만 결국 끝에 가서는 모든 것이 사라지고 망각되며 마지막 한 가지만 남는다. 그것은 모든 이가 받아들여야 할 판결이다. 그 외의 나머지는 모두 지워지고 말 것이다.

"어떤 형을 선고받을 것인지는……"

프랑수아 루 변호사가 갑자기 말을 멈추며 한숨을 내쉬었다. 침묵이 어찌나 강렬하던지 그가 대강 종잇장을 넘기는 소리가 꼭 문구멍을 덮어놓은 쇠붙이가 이리저리 흔들릴 때 나는 소리처럼 들렸다.

지난번에 증인석에 섰던 욱 께트의 아내는 두크를 쯔엉 엑 사형 집행장에서 일하는 벌을 내려야 한다고 빈정대듯 말했었다. 끓어오르는 분노를 억제하기는 했지만 그녀는 할 말 못 할 말을 가리지 않았다. 그때 일을 거론하면서 흥분한 프랑수아 루는 볼 장 다 본 사람처럼 하고 싶은 말을 모두 쏟아냈다. 판상 눈사태에 발을 들여놓는 격으로 그는 심지어 이런 제안까지 했다. 두크에게 대량 학살이 일어난 현장을 직접 안내하면서 젊은 후세대가 절대 하지 말아야 할 일들을 설명하는 벌을 주

자고 말이다. 이렇듯 누군가를 변호한다는 것은 극단적인 방향으로 흐를 수 있는 위험 요소를 안고 있다.

프랑수아 루가 다음과 같이 결론을 맺었다.

"이 시간은 변호사로서 매우 힘든 순간이에요. 침묵을 지켜야 하는 순간이면서 동시에 자문하는 시간이니까요. 제가 그동안 모든 것을 말했는지, 충분히 제 일을 잘했는지 묻게 됩니다. 두크 씨, 모든 희생자는 당신과 같은 인간이요 형제자매라 할 수 있습니다. 당신은 자신을 비겁하다고 여겼고 그래서 감옥에 갇힌 사람들을 보러 갈 용기가 없었다고 말했습니다. 인간으로서 당신은 이 범죄에 아무런 잘못이 없다고 말할 수 없습니다. 애써 회피했던 죄수들의 눈이 늘 당신을 쫓아다닐 것입니다. 그렇다면 여기 이 자리에 있는 우리는, 여러 판사님은 두크를 정면으로 똑바로 쳐다볼 준비가 되었습니까? 그를 보면서 인간 공동체에 속한 형제라고 인정할 수 있겠습니까? 여러분이 내린 판결로써 두크를 진정한 휴머니티의 세계로 이끌 자신이 있으십니까? 오래전부터 전 세계에서 활동하는 많은 법률가는 형벌은 죄수의 사회 복귀 자격을 갖추기 위해 내린다고 했습니다. 그렇다면 반인륜적인 범죄는 죄수의 사회 복귀가 전면 제외되어야 할까요? 마지막으로 한마디만 더 드리겠습니다. 두크는 죽었습니다. 오늘 이 자리에 있는 피고인의 이름은 깡 켁 이우입니다."

'변호의 대가'는 몇 시간 전에 천천히 자리에서 일어나 호기심 가득해 보이는 군중 앞에 섰다. 그리고 지금 이 순간 그때만큼이나 아주 느리게 자리에 앉았다. 마치 인생의 말년을 맞이한 것처럼.

LE MAÎTRE DES AVEUX

39
지랄맞은 감동을 준 유창한 웅변술

유창한 웅변술은 한 마리 나비와 같다. 그 효과가 계속 유지되는 것이 아니라 언젠가 덧없이 사라져버리기 때문이다. 프랑수아 루는 다시 자리에 앉았고 피해자 측 변호사와 검사들은 더 이상 그곳에 머물지 않기로 결심하고 자리를 떴다. 변호인단이 깜짝 놀랄 만한 상황이 눈앞에 펼쳐지고 24시간이 더 지난 뒤의 일이었다. 과연 소송은 어떤 식으로 종말을 맞을 것인가? 수르는 이미 프랑스로 돌아갔지만 칸은 명예를 되찾을 기회를 잡았다. 그는 선두에 서서 적들의 상상을 초월하는 불협화음을 맹렬하게 공격했다.

"피고인 측은 완전히 상반되는 두 가지 입장을 보여주었습니다. 이래서는 공정하다고 할 수 없습니다. 캄보디아 국민들에게도 그렇고 피해자들에게도 적절하지 못했습니다. 또 진실을 파헤치려고 애쓴 여러분의 수고에도 적절하지 못했습니다. 피고인은 당사자 측의 의견, 근심과 고통, 힘든 상황에 대하여 적절한 대응을 하기보다는 미리 써놓은 소위 진술서를 읽는 것에 그쳤습니다. 그리고 그 진술서는 매우 신중하게 작성한 글로 문단마다, 각주 하나하나에 주의를 기울인 흔적이 역력했어요. 충격적인 사건이 일어나고 30년이 흐른 지금 우리 당사자 측은 진실을 촉구하며 인생을 되찾고 싶어합니다. 일종의 마음의 평화를 바란다고요. 하지만 이런 상황은 도저히 용납할 수가 없습니다. 모든 면에서 살펴보아도 우리는 실제로 무슨 말을 했는지 알 수 없는 혼란의 한가운데에 놓인 입장이 되었습니다. 프랑수아 루는 피고인이 자신의 유죄를 주장하는 것은 아니지만 과거를 후회한다고 말했어요. 반면 캄보디아 출신의 동료 변호사는 피고인은 결코 유죄가 아니니 석방시켜야 한다고 말했고요. 이런 독특한 상황은 정말 처음이에요. 어쩌면 많은 수식어가 필요한 문제일지도 모르겠네요. 저는 그냥 전적으로 받아들일 수 없고 절대적으로 피해야 하는 상황이라고 말하렵니다."

실케 스투진스키 변호사는 지금 이 상황이 피해자들의 낯짝을 향해 뺨을 때리는 것과 같다고 여겼다.

"피고인과 변호인단은 사실의 일부를 인정함으로써 진실하고 솔직한 고백을 했다는 인상을 당사자 측에 주려고 애썼어요. 그 결과 당사자 측은 의심을 넘어 피고인이 연기를 한다고 더욱 확신하고 있습니다. 어쨌든 임금님이 벌거벗었다는 사실만큼은 알려야 하는 시간이 왔습니다. 정의와 진실을 찾고 싶어하는 당사자 측은 전보다 더 거리 두기를 고집하며 적대적인 태도를 보이고 있어요. 피고인에 대한 믿음이 다시금 훼손된 거죠. 캄보디아 사회로의 복귀를 꿈꾸던 그의 요청은 거부되어야 합니다."

홍 킴수온은 피고인의 돌변에 깊은 슬픔을 표했다. 조금 전 일이 준 압박감을 이기지 못한 그의 눈에는 얼마 지나지 않아 눈물까지 고였다. 소송이 진행되는 동안 두크는 이 당사자 측 변호사를 거의 형제처럼 여기며 존중했다. 그러나 지금은 언제 그랬냐는 듯 그를 외면했고 다른 사람 대하듯 태도가 바뀌었다. 두크는 자신이 복귀하고 싶어했던 세상과의 단절을 시도하기 시작했다. 앞서 영화 감독 리티 판과 두크는 소송이 있기 몇 달 전에 대화를 나눈 적이 있었는데, 그때 두크가 앞날을 예견했는지 이런 말을 했다.

"사람들이 저를 용서해주는 날, 저는 그들에게 고마움을 표하기 위해 엎드려 절할 겁니다. 하지만 사람들이 저를 용서해주지 않는다면 그 상태로 죽는 날만 기다릴 것입니다."

이제 소송이 이런 결말을 맞자 용서를 빌던 모습은 온데간데없이 그는 자신만의 세계에 갇혀 타인과의 소통을 차단했다. 까 사웃이 흥분하던 날, 이른 저녁 프랑스아 루는 평소와 다름없이 두크를 만나러 갔다. 하지만 두크는 감옥 책임자를 시켜 변호사에게 자신이 무척 피곤하다는 메시지를 전달했다. 교도소장으로 있던 시절에도 으스러질 운명에 처한 옛 친구들을 보러 가지 않았던 그였는데 배신을 당한 마당에 얼굴을 마주한다니, 한사코 피하는 것이 당연했다.

공격적인 태도가 은둔해버리는 것보다 더 활기 있고 나았다. 검사는 예상치 못한 상황이 닥치자 소송 때마다 자기를 기죽게 하던 적에게 달려들었다. 그는 자기가 고집하던 주장에 궁극적인 이유까지 찾았다.

"이번 소송에서 변호인 측은 유죄를 주장하는 검사 측과 당사자 측을 터무니없는 전략으로 속였습니다."

호주 출신의 검사가 자신의 주장을 자신 있게 밀어붙였다.

"소송이 진행되는 동안 변호인 측은 피고인의 무죄방면을 요구하지 않을 것이라고 우리를 안심시켰습니다. 그러더니 이제 와서 무죄를 선언하고 있습니다. 그것도 대놓고 강력하게 요구하고 있어요. 상황이 이렇다면 두크는 어떤 형을 받든 간에 절대 감형 혜택을 받을 수 없게 해야 합니다. 이래서는 재판소에 협조했다고 할 수 없기 때문이죠. 적어도 우리는 그렇게 가정하는 바입니다. 그럼에도 불구하고 우리의 예상이 실제와 다를 수도 있지 않을까 하는 의심은 듭니다. 담당 변호사가 따로 지시를 받고 그런 행동을 한 것 같지는 않다는 느낌이요. 우리가 이 법정을 모두 나가기 전에 이 문제가 해결되어야 한다고 생각합니다. 실제로 변호인 측이 무엇을 했는지는 정말이지 애매모호하니까요. 하지만 어제 분명 피고인의 석방을 요구했다는 것은 기정사실입니다. 저는 재판장님들에게 간곡하게 요청하는 바입니다. 피고인에게 직접 물어봐주십시오. 변호사들이 피고인의 요청을 수락해 무죄방면을 요구했는지, 그렇지 않은 것인지 꼭 알고 싶습니다."

책상에 몸을 기대고 있던 두크가 까 사웃에게 가까이 다가갔다. 두크는 앞으로 해야 할 대답을 준비하려니 몸에서 열이 나는 것 같았다. 그는 머리로 여러 번 확고한 신호를 보냈다. 그리고 책상 위로 두 손을 흔들었다.

휴식 시간이 되었고 피고인 변호인단이 분주하게 흩어졌다. 일단 두크는 까 사웃과 의논했고 4명의 국제 법률가는 따로 이야기를 나누었다. 이윽고 까 사웃도 자리를 떠나고 두크는 홀로 피고인석에 앉았다. 잠시 후 까 사웃이 돌아오자 이번에는 두크가 방을 나갔다. 프랑수아 루 변호사와 팀원들도 차례대로 나갔다. 까 사웃이 법정에 혼자 남았다. 법정으로 돌아오면서 두크는 유리벽 너머로 방청석을 차지한 옛 제자들을 향해 인사를 건넸다. 그러고 나서 자기 자리를 찾아 앉았다. 프랑수아 루가 다시 모습을 드러냈다. 변호사복을 차려입은 그가 두크에게 다가가 대화를 시도했다. 그 뒤에 있던 까 사웃은 피고인에게 강한 제스처와 함께 제시해줄 대답을 혼자서 되뇌고 있었다. 휴정 시간의 종료를 알리는 벨소리가 울리는 동안 두 변호사는 짧지만 확실한 말을 주고받았다. 그런 다음 까 사웃이 잽싸게 두크와 이야기했다. 판사들이 자리로 돌아왔다. 피고인 측 변호사들의 발언에 모순된 부분이 있다고 판단한 닐 논 재판장은 캄보디아인 변호사에게 발언권을 줬다.

통역의 문제인지 아니면 정신이 혼란스러운 건지 캄보디아 변호사 까 사웃의 횡설수설한 말은 핵심을 파악하기가 무척 힘들었다. 그래도 엉망인 논리에서 끌어낸 결론만큼은 명확했다. 까 사웃은 두크를 국내법으로 판단하면 안 된다고 말했다.

이 나이 많은 변호사는 이번에도 수다를 늘어놓는 것을 잊지 않았다. 독설을 하는 가운데 그는 서슴없이 불편한 진실을 언급했다. 가령 S—21에서 희생당한 죄수의 4분의 3이 크메르 루즈 정권을 위해 일하던 사람들이었다는 이야기부터 결과적으로 이 법정이 두 손을 피로 더럽힌 크메르 루즈의 간부들을 우선순위로 심판대에 올리지 않았다는 이야기까지.

하지만 이야기들은 온통 뒤죽박죽인 말 무더기에 불과했다. 불확실하거나 미완성된 생각들, 조금 전의 반복이거나 타당성이 부족한 생각들이 잡탕처럼 섞여 있었다. 형 선고, 법률의 불소급성, 베트남과의 전쟁 현황이 뒤죽박죽 섞인 이야기를 늘어놓더니 까 사웃이 갑자기 안경을 벗었다. 그리고 군중이 수군거리는 가운데 발언을 마무리지었다.

"두크는 10년 이상 수감생활을 했습니다. 그처럼 교도소를 책임진 다른 관리인들은 그렇지 않은데 말입니다. 이제 제가 변호를 맡은 피고인을 풀어줄 시간이 왔습니다. 피고인이 집에 돌아갈 수 있도록 허가를 내려주시기 바랍니다."

프랑수아 루가 빈약한 몸을 천천히 펴며 자리에서 일어났다. 열을 바깥으로 노출시키지 않고 속으로 삭일 때마다 보이는 그의 동작은 골고다 언덕에 십자가를 힘들게 짊어지고 올라가는 어느 사형수를 연상시켰다.

변호사로 사는 것은 때로 어떤 희생을 감수해야 하는 것이리라. 프랑수아 루는 마지막으로 두크를 구제하고자 비장의 무기를 보여주며 희생정신을 보이기로 했다. 비록 두크가 다른 성인들에게 열중을 해도 괜찮았다. 법정 내에, 바로 자기 옆에 앉아 있는 사람까지 적으로 두다보니 프랑수아 루에게는 그중 아무나 골라잡아 공격하면 되는 영광의 기회가 생겼다. 그는 다시금 언변을 이용한 전략을 펼쳐 유별난 동료 변호사의 주장을 고려 대상에 넣고 은근슬쩍 자신의 주장과 일치하는 듯 보이게 하는 데 성공했다. 직업상 해야 할 일이었다. 하지만 검사는 바보같이 넘어갈 수 없었다. 마침내 변호사가 검사와의 약속을 지켰다.

"피고인 변론의 방법이 달라진 이유를 알고 싶어하는 여러분의 궁금증에 우리 변호인단이 답을 피했지요. 한쪽에서는 형을 덜어달라는 내용으로 변론을 했지만 다른 쪽에서는 피고인을 석방하라고 요청했습니다. 저희가 두 가지 서로 다른 결론을 동시에 주장한 이유가 무엇인지 아는 것이 굉장히 중요하다고 봅니다."

시간이 흐르고 있었다. 이제 시간을 버는 작전을 수행할 때가 왔다.

프랑수아 루가 불의의 공격을 시도했다.

"검사님이 만약 저희가 하는 말을 유념해 듣지 않는다면 저는 정말 유감스럽게 여길 것입니다. 오늘 아침 무죄방면이란 용어는 나오지 않았습니다. 우리 측 변호사 두 명이 피고인에게 내려질 형을 줄여야 한다고만 주장했습니다. 그리고 최대한 빠른 시일 내에 피고인이 자유를 찾을 수 있도록 요청한 것이 전부입니다. 10년형을 마친 후를 말하는 것입니다. 피고인이 S-21에서 행한 범죄 행위에 대한 자신의 책임을 완전히 다한 후에요. 우리 입장에 변화란 없습니다. 무죄방면을 요구한 것이 아니었는데 의사 전달 과정에서 모호한 부분이 있었다면 제가 사과드립니다."

하지만 닐 논 재판장은 여전히 무언가 석연치 않다는 모습이었다. 그는 질문에 대한 확실한 대답을 기대한 눈치였다. 때마침 두크가 할 말이 있는지 발언권을 요구했다. 그는 이번 주 초부터 검사 측을 보는 둥 마는 둥 했다. 그런데 갑자기 그들을 정면으로 바라보았다. 두크가 무뚝뚝하면서도 거친 동작을 다양하게 선보이며 자신의 입장을 밝혔다. 혁명에 가담했을 때 썼던 불어는 다소 구식 표현이 섞여 있었다. 요새 사용하는 민주집중제centralisme démocratique, democratic centralisme 대신 중앙집권적 민주주의démocratie centralisée라고 말하는 식으로. 하지만 그는 매우 진지했다. 10년 동안 재판소에 협조하면서 한 번도 다른 생각을 한 적이 없다고 그는 말했다. M-13에서 있었던 일에 대해서도 범죄 행위를 시인하며 자신의 책임을 인정했고 재판소에서 다루어야 할 범위에서는 도망친 적이 없다고 강조했다. 이번 재판 대상에 포함되지 않은 시기인 1979년 이후에 일어난 일에 대해서도 자신은 언급을 회피한 적이 없다고 덧붙였다. 두크는 폴 포트의 정권에서 여러 범죄를 저지른 공산당원으로서 전반적인 책임을 인정한다는 말을 여러 번 반복했다. 또한 S-21 교도소에 한정된 자신과 관련된 문서와 구체적인 범죄에 대해서는 그만큼 유감을 표하며 공개적으로 사과했다. 조국과 국민에게 제발 자기를 용서해달라고도 빌었다. 마지막으로 그는 캄보디아 변호사가 한 주장을 언급했다. 자신은 결코 고위 지도자가 아니었으며 원래는 그들을 재판하기 위한 자리여야 하고, 오직 그들만이 심판을 받을 대상이라는 주장 말이다.

"저는 1999년 5월 8일자로 수감되었어요. 10년하고도 6개월, 18일이 흘렀군요. 그러니 이제는 저를 감옥에서 풀어주시기를 간곡히 요청하는 바입니다."

그의 말이 끝나기가 무섭게 판사들은 모여서 대화를 했다. 닐 논 재판장은 두크에게 다시 자리에서 일어나라고 요청했다.

"이제 문제는 이것이로군요. 피고는 모든 고발 사항에 대하여 무죄 판결을 내려달라고 부탁하는 것입니까? 아니면 법정이 요구하는 일에 협조했고 이미 자숙하는 생활을 했으니 우리가 형량을 줄여주길 바라는 것입니까?"

그의 질문에 두크는 구석에 몰렸다. 하지만 그렇다고 혼자서만 공격을 당하고 싶지는 않았다. 그는 자신의 분석 능력에 한계가 있었기 때문에 속으로는 자유의 몸이 되고 싶었지만 자신의 캄보디아인 변호사에게 변호를 위임하는 쪽을 택했다고 말했다.

까 사웃이 최고 지도자들에 대한 이야기를 다시 꺼내자 라베르뉴 판사가 한 손으로 머리를 감쌌다. 늙은 캄보디아 변호사는 조금 전과 같은 술수로 또 한 번 질문에 대한 대답을 하지 않았다.

그것도 여기까지였다. 이제는 누군가가 명확하게 대답을 해야만 한다. 카트라이트 판사가 정리 작업에 들어갔다.

"당신의 마지막 말에서 피고인이 무죄방면을 요구한다는 의미가 빤히 보이는데요, 까 사웃 변호사?"

까 사웃이 궁지에 몰렸다. 평소처럼 그가 유치한 후퇴를 해야 할 때가 왔다. 법정 안은 그의 대답을 듣기 위해 쥐 죽은 듯 조용했고 그것만 끝나면 이날의 재판이 종료될 예정이었다.

"네, 제가 그랬습니다. 자유롭게 된다는 것은 곧 무죄방면을 의미하니까요."

까 사웃은 웬일인지 물러서지 않았다. 첫 번째 배신이 있은 지 이틀 만에 프랑수아 루는 두 번째 배신을 당했다. 2년 동안 함께한 동료 변호사가 다시 그를 가격한 것이다. 이 캄보디아라는 나라는 우정을 유지하는 데 결코 녹록지 않은 땅이 틀림없는 것 같다.

변호를 한다는 것은 그 일을 하며 겪는 고통이라고 프랑수아 루는 말하곤 했다. 그는 의뢰인으로부터 외면당했지만 일에서 손을 떼라는 요구는 받은 적이 없다. 두크는 변호사에게 직업 윤리에 위배되는 것을 요구한 적도 없다. 두크의 변호사가 되는 것은 고약한 일이 아니다. 지독한 고독을 느끼며 일을 완수해야 할 때는 있지만. 판결을 기다리며 프랑수아 루는 자신의 자리를 지키기로 결심했다. 그가 보기엔 소송 비용에, 더불어 피고인의 인권을 지키려는 의지에 충실한 모습을 보이는 것이 모양새가 가장 덜 나쁘기 때문이었다.

죄수의 심리는 범죄자의 심리와는 다르다. 서로 다른 충동, 서로 다른 생존 전략을 따르기 때문이다. 많은 사람이 두크의 갑작스런 행동 변화가 혹시 사라진 줄 알았던 크메르 루즈의 정신이 되살아난 것이 아닌지 궁금해했다. 그렇지만 장기 징역을 선고받을 죄수라면 누구나 이와 같은 정신 상태를 보일 수 있다고 한다. 죄수들은 대부분 이카루스가 되려고 한다. 자유의 신기루를 찾아가겠다는 욕망에 휩싸여 눈부신 태양을 향해 날개를 펼친다.

두크의 선택은 그가 어떤 사람이냐에 대해 엇갈리는 해석을 하게 했다. 혹자는 그 모습을 보며 두크가 다른 사람을 이용하는 사기꾼 아니면 비겁자라고 여겼다. 또 다른 사람들은 까 사웃은 중개자 역할을 했을 뿐이고 그 이면에는 정치적인 협상이 오갔을지도 모른다고 의심했다. 과거에 혁명을 위해 싸운 남자가 자신이 열망하고 동의한 일에 도덕적인 책임을 지는 어려운 일을 해낼 수 없음을 재확인하는 사람들도 있었다. 확실한 것을 추구하는 사람들은 확실한 것만 간직하려고 한다. 쉬이 의심하는 사람은 회의적인 태도로 대상을 바라볼 것이다. 생존하는 것만이 사람들의 유일한 목표였던 역사를 만든 두크는 그 역시 살아남을 방법밖에 모른다는 것을 보여주었다.

판사들은 이 일을 큰 문제로 삼지 않기로 결심하며 신중한 태도를 보였다.

이제 한 달 뒤면 판결이 나온다. 그런데 두크가 재판소 행정처에 편지를 보냈다. 프랑수아 루 변호사를 해임시켜달라는 내용의 편지였다.

두크는 자신이 등을 돌린 사람들을 마주 대하는 것을 결코 좋아하지 않는 사람이다.

LE MAÎTRE DES AVEUX

40
선고

청소년 시절 두크는 금욕주의에 관심이 많았다고 했다. 전통적으로 캄보디아 아이들은 일찍부터 불평을 하지 않는 교육을 받았다. 정신의학자들은 불평이 곧 말하는 사람의 약한 면을 드러낸다고 설명한다. 금욕주의는 자신을 통제할 줄 알고 감정을 억누르는 방법을 가르쳐주기 때문에 문화적으로 매우 우호적인 마음가짐으로 받아들여진다. 말을 아낀다는 것은 결국 자신이 비겁하지 않다는 것을 보여주고 포기하지 않는다는 의지를 보여주는 것이다.

프랑스 학생들은 몇 세대 전부터 금욕주의의 정수인 알프레드 드 비니[19세기 초반에 활동한 프랑스 시인]의 시 「늑대의 죽음」을 배우고 익혀왔다. 식민 지배를 받던 시절 교사들은 이 유명한 19세기 프랑스 시를 캄보디아 학생들에게 열심히 가르쳤다. 이 시가 어린 깡 켁 이우의 마음을 사로잡았다. M-13의 관리인으로 일했을 때, 그는 시의 마지막 구절을 혼자서 암송했다.

> 탄식하고 울고 기도하는 것은 비겁한 일이다.
> 운명이 너를 부르고자 한 길에서
> 너의 길고도 무거운 임무를 열정적으로 행하라.
> 그 후에는 나처럼, 고통을 느끼면서 아무 말 없이 죽어라.

두크는 당이 그에게 요구한 과중하고 냉정한 일을 열심히 수행하는데 이 시가 큰 도움을 주었다고 말했다. 고문관이 이처럼 훌륭하고 고귀한 시를 암송하다니, 이보다 더 사람의 마음을 울리는 인간적인 모습이 또 있을까?

"우리는 때로 우리가 원하지 않는 일을 해야 할 때가 있지요."

두크가 말했다.

이 발언을 한 날, 프랑수아 루 변호사는 효과적인 전술을 마련했다. 두크가 프랑스어로 된 시 네 소절을 읊고 난 뒤 변호사는 아무 말도 하지 않았다. 법정이 지독한 고요함으로 가득 찼다. 그는 정적을 더욱 심화하기 위해 아무 말 없이 자리에 앉았다.

금욕주의와 거리가 먼 영혼들에게는 가히 충격적인 장면의 연속이었다. 당사자 측에서는 화병이 날 일이었다. 춤 나릿과 춤 시나렛의 동생은 사형집행인이었던 자가 읊은 시도 시거니와 그 남자가 보여주는 고매한 정신을 참아넘길 수 없었다.

"피고인의 말이 끝나고 나서 변호사는 거의 2~3분간 침묵을 지켰어요."

희생자의 형제가 흥분한 목소리로 말했다.

"모기 소리조차 들리지 않을 정도로 조용했어요. 우리는 피고인이 이 상황을 몹시 힘들어한다는 것을 느낄 수 있었어요. 매우 영리한 전술을 쓴 것은 맞지만 피고인 자신을 늑대에 비유하다니, 사기꾼 같은 짓이 따로 없군요! 대체 어떤 용감함을 말하고 싶은 겁니까? 피고인은 자신의 스승이 고문을 받고 비인간적인 대우를 받은 사실을 알고 있었어요. 그런데도 손 하나 까딱하지 않았습니다. 그런 사람에게 대체 어떤 용기가 있다는 겁니까?"

그 뒤로도 사람들은 각자 두크에게서 그 시를 앗아가길 원했다. 마치 조상의 유품이 담긴 상자에서 유산 상속자들이 매우 귀한 천을 찾아내 얼른 상자에서 꺼내는 것처럼 사람들은 「늑대의 죽음」에 너도나도 달려들었다.

"당신은 피고인이 가장 위험하고 치명적인 방법을 썼다는 것을 알았습니까? 그는 인류에게 어떤 자리도 주지 않았어요."

희생자를 대변한 변호사가 자기 차례가 되자 흥분한 목소리로 말했다.

"당신은 당신이 삶을 대하는 방식과 관련된 구절을 추렸습니다. 인간은 인간에게 늑대와 같은 존재라고요. 반인륜적인 범죄를 저지른 당신을 재판하기 위해 여기 모였는데 당신은 낭만적인 시인의 시나 암송하겠다는 겁니까? 우리는 지금 우아함을 보여주려고 소송을 하고 있는 게 아니라는 것을 분명히 아세요! 지금 여기는 문학 살롱이 아니에요! 저는 S-21에서 목숨을 잃은 1만2000명의 사망자에 대해 말하고 있어요. 혹자는 1만6000명이라고 말하더군요! 이런 상황에 낭만주의

를 논하다니요? 우리는 당신이 인류에게 늑대와 같은 존재가 되었다고
여기지 않을 수가 없어요. 그렇다고 그 늑대가 죽기를 바라는 것은 아
니지만요."

"저는 91년하고도 6개월을 산 사람입니다."
황혼의 문턱에 이른 인간들이 자기 나이를 말할 때 정확한 달수까지
언급하는, 갓 생을 시작한 아기들과 공통점이 있다. 그들에게는 몇 개월
인지가 다시 중요해진다. 아주 어리거나 아주 나이가 많을 때 사람들은
계절이나 반년이라는 기간에도 큰 영향을 받는다. 달수를 말하는 것은
그 사람이 얼마나 살았는지, 아니면 살 날이 얼마나 남았는지 알 수 있
게 해준다. 유머 감각과 신중함이 동시에 엿보이는 한 노인의 모습이 화
면에 등장했다. 그가 자신의 나이를 정확하게 밝히자 방청인들이 여기
저기서 수군거렸다. 그는 이번 소송의 마지막 증인이다. 사람들은 왜 그
가 소환되었는지 궁금해했다. 프랑스 레지스탕스 투사인 그 남자가 크
메르 루즈의 범죄 현장과 이번 소송에 대체 무슨 관계가 있는 것일까?
그는 나치 수용소에 강제 수용된 적도 있었다. 나중에는 외교관의 길을
걷고 무수한 인권보호 활동에 열정적이고도 절대 물러남 없이 앞장섰
던 그가 여기 무슨 일로 등장한 것일까?
캄보디아인들 사이에서는 이 정신 나간 딜레마에 대해 의문을 제기
하는 사람이 거의 없었다. 이곳은 나이 든 사람들이 존경을 받는 나라
인지라 나이는 한 개인을 찬미할 수 있는 좋은 이유가 된다. 증인으로
등장한 연로한 남자는 파리에 있지만 기꺼이 증인으로 참석했다. 위성
통신 상태가 좋지 않았어도 화면을 통해 들려오는 노인의 목소리는 또

박또박 분명했고 듣기 좋았다. 인간의 천재성과 광기를 동시에 체험해본 사람이라면 인간 혐오에 빠져 은둔하고 싶어할지 모른다. 혹은 진짜 늑대와 어울려 놀거나 영혼을 갈고닦은 지혜로운 현자의 가르침을 갈망할 수도 있다. 91년하고도 6개월을 살았다는 이 남자의 이름은 바로 스테판 에셀Stéphane Hessel[그의 저서 『분노하라』가 번역되어 있다]이다. 그에게는 모든 것이 말로 설명할 수 있고, 하나같이 명확하게 이해할 수 있는 것들이었다. 그런 그가 자신처럼 지적 능력을 키우는 사람이라고는 찾아보기 힘든 이 이상한 왕국과 만났다.

이 노인은 엄격하지만 그렇다고 타인의 마음을 상하게 하지는 않는다. 또 망설임 없이 결정하는 편이지만 결정을 내리기 전에 각 개인의 목소리를 다 포괄하는 것을 잊지 않는다. 약한 자의 목소리나 현실적으로 사는 자의 목소리를 무시하지도 않는다. 그는 인간세계에 피상적인 안락함 너머 흑백논리로 판단할 수 없는 영역이 있다는 것을 잘 알았다. 그래서 흑과 백, 선과 악, 사형집행인과 희생자, 이렇게 이분적인 사고법이 통하지 않는 문제가 있다고 여겼다. 이 노인은 개인이 각자 심도 있게 생각할 수 있도록 적절한 방법을 사용한다. 타인에게 아무것도 강요하지 않는 것처럼 위압적이지 않은 인상을 주면서 상대를 이끄는 것이다.

"판결이 만장일치와 거리가 먼 이번 소송에 대해 하나의 결론을 내릴 수 있을까요?"

스테판 에셀이 물었다. 서로 상쇄되는 부정법과 수사적인 질문을 써가며 그가 교묘하고도 알쏭달쏭하게 이야기를 이끌어갔다.

그는 표현력이 풍부하고 의미가 명쾌한 옛 언어를 썼다. 과장된 표현을 삼가고 쓸데없는 허풍을 없앤 그의 말솜씨는 몇몇 변호사와 대조적이다. 맑고 큰 눈과 웃을 때 인자해 보이는 인상은 노인의 친절함을 대변해주었다. 경솔한 사람들의 눈에는 얼핏 순진한 노인처럼 보인다. 실제로는 어떨까? 스테판 에셀은 허영심에 따라 행동하는 사람과는 거리가 멀다. 또 전략가들이 빠지기 쉬운 유혹들에도 관심이 없다. 그는 필요할 때만 신중하게 말을 내뱉고자 한다. 하지만 시인이자 저항가였던 사람의 말을 인용하는 그의 발언에는 뱀처럼 간사한 인간을 짓밟지 않으면서 그 인간을 초월하는 권위가 담겨 있었다.

게슈타포의 손에 붙잡혔던 스테판 에셀은 독일 경찰들에게 고문을 받으면서도 여러 시를 중얼거릴 정도였다. 두크도 마찬가지로 죄수들을 고문하면서 그 시들 가운데 하나를 암송했다. 프랑수아 루는 이 노인이 수많은 시구를 기억하고 읊을 수 있다는 것과 죽음의 수용소에서 살아남기 위해 항상 시를 가까이했다는 걸 잘 알았다. 스테판 에셀도 훌륭한 시인들의 선집에 있던 알프레드 드 비니의 시를 그냥 지나치지 않았다. 드디어 그에게 우리 간사한 인간이 이 시를 통해 무엇을 이해해야 하는지 물어볼 시간이 되었다.

먼저 변호사가 운을 띄웠다.

나는 생각했다. 저런! 인간이라는 이 대단한 이름에도 불구하고.

그러자 지구 저 너머에 있는 스테판 에셀의 목소리가 겹쳤다. 위성통신을 통해 그의 목소리가 먼 이곳까지 전해졌다. 시를 사랑하는 노인의 목소리였다.

너무나 보잘것없는 우리 인간이란 족속이 너무 부끄럽구나.

어떻게 해야 이 삶과 모든 악으로부터 떠날 수 있을까

너희가 그 답을 알고 있겠지, 숭고한 짐승들아!

이 땅에 있는 인간은 무슨 존재이며 또 우리가 무엇을 남기는가

오직 침묵만이 위대하며 그 나머지는 모두 연약함이리라.

아! 야생의 방랑자인 네가 누구인지 나는 잘 알았어.

너의 마지막 시선이 내 심장 깊숙한 곳까지 파고들었지!

내게 이렇게 말하는 것 같았어.

할 수 있다면 너의 영혼이

끊임없이 노력하고 사색하여

금욕적인 자긍심을 최상의 단계에 이르게 하도록 노력할지어다.

나는 숲에서 태어나 먼저 그 단계부터 도달했도다.

탄식하고 울고 기도하는 것은 비겁한 일이다.

운명이 너를 부르고자 한 길에서

너의 길고도 무거운 임무를 열정적으로 행하라.

그 후에는 나처럼, 고통을 느끼면서 아무 말 없이 죽어라.

"네, 나중에 사형집행인이 되었던 사람이 낭송했던 시가 이것입니다. 금욕주의가 반영된 이 시는 우리에게 무엇을 말하는 것일까요?"

프랑수아 루의 질문에 스테판 에셀이 다음과 같이 대답했다.

"저는 아름다운 시가 상기시키는 주제에 천성적으로 매우 민감하게 반응합니다. 하지만 시인은 우여곡절 속에서도 명예를 잃지 않는 인간이 되길, 살면서 가장 끔찍한 사건을 겪어도 소신을 굽히지 않길 바라

는 열망만을 담았습니다. 만약 피고인이 이 시에 동감한다면 형 선고를
받을 경우 그 역시 이 시에 나오는 늑대처럼 지칠 줄 모르는 에너지와 용
기를 발휘해 그것을 감당해야 할 것입니다. 방금 낭송한 시구 전에 이런
구절이 있습니다. '늑대는 가장 겁 없이 달려든 개를 무서운 이빨로 잡
아채 물었다. (…) 늑대는 강철처럼 딱딱한 턱을 빼지 않았다'는 구절인
데 중간에 기억이 나지 않는 부분도 있어요. 하지만 제가 무슨 말을 하
고 싶어하는지 의도는 파악하셨을 겁니다. 피고인이 스스로 자신의 죄
를 인정한다고 해서 그 책임을 면제해달라고 마음대로 의사를 표명할
권리는 없습니다."

"한 인간의 죄를 없앨 수 있을까요? 여러분은 속죄가 가능하다고 믿
습니까?"

"희생자의 고통을 생각하면 이 질문은 대답하기가 매우 난처하고 어
려운 것이 사실입니다. 피고인이 저지른 끔찍한 일을 직접 겪은 사람들
은 그때의 기억을 결코 떨쳐버릴 수 없지요. 저는 피고인이 앞으로 알게
될 것들과 주변에 있던 사람들이 그에 대해 할 말에 의거해 그에게 유리
한 혜택을 받으리라고 믿어 의심치 않습니다. 그렇다고 철저한 금욕주
의를 지키며 명예를 위해 열심히 살아온 사람이 자신이 죄책감을 느끼
는 일에 상응하는 값을 치르고 싶어할지, 이 점은 확신할 수 없군요."

스테판 에셀의 몇 마디 말에 시를 두고 벌인 논쟁이 언제 그랬냐는
듯 자취를 감췄다. 인간 공동체를 위한 시라는 위상만 남았다. 두크는
두 번이나 자리에서 일어나 증인들에게 인사했다. 풍 떤 교수의 부인과
목사에게도 인사를 했다. 재판장은 노인의 증언이 종료되었음을 알렸
고, 두크는 다시 자리에서 일어나 두 손을 마주 대고 얼굴 앞까지 들어

올려 캄보디아식 인사인 '솜페아'를 했다. 기독교인의 기도 자세와 비교했을 때 손의 위치가 더 높은 것만 빼면 거의 동일하다. 스테판 에셀이 위성 채널을 통해 그 모습을 지켜보았다. 그리고 한 치의 망설임 없이 두크를 자연스럽게 따라 했다. 모은 두 손을 얼굴 앞에 놓은 다음 그는 피고인에게 정중하게 인사를 돌려주었다.

두크가 직접 맞이할 수 없는 사람은 그 노인만이 아니게 되었다.

2010년 7월 26일 두크는 30년 징역형을 선고받았다. 발표가 되자마자 두크는 판결에 강한 반감을 표했다. 아쉽게도 시는 자유인에게만 빛을 발할 수 있나보다.

역사적인 지표

1953~1979년: 시아누크의 집권기

1953년 11월 9일 캄보디아는 90년간의 프랑스 식민 지배에서 해방되었다. 1941년 18세의 나이에 캄보디아 국왕이 된 노로돔 시아누크는 자신의 정당을 창설하기 위해 1955년 부친에게 왕권을 넘겨주었다. 선거에서 승리한 시아누크는 총리가 되었다. 그리고 5년 뒤 국가 원수의 자리에 올랐다. 1964년, 그가 캄보디아의 공산주의자라는 의미로 '크메르 루즈'라는 표현을 처음 사용했다. 이 무렵 1960년에 만든 그의 정당이 본격적인 지하운동을 시작했다. 크메르 루즈는 1968년 1월에 무장활동을 처음 시작했다.

1970~1975년: 론 놀 정권과 내전

1970년 3월 18일 시아누크는 군 총사령관이었던 론 놀에 의해 축출되었다. 베이징에 간 시아누크는 저항 세력의 도움을 요청하는 한편 공산당원들을 망명 정부에 합류시켰다. 그리고 캄푸치아 민족연합전 Kampuchean United Front for National Salvation, KUFNS을 창설했다. 그럼으로 써 크메르 루즈 게릴라는 빠른 속도로 활동 구역의 통제권을 확보할 수 있었다. 그러는 사이 론 놀은 미국의 지원을 받았으며 1969년에는 비밀리에 대규모 공중 폭격을 시도했다. 그때부터 1973년 론 놀 정권이 파멸하기 전까지 폭탄 공세는 점점 가속화되었다.

1975~1979년: 민주 캄푸치아의 출현

1975년 4월 17일 크메르 루즈가 프놈펜에 입성했다. 신비에 싸인 인물 폴 포트 총리를 수장으로 하여 공산당이 새로운 민주 캄푸치아를 이끌었다. 그러면서 캄보디아는 세계 다른 나라들로부터 고립된 국가가 되어버렸다. 2년 동안 국경선 부근에서 잦은 충돌을 겪은 후 1977년 12월 31일, 중국을 등에 업은 캄보디아와 소비에트 연방의 지지를 받는 베트남 두 공산국가는 국교를 단절했다.

1979~1998년: 베트남의 침공 그리고 내전의 연속

1979년 1월 7일 대규모의 베트남군이 쳐들어와 프놈펜을 장악하기에 이르렀다. 이렇게 크메르 루즈가 이끈 정권이 무너지면서 크메르 루즈는 병력을 후퇴시켜 지하운동을 펼쳤다. 그 후 캄보디아는 베트남의 지배 아래 놓였다. 하노이 정부의 통제를 받는 새 캄보디아 지도자들은 대부분 크메르 루즈 출신이었다가 그곳을 벗어나 베트남으로 피신한 사람들이었다. 그중에는 1985년에 서른넷의 나이로 총리가 된 훈 센이 있었다.

세계는 폴 포트 정권 아래 자행된 범죄가 얼마나 심각했는지 알게
되었다. 캄보디아 국민의 4분의 1이 민주 캄푸치아 시절에 목숨을 잃었
다. 하지만 냉전이라는 역사적 맥락을 감안한 국제사회는 베트남의 개
입을 비난했다. 또한 크메르 루즈는 유엔에서 캄보디아의 합법적인 대
표자로 10년이란 시간을 존속할 수 있었다.

1989년 9월 26일 10년의 지배를 끝내고 베트남 군이 캄보디아 영토
에서 모두 철수했다. 1991년 10월 23일 파리에서 평화 협정이 체결되었
다. 1992년 3월에서 1993년 11월까지 유엔이 임시로 캄보디아의 통치를
맡았으며 총선거에도 관여했다. 시하누크는 (2004년, 그의 아들 노로돔
시아모니Norodom Sihamoni에게 위양하기 전까지) 캄보디아의 국왕 자리를
다시 맡았다.

캄보디아 정부는 훈 센과 왕당의 수장이 함께 이끄는 이두정치 구도
를 이루었다. 크메르 루즈는 재빨리 평화 협정에 반대하며 게릴라 활동
을 펼쳤다. 그러나 탈당을 선언한 당원의 수가 점점 늘어나면서 고충을
겪었다. '제3의 형제'였던 이엥 사리도 1996년 크메르 루즈를 탈퇴했다.
1997년 7월, 훈 센은 강제로 왕당 출신의 공동 총리를 추방시키고 단일
총리로 취임했다. 그가 속한 캄보디아 국민당이 1979년부터 실권을 장
악하면서 정치적인 헤게모니를 재확립시켰다.

1998년 4월 15일 크메르 루즈의 마지막 보루였던 폴 포트가 안롱벵
에서 사망했다. '제1의 형제'였던 그는 적어도 1년 전부터 저항운동과 거
리를 두며 은둔생활을 했다. 1998년 12월에 민주 캄푸치아의 의장을 역
임했던 키우 삼판과 크메르 루즈의 '제2의 형제'였던 누운 찌어가 훈 센

이 실권을 장악한 정부에 합류했다. 훈 센은 국내의 화합을 도모한다는 명목으로 이들을 자랑스럽게 맞이했다. 그 후 3개월이 지나 정권 가담을 거부했던 크메르 루즈의 마지막 지도자 타 목이 체포되었다. 30년 동안 이어져온 캄보디아 내부의 갈등은 이렇게 마무리되었다.

1999~2011년: 전쟁 후

2003년 6월 1일 캄보디아 정부와 유엔이 지난 6년간 이어진 긴장된 협상을 끝으로 현재 생존해 있는 크메르 루즈의 최고 지도자들을 재판하는 데 합의했다. 그리하여 2006년 7월, 캄보디아의 특별 재판소의 구성원으로 임명된 캄보디아 국내외 법률 관계자들이 프놈펜에 모여 서약에 날인했다. 그로부터 며칠 뒤 1999년부터 수감생활 중이던 타 목이 81세의 나이로 운명을 달리했다. 2007년 7월 31일 두크가 반인륜적인 대학살과 전범으로 기소되었다. 그 외에도 크메르 루즈의 최고 지도자였던 누운 찌어와 키우 삼판, 이엥 사리와 그의 아내이자 사회부 장관이었던 이엥 티릿Ieng Thirith이 2007년 말 체포되어 기소되었다. 두크 소송이 2009년 초에 가장 먼저 시작되었다. 다른 기소자 4명은 79세에서 많게는 85세로 고령이지만 재판을 받기 위해 2011년 중반까지 기다려야 했다.

[두크는 1심 판결에 불복하고 항소했으나 2심(ECCC는 2심제로 진행된다)에서 2012년 2월 최고형인 무기징역을 선고받았다. 2012년 7월 현재 크메르 루즈의 최고 지도자 4명을 피고인으로 하는 002건이 진행 중이며, 003건과 004건을 준비하고 있다.]

감사의 글

　소송을 참관하는 동안 늘 내 곁에 있어준 히더 라이언과 이 책을 집필하는 내내 한결같이 도움을 준 스테파니 제에게 고마움을 전합니다.

　크메르 루즈 재판에서 애쓰는 옛 친구들을 비롯해 새로 사귄 친구들, 이 자리를 통해 이름을 모두 전할 수 없지만 그분들에게 감사의 마음 전합니다.

　캄보디아에 있는 동안 제가 편하게 체류하면서 일을 할 수 있도록 협조해주신 킷 킴 후온 부인을 비롯하여 쳄 소말라이, 릴리 루, 데이비드 하딩에게도 감사드립니다.

　특별히 판 아나와 린 지에게도 감사의 말을 전합니다.

　인내심과 지성을 발휘해 일을 도와준 앙투안 오두아르, 이 책이 나오기까지 마무리 작업을 완벽하게 해낸 수잔 레아, 그리고 열정과 소신을 잃지 않고 열심히 일한 이본 지라드에게도 고마움을 전합니다.

마이크 파울러를 기억하며.

옮긴이의 말

　프랑스 갈리마르에서 2011년에 출간한 『자백의 대가』를 우리말로 옮기는 동안 나는 1975년에서 1979년까지 4년 동안 캄보디아를 통치했던 크메르 루즈가 자행한 끔찍한 대학살의 실체를 더욱 심도 있게 이해할 수 있었다. S-21 교도소와 일명 '킬링 필드'로 불리는 쯔엉 엑에서 가까스로 살아남은 생존자들의 처절한 증언을 들으면서 나 역시 재판을 참관하는 한 사람이 되어 전범재판 과정을 지켜보는 마음으로 이 책을 번역했다.

　이 책을 쓴 프랑스 작가 티에리 크루벨리에는 S-21 교도소의 최고 책임자였던 두크란 인물을 재판한 프놈펜의 전범재판 과정에 실제로 참여하면서 자신이 직접 보고 들은 내용을 이 한 권의 책에 담았다. 작가는 법률 매거진 『인터내셔널 저스티스 트리뷴』의 수석 편집인으로 일한 경력이 있으며 캄보디아뿐만 아니라 르완다, 시에라리온, 콜롬비아, 보스니아 등 세계 여러 곳에서 일어난 반인륜적인 범죄와 대학살을 다룬 국제 재판에 참여하며 기자로 활동하고 있다. 프랑스 출신의 기자로는 티에리 크루벨리에가 유일하게 프놈펜 전범재판에 참여했다. 이 소송은 그에게 특별한 의미가 있는 재판이었다. 전체주의를 지향한 공산주의 정권이 자행한 대량 학살을 유엔 산하의 국제 재판소가 맡은 것은 이번이 처음이었기 때문이다.

이 책을 번역하는 동안 나는 피고인 두크란 인물에 대해 이토록 자세하게 알 수 있는 책이 존재할까 의구심이 들 정도였다. 그 정도로 프랑스 저자의 정보 수집 능력에 놀라움을 금치 못했다. 그가 두크란 인물의 생애와 관련된 정보를 다방면으로 수집한 흔적이 페이지 곳곳에 역력하게 드러났다. 크메르 루즈에 소속되기 전, 수학 교사로 살았던 젊은 시절은 물론 민주 캄푸치아를 위한 혁명주의자로서 활동할 당시의 모습과 크메르 루즈가 쇠퇴기를 겪으면서 외국으로 건너가 살게 된 과정, 그리고 다시 캄보디아의 감옥에 수감되어 재판을 받기까지 한 개인의 파란만장한 삶이 페이지를 넘길 때마다 연속되는 파노라마처럼 이어졌다.

이 책을 읽는 독자라면 공판이 진행되는 동안 저자가 예리한 관찰력을 발휘해 피고인 두크의 심경과 태도의 변화를 꼼꼼하게 묘사했다는 것을 잘 알 수 있을 것이다. 저자는 두크 외에도 증인으로 참여한 여러 국적의 생존자들과 변호사, 검사, 판사, 방청인들의 반응도 놓치지 않고 생생하게 글로 전달하려고 했다. 그러하기에 독자들은 실제로 법정에 앉아 있는 것처럼 생생한 현장 분위기를 느낄 수 있을 것이다. 또한 두크를 옹호하는 입장과 혐오하는 입장이 팽팽하게 대립되면서 후반부로 갈수록 긴장감이 점점 고조되었다. 법률 관계자들과 인권 변호를 위해 싸우는 운동가들 사이의 치열한 논쟁, 두크의 담당 변호사인 프랑수아 루와 까 사웃의 대조적인 입장 차이 또한 이 책의 내용을 흥미롭게 만드는 자극제 역할을 했다.

　S-21 교도소에서 죄수들의 자백을 받아내는 데 일가견이 있었던 두크가 세월이 흘러 이제는 심문을 하는 입장에서 심문을 받아야 하는 피고인이 되었다. 공산주의의 유토피아적 이상을 실현시키기 위해 반인륜적인 행동마저 정당화시킨 크메르 루즈의 대학살에 대한 비하인드 스토리가 궁금하다면, 전범자 두크를 재판하는 과정을 있는 그대로 솔직하게 전달한 이 책을 꼭 읽어보길 바란다.

옮긴이

자백의 대가

1판 1쇄	2012년 10월 8일
2판 1쇄	2025년 3월 31일

지은이	티에리 크루벨리에
옮긴이	전혜영
펴낸이	강성민
편집장	이은혜
마케팅	정민호 박치우 한민아 이민경 박진희 황승현 김경언
브랜딩	함유지 박민재 이송이 김희숙 박다솔 조다현 김하연 이준희
제작	강신은 김동욱 이순호

펴낸곳	(주)글항아리
출판등록	2009년 1월 19일 제406-2009-000002호

주소	10881 경기도 파주시 문발로 214-12, 4층
전자우편	bookpot@hanmail.net
전화번호	031-955-2689(마케팅) 031-941-5161(편집부)
팩스	031-941-5163

ISBN	979-11-6909-377-4 03900

www.geulhangari.com